アンコモン
セラピー

ミルトン・エリクソンのひらいた世界

ジェイ・ヘイリー

高石 昇・宮田敬一 ［監訳］

UNCOMMON THERAPY

二瓶社

Copyright © 1986, 1973 by Jay Haley
Uncommon Therapy: The Psychiatric Techniques of Milton H. Erickson MD by Jay Haley
Japanese translation rights arranged with W. W. Norton & Company, Inc. through Japan UNI Agency, Inc., Tokyo.

目　次

はじめに … 3
§1　戦略的な心理療法 … 13
§2　家族のライフサイクル … 39
§3　求愛期：青年に変化をもたらす … 65
§4　若者の性格改造 … 123
§5　結婚とその結果 … 171
§6　出産と子育て … 215
§7　夫婦と家族の難局 … 265
§8　親の子離れ … 321
§9　老年の苦悩 … 363
　監訳者解説 … 387
　監訳者あとがき … 395
　監訳者・訳者紹介 … 397

はじめに

本書の初版のエピローグで私は次のように述べている。

　70歳になり引退してからのエリクソンは彼自身の終章に向かっている。症状がひどくて車椅子を離れることができなくなり患者を診ることもごくまれになった。彼が晩年に行なった治療法はとても簡潔で効率的となり、これは多くの芸術家たちの晩年の作品を思い起こさせる。ピカソの絵画も簡潔さを増し、ボルヘス[訳注1]の小説もますます要素的なものになっていった。エリクソンの治療スタイルも経済性に富み患者の状況のポイントを素晴らしい迅速さで把握し、治療法もまるでダイアモンドカッターの動きのように無駄な努力のない簡潔で精緻なものとなった。年を取ると共に賢明さは増すのだが、それを十分に使える体力を失うということは人生の避け難いアイロニーであろう。

　1980年のエリクソンの死後、彼のストラテジックなアプローチは広く知られるところとなり、いたる所で研究と指導が行なわれている。彼は心理療法界の論客から広く世界から崇められる人物へと変身した。彼に関する本は月ごとに出版され、多数の人がエリクソン療法の講習会を開き、彼の名誉のために設立された財団が催す集会には数千の崇拝者が出席し、今や彼はそれに囲まれるカルトになった。長年にわたる努力によって人に変化を与える方法に革新をもたらしたことがこのような信奉者を生んだことをエリクソンは喜ぶだろうが、彼はとても現実的な人なので自分の周りにカルトが形成される

訳注1）Jorge Luis Borges (1899-1986) アルゼンチンにおける世界文学の巨匠。

ことはあまり喜ばないであろう。しかし彼は自分の治療法に神秘のオーラをまとわせることの好きな人でもあった。そこで私は本書の表題を「魔法と常識 Sorcery and Common Sense」にしようかと思ったこともあった。このいずれもが彼の人生を特徴付けていたからである。

　私がコミュニケーション研究計画でグレゴリー・ベイトソンの元にいた1953年の1月、私はある得難い機会に恵まれた。当時ジョン・ウィークランドもこの研究計画に参加していたが、ベイトソンは我々にコミュニケーション過程に見られるパラドックスに関するものである限り、どんなことでも好きなように研究してよいという完全な自由を与えてくれていた。ちょうどその初めの年、ミルトン・H・エリクソンが我々の地域で催眠の週末セミナーを催した。私が出席を希望するとベイトソンが手はずを取ってくれた。彼はマーガレット・ミードと共にバリ島で制作したトランスの映画について、エリクソン博士に意見を求めたことがあり、随分昔からの知り合いであった。

　そのセミナーのあと、私の研究は催眠を伴う人間関係におけるコミュニケーション的側面を取り上げることになった。ジョン・ウィークランドもこの計画に参加することになり、我々はエリクソンが開業するフェニックスを定期的に訪問し始めた。我々は何時間も費やして催眠の本質について語り合ったり、彼の治療場面を見せてもらったりした。エリクソンは月に何度も、合衆国のあちこちへ出掛けて講演や指導をするかたわら、忙しい開業生活を送っていた。2度のポリオの発作に襲われ、杖に頼るぎこちない歩行ぶりではあったが、非常に健康で活気にあふれていた。彼の診療所は私邸であって、居間に接する小さな部屋が診察室で、居間が待合室となっていた。彼には8人の子どもがあったが、1950年代にはまだ皆幼少でほとんどが家にいた。そこで待合の患者は彼の家族と入り交じっていた。その家は静かな通りに面する質素な煉瓦造りであった。この指導的な精神科医ならば恐らくもっと見栄えの良い診療所にいるであろうと期待して全米の各地から訪れた患者は、これを見て果たしてどう感じただろうと私はいつも考えていた。

　しばらくエリクソンの催眠を研究した我々の興味は、やがて治療のスタイ

ルに移っていった。1950年代半ばに私はブリーフセラピーを特徴とする心理療法家として開業した。私の治療はクライアントが問題をできるだけ速やかに克服することに目標を置き、通常、催眠を用いた。しかし間もなく、単なる催眠では治療効果の上がらないことに気がついた。変化を引起こすために私は何かをしなければならなかった。そこでブリーフセラピーについて相談できる治療者を求めた。しかし長期の洞察療法全盛の当時、それを見つけることは困難であった。我々の研究計画で分裂病の治療を指導してくれたドン・D・ジャクソンも大いに助けにはなってくれたけれども、ブリーフセラピーについての彼の経験は限られていた。私はそれでも誰か助言者がいないかと思って探し回っているうち、ブリーフセラピーについて飛び抜けた経験を持つ、私の知る唯一の人物がエリクソン博士であることに気付いた。催眠に関する会話から、催眠使用の有無はともかくとして、エリクソン博士が独特のスタイルの治療を行なっていることは分かった。私は自分が治療している症例の問題点を検討するために彼を訪問するようになった。間もなく、彼の治療スタイルは独特で、しかもそれは心理療法学界でまだ十分に報告されていないことが明らかになった。そこで彼のアプローチをブリーフセラピーの論文にして報告した。これは後に出版された *"Strategy of Psychotherapy"* の一章となっている。このアプローチを一冊の本にして詳述しようと思った。しかしこれは大仕事で、また彼の治療技法を概念化するのに適当な理論的枠組みを私は持ち合わせていなかった。そのために数年間の躊躇を余儀なくされた。当時、我々の研究プロジェクトではいろいろな心理療法を対象に、さまざまな学派のアプローチをテープやフィルムに記録していた。しかし、エリクソン博士は彼自身がユニークな一つの学派であり、これまでの精神医学や心理学では記述できないものであった。

　この頃、家族志向の考え方が取り入れられ始めて、心理療法学界に革命が起っていた。これまで症状と呼ばれ、個人の問題と考えられていたものが対人関係の産物として再定義され始めたのである。我々の研究でも、新しく発展しつつある家族療法を取り上げ、夫婦や家族を治療の対象とし始めるよう

になるにつれて、エリクソンの治療的アプローチが特に示唆に富むものであることに私は気付いた。そして、彼の治療を家族理論の枠組みの中に位置付けることができるように思われた。彼の治療が家族に志向することはその研究業績を見ても明らかで、彼と話し合ったり症例の検討をすると、その家族志向が見えてきて、これが人間の悩みの中心問題として家族を見る新しい観点を得るのに役立った。人間の問題を、家族が時を経るにつれて変化していく過程で避けることのできないものとして考えると、エリクソン博士の治療がこの考えに根ざしていることが理解できた。私には彼の治療を記述する枠組みが見つかったのである。本書に述べる驚くべき症例報告について読まれた方で、エリクソンについてこれまであまり知識がなく、もっと彼を知りたいと思われる方は *"Advanced Technique of Hypnosis and Therapy"* 原注1) の中にある、エリクソンの論文選集と彼の伝記、研究業績を概括した付録などを読まれるとよい。その中にはエリクソンへの関心をさらに追求したい方のために、彼の完全な著作目録も掲載してある。

　ここで簡単にエリクソンの略歴について述べておこう。彼はウイスコンシン大学に通い、コロラド総合病院にいたときに医学博士となり同時に心理学の修士号を取った。コロラド精神病院での特殊訓練を終えたのち、ロードアイランド州立病院で下級精神科医となる。1930年にウースター（マサチューセッツ）州立病院のスタッフとなり、研究部門の主任精神科医となる。4年後ミシガン州のエロイーズに赴き、ウェイン州立総合病院の精神医学研究及び教育主任となる。彼はまた、ウェイン州立大学医学部の精神科準教授となり大学院教授も兼ねた。その頃、イーストランシングのミシガン州立大学の臨床心理学の客員教授も短期間兼ねている。1948年、主として健康上の理由のためアリゾナ州フェニックスに移り住み個人開業した。彼はアメリカ精神医学会とアメリカ心理学会のフェロー（特別会員）であり、アメリカ精神病理学会のフェローでもある。ヨーロッパ、ラテンアメリカ、アジアなどにお

原注1) Jay Haley, ed., *Advanced Techniques of Hypnosis and Therapy: The Selected Papers of Milton H. Erickson, M.D.* (New York: Grune & Stratton, 1967).

ける多くの医学催眠学会の名誉会員であり、アメリカ臨床催眠学会の設立会長であり、その機関誌の編集長も務めた。1950年からの彼の人生はフェニックスにおける多忙な開業医業と、全米及び多数の外国への頻回の出張セミナー講義から成り立っていた。

　この書は珍しいかたちの共同執筆による。実際に執筆し、人類の悩みの本質に関する考え方の枠組みを仕上げたのは私であるが、ミルトン・H・エリクソンはその枠組み作りの私の考え方に影響を与え、数々の素晴らしい治療技法を提出してくれた。実際に書いたのはほどんど私であるが、症例はエリクソンの論文と、彼との会話のテープ記録から取り出したものである。だから、この著作は私の17年にわたるエリクソンとの会合から生まれた共同産物である。

　とは言っても本書で述べられる見解は必ずしもエリクソンのそれではなく、私自身による彼の治療アプローチの記述であり、それを彼に読んでもらって承認されたものである。治療についての彼の見解は、本人が書いた論文に述べられている。ここに述べた症例報告は彼の言葉によるもので、そのほとんどが論文から取り出されたものであるが、私の強調も交えて編集している。私が症例を取り上げて、私によく理解でき、恐らく彼にも理解できるような枠組みで検討した。本書はエリクソン療法の横顔のごく一部を述べたものである。彼は100以上の論文を書いており、彼と私の会話のテープも100時間以上に及ぶ。従ってここで取り出された症例は、彼の治療の膨大な資料のごく一部にしか過ぎないのである。彼は広範な催眠技法に通じているがここでは触れないし、さまざまな個人や家族へのアプローチもここでは触れない。

　本書はまた、エリクソンとその業績を批判的に概観するものではない。彼のやり方に対する私の異論は本書では強調せず、治療についての彼の考え方をできる限り強調した。彼の意見に賛成できるときには、彼のアプローチを用いた私の症例を引用したが、賛成できない場合には彼の考えを述べ、私の意見は差し控えた。

　彼の治療の成功例ばかりを強調し続けることに、読者の中には苛立ちを感

じられる方があるかもしれない。しかしそれは、エリクソンが失敗をしたことがないとか、彼には限界がないということを意味するのではない。治療の要点を説明するためには、時には失敗についても言及されることがあるが、本書は人間の問題を解決する成功法を説くものなので、ここに挙げる症例は彼の治療の成功例とした。理論の素晴らしさが強調され、治療効果の乏しさに触ずにおいて、実際には必ず失敗する心理療法についての著書はたくさんある。

このテクノロジーの時代に治療者の生の姿を描こうとするならば、当然治療中のフィルム、少なくともテープ記録を提示して、微妙な治療行動を証拠付けるべきであろう。しかし本書はもっと旧式のもので、主として自分の治療についての治療者自身の記述による症例報告である。従って、治療で生じたことを主観的に解釈する欠点があろう。治療者が自分の治療について記述すれば、いろいろなバイアスのかかる機会が生じる。しかし、治療場面の提示にいかなるテクノロジーが用いられるかにかかわらず、治療者が自分の治療について述べることの意義は常にあると私は思う。私は治療者を記述するのに治療中のテープやビデオやフィルムなどを用いてきた。さらにはそれに対する治療者のコメントや理論的な議論もそこに加えてきた。しかし、治療者が問題をどのように見、それに何をしたかを文字で記述した症例報告は、治療的アプローチの理解にこれからも価値を失なわない方法であろう。本書のような症例報告によって、広範囲の人間の問題にアプローチする多数の技法を要領よく振り返ることができる。症例を簡潔に述べ2、3の要点を説明することにしたが、どの症例もこれをもっと詳細に述べれば一冊の本になるようなものである。このように非常に複雑な相互交流を単純化し過ぎることによって、本書は実際には症例の逸話集のようなものになってしまったが、そこに要約されたものは治療中に起きる極めて重要な出来事を示している。

概して、エリクソンは自分のアプローチを極めて明確に述べる。時には少し劇的な描き方をするが、それは彼の世界観がそのようなものだからである。目前の問題をとても困難なものであり、しかし結局は解決を見いだすという

述べ方をしばしば好んでする。彼の見方を理解すれば、彼の治療行為は極めて合理的であると思える。もし彼が介入しなかったら、誰かがすべきであると言えるようなものである。数年にわたって私も彼の治療法を試行し、ほかにもたくさんの人が試して有効であった。また彼のアプローチは、それぞれの治療者自身のスタイルで用いることができる。患者に深くかかわるというのがエリクソンの特徴であり、彼から十分な関心を寄せられた患者は彼の人格から強いインパクトを体験する。しかし、患者に深くかかわらない治療者でも彼の多数の技法を使いこなすことができる。

私は本書の改訂版を眺め、その内容に悔いはなく、これを変える必要のないことを嬉しく思う。ここに示した考えや理論は依然として原則的なものであり、症例も不朽であり、そのいずれにもエリクソンの治療の結晶が見られる。私がエリクソン研究の記述に家族ライフサイクルという枠組みを設けたことを私自身大変満足に思っている。本書が書かれた頃にはこの考えは非常に斬新なものであったが、今日では広く受け入れられ、家族生活には治療に関連した段階があるということが認められるようになった。

私が本書を書き始めた1960年代に、丸一年間をこの研究に費やすことができたことは誠に幸運であった。1年で十分だと思っていた。しかし実際には、これを終えるまでに5年間の長きにわたる努力が必要であった。それは17年間にわたる治療や催眠や実験に関するエリクソンとの会話のテープ記録[原注2]を聴き、それを書き取らねばならなかったからである。当時の伝統的な考え方ではエリクソンアプローチを説明することのできない時期に、何とか理解できるようにエリクソンを記述しなければならなかったのである。自分以外の人の考え方や新しい工夫について述べることは常に困難を伴うものである。述べられた事実やその考えを正しく伝え、相手に承認されるかどうかについてはなかなか自信が持てないからである。その考えがまだ定まっておら

原注2) この会話の一部が出版されている。Jay Haley, *Conversations with Erickson, volumes* 1, 2, *and* 3 (Washington, D. C.: Triangle Press, 1985; distributed by W. W. Norton, 500 Fifth Avenue, New York, N.Y. 10110).

ず形成過程にあるときには特にそうである。この本が受け入れられたかどうかについて私が最も嬉しいのは、エリクソンがこれを自分の研究を示すものとして非常に喜んだということである。彼はこの本を何冊も注文して同僚や弟子たちに贈ることを喜んでいた。

　本書はあまりにも多くの人からの多年にわたる援助によるものなので、いちいち謝辞を述べることが難しい。家族についての概念はこの領域の多数の友人や同僚の中で発展してきたものであり、その治療についての考え方はこの20年にわたる多くの治療者の努力によるものである。もちろん、私がこの本を出版することをよろこんで許可してくれたエリクソンに、特に感謝の念を表わしたい。彼の治療アプローチ教育を受けることを望んだジョン・ウィークランドと私に辛抱強く進んで時間を費やしてくれた。エリクソンの業績についての考え方はウィークランドによるところが多い。我々は催眠と心理療法に共通の関心を共に持ってきた。グレゴリー・ベイトソンもいろいろな考え方を教示してくれるだけでなく、広範なコミュニケーション研究計画の中で本研究を保護してくれた。この原稿を書く最終段階になってブルーリーノ・モンタールボーと交わした会話は、多くの概念を明確化するのにとても役立った。

ジェイ・ヘイリー　1986

アンコモンセラピー

§1 戦略的な心理療法

　治療中に起こる出来事について治療者が責任を持ち、患者の問題に特定のアプローチを計画するような心理療法は戦略的（ストラテジック　strategic）と呼ばれている。治療者と問題を抱える患者とが出会うときに引き起こされる行動はその双方によって決まるものであるが、戦略的心理療法においてはその主導権は大方治療者の手中にある。治療者はまず解決できる問題を決め、目標を定め、目標達成のための介入を計画し、そのアプローチに対する反応を調べ、最後にその効用を見るために治療効果を吟味する。治療者は患者とその社会環境に対してとても繊細かつ敏感に反応しなくてはならないが、それをどう進めていくかは治療者自身にかかっている。

　今世紀前半を通じて治療者たちは治療で起こる出来事を企てることを避け、患者が何か言ったりしたりするのを待ち、治療者はそのあとに初めて行動を起こすよう訓練されてきた。精神分析、ロジャース学派、精神力動学派などの影響を広くうけて、途方にくれて助けを求める人々に対して治療過程で何が起こるかを決定させるというやり方をこれまでは行なってきた。治療者は受動的に振る舞い、患者が言ったり行なったりすることに対して、ただ解釈したりそのまま返したりすればよいとされてきた。そして患者や問題の相違とは無関係に、ただ一つのアプローチを行なうのみであった。問題に焦点を当てて目標を定め、その人の生き方に意図的に介入したり、治療の効果を吟味することは「操作的」と見なされてきた。この受動的アプローチの出現によって、今世紀以前に発展していた多くの効果的な治療戦略は姿を消してしまった。

　戦略的心理療法といっても、何も特別なアプローチや理論を指すものでは

なく、治療者が直接、患者に影響を及ぼすことに責任を持って行なうタイプの治療法を名付けて呼んだものであるに過ぎない。さまざまな戦略的心理療法的アプローチが多く見られるようになりだしたのは今世紀中期、1950年代のことである。さまざまなタイプの家族療法や条件づけ療法が治療者が治療の中で何をするかを決めるということを前提として発展した。そのあとしばらくの間は、治療的変化を引き起こすのに治療者が働き掛けるのは間違いではないかという論争もあったが、現在では効果的な治療にはむしろこのアプローチは必要であるということに疑問を抱くものはなく、意見の相違はむしろアプローチの進め方に見られるようになった。

　治療法はこのように受動的なものから能動的なものに推移したが、催眠療法を行なう治療者の技法は過去のものとつながり一貫している。治療で起こる出来事に責任を持つというのが催眠療法の本質なのである。催眠療法があらゆる心理療法に影響を及ぼしたという事実はまだ十分には評価されたとはいえない。心理療法の全ては催眠療法に由来するといっても過言ではなかろう。いろいろな名称をもつ条件づけ療法はソーンダイクからスキナーを経て発展してきたものであるが、その根本は催眠理論に没頭したパブロフに由来する。行動療法の逆制止はジョセフ・ウォルピによって考案されたが、それも催眠の経験に由来するところがある。力動的心理療法とりわけ精神分析は、前世紀末の催眠実験の全盛期に出現したものである。フロイトの技法も催眠に起源があり、トランスへの直接誘導からもっと間接的な技法に変更はしたものの、彼の研究は催眠から起こったものである。催眠の影響を受けなかった唯一の例外はある種の家族療法であろう。家族の中の個人に変化をもたらそうとした家族療法家の中には催眠療法のアイデアを多く導入しようとしたものもあるが、そのほかの家族療法家は2人もしくはそれ以上の家族間の行動過程に焦点を当てており、あまり催眠の影響を受けていないように見える。家族療法家のなかの例外がミルトン・H・エリクソンで、彼は催眠療法から直接由来するアプローチで家族内の行動に変化を与えたのである。

　エリクソンは戦略的アプローチの達人である。彼が催眠の実験的研究と共

に極めて変化に富んだやり方で催眠を臨床に適用して、一生を費やしたことはよく知られているが、公式的な催眠を用いずに個人や夫婦、家族を対象として行なった戦略的アプローチについてはあまり知られていない。彼はあらゆる種類の心理的問題や、いろいろな人生の段階における家族を対象として、長年にわたって治療を行なってきたが、たとえ公式的に催眠を用いない場合でも彼の治療はどれも催眠技法に由来すると思え、強く催眠を志向している。そして、とても広範囲の技法を駆使するため催眠をある特別な儀式によるコミュニケーションを超えた広いものと考えさせるようになった。

このようにミルトン・エリクソンの戦略的アプローチは、催眠技法の延長上にあると見なすことができる。催眠訓練を経験すると、治療者は人々とその複雑なコミュニケーションのあり方を観察する能力や、相手を指示に従わせるよう動機づける能力や、相手に影響を与えるために自分自身の言葉や抑揚、身体の動きなどを使う能力を得るようになる。また催眠を学ぶと、人間は変化させることができるものだという考えや、空間や時間が自覚的に変化するものであることや、相手に自律的に行動させるよう指示するにはどうすればよいかといったことなどが体得される。ちょうど催眠療法家が重篤な症状を軽くしたり、その持続時間を短くすることができると考えるように、人間関係の問題も何らかの好都合なものに変え得ると考えるのである。催眠の訓練を受けた治療者は、そのほかの学派の治療者よりは、自覚的な感情や知覚が人間関係の変化に伴って変わり得るものであることも、容易に理解することができるようになる。戦略的な考え方は巧みな催眠アプローチの核心をなすものでありエリクソンはそれを最大限に発展させた。彼は催眠の実験的研究者であると同時に、催眠を誰もが予期し得なかった治療的技法に変えた実験的治療者でもある。一度このことが理解されると、心理療法家は自分の技法をよく理解し、それに磨きを掛けることができるようになる。

臨床の経験を受けた専門家を含めて大抵の人は、催眠を何か日常とは異なった特別な状況と考えている。催眠訓練を受けていない人たちは、催眠は治療者が「リラックスしなさい」と言って相手が「眠り」に入り、その上で何

らかの暗示が与えられるようなものと考えている。あるいは光とか物体を見させられて瞼が重くなり、眠りに入るという場面を思い浮かべるだろう。催眠を睡眠に関連した決まりきった儀式を行なうものと素朴に考える限り、このような言葉が使われず、治療者が家族全体を面接するようなタイプの治療に、催眠がどう関係してくるのかを理解することは難しいであろう。

「催眠」という言葉はこのような儀式を指しているのではなく、ある種の人間関係のコミュニケーションのことを言っているのである。ミルトン・エリクソンは催眠トランスを引き起こす無数の方法を発見した。従って彼や彼をはじめとする現代の催眠療法家の治療を見ると、何が催眠的関係で何がそうでないのかを明瞭に区別することは難しいであろう。エリクソンは儀式的なトランス誘導も用いたけれども、催眠という言葉は一切用いることなく単に会話を交わすだけのこともある。ある人と話をしながらその横にいる人に催眠誘導をすることもできるし、講演をしながらある言葉を強調することによって聴衆の中の特定の人物に催眠誘導をすることもできる。またしばしば、あとになって初めて自分が催眠に誘導されていたと気付く人もいる。彼はこのような努力を続けることによって、催眠トランスというものを一人の人間の状態ではなく二人の人間の間の特殊な交互作用と定義し直したのである。このような見方が理解できると催眠をより広い立場から考えることができる。いろいろな場面、特に非常に強力に治療が行なわれているような場面には催眠が存在することが分かるであろう。

　催眠に関する臨床家の先入観は、この催眠の持つ能力を利用することを妨げている。何が催眠であるかということはその時代における思想的背景によって変化することを心に留めておかなくてはならない。治療が宗教的体験と考えられていた時代の催眠は一つの神秘的儀式であった。精神力動論が出現すると催眠は転移現象として考えられるようになった（分析家は治療的政策として催眠は表面的で支持的な治療であるとして無視したり、催眠分析という特殊な変異体に歪曲してしまった）。現在、催眠は再び過度に科学的な吟味の時代を迎えている。そして催眠は存在しないとか催眠トランスでは覚醒

時に比し何らそれ以上のことはなし得ない、従って催眠は何ら特別な状況ではないことを示そうとするたくさんの研究が行なわれている。このような研究は臨床家にとってはほとんど意味がない。なぜなら研究における催眠と治療における催眠は次元の異なる現象だからである。実験室研究で催眠というものは存在しないのだと言っても、催眠は今後も症状に悩む患者との間に有効な関係を作り得る方法として使い続けられるであろう。宗教時代を生き抜いてきた催眠が科学の時代も生き残れないはずはなかろう。次に、条件づけ療法がさらに発展してはやるようになると、恐らく催眠は条件づけ現象として定義し直され、トランスは学習理論によって説明されることになるであろう。

しかし催眠の特異性は宗教体験とか転移関係とか条件づけ過程などではなく、人と人との間の特殊な交互作用と見るところにあり、この視点から催眠は一人の人間がほかのもう一人の人間とコミュニケートする過程として見ることができる。エリクソンの研究は催眠の持つ神秘性を対人関係という枠組みから見ることを可能にした。

このような視点から催眠の特殊な儀式とそのほかの学派の治療者が行なう行為に共通するものを一般化すると、それによって催眠の治療における重要性を説明することができるのである。催眠を有効に用いるときには戦略的な技法が必要となるが、その戦略はほかの治療に見られるものと類似性があり、催眠とそのほかの心理療法には目標、手順、抵抗対処法などに関して、多くの平行関係が見られるのである。

もっとも全般的なレベルから見て、催眠療法家の目標は患者の行動、感覚、意識などを変化させることにある。その次のゴールは患者の体験の幅を広げ、新しい考え方、感じ方、行動の仕方を与えることであるが、明らかにこれはそのほかの心理療法の目標でもある。催眠療法家もそのほかの心理療法家も患者との人間関係を通じて変化を引き起こし患者の能力を広げようとしている。

エリクソンのさまざまな催眠誘導法と催眠治療技法を眺めてみると、形は

変わっていてもそこに見られる一連の手順には共通したテーマのあることが分かる。すなわち行動を自発的に変えることを患者に指示するのである。患者がこの指示に従えば自発的に行動することは不可能なので、これはパラドックスを与えていることになる。すなわち催眠療法家によって2つのメッセージが同時に与えられていて、「私の言うとおりにせよ」と言いながら、その枠組みの中で「私の言うとおりにはするな、自発的に行動せよ」と言っている。患者がこのような矛盾する指示に従うためにトランス行動といわれるような行動を取ることになるのである。

　この矛盾した指示は2つのタイプの指示に分けられる。すなわち、(a) 催眠治療者は、患者にある一点を見つめるとか、手に注意を向ける、あるところに座る、イメージを思い浮かべるといった随意的にできることをせよと指示し、(b) 次に不随意的にあるいは自発的に行動せよと指示する。手を動かすことなく手が動くと指示し、身体の重い感じや筋肉のリラックスあるいはそこに存在しないものを見るとかいろいろな身体現象が生じたり消えたりするなどそのほかにも随意的なコントロール下にないような反応を求める。これと同じような手順は公式的な催眠誘導を行なわない場合にもしばしば見られる。リラックスして何らかの意見や新たな感覚、今までとは異なった思考を持つ、または自発的に何かを経験するよう求められる。催眠者は患者がロボットのようになることを望んでいるわけでもなく、単に自発的な反応を求めているのでもない。ただ指示に従うというのではなく、自立した態度で治療に参加することを望んでいるのである。

　ほかのさまざまな治療法もこのような2つの段階を利用している。治療者はまず患者に自らが自発的にできることをするよう指示し、そして何らかの変化への期待、要求を示す。指示的側面よりも自発的な面を強調する学派もあれば、指示的であることの重要性を唱える学派もあり、どちらの過程を強調するかはその学派によってさまざまである。

　例えば精神分析では、治療者は患者に決まった時間に来院し料金を払い寝椅子に横たわるといった随意的にできることを指示する。それから患者に心

に浮かんだことは何でも語ったり分析のために自発的に見た夢を語らせ「不随意的」な行動をさせる。分析家は患者が言われたことを単にすることを求めてはいない。患者が自発的に独自に反応して参加することを求めている。このアプローチでは自発性が強調されており、指示的な側面は強調されずに治療の枠組みの中で隠されている。

　行動療法でも同じような手続きがとられる。患者は不安場面のリストを作りそれを並べて階層を作り、ある特定の場所に座るといった意識的にできることを指示される。治療者はそれから彼を「リラックスさせ」て「不安にならないように」と指示する。これは随意的にはできないことであり、ただ自然に起らねばならないのである。治療者はまた患者に自己「主張」をさせるために患者をある特定の記憶場面に置くこともある。治療者は患者が指示されたことを単にするのを望んではおらず、彼が不安にならなくなる、あるいは努力せずに自己主張ができるように自然に変化することを求めているのである。

　条件づけ治療者が行なう正及び負の強化の手続きも同じような手段を用いている。治療場面で患者に正の強化、これは患者の行動を指示することなのだが、これによって患者が「自発的」にその行動をほかの場面にまで般化することができると考えているのである。治療者はロボット反応がいつまでも起るのではなく、それは一時的なものと考え、患者が後に独自に正しい反応をするようになることを望んでいるのである。条件づけの治療では治療過程の指示的な側面が強調され、治療者が本来求めている自発的な変化についてはあまり触れない。その変化は「学習」という言葉に隠されている。

　催眠と心理療法の間にはさらなる類似性がある。ともに随意的な関係に基づいている。すなわちこれを嫌がる人に行なうのではなく、そのような治療関係を求める人に行なわれる。しかし被催眠者も患者も、たとえその場面に入ることを自ら進んで求めてはいても、与えられる指示にしばしば抵抗しようとする。催眠にしても心理療法にしても最も大切なことは相手を指示に従わせて十分に協力させ、抵抗があればこれに対応することなのである。

催眠も治療も随意的に行なわれるものであるが、その始めには説得や売り込みをする必要がある。協力すれば何を得ることができ、しなければ何を失うかを強調しながら協力するよう動機づけられなければならない。しかし、たとえ動機づけられてからでも、治療者の与える利益に依然抵抗することがある。催眠での抵抗には主として2つのタイプがある。十分協調しないかあるいは協調し過ぎるかである。

被催眠者が十分反応しないで抵抗するとき、催眠者がこの問題の対処によく用いる方法がある。ミルトン・エリクソンはほかの催眠者よりも抵抗する被催眠者に対処する方法に知恵をしぼった。エリクソンは催眠抵抗を研究しながら、同時に人間の悩みに対処する治療法を発展させていったのである。彼が標準的な催眠を使わないで症状のある患者にアプローチする仕方は、本質的に催眠の抵抗に対するそれと同じである。この類似点を把握できるようになれば、エリクソンの治療技法の多くのことが理論的に理解できるようになるであろう。

症状があるということは定義によって、自分ではどうにもならない、せざるを得ないということを示している。その行動は不随意的である。恐怖症、強迫症状、アルコール依存症あるいは家庭のトラブルは自分ではどうにもならない行動だと言いながら、このような障害が起こり続けている。同様に、催眠を進んで求める被催眠者がしばしば指示に従おうとしない。彼は拒否しているのではなくただできないのだということを暗に示している。彼はまたいま起きていることは自分のせいではないとしながら、逆の反応をすることもある。例えば椅子のアームに置いた手が軽くなって上がると言われると、上げずに「だんだん重くなってきました」と言うかもしれない。催眠という微妙な行動はこのような抵抗に対処して変化を起こすことにあり、心理療法の極意もまたこのような種類の問題を効果的に解決することにある。

抵抗を奨める

手が軽くなると言われた被験者が「手が重くなります」と言うと、催眠者

は「さあ、そこでやめて」とは言わない。そうではなく彼はその反応を受け入れ「よろしい、今度は手が重くなりますよ」と言ってそれを奨励さえする。この受容的なやり方は催眠の特徴であり催眠の有無にかかわらずエリクソンの治療的アプローチの基本でもある。相手の抵抗を「受け入れ」て、それを奨励さえすると何が起るであろうか。相手は抵抗しようとする試みが協調的な行動として定義される場面に置かれるのである。彼は自分の行為が協調として定義されてしまい、これから何をしても催眠者の指示に従うことになっているのに気付く。ひとたび協調すればそれは新しい行動に向け換えることができる。エリクソンがよく使うたとえに、川の流れを変えようとする人の話しがある。川をせき止めて流れに逆らうと、川は彼を押し流してしまう。川の力を受け入れてこれを新しい方向に向け換えさせると川の力は新しい流れを作る。例えば身体的な原因のない頭痛の治療を求められるとエリクソンは、催眠で抵抗に対応するときと同じように頭痛を「受け入れる」。そして頭痛の持つ必要性に注意を向けて、その持続時間、頻度、強さを頭痛が消失するところまで変化させる。

　エリクソンの夫婦療法や家族療法の事例を見ていると、このようにいろいろな治療介入がいかに催眠の原理に関係があり、特に抵抗の奨励に関係があるかが分かるであろう。夫婦や家族に対してエリクソンは一連のアプローチを行なうが、そこでまず彼らが通常取っている行動をわざとやるように指示し、ついで自発的な変化を求めるか、そうでなければ今までの行動を奨めることによる結果として変化が起こるようにする。もし夫婦が絶え間なく喧嘩をして、いろいろ助言を与えてもそれに抵抗するような場合、この「受容的」アプローチでは夫婦に喧嘩をするよう指示するが、その場所、時間など何かほかの側面を変えるであろう。すると得られる反応は「自発的な」行動の変化なのである。

さらに悪い選択肢を与える

　治療者は、患者が自ら新しい行動を始め自分自身の歩む道を選択すること

を求めるが、しかし同時に治療者が重要と思う枠組みの中で患者が変化することを求める。心理療法と催眠療法に共通する問題はいかに患者や被催眠者を指示に従わせながら、同時に自主的に自分自身で決定させ新しい道に踏み出させるかである。

エリクソンがよく用いる方法の一つに、被催眠者にある方向へ進むように仕向けながら、別の方向へ向かわせるというものがある。被催眠者にある方向の反応をさせたいとき、エリクソンが患者に好まない反応を求めると、被催眠者は自分で十分やれるようなほかの選択肢を選ぶ。例えば、被催眠者に健忘の反応をさせようとするときに、彼は被催眠者が忘れたくないような事柄を忘れると指示する。すると被催眠者はそのかわりにほかの事柄を完全に忘れてしまう。それは彼自身が選んだことであるからである。

この問題を論じて、エリクソンは「このような指示のやり方はちょうど『練習』課題の等級のようなもので、患者がやる事柄に等級を与えているのです。その等級の中で患者があまりやりたくないような事柄を一つ与えると、その等級のなかでのほかの事柄を『自発的に』見つけることが期待できます。これは自分にとって良いこと、可能であること、楽しみながらできることを発見させる方法なのです」と言っている。

心理療法家も催眠者も心優しく動機づけられてはいるが、協調しない患者には少し苛酷なことも求めようとする。これには相手が好まないような事柄を計画的にやらせ、相手が何かほかのものを選ぶようにさせたり、また時には脅しや何かもっと悪いものを避けようとして変化するような手続きが使われる。例えば催眠者は「今トランスに入りますかもっとあとにしますか」と言って被催眠者が催眠に入るか入らないかという問題を避け、そこからの出口を与えているのである。被催眠者はトランスに今すぐ入ることを逃れるために「あとで」ということもできる。同じように催眠者は「深い催眠に入りますかあるいは浅い催眠にですか」ということもある。すると、被験者は深いトランスを避けるため浅いトランスを受け入れることができる。このときもし、浅いトランスより難しい選択肢（すなわち深いトランス）が与えられ

ていなかったら浅いトランスを選ばなかったかもしれない。

　エリクソンは問題を放棄するよりは持ち続けようとする患者にいろいろな方法で厳しく迫る。その中には患者が望む以上に症状が発生するような日は、朝2時に起きて運動をするというような心優しい苦行もある。また時にはエリクソンは「気をそらす法」を変化を引き起こすための苦行と組み合わせて使うこともあるが、これは典型的な催眠技法である。

メタファーによるコミュニケーションで変化を引き起こす

　被催眠者が指示に抵抗したとき、それに対処する一つの方法は類似したこととかメタファーでコミュニケートすることである。もし被催眠者がAに抵抗したら催眠者はBの話をする。AとBがメタファーとして関係があったら、被催眠者はこれを「自発的」に結び付け適切な反応を取ることができる。複雑な催眠誘導ではこの類似性を言語的にも非言語的にも伝えることができる。催眠者が被催眠者の手が軽くなって上がると暗示しながら頭を上げたり声を上げたりするのは、手の動き方をメタファーで伝えているのである。被催眠者はその空間的な変化や声の変化に反応するのである。これまでに催眠誘導を受けたことがある被催眠者に対して、催眠者が「自発的」にトランスに入ることを求める場合、催眠者はこの部屋や状況が被催眠者がかつて催眠誘導された部屋にいかに似ているかということを話し始める。すると被催眠者はこの類似性に反応して、彼がかつてのほかの部屋や場面で引き起こしたのと同じ行動を起こし始めるのである。同様に、もしほかの催眠者に催眠されたことがある場合は、その人のことをメタファーとして語ることによって、被催眠者は全く強いられないで催眠に誘導されるのである。この類似性やメタファーによる催眠アプローチは抵抗する被催眠者に特に有効である。なぜなら、自分が今受けていることを意識的に知らない暗示に対して抵抗することは難しいからである。

　ミルトン・エリクソンはメタファーの達人である。彼が被催眠者の話を聞き観察をするときも、それに反応するときも、常に人々の交流に見られる多

重メタファー的メッセージを使っている。彼は人々が意識的、理論的なコミュニケーションを行なうのと同じようにメタファーでも容易にコミュニケートできる。患者に与える彼の指示は単純明快ではなく、患者の問題に関係の有りそうな類似性を含んだものである。公式に催眠を使っていない場合に彼が用いるメタファー的アプローチは、患者の意識の外で与えたメタファーによる暗示について、彼が長年にわたって行なってきた実験と明らかに関係がある。

　一つの典型例としてエリクソンが性的関係の悩みを持った夫婦を治療していて、しかもそのことを彼らが直接に言い出さないようなとき、彼はメタファーでこの問題にアプローチする。そこで性的関係に類似した日常生活の事柄を何か取り上げ、それに変化を起こして性的関係に変化をもたらそうとする。例えば夕食の話題を取り上げる。そしてそれぞれの好みを聞き出す。妻が夕食の前には食前酒をたしなみたがるのに、夫は肉とじゃがいもに直行したがるというようなことを話題にしたり、あるいは妻は静かにゆったりと食事をするのを好むのに夫は急いで食事を終えようとする。もしエリクソンの言っていることを二人が性的な関係に結び付けはじめたら、エリクソンは「大急ぎで」何かほかの似た事柄に話しを移していく。彼は、二人にとって満足できる楽しい夕食をと指示を与えて、会話を終える。もしこのアプローチが成功すれば、エリクソンが注意深く目標を設定したとは二人は気付かないで、より楽しい夕食からより楽しい性的関係に移ることができるのである。

　エリクソンがメタファーでの事柄を受け入れようとする傾向は、言葉のやりとりでなくメタファーで生活する人にも適用される。このような生活の仕方はよく分裂病者に見られる。エリクソンは分裂病の大切なメッセージはメタファーであると確信している。例えばエリクソンがウースター州立病院の勤務医であったとき、自分をイエス・キリストであると主張する若い患者がいた。彼は救世主として部屋の中を歩き周り、肩にシーツをかけてほかの患者にキリスト教を強制しようとしていた。エリクソンは病院の庭で彼に近づき「君は大工としての経験が有ると思うのだが」と言った。患者は、有ると

しか答えることができなかった。そこでエリクソンは患者を本箱を作る特別プロジェクトに参加させ、彼の主張を生産的な労働へ移し換えたのである。

同じくこの病院でのもう一つの症例に、財産をなくしてすっかりふさぎ込んでいる有能な工員の治療がある。彼は毎日泣き続けながら両手を胸から前へ突き出したりひっこめたりしていた。エリクソンは「君は人生の浮沈を経験した男だ」と言って手を前後ではなく上下の運動に変えさせた。それから作業療法士のところへ連れていって協力を求めた。そして、「両方の手にサンドペーパーをつけて、その間に粗い表面の木を挟ませてください。そしてその丸太をサンドペーパーで磨かせてください」と言った。男は建設的なことをやり始めてからは泣くのをやめた。それから木工作業をやるようになり、チェスのセットを彫ってこれを販売した。症状は十分改善し、外泊できる程度までになった。退院後1年で、彼は不動産で1万ドルを儲けた。

エリクソンは患者とのコミュニケーションにメタファーを使うが、ほかの治療者とはっきり違う点は、彼がメタファーの意味することを患者に「解釈」して押し付けたがらないことである。彼は「無意識」のコミュニケーションを意識的なものに翻訳しない。患者がメタファーの形で言う場合は、エリクソンもメタファーで返す。たとえ話や行動や指示を使ってメタファーの領域で変化を引き起こそうとつとめる。もしそのコミュニケーションを解釈してしまうと深く速やかな変化の起こることが妨げられると感じているようである。

彼が解釈を避けるのは言葉だけでなく身体の動きに対してもそうである。エリクソンは非言語的行動を鋭く観察することで有名である。しかし、彼が受け取る情報は言語化されない。例えばある患者が治療者に向って、「私は夫が好きです」と言ったが、そのとき彼女は手で口を抑えた。治療者は解釈をして手で口を覆ったのだから、自分の言葉を保留したいに違いないと彼女に言った。彼は彼女に自分の「無意識」のしぐさを意識化するのを手伝っていたのである。エリクソンならばそのようなコメントは決してしないで、この女性の身振りを完全に妥当なコミュニケーションとして受け入れるであろ

う。メッセージを違った形のものに翻訳することは不快でもあり礼を失することでもある。もっと悪いことには途方もなく複雑な言葉を単純化し過ぎてしまう。無意識的コミュニケーションの「洞察」解釈は通常、シェークスピアの演劇を一つの文に要約するのにも似た馬鹿げた還元なのである。

　エリクソンは治療技法だけではなく情報を集めるのにもメタファーを使う。例えばある日、訪問者のいるところで幻肢痛のためにやってきた一人の患者と話をしていた。この71歳の患者は屋根から落ちて腕にひどい傷害を受け腕を切断しなければならなかったのである。彼は術後何年ものあいだ失った腕に痛みを感じ、さまざまな治療を受けたが治らなかった。ついにエリクソンの治療を求めてフェニックスまでやってきたのである。この痛みの回復について話をしているとき、彼は2人の兄弟の名を挙げた。エリクソンは後に訪問者と語ったとき、患者は一人の兄弟についてしか話さなかった、とコメントした。恐らく彼にはしゃべったことのない家族がいたのであろう。またエリクソンは、この患者が結婚を2回以上したかもしれないようなことをぼんやりと表現した、とも言った。訪問者が、なぜエリクソンがその患者に家族のことを聞かなかったのか、と尋ねるとエリクソンは答えた。「この男は27年間床張りをして生計を立ててきました。大抵の男ならそのような仕事は15年も続かないでしょう。しかし彼はその2倍も続けたのです。もし私が彼の家族背景についてもっと知りたいと思ったら、私は砂漠を車で走るシーンから話し始めるかもしれません。砂漠の中で少し高くなったところを車で一周する情景を話すでしょう。この小高い場所を走りながら、突然寂しそうな一本の硬木を見ます。木の枝が一本折れていて、これは恐らく小高い場所では風が強く吹くからでしょう」

　「私はこの男の職業的な経歴から『硬木』のイメージを使います。枝が1本折れた硬木なのです。恐らくこの小高い場所では風が強く吹くからです。それから私はこの硬木の周りに生えているメスキートの藪の話をします。木が1本だけ立っているわけでないので、私は彼の家族について何か分かるはずです。『もし私が、その木の最後の葉であるならどうするだろう』」

この情報の収集の仕方に戸惑いを覚えた訪問者が、どうして単純に家族のことを聞かないのですかと尋ねると、エリクソンは「兄弟、両親のことを尋ねると、相手の教育レベルに匹敵するような社会的な枠組みにその人たちを入れて話すでしょう。しかし、これを間接的に聞くと得られる情報は違ったものになります。孤独な硬木にあの折れた枝があるのです」。エリクソンはこのイメージを楽しんでいるようであったが、それは恐らく身体的ハンディキャップと超人的な格闘をした彼自身が砂漠の一本の硬木のようであったからだろう。彼は続けた。「私が草丈の高いメスキートと低いヤマヨモギを探す話をすると、男は孫やそれよりは年長の家族のことを話すでしょう」

再発を奨める

　患者が改善しているとき、特に改善が早過ぎるとき、エリクソンは再発することを指示する。これはほとんどの治療技法に見られない異常なやり方に見える。しかし、催眠での抵抗を見るとこのやり方は理論的に理解できる。

　催眠でよく遭遇する問題の一つは協調的過ぎる被催眠者である。被催眠者があまりにも早く全ての指示に従うことがあるが――時には指示を全て予期していることがある――一体起こるべきことの責任は誰にあるのか分からなくなることがある。このような被催眠者はある時点で協調的であることをやめ、「私はこれが効くとは思えない」と言うことがよくある。催眠の歴史の中で培われた知恵では、このような抵抗は「挑戦」によって対処される。催眠者は被催眠者に抵抗するように挑戦する。これは被催眠者に協調に失敗することを求める一つの方法である。例えば催眠者が「目を開いてごらん。開けませんね」と言う。これはそれとなくあるいは直接、挑戦が被催眠者に抵抗することを強制して、そしてそれができないことを認めさせるのである。

　あまりにも早く改善する協調的な患者に対して、力動的精神療法では症状の改善を抵抗あるいは健康への逃避と解釈したがる。力動療法家のこの考え方は、症状が迅速に改善することはあり得ないとする考え、また早い改善を過度の協調と誤認することからくるが、解釈そのものが挑戦として働く。

エリクソンは解釈よりは指示的な挑戦によって対処する。患者が協調的過ぎたり、あまりにも早く回復すると、再発して治療に失望を示しやすい。これを避けるためにエリクソンは改善していることは認めるが、患者に再発するように指示する。患者がこれに抵抗し得る唯一の道は、再発しないで改善し続けることである。エリクソンはこのようなやり方を患者に理解できるようにいろいろと説明をしている。奥ゆかしいやり方としては、患者に「家に帰ってあなたがこの症状を治すため初めて来たときと同じくらいの不快感を体験してください。あなたが回復と救済を求めてやってきたときから起きた変化を見てほしいからです」と言う。これが効果的に行なわれるとちょうど挑戦が催眠反応を引き起こすように再発の指示が再発を防ぐのである。

挫折させて反応を奨める

抵抗に対処し反応を起こすことを奨め、相手に「自発的に」治療に貢献させるもう一つの技法はエリクソンの催眠と、催眠に関係がないように見える彼の家族療法によく見られる。被催眠者が部分的にしか反応しないとき、エリクソンは催眠者に反応をむしろ抑えることを奨める。すなわち、被催眠者にある行動を取るように指示し、その行動を取り始めると催眠者はその反応を中断させ、ほかのことをさせるのである。そして、もとの指示に返ると被催眠者は一層反応するようになる。それは反応に対する準備ができていたのに挫折させられたからである。

エリクソンはこれと同じやり方を家族療法にも適用している。家族全員と面接していて、そのうちの一人がいくら奨めても口を開かないことがある。これは反応を奨めれば奨めるほど反応しなくなる被催眠者と形の上では同じである。エリクソンは家族面接におけるこういう問題にその人物が話すことを禁じることによって対処する。

これに関連したやり方で、非協力的であった夫に「自発的に」妻の治療に同伴しようと思わせるエリクソンの方法がある。夫が面接を拒絶すると、エリクソンは妻とだけ面接をする。そして面接で常に夫が反対するであろうと

思われることを言い、「ご主人は恐らくこのことには賛成するでしょう」とか「ご主人がどれほど理解できるでしょうかね」などと言う。妻からこれを聞いて、医師が自分をどんなに誤解しているかを知った夫は、自主的にエリクソンの間違いを正すために自分の予約を取れと妻に言い、かくして治療に出てくるようになるのである。

空間と位置を利用する

催眠のもう一つの特徴は空間見当識についての考えである。被催眠者が空間と時間の見当識を失う能力があることは時間と空間は自覚的なものとして考え得ることを催眠者に教えていることになる。ある部屋に座っていながら別の部屋にいると思うことができたり、ある部屋に座っている自分を部屋を隔てたところから見ることができるとか、時間が別の時間であったり催眠者が別の人物であったりと感ずることもできる。経験によって催眠者は人間は視覚や聴覚刺激によって自分の位置付けをしており、これらの刺激を変えるとその人物の見当識を変えることができることを知っている。

エリクソンは明らかに彼の催眠的背景によって家族と面接をしていて、空間の位置付けを変えると、いかに各人の行動が変わるかを意識している。彼はほかの家族療法家に比し、家族のメンバーを違った椅子に座わらせたり違った組み合わせで面接室に入れることが多い。彼が言うには「家族面接で彼らを同席させて面接しますが、そのうちの構成者を部屋から出したり入れたりする自由を私は持っています。家族が面接室にいるとき私は何気なくお父さんはあの椅子、もちろんお母さんはあっちの別の椅子、妹がここ、弟はこっち、というようなことを言って出発点を決めます。それからいろいろなことを言いながら家族を地理的に位置付けます。各人が面接での空間的場所を持つのです。だから私は彼らに話し掛けるときはある一つの空間に話をします。するとほかの人が聞きます。一人が私に話し掛けるとほかの者が聞いています。空間的な仕切りによってほかの者が会話の中に無理に入ってくることを防ぐことができ、またほかの人に客観的に眺めざるを得ないようにさせ

ます』

「誰かを室外に出すとき——例えば母親と子どもを——私は注意深く父親を彼の椅子から母親の椅子に移します。子どもを出すときには母親を子どもの椅子に少なくともしばらくのあいだ座らせます。そして『息子さんが座っていたところに座っていると彼のことをはっきり考えられるでしょう』というコメントを時にします。『ご主人の場所に座っていると、恐らく何か私についての彼の考えが分かってくるかもしれませんね』などと言います。家族全員の面接を続けているうちに、私は母親の椅子であったところが、いまは父親の場所であるというふうにします。家族群はそこにあるのですが、配置変えがされていて、それは家族が変化したあとのあなたの位置なのです」

　この空間的な方向付けは催眠の考えを彷彿とさせるだけではなく、エリクソンの催眠法に特に関係が深い。彼が家族の治療をするときに考える手段は、まず人物を位置によって決め、彼が変化するようにその位置を移す。同様に被催眠者の抵抗に対処するとき、彼はさまざまな方法でその抵抗を受け入れ、そしてそれを地理的な位置付けによって分類する。例えば「あなたは、あの椅子に座っていると非常に抵抗が強くなりますね」というようなことを言い、ほかの椅子に移させ、抵抗をそれまでの場所に置いてこさせるのである。

プラス面を強調する

　19世紀の終わり頃、「無意識」という概念は2つの流れに分岐したように思われる。ジークムント・フロイトは無意識は不快な力から成り立っていて、これが意識の中に侵入しようとすると強調した。彼の治療法は、意識的論理的な自覚の外にある意識を信頼しないところから始まった。もう一つの流れは主として催眠研究者によるものでこれは無意識にプラスの力があることを強調する。無意識は個人にとって最善であることを実行する力を持つので、催眠者は無意識が個人の生活の中に顔を出すことを奨めたのである。エリクソンもこの後者の考え方に沿っていて、催眠療法でも家族療法でも個人の行動の中のプラス面を強調する傾向があった。これは一つには人には成長への

自然の欲求があるという彼の信念と、もう一つには治療者がプラス面を強調すれば患者からの協調が得やすいという考え方に基づいている。解釈によって陰性感情や敵対行動をあらわにしようとする力動心理療法家とは異なり、エリクソンは変化を引き起こすのに人々の行動をプラスの面から評価し直した。彼は決して問題を過小評価するのではないが、その問題の中に個人や家族の機能を改善するのに利用できる側面を見つけ出そうとする。無意識には敵対的なものがあってそれをあらわにせねばならぬと考えるよりは、個人の成長のために開放されねばならないプラスの力があると彼は考えたのである。夫婦や家族の治療をするとき、彼は決して互いの不幸な対応の仕方に注意を置かず、そこに価値ある関係の側面を発見しそれを成長させたのである。このプラス面の強調は催眠の経験から直接由来するもののようである。

種をまく

催眠誘導においてエリクソンは「種をまく」、言い換えればある考えを与えておいて、後にその上に治療過程を築づいていくやり方を好んで行なう。彼は何かある催眠反応を起こさせようとするとき、治療の始めにその考えを強調しておいて反応の出発点を設けている。同じように家族療法でも、情報を集める段階である考えを強調しておくと、適当な状況が得られたときその考えの上に治療を構築していくことができるとエリクソンは考えている。このようにして、彼の催眠法と心理療法には連続性があり、新しいものが導入されるときも常に彼が既に行なったことと結びつけるような枠組みで与えられるのである。

わずかな変化を拡大する

エリクソンの催眠治療にはまず小さな反応を引き起こし、それを目標に達するまで拡大していくという特徴がある。彼はよく催眠者に、大きな目標をあまりに早く達成しようとせず、被催眠者が差し出したものを受け入れてそれを拡大していくべきであると注意していた。小さな変化を得て、それを拡

大していくというこの考えは、エリクソンの家族療法の特徴でもある。もし変化が非常に重要な側面に起これば、小さくともシステム全体を動かすことになる。エリクソンはこれをダムの穴にたとえている。ダム構造の全体に変化を起こすのにそんなに大きな穴は必要ないのである。

家族療法では、あるパターンが繰り返し現われ、それゆえに安定しているようなシステムを変えることにますます注意や努力が向けられている。これには2つのやり方が適当であると考えられている。一つは家族が違ったパターンに形を改めざるを得ないように、システムを不安定化する危機を家族に導入する方法であり、もう一つはシステムのある面を取り上げてそれを少し偏らせ、システムが崩れて新しいパターンの組み合わせに再編されるまで拡大していく方法である。エリクソンは変化を引き起こすために危機を導入することもあるけれども、ほかの治療者よりは、小さな偏りに影響を与えて大きな変化が起るまでそれを積み上げていくことを好んだ。このやり方は被催眠者の反応を拡大していく彼の方法の特徴のように思われる。

健忘と情報の制御

何が変化を引き起こすのかについての考え方は家族療法の学派によっていろいろである。そして、それによって治療法も異なる。例えば、感情を表出させ、洞察を得ることが変化を引き起こすと信じる治療者も珍しくなく、家族メンバーに互いに自分の感情を表出させ、なぜそのような行動を取るかは過去の影響を受けたものであると理解するよう援助する。またしばしば、心の中にあることは何でも言えるように家族メンバー間のコミュニケーションの自由な流れを促進させようとするものもある。エリクソンの家族療法にはそのような傾向はないようである。感情や理解に注意を向けたり、自由なコミュニケーションを奨励したりすることもあるが、それは特別な場合に限られる。彼はまず、家族メンバーに個々に面接し、全員を集めてそれまで聴取した内容また、どのようにそれが語られたかを組織化し、それを特別な目標に向けようとする。妻と面接して何らかの指示を与え、それから夫と面接を

して違った指示を与えることもある。また妻と夫が後に一緒に来院して自由にコミュニケーションするように、別々に指示を与えることもよくある。彼は通常、家族療法の基本原則に従う——すなわち、常に一人ないし一部の人の味方をしてほかの人たちに反対の立場を取ることはしない。しかし、家族システムの中で彼の得た新しい情報を、メンバー間にどのように知らせるべきか注意深くコントロールしながら家族の全てに広げる。

　このやり方はほかの多くの家族療法家のそれとは全く違っていて、一体何に由来するのかと考えさせられる。私はこれは催眠技法に由来すると思う。催眠者として、彼は自分が責任を持って指示を与え、何が起るかをコントロールしようとするだけでなく、多くの催眠者と同じように被催眠者の意識的な自覚をコントロールすることを専門としてきた。彼は人間を2つの部分に分けて考える傾向があり、無意識的な考えが意識化する流れをコントロールする。これが一番はっきりするのは過去の外傷性体験を意識化させるときで、これはエリクソンが初期の催眠療法で用いたアプローチである。彼はまず患者に健忘の訓練をし、外傷性体験の想起に系統的に影響を与えた。外傷性体験が想起され再体験されると、患者はそれに対する健忘暗示を与えられて覚醒する。そして、少しずつエリクソンの独特なやり方で情報が無意識から意識へ移される。時には、その場面状況に対する洞察を与え、それに健忘を起こし、あとになってやっと意識化させることもある。家族メンバーの中での情報をコントロールし、情報によってはメンバー間で与え合うことのできるものもあるが、そのほかの情報はエリクソンの求める目標に達するまで一歩ずつ与える。このやり方は、彼の家族療法のアプローチと形の上では似ていると私には思われる。

解催眠と疎隔化
　エリクソンは家族に連帯性をもたらすことと同様、各人の自主性を達成することをほかの家族療法家と同じく強調した。子どもの問題があると、子どもにかかわり過ぎる親を探し、離れて距離をおくように介入しようとした。

また、問題が思春期の分裂病であるならば、若者が家族と病的にかかわることから切り離し、自分自身の生活に向って動き出すことを強調しようとした。この二人関係でのかかわり、つまり二人の人間が互いにあまりにも強く反応しあってほかの人たちを遠ざけてしまう関係は、催眠者が必然的に体験するもののように私には思われる。催眠者は被催眠者に集中し、催眠者には十分に反応しほかの刺激には反応しないよう被催眠者に求める。催眠者が互いに関係しあう家族メンバーを観察するとただちにあまりにも強いかかわりのある二者関係に気付く。そして、それに対処しようとする。催眠者が被催眠者を覚醒させるときの方法は、強過ぎるかかわりからもっと気軽な関係に人を移すときの治療介入の仕方と関係があるように私には思える。解催眠法は「目を覚ましなさい」とか、数を３つ数えるといった手掛かりや刺激に反応する簡単な出来事と我々は思っているが、催眠者と被催眠者を同時に観察してみると、この過程がもう少し複雑なものであることに気が付く。催眠者は覚醒の手掛かり刺激を与えるだけでなく、自分の行動全体を変えている。身体の動かし方も声の抑揚も変わり、催眠者は注意をほかに向け始める。被催眠者もトランス行動からもっと通常の社会的交流に移行する。被催眠者が覚醒したがらない場合には、トランス様の行動を取り続けるが、そうすると催眠者は催眠でない社会行動を誇張して見せ、被催眠者にもっと距離のある通常の社会的交流をすることを求めるのである。エリクソンは解催眠についての広範な経験をもとに、家族のうちで過度に強くかかわりあう二者間の行動に変化をもたらす方法に影響を与えた。

自己探索を避ける

エリクソンは関係における変化を引き起こすために進んで課題を与えるが、その一方、家族が互いに不幸な関係をなぜどのように持つのかについて理解させることに重点を置こうとしない。行動の原因を推測したりそれを解釈したりしないことが彼の治療の基本である。エリクソンはこれを言葉でははっきり表現していない。しかし、患者に「なぜ」そのような行動をするのかを

理解させようとする治療者は、真の治療的変化を妨げることになると考えていることは彼の治療から伺える。

　力動的精神医学における変化の原因についての基本的な考え方は、人がもし自分自身と自分の行動について理解できれば、彼はつらい症状から開放されるというものである。この考え方は、19世紀の理性的人間の考えから持ち越されたもののように思われる。フロイトは人間というものはそんなに理性的ではなく、むしろ無意識の力を理解すると理性的になると結論した。フロイト理論では抑圧が精神病理の基本原因と考えられ、意識的に洞察することによってその抑圧を取ることが治療の根本であった。患者の言動を解釈し、感情転移による歪曲を意識させることに技法の中心が置かれた。

　精神医学がさらに対人関係を視点に入れるようになると治療の重点は少し変化し、サリバンによって治療の中心は対人関係の問題にあると考えられるようになった。患者が自分の行為を「見る」ことができ、特にそれを過去に「結び付け」ることができると彼は変化し回復すると考えられた。

　後年、個人だけでなく家族全員と面接するようになったとき、治療者の多くはこの同じ考え方をさほど深い考えもなく治療に取り入れた——時にはそのバリエーションとして体験や情緒による気付きがあるとしても、意識的な気付きが変化を引き起こすと考えられた。もし、家族メンバーが自分たちの互いの関係の仕方とその理由を理解することができれば、家族システムは変化する。それぞれの家族メンバーに取り込まれた過去のイメージを発見させるための力動的な解釈をすることもあるし、また対人関係上の問題、特に挑発的行為を発見させるには、よりサリバン的な解釈をすることもある。また、家族メンバーの治療者に対する感情転移や挑発的な行為について解釈することもしばしばあった。

　この数十年、条件づけ療法家が治療的変化についての新しい別の理論を提出した。逆制止法とか計画された強化法による行動変容などは、人間の行動の理由を意識化させることが変化への原因であるという考えには全く基づいておらず、行動の強化を変えることが行動を変化させると考えている。同様

に家族療法の中にも少数ながら、治療者が家族に介入することが変化を引き起こすという考えに基づいて、参加者の自覚とは全く関係がないと考えるものもある。このように、自分の行動の持つ意味とかその働きを理解することなく治療的変化が起こると主張するようになったことは尊重すべきであろう。自分の行動の理由を理解することを援助されるよりは、この方が治療的変化が長続きするようでもある。

　しかし、よく訓練された今日の臨床家の平均的な人は依然、反射的に解釈をしようとする傾向がある。彼は対人行動やシステム理論、強化あるいは体験などを口にするが、治療技法はやはり人の行動の仕方やその原因を理解させることに大きく傾いている。もし、治療で理解に中心を置くことができなければ、大抵の治療者はハンディキャップを負わされたと感ずるようである。行動療法家の治療技法のレパートリーは、ごく少数の条件づけ法や行動変容法に限られている。これからこの本書で示すエリクソンの治療法はもう一つの選択肢である。

　ミルトン・エリクソンは適切な訓練を受けた精神科医であるが、彼は独自の道を歩んだ。彼が訓練を受けた頃、フロイトの催眠反対論のために数世代にわたって若い精神科医がこれを用いることができなかった。しかし、エリクソンはこれを学んで治療に広く使った。催眠を使う臨床家であっても、ほとんどフロイト理論の中でこれを用い、催眠分析を行なって過去の心的外傷や無意識の観念を意識化させようとした。エリクソンもこれを試みたが、やがて捨て全く違った催眠法を発展させた。患者の行動の理由を意識化させる考え方から、治療的変化を引き起こす方法に、彼は考えを移したのである。この変化に従って、彼は伝統的な精神療法を離れていった。

　彼はしかし、それを専断的に行なったのではなく、治療結果を吟味し、それを改善する新しい方法を案出していったのである。彼の今日の治療法は、治療的変化を引き起こすさまざまな方法を、30年にわたって実験した結果によるのである。

　エリクソンが治療で何をするかを述べるよりは、何をしないかを述べる方

が容易である。しかし、症例を示すことはその限りではない。彼の治療スタイルは、無意識過程を洞察することには基づいておらず、対人関係を理解することもなく、転移についての解釈もない。患者のモティベーションを探索することもないし、単なる再条件づけもない。彼の変化についての理論は、もっと複雑である。患者の気付かないところから治療関係にインパクトを与えることを基本としているようであり、行動の変化を引き起こす指示を与えることを考えているようでもあり、コミュニケーションをメタファーで行なうことを強調しているようでもある。

家族ライフサイクル

エリクソンが患者の問題を治療するために考える戦略は、彼の治療の目標を考えなければ十分理解できない。ほかの治療者以上に、彼は患者の人生における「正常」とか日常的な過程を考える。彼は結婚したばかりの夫婦を20年間連れ添ってきた夫婦と同じように治療しない。幼児を持つ家族に、もう家を離れる年齢になった子どもを持つ家族と同じような治療はしない。彼の症例報告の結末は、話が少しでき過ぎているように思えるが、それは彼の治療目標が単純明快だからである。求愛期における治療の成功は結婚を成就することであり、結婚初期の成功は子どもの誕生である。家庭生活のどの段階でも次の段階に移行することは、個人や家族の発展にとって大変重要なことである。本書のアウトラインは、求愛期から老年、そして死に至る家族ライフサイクルに沿っている。各段階での問題を解決するエリクソンの戦略がこのあとの症例報告で示される。家族の発展過程と、家族ライフサイクルのあるステージから次のステージへ移るときに生ずる危機を考慮に入れると彼の治療は最も理解しやすい。

§2 家族のライフサイクル

　人間の情熱が交わされる場は大抵日常の家庭生活であるにもかかわらず、この場の状況を実際に観察し、真剣に取り扱うようになったのはつい最近のことである。家族は時の経過とともに発達していくがその過程が妨げられると人は悩み、精神医学的な疾患に罹ることが次第に明らかになりつつある。しかし、臨床家や社会科学の専門家にとって、日常生活の出来事を重要視することは困難であった。精神医学や心理学では自己同一性、妄想、無意識の力動、知覚の法則などといった問題が注目され、男と女が結婚し子どもを育てる際に生じるさまざまな悩みよりもそれらの方が重要であると考えられてきた。身近な社会的場面が個人に大きな影響を及ぼすことを理解し始めるにつれて、我々は社会的場面状況が時間とともに変化するということと、その過程について非常に限定された情報しか持っていないことに気が付くようになった。

　治療において戦略的アプローチを用いるべきだと主張することは、その戦略が目指す目標は何かという問題を提起することになる。この20年間で我々は症状とか人間の抱える問題の意味について、より広い視野を持つようになった。症状はかつては社会的場面とかかわりのない単に個人の次元での発現ととらえられていた。不安発作やうつ病は個人の状態を表わすものであった。次に、症状は対人関係を反映するもので、親しい仲間との間での何かの戦術的な目的に役立つものという考え方が出現した。不安発作は結婚や家族、仕事や治療者との関係などにおいて機能するものと考えられるようになった。現在ではさらに広い視野が持たれている。それはミルトン・エリクソンの治療から伺える。症状は家族とか、自然発生集団がたどるライフサイクルに乱

れや断絶が生じたときに発生すると考えられるようになった。症状は家族がライフサイクルの次のステージに移行することの困難さの信号なのである。例えば、出産の際の母親の不安発作は、子育て期に移行することの困難さを表現したものである。エリクソンの治療戦略は症状に鋭く目を向けながらも、さらに大きな目標として、もう一度ライフサイクルを動くようにして家族の問題を解決しようとするものである。彼の治療技法の巧みさに目を奪われて、家族についての基本的な考え方が戦略に貫かれていることを我々は見落としがちである。

時とともに発達する家族プロセスの重要性を認めるようになると、直ちに家族ライフサイクルについての情報がいかに少ないかということに気付く。家族を実際に観察した縦断的研究はない。家族成員が生活について質問を受ける自己申告による調査ぐらいはあるが、これは信頼性の非常に低いものであった。我々の持っている情報は悩みを抱えて治療を受けにくる家族についての情報のみで、従ってその前に何があったか、またはそのあとに何が起るかについて知ることもなく、それぞれ違った時期の家族サイクルを観察してきたのである。戦略を進めるために家族の自然な発展過程を知りたいと望む臨床家は大抵この現状を無視し、家族はどうあるかよりも、どうあるべきかという神話の重荷のもとで働いている。

もう一つの問題は文化が変化して家族生活の新しい形態が出現するのに伴い、家族の発達について我々が持つ理解はすぐに時代遅れになってしまうということである。原家族から離れ、両親と子どもだけで暮らす核家族はごく最近見られるようになった。我々が核家族をよく理解し始める頃には、新しい形態の集合家族が出現するだろうし、若者を対象とする治療者は常に時代遅れの概念モデルで考察しなければならない。治療者は危機ステージの認識に役立つ家族の発達過程をよく把握すると同時に、人にはさまざまな生き方があることを認めなければならない。

アメリカの中流家庭の危機ステージについて短く要約することは、問題の全体を見渡すにはほど遠いものであり、階級や文化による相違を無視するこ

とになるが、エリクソンの戦略的アプローチを理解するための背景を提出することになる。ある時点で見る家族の途方もない複雑さは、これを生涯にわたって考えるよりは複雑さは少ないとしても、ここでこれ以上記述することは困難である。それはあとの章で述べられる家族生活の異なるステージでの問題を解決するエリクソンの方法の基本的な枠組みである。

家族サイクルを記述する前に、治療についてのこのような視点への異論もあるだろうし、それへの対応をも考えておくべきであろう。治療の目標がそのような危機を乗り越え家族生活を次のステージへ移行させる援助をすることだと主張すると、一部の臨床家は、それは人々を家族とか家族を形成する社会に「順応」させる方法だと考えるだろう。そのような考え方は単純素朴に過ぎる。なぜならば、個人の自由と成長とは、彼が属する集団やその発展への参加にいかに成功したかによって決められるものであるという事実を見落としているからである。ある人は社会的な孤立を恋愛や仕事に従事している人に比べてより自由と考えるかもしれない。しかし、社会的孤立によって受ける制限を考えればそうではなかろう。

成長的変化を引き起こさずに人を周りに「順応」させる方法には2つある。一つは薬物によって安定させることである。家族がある年齢に達しても、家族が彼を手離すことができないような状況では若者は症状を引き起こす。この時点で投薬はトラブルを防ぐ、しかし若者と家族両方の変化を妨げ、その状況を慢性化させてしまう。もう一つは現在の生活状況よりも幼少期の発達に目を向けさせ誤った感じ方に気付かせることに重点をおく長期個人療法である。例えば、郊外の生活の限られた生活パターンに不満を持っているたくさんの主婦は長期にわたる徹底した分析治療を受けることによって安定化されている。分析はより豊かでより複雑な人生につながるような行動を起こすことを奨励しないで、問題は彼女らが置かれた状況ではなくて彼女らに内在しているのだという考え方を押し付け、変化することを妨げている。

もし治療を個人の人生に多様性と豊かさをもたらすものだと考えるなら、目標は個人を困難な社会的ネットワークの制限と束縛から自由にすることで

ある。症状は大抵とても困難な状況にあって、そこから何とか抜け出そうとしている場合に出現するものである。かつて症状に注目することは「単に」その症状を除去することであると考えられていたことがあった。症状をどう治していいのか分からず、社会場面においてその人を自由に成長発展させるような基本的な変化を起こさずしては、例外を除いて、症状は治らないのだということに気が付かなかったのである。例えば不安発作は人間関係が限られていることから発生するもので、患者の人生にほかの選択肢を探させるように治療者が介入しない限り治すことはできない。

求愛期

　人間家族のまとまった研究はほかの動物の社会システムの研究と同じく、ごく最近始められたばかりである。1950年代以来、人間は草原の獣や空の鳥同様、自然環境のなかで観察されてきた。そして人間とほかの動物の類似点と決定的な相違点がともに明らかになってきたが、このことは人間の陥るジレンマの理解に役立つ。動物との共通点としては求愛、結婚、巣作り、子育て、独立生活への巣立ち、などの発達過程である。しかし人間がより複雑な社会組織を持つことから、家族ライフサイクルに起ってくる問題は種独自のものになる。

　学習する全ての動物は適齢期になると求愛の儀式を通過するが、それには幅広いバリエーションが見られる。匿名の集団で生きる種では、適切な季節にその瞬間に通りかかった好ましい男性とつがいになる。ほかの種ではつがい行動の匿名性がより低く毎年、交尾期になると伴侶に出合うが、ほかの時期にはお互いに結ばれない。また、多くの種は生涯にわたって共に過ごす相手を選び、そして数年にわたり規則的に子どもを産む。例えば灰色雁はつがいになって一生を過ごし、伴侶が亡くなると残されたものは喪に服し、二度と結婚しない。

　人間という種はその複雑な能力によって、どの動物の求愛習慣を取ることもできる。男性は通りすがりの女性（匿名性が高ければより都合が良い）と

も性交することができる。男性は秘密の情事を持ち、性交のためだけに特定の女性と会い、その女性とはほかの機会で全く会わないということができる。また人間は、ほかの種の特徴である多夫または多妻制度を取ることも試みてきた。しかし最も一般的には、男性は人生を通じて一人の伴侶を選び、その人とずっと一緒にいる。少なくともこれは、ここで論ずるアメリカの中流階級の一夫一婦制の神話である。

　人間とほかの動物全てとの決定的な相違点は、人間が唯一、姻戚を持つ動物であるということである。人間の家族では人生のどのステージでも、拡大家族がかかわっている。ほかの種では世代間の連続性がない。両親は子どもを育てるが、子どもはいずれ離れていき、年配の者の助けを借りずに自分で相手を選ぶ。母熊は娘に誰と結婚しろと説いたり、子どもをどう育てるか指導するようなことはしない。しかし人間の両親は自分たちの子どもの結婚相手にふさわしい人を探したり、孫を育てるのを手伝ったりする。かくして結婚は、2人の人間が一緒になるというだけでなく、2家族が結び付き影響を及ぼしあうサブシステムの複雑なネットワークを形成するということになる。

　このような姻戚とのかかわりは、人間とほかの動物との違いを明らかにする上で、人間が親指とほかの指を向かい合わせにできるということや道具の常時使用やより大きな脳を持つ、などよりもより重要であると言える。むしろ人間の大きな脳はより複雑な社会ネットワークに対応するために発達したのかもしれない。また多世代間のかかわりは、ほかの動物でみられない人間の精神医学的問題を生み出したと考えることができる。動物の神経症や精神病は自然界では存在せず、人間が関与した場合にのみ見られるようである。

　人生の大きなジレンマのほとんどは、子どもが青年から大人社会の一員へと移行する時期に現われる。その時期の出来事は社会階層での位置付けに生涯にわたる影響を与える。人生においてこの時期は、専門的な援助が最も必要とされる時期で、この時期での介入の結果はほかのどの時期のものよりも長く続く。

　人間もそのほかの動物も青年後期に入ると大人社会に組み入れられ、少年

のときのように寛大には扱われなくなる。対人関係での地位の確立と結婚相手を探す特定の時期があり、幸いにも人間では少し長い。この重要な時期に自分の領地を確保できなかった動物のほとんどは、社会の中で最も低い階層に落ち、結婚することはない。彼らは辺縁にいる動物となり、他者の領地の境界をうろうろし、領地と地位を得ようとして戦いを挑むならばその領地を支配し、守るために戦う動物の方が、例外なく勝つというルールに立ち向かわねばならない。この落ちぶれた者は、地位を獲得できなかった雄とは結婚する気になるものはないということに気付き、また相手として選ばれなかった雌は、やはり辺縁の動物となって雄に無視され、相手を見つけ地位を獲得した雌たちにいじめられる。ほとんどの種で辺縁の動物たちは守られず見向きもされない。彼らは、自然界の捨てられ者で、集団を守るためのいけにえとなる。その生涯は比較的短く、自分の子孫を残すこともできない。

　人間という種では、辺縁に追いやられた者には専門家からの援助が与えられる、慈善事業・ソーシャルワーク・心理学・精神医学などがそうである。これらの専門家は本来やさしい援助者であるが、同時に社会統制の担い手でもある。やさしい援助者としては、社会的逸脱者が職と結婚相手を得て、社会に役立つ存在になるように助けようと試みるが、統制者としては逸脱者を施設に集めようとする。つまり、領地と地位を獲得した者の迷惑にならないように施設に引き留めようとする。ときとしてこれが逸脱者を援助する方法だとも考えられている。

　ほかの動物に比べると、アメリカの青年の求愛行動についてはあまり知られていない（灰色雁の求愛は半世紀にわたって研究されている）が、時間とリスクの因子がかかわっていることが明らかになっている。若者が求愛行動を覚え、この活動に参加するにはある年齢があって、この過程は延期すればするほど、社会ネットワークで段々と隅っこの存在になっていく。20歳代までにデートを経験しなかった若者が、それまでに求愛行動を何年も経験してきた同年代の人々と接すると、彼は逸脱者となってしまう。それは単に、未経験の若者が異性とどう接していいのか学んでいないとか、正常な身体的反

応を起こすことができないということではなく、彼の社会的行動が適切でないということである。つまり彼が未だこの過程の初期の段階でなんとかやっているときに、彼が求愛に選ぶ相手が既にそのあとの求愛行動を行なっているということなのである。

もし求愛行為が合理的なことならば、問題はもっと簡単だろうが明らかにそうではない。若者が結婚するのは家から逃れるため、お互いを救うため、また単純に恋に落ちたため、子どもが欲しいと希望するためなど、そのほかいろいろな理由からである。2人の若者の初めての出会いが思わぬ結果に発展することもある。人間の青年特有の問題は、家族とも仲間とも同時にかかわることである。家族に適応するための行動が同年代の人との正常な発達を妨げることがある。特にそれは巣立ちの問題である。巣立ちの過程は子どもが家を出て家族の外で親密なつながりを確立して初めて完結する。人間の発達には長期の養育期間が必要だが、これが独立した暮らしに備えるよりも、若者を家から離れさせなくしてしまう。母熊は小熊を木の上に登らせて置き去りにする。人間の親は子どもを自由にさせておけるが、家族組織に永久に巻き込むこともできる。

辺縁に存在するに至った青年の多くは家族やその原家族から十分に解き放たれた上で結婚相手を選び、自分の巣を作るという大切なステージを通過することができない。ある文化では結婚相手選びははっきりと両親の権利と定義されている。しかし結婚にもっとロマンティックな考え方を持つ文化においても、子どもが異性の相手を選ぶことは完全に自由というわけではない。青年があえて家族から出て若い女性と真剣に交際し始めると、両方の両親が決定の過程にかかわってくる。たとえ若者が両親の選択に反対して、腹いせに相手を選んだとしても、その選択は独自のものではなく、両親のかかわりからは逃れられていない。「ノイローゼ的パートナー選び」とかつて考えられていたものは、明らかに家族による決定過程に関係がある。

ここで、治療者からの援助は、青年の自立と成熟を達成させることを目標にした、第三者との関係を提供する通過儀礼となる。これは若者が窮屈な家

族組織から解き放たれ、結婚して自分自身の家族を持つことを文化が手助けする一つの方法なのである。

治療が成功すると若者は自分の能力を十分に発揮できる人生へと移行する。成功しない場合は、個人は社会の隅っこに存在することになる。治療がより思いきった介入——例えば入院や長期治療——を強制すれば、青年期につきものの、自分は「特殊な」人間だという偏見が長く続くこととなる。治療関係が若者の変化を妨げることもあり得る。長期療法は若者の人生にさまざまな歪みをもたらすことがある。例えば両親に経済的な負担を続けさせ、自然な関係ではなく金銭の絡んだ関係に頼らせたり、何でも自分の行為について、いちいちその理由を限られた説明概念で意識せねばならないような青年を作り出す。

治療者スキルが上達すると、もっとはっきりとした治療目標が決められ、治療技法はもっと効果的なものになる。そして問題を抱える全ての青年を一つの治療法に当てはめることはできない、と考える大きな変化が訪れる。つまり、誰もがユニークな状況の中にいるということであって、治療はその状況に従って十分に柔軟でなくてはならないのである。若者の治療は、大抵恋愛や職業にうまく参加できないと感じたときに求められるので、治療援助の目標は設定されている。目標は通常、治療者と患者の両者で決められるが、治療の過程でどちらもが予期していなかった第三の目標が出現することがある。治療者が一人の人間の人生に介入するとき、その結果は決して予測できるものではない。

若者を治療する臨床家にとって注意すべきことの一つは案内役としての十分な知識を持ちながらも、いかに生きねばならぬかといった考えに若者を「順応」させるような、型にはまった視点を持つべきではないということである。例えば、結婚し子どもを育てるのは若者にとって普通のことだが、そういう人生を選ばない多くの人々も非常に満足の行く人生を送ることができる。若者が結婚したい、仕事で成功したい、しかしできないという理由で治療を求めれば、その目標に向かってどのように援助すべきかを知っている必

要がある。しかしそういう道を選ばない場合、ただそれが「一般的な」行動だからという理由で、それを強いることは現実的ではなく、治療を妨げる結果になるかもしれない。幸いなことに、我々のアメリカ文化はまだ郊外の核家族の中流階級の基準に従わないような人生をも十分許容する多様性をもっている。

　臨床家が治療目標を若者の人生に多様性と豊かさをもたらすことと信じるならば、社会に受け入れられているパターンに従うことよりも、ほかの生き方を奨励することを考えるはずである。少なからざる若者が送る閉ざされた人生は、家族からの解放に失敗した結果であるということを臨床家は認識しなければならない。例えば、一部の若者が社会から逸脱した人生を送る理由は、彼らがこれまでと違うライフスタイルを求めるような若い文化に属しているからである。または、落ちこぼれであることが家族内での役割であるからである。彼らは仲間に反応しているのではなく、慣習的な道を選ぶと家庭で起こるであろう事柄に反応しているのである。選択をしたかのように見えても、家族からの巻き込みに無力に反応しているのである。違った生き方をするよう彼らに話し掛けることは、囚人に釈放されたらどうするかと語り掛けるようなものである。目前の若者がもっと充実した興味深い人生を送ることを、何が妨げているかを見極めることは難しく、家族全員と会ってみないと分からないことが多い。

　若者は家族内での理由から結婚を避けることがあるように、不幸な家族ネットワークから逃れようとして早過ぎる結婚に逃げ込むこともある。若者が人生には多様な送り方があることに気付かないまま、家族生活の次のステージにあまりに急いで入っていくことを阻止してやることも臨床家の仕事である。

　求愛期における問題解決へのエリクソンのアプローチは第3章で述べることにしよう。

結婚とその結果

　若いカップルにとってだけでなく家族全体にとっての結婚式のもつ重要性が、若者たちの多くがこれをやらなくなって、かえって明らかになってきた。若者は儀式は不必要と思うかもしれないが、これが関係者同士の新しい関係の形成に役立ち、人生のステージの重要な節目になる。出産、思春期、結婚、そして葬儀は、安定した生活に重要なものとして多くの文化圏で守られている。

　婚前交際中の二人の関係は儀式によって予期できない方向に移行することがある。多くのカップルにとって新婚と子どもの誕生までの生活は大変楽しいものである。しかしそうでないこともある。結婚生活が順調に滑り出す前に苦しいストレスに見舞われて、結婚が破綻し症状を発症させることがある。

　なかには、そもそも結婚した理由により、初めから問題を抱えているものもある。例えば、家族から逃れることがおもな理由で結婚をする者は結婚してしまうと、その理由がなくなったことに気が付くだろう。彼らは逃れたが、それはほかに目的のない結婚への逃避である。結婚を続けるにはそれなりの根拠を見つけなければならない。結婚すれば何かが達成できるというのは現実離れした幻想である。

　結婚という行為の意味するものは人によって異なるが、基本的には若い二人が生涯を通じてかかわり合うことへの同意である。だからこの年齢で安易に離婚するということは、結婚を留保付きの一つの試みとして始めたということであろう。しかし結婚がかかわりである限り、いままでと違った反応を互いにしていることに気付くだろう。彼らは束縛を感じたり、主導権の問題で争ったり、反抗的に振る舞い始めることもあるだろう。また自由に「自分自身であろう」としてパートナーにとって望ましくない行動を取ることもあるだろう。結婚によって夫婦は互いに遠慮から解放される。この無条件の親密性への動きはよいこともあるが脅威にもなり得る。保守的な若者の多くは結婚まで性交渉を行なわないが、このことについて二人の考えが異なると過度の期待と同様、失望と混乱を招くことがある。

夫婦が生活を共にし始めると、親密な関係で二人が暮らしていくために必要な同意をいくつもしていかなくてはならない。原家族や友人との付き合い方、共同生活に伴う諸処の雑事、二人の大小さまざまな相違点などについて同意しなくてはならない。途方もなく多くの問題をそれとなくまたははっきりと解決しなければならない。結婚前に予期しなかったこと、例えばどこに住むのかを決めるのは誰か、夫の仕事に妻がどれだけ口出しすべきか、互いの友人を見定めるべきか、妻が働くべきか家にいるべきか、などなど、ほかにもたくさんある。誰が誰の服を選ぶかなど実に取り止めのない事柄までも含めて、婚前の結婚についての知識と実際の経験とは2つの全くレベルのちがう知識である。

　二人が新しい関係を築くに際して不一致があった場合に、それをどうするか工夫しなくてはならない。始めのうちはほとんどあからさまな口論や批判的な言葉を避けるが、それは新婚のやさしい雰囲気と互いの気持ちを傷付けたくないという思いがあるからである。時が経ちこれまで避けてきた争いの話題が多くなり、いつも喧嘩の危機に瀕していて、なぜだか分からないがお互いにいらいらするような状態に陥る。時には口に出して言えない話題が結婚に組み込まれていく。よく見られるのは一方がささいな問題を口にして、他方が同様にやり返し、これが明らさまな喧嘩に発展するという、これまで間接的にしかやり取りされなかった事柄が明らかになる過程である。このような争いによって予期せぬ感情が起こって恐ろしくなり、互いに仲直りし二度と喧嘩しないと謝ることもある。しかし、また次第に話し合いの難しい問題が積もり、再び激怒と言い争いが起こる。やがて、不一致と問題の解決法を見つけ出す。時には解決自体が十分でなく、次第に不満を募らせて結婚後期にこれが爆発することもある。例えば、自分がこれでよいと思う以上に相手に折れれば、論争は解決されるということに二人は気付くかもしれない。結婚初期では夫と妻は相手を強制するのと同じぐらい、虚弱であることや病気に罹ることによって相手を操作できることを学ぶ。

　新婚夫婦が下す決断の大半は離れて暮らしている原家族で学んだことに影

響されているだけでなく、現在の両親とのまだほどけない関係にも影響されており、これは結婚の避けられない側面でもある。若者はそれぞれに両親への依存状態から独立した大人として両親と関係を持ち、両親に対してこれまでとは違った行動を取っていかなければならない。

　結婚したばかりの二人が下す決断を親の影響から切り離すことは容易ではない。例えば、妻が働くか働かないか、または若夫婦がどこに住むかなどは両親の考え方に影響される。若者は両親の影響下から独立し、自らの領地を確立しなければならない。両親は子どもが結婚したあとは、彼らへの接し方を変えなければならない。過度の親切な援助は、非建設的な批判として若者を損う。経済的支援をいつまでも受けると、その見返りとして生き方を命令する権利が、それとなくまたは明からさまに取り引きされる。金銭を与えることは援助にもなるが有害でもある。そして次のような疑問が浮かんでくる。現金かそれとも贈り物として与えるべきか、夫婦のどちらか一方にそれとも両方に与えるべきか、そのまま与えるべきかそれとも必要ないはずだという批判を込めて与えられるべきか。両親のかかわり方によっては新婚生活が分裂することもあり得るが、それでも通常、何がそんな悪い気分を引き起こしているのか全く気付かないものである。結婚が原家族との軋轢にはまり込むと症状が起こり得る。例えば、夫の母親の結婚生活への侵入を夫が止められないとき、妻はその状況に対応する一つの方法として症状を呈することがある。

　夫婦の中には、原家族から自分たちを切り離して、全く独立した領域を作ろうと試みる人たちもいる。大抵これは成功せず、結婚生活をむしばんでしまうことが多い。なぜなら、結婚という微妙な行動は、自分の身内と感情的なつながりを持ったまま独立を達成することだからである。結婚初期における問題解決の方法を例示した症例は第4章で述べることにする。

出産と子育て

　結婚生活の持つ冒険性の一つは、一つのステージの問題が解決されかける

と、すぐ次のステージが新しい機会を運んでくるということだろう。結婚初期、友好的な生活を共にする方法を工夫してきた若夫婦には出産によって新たな問題が引き起こされ、これまでの問題を未解決のままにしてしまうことになる。多くの夫婦にとってこの時期は、ともに子どもへの期待に胸ふくらむ素晴らしい時期である。しかし中には、いろいろな形の悩みの時期となる夫婦もある。妻が妊娠中にうろたえ、最後まで妊娠を続けられなくなるような不可解な身体症状に悩むこともあるし、出産直後に混乱して奇妙な行動を取り始めることもある。また妻ではなくて、夫または原家族の誰かが出産と同時に何らかの苦悩を見せ始めることもある。

　この時期に問題が生じると「原因」はそう簡単に特定できない。なぜなら、その家族システムで確立されていた多くの事柄が子どもの誕生に伴い修正されるからである。結婚を一つの試みだと考えた若夫婦にとって別居する可能性は少なくなり、お互いに結び付きが深いと思っていた夫婦が子どもの誕生により束縛を感じて、自分たちの結婚の初めの約束がいかに壊れやすいものであるかを知る。

　子どもが生まれる前の二人のゲームは二者間の親密なゲームである。彼らはお互いへの対応のし方を学び、多くの問題を解決する方法を見つけてきた。しかし子どもの誕生と共に、彼らは自動的に三角関係の中に置かれることになる。それは、家族外の人や原家族の誰かとの三者関係ではない。夫婦の相手が、自分よりも子どもに密着していると感じたときに、新たな嫉妬が生まれることがある。夫婦が直面する多くの問題は子どもがスケープゴートになり、新たな問題やこれまでの未解決の問題の口実にされて対処される。別居の危機にある夫と妻は別居などいずれにしてもしないかもしれないのに、子どものために一緒に居なくてはならないと同意することができる。不満を持っている妻は夫とこれまでの問題に向き合わず子どものせいにすることができる。例えば、18歳の精神病の娘を持った母親は娘がいつも自分と夫の間に入ってきたと抗議したことがある。彼女は証拠として娘が生後数カ月の頃、自分が書いた手紙を見せた。それは夫と娘がいつも味方し合って妻をのけ者

にしたことを夫に指摘するものであった。このような形で乳児が三角関係の一部となると、その子が家を離れる年齢が来たときに危機が訪れる。なぜなら2人の間で策略として用いた子どもがないまま、お互いに向き合うことになるからである。子どもが生まれる何年も前から未解決であった問題がそこで復活する。

　しばしば妊娠が結婚を急がせる。この場合、若い夫婦は二人の協力体制で生活することを経験していない。結婚生活が三者関係から始まり、子どもたちが家を離れるまでそのまま続くのである。このような形で強制された結婚が特に問題とならないことも多いが、子どもが結婚の言い訳にされ夫婦や原家族の問題の全ての責任を負わされる。

　子どもの切迫した誕生は2つの家族を出合わせ、両方に祖父母、叔母、叔父を出現させる。訪問の仕方についてなどの単純な決めごとでも、孫の出現によって変更させられる。2つの家族は子どもの命名、養育や教育方法について、どちらの家族が影響を及ぼすかなどについて言い争うかもしれない。原家族は二人の結婚を、子どもが生まれ問題が起こるまでの一時的なものだと見なしていることが多い。何か欠陥のある子どもの生まれる可能性もしくは事実は、家族全員に疑惑の念を引き起こし、家族戦争の攻撃手段として利用されることもある。

　子どもの誕生により、若夫婦は原家族からさらに離れ、自らの家族システム内にかかわっていく。親になると彼らはますます大人として個別化されるが、子どもが誕生すると、原家族を含む全体のネットワークに入れられ、ここで古いつながりが変化して新しいつながりが形成される。

　この時期に何かトラブルが生ずると、その内の誰かに症状が発生する。しかし症状を出している人が、必ずしも治療の対象として適切とは言えない。妻の症状は子どもが生まれることで束縛を感じている夫に対する反応でもあり得る。または原家族内の危機に反応しているのかもしれない。

　若夫婦が子どもの誕生を通り抜けると、こんどは途方もなく子育てに手を取られる。出産のたびに状況が変化し、これまでの問題と共に新しい問題が

浮上する。親にとっての子育ての喜びは、これから複雑な問題に続けてかかわらねばならないストレスによって相殺される。彼らはこの変化の時期に自分の両親の育児法に頼りたくないと思うので、自分たち自身で対処することを学ばねばならない。

　女性にとって特別な問題が浮上するのは、幼児を世話するこのステージである。赤ん坊を生むことは自己充足の一つとして望んでいたものであるが、幼児の世話はフラストレーションの源ともなり得る。成人して能力を開花させることができる日のために教育を受けてきた彼女たちが、大人の生活から切り離され再び子どもの世界に生きていることに気が付く。一方、夫は通常、仕事の世界で大人と付き合うことができ、子どもは自分の生活のもう一つの側面として楽しむことができる。妻は一日中子どもと話して過ごすが、自らを「ただの」主婦とか母親としてしか評価されないと感ずる。心積りしてきた大人の世界へもっと多く参加したいとの思いは、夫に対する不満を募らせ、夫の活動に妬みを感じさせる。そこで妻は、夫に子育ての援助をもっとするよう求め、夫は夫で妻と子どもに負担を負わされ仕事に束縛されていると感ずると、結婚生活は崩れ始める。ときとして母親は、子どもに専念することを必要とするような感情的問題を子どもが持つことを奨励して、子育ての重要性を誇張しようとすることもある。そこでの治療者の課題は、子どもから母親を解放させ、彼女自身のより充実した生活を見つけさせる援助をして、子どもの問題を解決することである。

　このように、子どもの幼児期にも問題が起こるが、最もよく危機の見られるのは子どもの就学のときである。かつて子どもが問題行動を取り始め、登校を嫌がるようになるときよくとられた方法は、個人療法を受けさせながら在宅を許し、子どもが回復し、学校にいく気持ちになることを期待するものであった。しかし子どもはその間に、仲間にだんだんと遅れを取っていったのである。家族療法では、問題が家族か学校、もしくはその両方にあると考えるようになり、子どもを登校させながらその全体の状況を治すことが常識になってきた。この年齢の子どもがしばしばうまく機能しなくなるのは、一

つには家族の複雑な組織の中で起こっていることにもよるが、家族外でのかかわりがより深くなるためでもある。両親間での子育てに関する葛藤は、子どもが家族の外に姿を現わすとき明らかになる。子どもたちが学校へ行くようになるということは、子どもが家を離れるようになり、夫婦二人が向かい合って暮らすことを意味する。

　子どもの件で相談を受ける治療者に、家族構造が最も明らかになるのはこのステージである。家族コミュニケーションパターンは習慣化されていて、そのうちのある構造が、家族外とかかわり始めている子どもにとって当てはまらなくなっているのである。いくつかのタイプの不幸な構造がよく見られるが、それらは全て家族の中での世代間境界の破壊に関係している。最もよくある問題は片方の親、大抵は母親が常に子どもの側につき、もう片方の親、大抵は父親と対立し、父親が子どもに厳し過ぎると抗議し、父親は母親が甘過ぎると抗議する場合である。この三角関係で両親は、お互いから子どもを救おうとし、片方の親がもう一方に対して仕返しをする機会を子どもに与える。この三角関係はさまざまな形で記述されているが、そのうちの有効なものは片方の親が子どもに「かかわり過ぎ」だととらえることである。母親は子どもに援助を与えるが、子どもの対応に憤慨したり挫折感に陥ることがある。父親はより離れた存在で、彼が母親を援助しようと介入すると、母親は彼を攻撃する。すると彼は一歩引き下がってしまい、その結果、母が子どもを効果的に扱うことができなくなってしまう。このパターンは際限なく繰り返され、これが子どもの成熟を妨げ、母親が子育てから解放され、より生産的な人生を送ることを妨げる。このようなパターンが続くと、子どもは両親が直接話し合うことができない問題について、コミュニケーションする手段になる。例えば、結婚生活の中では直接触れることができない父親の男らしさの問題がある場合、父親が息子は十分に男性的だと主張するのに対し、母親は息子が女々し過ぎないかと問い掛けることもできる。すると子どもは母親の主張を支持できるように女性的に振る舞い、そして父親を支援できるように男性的に振る舞うことで彼らに協力する。子どもは性別のよく分からな

いような外見をして、この三角関係のメタファーのような行動を取る。子どもが家族の外で活動し始めると、家族内に出来上がったパターンが脅かされることになるが、子どもの症状は家族がこのステージを切り抜けることが困難であることを知らせる信号となる。

この三角関係は両親が離婚していても起こり得る。なぜなら、法的に離婚してもこの種の問題は必ずしも変化しないからである。一人で子育てをしている母親が子どもを問題として連れてくると、敏感な治療者ならば、離れて住んでいるが未だにかかわりのある夫を探す。治療者の目標は、この家族が構成員の一人を本当に切り離す過程をやり抜く援助をすることである。

片親家族のこのステージにおける典型的な構造問題は、常に母親に反対して子どもの味方につく祖母である。母親が若ければ祖母は母と子どもをまるで姉妹であるかのように扱い、子どもは母親と祖母の世代間の争いに捕らえられる。これは特に貧困層の家族によく見られる[原注1]。中流階級では子どものことで夫ともめたあと、母親は夫と距離をあけ、祖母が彼の代わりにこの争いを続けることがある。

このような家族内世代間の争いは、子どもが家族外のコミュニティーにかかわるような年齢に達したとき初めて明らかになることがある。その時点では、まずまずの成功をおさめる機能を果たしてきた家族パターンは破壊され、治療者は、家族が次のステージに移行する援助の介入を求められる。これらの問題に対するエリクソンのアプローチは第5章、第7章で述べることにする。

結婚中期の問題

大抵の動物は、両親と子どもで構成される家族単位が続く期間は短い。通常、親が毎年子どもを作り、子どもは外の世界へ出て、次の子孫を作る。その間に親はまた、新たに子どもをもうける。人間の場合、親は長年にわたり

原注1) Salvador Minuchin et al., *Families of the Slums...* (New York: Basic Books, 1967)

自分の子どもについて責任を持ち続けなければならない。子どもと長く付き合い続けながら、その関係を子どもから仲間としての扱いに移行させなければならない。最後に親が年を取ると、子どもたちが親の面倒を見始める。このような取り決めは独特で、家族メンバーはお互いの関係性を途方もなく変化させながら長年にわたって適応し続けなければならない。家族内での関係が変化するに従い、夫婦の関係も絶えず修正を迫られる。

　夫婦の問題について語ろうとすると、「結婚」という実体を作り上げることになり、これによって結婚生活に影響を持つ外界の力をすっかり見逃してしまうことになる。夫婦とか核家族または血縁関係システムといった境界線を我々は設けるが、これは議論のために勝手に決めたことである。福祉が貧困家庭にあたえる影響や、会社からの干渉が中間管理職にあたえる影響を検討すると、夫婦の問題は夫婦に注目することだけではその一部しか説明できないことは明らかである。例えば夫が失業し、妻が福祉手当を受けている場合など、この「夫婦問題」には政府からの介入も含まれる。同様に、結婚問題のおもな原因として、義母からの介入や子どもの行動またそのほかいくつかの要因がある。家族とは、構成員間の習慣パターンにおいても発達段階においても、歴史や未来とともに変わりゆく外的要因に対して変化し続ける集団であることを常に心に止めておくことが重要である。

　今日我々が家族について知るように、10年から15年連れ添った夫婦は個人でも夫婦でもまた家族全体でも説明し得るような問題に直面する。この時期、夫と妻はライフサイクルの中年期を迎えている。この時期は、人生の中で最も良い時期であることが多い。夫は仕事で成功を味わい、妻も二人で進めてきた成功を分かち合うことができる。また、妻は子どもから求められることが少なくなるので、より自由に自らの才能を発展させ職歴を高めることができる。二人がかつて経験した問題は時間とともに解決し、人生へのアプローチは円熟している。夫婦関係が広がり、親戚や友人の輪との安定した関係が築かれるときである。幼い子どもを育てる困難は去り、それは子どもの驚くべき成長を共に見る喜びに取って代わる。

臨床家がこの段階の家族を見るのはうまくいっているときではなくて、悪いときだけである。多くの家族にとって、困難なことのあるときである。夫は若い頃の大志を満たすことができないと認めざるを得ないような職業上での地位に達している。彼の落胆は家族全体に、特に妻に対する彼の立場に影響を及ぼす。また逆に、夫が自分で予期していた以上に成功し、家族外で大きな尊敬を味わうのに、妻はかつて彼の重要度が低かったときのような関係を取り続け、そのために怒りや葛藤を引き起こすこととなる。避け難いジレンマの一つは男性が中年に至り地位と身分を手に入れたとき、若い女性に一層魅力を感ずるようになるという事実である。一方、身体的外見をとても気にする妻は、自分が男性にとって魅力的でないと感ずる。

　子どもたちが皆就学すると、妻は自分の人生に何か変化を起さねばと感ずる。余暇が増えると彼女は、例えばキャリアに対するかつての野心を思い出すが自分の才能については自信がない。子どもが彼女を必要としなくなるにつれて主婦であり母親であるだけでは十分ではないとする文化的前提がより問題になる。時に彼女は、自分の人生は家庭で使い捨てられたと感じるかもしれないし、夫が自分の重要性を感じているのとちょうど逆に、自分の地位が下がったと感じるかもしれない。

　このような中年期に至るまでに、夫婦は多くの葛藤を通り抜け、お互への対応にごく決りきった方法を繰り返し行なってきている。彼らは問題を解決したり、問題を回避したりしながら、複雑なパターンの交流によって家族内の安定を保ってきた。子どもが成長し、家族が変化をたどるに従い、以前のパターンが不適切なものとなり危機が生ずることがある。時には飲酒や暴力といった問題行動が許容量を超えるまで集積されることもある。夫婦の片方もしくは両者が、これ以上の悲惨な人生を送りたくないので、もっと年を取る前に、今決断をしなくてはならないと感ずるかもしれない。

　中年期は夫婦に、このまま一緒に暮らすのかそれとも別々の道を歩んでいくかについての決断を迫る。この時期に子どもの在宅時間が減ると、子どもは最後は皆出ていき、自分たちだけでお互いに向き合うようになることを親

たちは認識する。多くの場合、子どもたちのために一緒に暮らすことに同意してきた二人は、子どもの門出が近づくと混乱に向うことになる。

　夫婦がこれまでにいくつもの危機を乗り越えてきたとしても、この中年期には厳しい夫婦間の緊張や離婚が起こり得る。そのほかの時期の家族ストレスは、誰かが家族に入ってくるか出て行くときである。中年期では配役は変らないがある意味で変わる。それは子どもたちが幼年期から青年期へと移行していくからである。青年期の混乱として知られているのは、家族システム内でこれまでの階層を維持しようとする苦闘である。例えば、母親には子どもとしての娘へのかかわり方と女性としてのかかわり方がある。しかし娘が女性に成熟したとき、母親は一貫した方法で娘にかかわることができない。二人の間におかれた父親はその経験に当惑する。息子が青年に成長し、父親が息子を子どもとして、しかしまた大人の男性として扱わなければならないときにも同様の移行が起る。このとき、システムを安定させる方法として、症状が子どもか親に現われることもあるだろう。しかし、目前の問題を夫婦間の苦悩として認識することは、ほかの時期よりも多いであろう。

　結婚の中期の段階で夫婦問題を解決することは、若い夫婦がまだ不安定な状態にあって新しいパターンを模索していた初期の頃に比べると一層困難かもしれない。中年期に至るまでにパターンは固定化され、習慣化しているからである。夫婦は二人の違いを調和させるための方法をこれまでにいろいろと試し、苦しくとも古いパターンに戻るかもしれない。夫婦が結婚生活を安定化させる典型的なパターンが、子どもを通じてお互いにコミュニケーションをとることであるならば、子どもが家を出て、夫婦がもう一度お互いに向き合うときに危機が生ずる。

親の子離れ

　子どもたちが家を出始めると全ての家族が危機の時期に足を踏み入れることになるが、その結果はさまざまなようである。結婚生活は混乱へと投げ込まれるが、子どもたちが離れるに従い次第に収まり、両親は夫婦としての新

しい関係を築く。彼らは自らの葛藤を解決することに成功し、子どもたちが配偶者を見つけたり仕事を見つけることを認め、祖父母になるための変化を起こす。片親しかいない家族では、子どもを失うことは孤独な老年の始まりと感じられる。しかし、この喪失は乗り越えられなければならないし、新しい興味も見つけなくてはならない。正常の過程の一部として、両親がこの時期を通過できるかどうかは、ある程度その厳しさと、またある程度はこの重要な時期に援助者がどう介入するかによっている。

多くの文化で、子どもを新たに社会へ巣立つ大人として認める儀式によって、人は子離れをしたり親離れをしていく。このような通過儀礼は子どもに新たな地位を与え、それ以後は、これまでとは違うかかわり方をすることを両親に求める。アメリカ中産階級には、そのような明らかな区別は見られない。この文化は、この時点から青年が独立した大人であると知らせる方法を持たない。高校卒業は一部この目的を果たすが、そのあとも継続的な親の支援を得て大学へ進むためのステップでしかないことが多い。結婚でさえ両親が支援し続ける場合には、明確な分離もなく親離れ子離れ完了の儀式でもない。

両親間の混乱は長子が家を離れたときに現われることもあるし、子どもが一人ずつ離れるごとに次第に悪くなることもあるし、また末子が出て行くときに起ることもある。子どもたちが一人ひとり出て行くことをこれまで問題なく見守ってきた両親が、ある特定の子どもがその年齢に達したとき、突然困難を感ずることもよくある。このような場合は、その子どもが結婚生活の中で特別重要な存在であったことが多い。両親が互いのコミュニケーションをほとんどその子どもを通じて行なっていたり、または両親が最も負担に感じていて共に心配し面倒を見ていた子どもであるかもしれない。

この時期に出現する夫婦の問題は両親がお互いに話すことも分かち合う何ものもないことに気付くことである。もう何年も子どものこと以外話をしていない。そこで夫婦は、子どもが生まれる前に言い争ったと同じ問題について、また言い争いを始めることもある。子どもの誕生によってその問題は解

決されないまま放置されていたため、再び問題として持ち上がるのである。この葛藤は別居や離婚に発展することもあるが、それを見るものにとっては長い結婚生活のあげくに起きた悲劇のように思える。そして葛藤が激しいと、殺人や自殺企図が起こる危険もある。

人々が、最もよく10代後半や20代前半に発狂する——つまり分裂病になる——ことは偶然ではないようである。この年齢は、子どもたちが家を出ることを期待され、家族が混乱している時である。青年期分裂病及びそのほかの重篤な障害は、人生のこのステージで家族に起ることを解決しようと試みる極端な方法であるととらえることができる。子どもと両親が分離することに耐えられない場合、子どもに何か問題が起れば分離の危険は阻止される。社会的に失格させるような問題を起こすことにより、子どもは家族システムに残ることになる。両親は子どもを心配事や不一致の原因として共有し続けることができ、子どもなしではお互いにかかわる必要がないことを知る。子どもは両親との三者による闘いに参加し続けることができ、問題を起こしたことについて許しを乞うために、自分自身と両親に「精神の病」を示すのである。

両親が青年を問題として治療者のところへ連れてくると、治療者は彼に注目し、個人療法をしたり入院させることができる。これを実行すると、両親はより正常で子どものことを悩んでいるように見え、子どもはより偏った行動を見せる。専門家がやったことは、子どもに「患者」というレッテルを貼り、治療することでこの家族を発達のこの段階に凍結してしまう。両親はお互いの葛藤を解決したり、次のステージに進まなくてもすむし、子どもは家族外の人と親密な関係に入っていかなくてもすむ。一度このような手配ができてしまうと、子どもの症状に改善が見られるまで状況は安定する。もし彼がより正常になり、結婚したり、自立しろと脅されるようになると、家族は再び子離れのステージに入り、葛藤と紛争が引き起こされる。この新たな危機に対する両親の反応は、子どもの治療をやめさせるか再発ケースとして再入院させることである。そしてもう一度家族は安定する。この過程が繰り返

されるにつれ、子どもは「慢性化」する。治療者はこれを子ども対両親の問題ととらえ、犠牲となった子どもの味方になるので家族に一層の困難を作り出すことになる。同様の視点から、病院の医師は、若者に家を出て二度と家族に会わないように助言する。このアプローチは必ず失敗する。子どもの症状は悪化し、それは慢性の経過をたどる。

　子どもがいかにして両親から離れ、家を離れるかについて我々は余り知らないが、子どもがいずれの両極に行っても失敗するように思える。家族を離れ、二度と会わないと誓うと、彼の人生は大抵悪い方向へと進む。といってアメリカの文化では、彼が両親とともに暮らし、自分の人生をコントロールさせると、それもまた悪い方向へ進む。子どもは家族から離れなければならないが、家族とかかわり続けなければならないのである。大抵の家庭はこのバランスをうまくとるが、これが現代の家族療法家の求めるものなのである。

　青年のケースを扱う家族療法家は、子どもを問題と見ず、それよりも家族の状態全体が問題だと考える。治療者の目標は、子どもと家族の間に理解と一体感を生じさせることではない。それよりも、子どもが大人世界に参加するよう変化させ、両親が子どもや配偶者に対する異なった接し方をすることを学ぶように、家族にかかわりながら通過儀礼として機能することである。もし、治療者が子どもの分離で持ち上がった葛藤を解決すれば、子どもは症状を示さなくなり自由に自分のやり方で成長する。

　若者が家を出て自分の家族を作り始めると、両親は祖父母になるという人生における大きな変化を通らなければならない。子どもたちによる適正な夫婦儀式を通り過ぎていなければ、両親はこのステップを受け入れることがほとんどか全くできていないこともある。彼らは良い祖父母になる方法を学ばねばならないし、子どもたちの人生に参加するためのルールを考え出さなければならない。二人だけの世帯で暮らしていくことをやらねばならないのである。この時期にまた、自分たちの両親の死とその悲しみに直面せねばならないこともある。

　我々が知っている家族の一つの側面は、困難が持ち上がってもそれが解決

されていく自然過程である。その例が孫の誕生である。ある母親が冗談でこんなことを言った。子どもをどんどん産み続けたのは、いつまでも末子を甘やかさなくても済むからです、と。母親は末子にかかわり過ぎて、その子が独立した人生を歩もうとするときに彼を手放すのに困難を感ずることがよくある。もしこのとき、上の子が孫を作ったら、その誕生によって末子から解放され、祖母になるという新しいステージに入って行くことができる。このように自然過程を考えると、世代間での互いのかかわりを続けることの重要さに気付く。もし若者が両親と絶縁すると、自分の子どもをその祖父母から奪い、両親にとって自然のステージを乗り越えて行くことを難しくする。これらの変化のときに起こる家族の崩壊を見ると、我々が理解し始めているような複雑な様相で各世代は互いに依存しあっていることを発見する。家族生活における連続性の重要性についてのエリクソンの考えは、第8章で述べられる若者と両親の遊離と再結合の問題を解決する方法に最も明らかである。

定年退職と老年

　夫婦が子どもたちを解放することに成功し、子どもたちとのかかわりが減ると、夫婦は夫の定年退職まで続くことになる比較的調和のとれた時期を迎えることが多い。しかし、定年退職後は四六時中互いに顔を合わせることになるので複雑な問題が引き起こされることもある。夫の定年退職の時期に妻がひどい症状を発症させることも珍しくない。このときの治療者の目標は、問題を妻のみのものとして扱うのではなく、夫婦をより暖かい関係へと進めてやることである。

　個々の老人の情緒的な問題にはさまざまな原因があるが、まず考えられる可能性は誰かを保護することである。例えば、妻が目を開くことができなくなって、それがヒステリー性のものと診断され、病因として彼女と彼女の人生段階が強調されたとする。家族療法の視点からは、彼女の障害は夫が危機を乗り越える支えとなる方法としてとらえられる。夫の退職に伴って起こる問題は、活動的で有意義な人生から彼の目には不要物の棚と映るところへ退

けられることである。妻が問題を起こすと、夫は何か重要なこと——彼女を助けること——をすることができる。妻を医者から医者へと連れて行き、たとえ目が見えなくても妻が生活できるように生活状況を手配し、極めて保護的に振る舞う。これが夫の問題に関係していることが明らかになるのは、妻が改善すると夫が抑うつになり始め、彼女が再発すると彼の元気がでるときである。はっきりとした問題が家族生活で持つ援助的な機能は、夫婦が晩年になって二人しかいないときにも同じく重要である。

　もちろん時が経ち、夫婦の片方が亡くなると、もう片方は一人で生き、家族とかかわる方法を見つけることをよぎなくされる。老人が有効な働き場所を見つけることができることもある。彼は時の変化により、まれに不必要になることがあり、老人たちは若い世代の活動に関係のないものととらえられる。この段階で、家族は老人の世話をするか、もしくは誰かが世話をしてくれる施設に老人を追いやるかという難しい問題に直面しなければならない。これもまた一つの危機で、そう簡単にやりこなせるものではないことが多い。しかし、若者がどのように老人を世話するかは、家族サイクルが終わりなく続く限り、若者が年を取ったときに、いかに世話をされるかのモデルとなる。

§3 求愛期：青年に変化をもたらす

　若者たちが青年期を終えて成人期に移ると、複雑な社会のネットワークに入るが、そこではさまざまな行動が求められる。その最初の課題は、求愛行動がうまく取れるかどうかである。その冒険で成功するには多くの要因が関与する。自分の無能さを克服しなければならないし、同世代の人たちと交流できなければならない。また自分の属する社会のネットワークで十分な地位を築かなければならないし、生まれ育った家族から離れなければならない。そして、求愛行動を完遂するための階段を踏むことができる安定した社会であることが彼らには必要である。人生のこの時期には若者に不利をもたらすいろいろな症状や問題が発生し、治療によって解決できるものもある。

　その問題はいろいろな形を取る——身体についての過剰な心配、社会行動での失敗、知的発達の障害、行動を妨げる恐怖反応、異性に対する恐怖心など——それらはそれぞれ違った影響を与える。もし若者が生まれ育った家族にいつまでも引き止められると、仕事や恋愛において失敗するような問題が起こり、家族の中に引きこもってしまうという事態が生じるかもしれない。この点については第8章で述べることにする。また、問題が生まれ育った家族との関係ではなく、同輩に関係していることもある。この問題がどんなものであれ、治療の目標は求愛期を終えて結婚に到達するよう援助することにある。とは言っても全ての若者が結婚しなければならない、結婚しないことが異常であるというのではない。この時期に治療を求める多くの若者がそれを目標として持っているということである。

　この求愛期にある若者の問題のいくつかを解決する方法を説明するために、これからミルトン・エリクソンの一連の症例を提示しようと思う。一般に若

者の問題には2つのタイプがある。一つは正常な生活の流れから逸脱し始めている人たちであり、もう一つは既に社会の隅にいて明らかに社会から逸脱した人たちである。どちらのタイプにおいても、エリクソンは彼らを仕事や恋愛における成功に向けさせることをまず強調する。エリクソンの一般的なアプローチは、若者の行動様式を受け入れながら、同時に変化に至る考えや行動に引き入れていくことである。エリクソンが個々の患者にすることはさまざまで、新しい患者に対し可能な限りの介入を行なうように心をオープンにして接する。あるケースでは若者の考えを入念に変化させるために催眠を用いるかもしれないし、また別のケースでは問題を単に馬鹿らしい事柄だとしてしまうことに重点をおいたり、あるいはごく特異な行動を取らせることもある。例えば、喘息持ちの若者がエリクソンの所へ来たが、彼は母親に頼りきっていた。「彼はママの小さな喘息少年で、ママはコップ一杯の水でも若者に持っていってやったり、サンドイッチやナプキンも持っていってやったりするのです。私はその若者に銀行に就職することを推めました。——実は彼は銀行の仕事には全く興味がなかったのです。私は始めは週1回、ついで2週間に1回、そして3週間に1回、面接をし、毎回彼が答えられるぐらいの銀行業務についての細かいことを尋ねました。若者はそれに答えるのを大変喜んでいました。仕事でのミスの話があると、私は彼がどうやってミスを犯したかの詳細は問わずに、ミスをどのように修正したかに興味を示しました。どうやってミスが修正されたか、そしてミスを修正するのに手伝ってくれた誰々さんの態度はどうであったか。後に若者は大変仕事に熱心になり、銀行の仕事を大学に行くための学資を稼ぐ一時的な楽しい仕事であると考えるようになりました。それまで彼は大学進学を考えていませんでした。今では彼は喘息発作など単なる邪魔ものだと考えていて、彼の関心は大学に行く計画にあるのです」と、エリクソンは述べている。

　このようにエリクソンが若者を治療するとき、こんな恐怖があるとか、あんな恐怖があるとかということを指摘したり解釈したりしない、というのが彼の典型的なやり方である。変化を起こし、その人の世界を広げることに中

心を置き、無能さについて教育をすることには重点を置かない。彼のアプローチは変化を引き起こすための行動にある。

若者が恋愛や仕事で成功するのに基本的に必要なことは、地理的に移動できる能力である。もしある場所への移動ができず、ある建物に入ることができないと、移動の必要なこの年齢の者として社会的に無能ということになる。公共の空間に侵入禁止を決め込むのは人間だけであろう。ある場面を怖れることを恐怖症と呼ぶが、エリクソンは問題をそのように記述しようとはしなかった。例えば、自分の能力を下回る低い仕事についていて、裏通りや路地ばかり歩き、多くの公共の建物に入ることのできない若い男性についての話をするとき、エリクソンは「なぜこれを街路や建物の恐怖として治療するのでしょう。この若者は女性を何とかして避けているのです。母親についてもそうですが、彼は女性にうんざりする理由があるのです。しかし、私は女性恐怖について話をしませんでした。私は若者の体格に関心を示して、筋肉や体力や脳を持った男性ならばアパートに住むべきであることを話し合いました。彼は母親から離れて引越しをしました。私は彼に上腕二頭筋や大腿四頭筋について話しました。そしてその2つの筋肉の間にあるものに誇りを持たずして、その2つの筋肉を自慢することは不可能だといいました。ボディーイメージが改善するにつれて彼の生き方も変化しました。そこで始めて、なぜ彼に女性恐怖があったかを告げねばならないでしょう。彼は今では全く女性恐怖はなく結婚しています」

移動の問題の例としてエリクソンが変化を起こした介入法の一例、気絶することなしには、ある街路を横切ることも、ある建物に入ることもできない若い男性の症例を挙げよう。その男性が入ることのできない建物の一つはレストランで——その名を「ラウドルースター」としておく——その男性はそのほかにも、女性を含めてさまざまなことへの回避があった。エリクソンによれば、

　私はこのレストランに入ることを克服させれば、ほかの恐怖、特に女性

恐怖を克服させられるだろうと判断しました。そこで私が「『ラウドルースター』へ食事をしに行くことにしようか」と尋ねたところ、彼はそんなことをしたら必ず気絶するでしょうと言いました。それから私はいろいろなタイプの女性について話をしました。若い純真な娘、離婚した女性、未亡人、年老いた女性など。魅力的な人もいるしそうでない人もいます。彼に「この4種類の内で誰が最も好ましくないか」と尋ねると、彼は「そんな質問はないでしょう。私は女性全てが恐いのです。しかし魅力的な離婚女性と交際するのが最も嫌です」と言いました。

　私は彼に私と妻を『ラウドルースター』へ食事に連れていくように、そしてもう一人一緒に行くことになるだろう、それは若い女性か離婚女性か未亡人か老女かもしれない、と言いました。運転は私がします。気絶しそうな人の運転する車には乗りたくないからね、と言いました。彼は7時にやってきました。そこで、一緒に食事をするもう一人の人が来るまで神経をピリピリさせながら居間で待たせました。もちろん私は非常に魅力的な離婚女性を7時20分に来るように手配していました。彼女は魅力的な女性で人見知りしない人でした。彼女が入ってくると彼に自己紹介させました。彼は何とかそれをこなしました。そこで私はその離婚女性に若者が私たちを連れ出して『ラウドルースター』で食事をすることになっているという計画を話しました。

　私たちは車に乗り、レストランまで私が運転し、駐車場に車を入れました。車を降りるとき、「この駐車場には砂利が敷いてある。君が気絶して倒れるのにちょうどいい場所だね。この場所か、あるいはそれとも別にもっといい場所があるかい」と私が言うと、「玄関の所で倒れるんじゃないかと思います」と彼は言いました。玄関の方へ歩きながら、「これは素晴らしい歩道だね。もし君が倒れたら恐らく思いっきり頭を打つだろう。この辺りでいいかい」と言いました。私が提案する気絶の場所を忙しく否定させながら、自分で場所を決めることができないようにさせたのです。彼

は気絶しませんでした。「ドアのすぐ内側に席を取りましょう」と彼が言ったので、私は「テーブルは私の選んだ所にしよう」と言いました。私たちはレストランの中を横切って、離れた隅のやや高くなったところに行きました。離婚女性は私の側に座りました。注文を取りに来るのを待っている間、女性と妻と私は若者が理解できないようなことについて話し合いました。私たちは高尚な内輪の冗談を話し、思いっきり笑いました。離婚女性は修士号を持っていて、若者が全く分からないような話題について話し、神話のように謎めいたことを語り合いました。

　私たち三人は楽しい時を過ごしましたが若者はのけ者にされ、だんだん惨めな気持ちを味わっていました。そのときウエートレスが近づいてきて、私はウエートレスと言い争いになりました。不愉快なやかましい言い争いで、私は支配人に会わせろと言い、支配人とも言い争いをしました。若者がすっかり狼狽してそこに座っている間に、言い争いは調理場を見せろという要求にまでなりました。調理場に行ってマネージャと支配人とウエートレスに、実は友人をからかっているのだと私が言うと、彼らも歩調を合わせてくれることになりました。ウエートレスは怒って料理をテーブルに手荒く置き始めました。若者が食べていると、私は早く平らげるようにせかしました。離婚女性も同じことをして、「脂肪はあなたの身体にいいのよ」というような親切なコメントまで付け加えました。

　若者はこの場面を何とか耐え抜いて、私たちを家へ連れて帰りました。私が離婚女性に耳打ちすると、彼女は「私は今夜は踊りに行きたい気分なのよ」と言いました。若者は高校時代に随分ダンスを習ったのですが、少ししか踊れませんでした。彼女は若者をダンスに連れていきました。

　次の夜、若者は友人の一人を誘い、食事に行こうと言いました。彼は友人を『ラウドルースター』に連れていったのです。何もかも終わってしまった今となっては、そのほかに怖れるものはありませんでした。最悪のことが既に起ってしまっていたので、ほかのどんなことでも安心して受け入れることができたのです。これが街路恐怖を克服する基礎となったのです。

このケースは恐怖症の人にその恐怖に伴う行動を取ることを妨げながら恐怖場面に立たせるというエリクソンの取り組み方をよく示している。この例ではエリクソンはかなり個人的にかかわって場面を設定し、診察室を出て実際の恐怖をいだく状況で治療を行なっている。そして若者がまだできないと思っていた場面を切り抜けることを強制したのである。

　それとは全く異なる方法で、エリクソンは問題を1つだけ解決してほしいという旅行恐怖の若い男性を治療した。その若者はある街区だけしか車を運転することができず、街の境界の外では運転することができなかった。街の端まで運転してくると吐き気がして嘔吐し、気絶してしまうのであった。友人が同乗しても何の助けにもならなかった。そのまま運転を続けると一時回復するが再び気絶してしまうのだった。エリクソンは若者に、明日の朝3時に一張羅の服を着て街の端まで運転することを命じた。それは人の通っていない国道で路肩が広く、道路に沿って砂の溝が続いていた。若者は街の端に近づくと、道路の片側に車を寄せて車から飛び出し、道路わきの浅い溝に突っ込まねばならなかった。それからまた車に乗り、1、2分運転すると再び15分間横になっていなければならなかった。このことを何度も繰り返し続けるうちに症状の初期兆候が現われそうになると溝に横たわって15分休み、そうしながらついには一つの電柱から次の電柱まで運転することができるはずであった。若者は反対しながらもこの指示に従った。「こんなことを約束させるなんて馬鹿げたことだと思いました。やればやるほど気がおかしくなりました。だから私はこんなことをやめて、普通の運転を楽しむことにしたのです」。13年後、彼は何の問題もなく車を運転している。

　エリクソンは大抵、患者に特異な行動を取るように指示をする。これに催眠を使うことも使わないこともある。多くの治療者は、相手が実行しないのではないかということを恐れて患者に指示をしないけれども、エリクソンは彼の指示に従うよう説得するいろいろな方法を編み出した。あるときの会話で、このことにコメントして「患者は通常私の言ったとおりのことをします。その最も大きな理由は、私が患者にそれを期待するからです。ある患者が私

に言いました。『あなたは、自分の言ったことを私がするかどうかを問題としたことがありませんね。あなたはただ、私がそれをせざるを得ないと思うように期待しているだけです。私がためらって避けようとするとき、そこであなたにもっと強制して欲しいのですが、あなたはすぐ止めてしまいます。私はもう少しあなたにそれを強制してもらいたいと努力するのです』。このようにして患者は私の望んでいることを実行するためにより私に近づいてくるのです」と、エリクソンは述べている。

「しかし、それが人間のあり方というものですよ。あなたが相手から何かを奪おうとすると、その相手は、返せと言い出します。私が患者に何かするように指示すると、その患者は私が命令していると思い、それがうまくいかないで私が不利な立場になることを願います。その瞬間、私が命令を中止すると患者は私の代わりに自分でそれをします。しかし患者はここで、自分が私と入れ替わっていることに気付かないのです」

指示を与えることをこのように見るエリクソンは、指示を与えることが患者を治療者に依存させることになるということを考慮しないわけではないが、それをあまり気にしない。問題をほかの人とのかかわりに移すと患者は治療者から自立する。次の症例は非常に難しい問題を短期間で解決するエリクソンの指示の仕方の具体例である。

21歳の女性がエリクソンに援助を求めた。その女性は結婚して家庭をもち、子どもも欲しかった。しかし、これまで一人のボーイフレンドもできなかったので、その希望もなく、老いた処女になってしまうのではないかと思っていた。彼女は「私はこれ以上生きていけないだめな女だと思います。一人の友達もなくひとり住まいで、器量もよくないので結婚もできません。でも自殺する前に精神科の先生にお会いしようと思ったのです。3カ月の期間、先生にお任せします。これで状況が変わらなければ、もう終わりですわ」と言った。

その若い女性は建設会社の秘書をしていたが、彼女には社会生活がなかった。デートをしたこともなかった。ところが彼女が水飲み場の所に来ると、

いつも彼女の会社のある男性が姿を現わした。彼女はその男性に魅力を感じており、男性も交際を申込んだが、彼女は無視し、一言も口を利かなかった。彼女はひとり暮しをしており、両親は亡くなっていた。

彼女は可愛らしかったのだが、髪はほつれて乱れ、不似合いなブラウスとほころびたスカートを身に付け、靴も汚くて磨かれておらず、自分を魅力的でないようにしようとしていた。彼女の身体的な主な欠点は、彼女によれば前歯の隙間であった。話をするとき手でそれを隠していたが隙間は3mmあまりあってよく見えた。彼女はこのように転落の道をたどって自殺まで考え、自分ではどうするすべもなく、といって結婚して子どもを産むという目標への援助には全て抵抗する女性だったのである。

エリクソンはこの問題に2つのおもな介入法で対処した。その女性に、あなたはどうせ転落しつつあるのだから、最後の飛躍をしてみるといいかもしれないですね、と言った。この最後の飛躍には、銀行預金を自分で全て使うことが含まれていた。そして趣味の良い服を選ぶのを手伝ってくれる特別な店へ行き、髪をきちんとしてくれる特別の美容院へ行くことになっていた。彼女はそれが自分を向上させる方法の一つなのではなく、転落の一部の最後の飛躍に過ぎないと考えて、この提案を受け入れた。

それからエリクソンは彼女にある課題を与えた。それは家へ帰って浴室で前歯の隙間から水を吹き出し、30cm先まで正確に飛ばせるように練習することであった。彼女はこれを馬鹿げたことと思ったが、ささいなことだと考え、帰宅してから本気で水を吹き出す練習をした。

彼女が服装を整え魅力的になり、歯の隙間からうまく水を吹き出せるようになると、エリクソンは次の月曜日、仕事に行ったときに悪戯をするという指示を与えた。それは例の男性が水飲み場のところに現われたとき、口一杯に含んだ水を彼めがけて吹き出し、振り向いて走ることであった。しかし、単に走るのではなく。まずその男性に向って走り、そして向きを変えて「廊下を一目散に」走らなければならなかった。

彼女はそんなことはできませんと断ったが、次には少し面白いけど下品な

ことだと思い、ついにはそれをすることに決めた。彼女はとにかく最後の飛躍をしようという気になっていた。

月曜日に彼女は新しい服を着て、髪をセットして仕事に行った。彼女が水飲み場のところに来て、男性が近づいてきたとき、口に水をためて、彼めがけて吹き出した。男性は「ちくしょう、このあま！」というようなことを言った。こう言われて彼女は、走り去るときに笑った。男性は彼女を追い掛けて捕まえ、驚いたことに彼女をつかんでキスをしたのである。

次の日、彼女がこわごわ水飲み場のところへ来ると、男性が電話ボックスの後ろから飛び出してきて、水鉄砲で彼女に水を掛けた。その次の日に、二人は一緒に夕食に出掛けた。

彼女はエリクソンに一部始終を報告した。彼女は、これからは自分に対する考えを改めるので、エリクソンに自分を厳しく批判してほしいと言った。彼は批判をする中で指摘した。あなたは私によく協力してくれました、以前は服装は良くなかったが今は素敵に着こなしています。以前は歯の隙間を利点としてではなく、欠点として考えていました、と。2、3カ月して彼女は、エリクソンに自分が例の男性と結婚したことを載せた新聞の切り抜きを送ってきた。さらに1年後には、赤ちゃんの写真を送ってきた。

この症例には伝統的な治療法の主流からはずれたアプローチが見られる。それは催眠療法を含めたどの学派の治療にも見られないものである。しかし、これがエリクソンの治療の典型例なのだが、私はこれは催眠的手法から発展したものであると思っている。ちょうど催眠療法家が、決まって被験者の抵抗を受け入れて、むしろその抵抗を奨励するように、エリクソンは、彼女のその男性とのかかわりを受け入れ、それを助長したのである。ただし何らかの変化が起きるような具合に。この女性は自分が転落し、人生の終点に向っていると決めていた。エリクソンはこの考えを受け入れて、助長した。ただし、たった一つ最後の飛躍をしなければならないということを付け加えたのである。彼女はまた男性に敵対心を持っていて、良い女性であろうとはしなかった。エリクソンはこの考えも受け入れ、男性に水を吹き付けるという手

はずをしたのである。ところが結果は、彼女にとって全く期待しないものになった。指示への動機づけを高めたり、抵抗を扱うエリクソンのこのような方法は、催眠に特徴的な手法である。しかしエリクソンは、ここで社会的場面を利用している。彼女がエリクソンの指示に意図的に従って自分一人だけでことが自然に起こるのではなく、指示に従わせ、さらにほかの誰かのせいでことが自然に起こるようにさせたのである。

　もちろんこの症例には、ほかにもエリクソン的な側面がある。症状を長所に変えるやり方はエリクソンに典型的である。そして進んで介入し、変化をもたらし、患者の改善が続いているのを確認しながら、患者が自立し成長できるように自分自身をその場から引いていくやり方も典型的である。また社会的文脈で得られるものは何でも彼は利用する。エリクソンにはそのために、役に立つファッションコンサルタントや美容師がいただけでなく、この女性の視界にあった男性をもすぐに彼女の将来に組み入れたのである。

　もう一つの症例は、ある若い女性の引きずったままの求愛期を結婚へと導くことで、家族とエリクソンから自立させた方法を例示したものである。

　　近くの町の医師が、恐らく私が入院させることになるだろうと思いながら、ある女性を私のところへ紹介してきました。その女性はさまざまな恐怖を持っており、そのため非常に行動が制限されていました。彼女の恐怖は、空軍の男性と婚約してからここ４年の内にかなり悪化しているのです。毎年、彼女は結婚を延期します。６月になると彼と結婚することに同意するのですが、１２月まで延期し、１２月になると来年の６月まで延期するのです。この４年間で、彼女は恐怖のためほとんど何もできなくなってしまいました。バスにも、列車にも、飛行機にも乗れなくなりました。鉄道の駅も、列車があるという理由で通り過ぎることができず、空港の近くに行くこともできませんでした。彼女は車に乗るのもいやになり、私に会いに来るのも母親と叔母の助けがあるときしか車に乗ってこれなかったのです。

　　この女性はとても厳しいスペイン系の家系の育ちの人でした。彼女は、

§3 求愛期　75

今では空軍を辞めてノースダコタに住んでいるこの青年を愛していました。彼と結婚したがっていました。私に彼からの手紙も見せてくれました。でも彼女の恐怖はとてもひどかったのです。私はその青年にこの結婚をどう考えているのか手紙を書かせました。すると彼も結婚したがっていたのです。

　このひどい恐怖が治ったら事態は解決するだろうと思いましたが、それには少し時間がかかるだろうと思いました。まず私がしたことは、彼女を母親の家から出して、自分のアパートに移すことでした。週末には母親の元へ帰ってよいことにしました。おばあさんは引越しに反対でしたが、私の方が先に指示していましたし、おばあさんより私の方が力があったようです。

　それから彼女の旅行の問題解決に焦点を当てました。彼女にバス旅行をするよう指示しました。目を閉じて、後ろ向きにバスに乗るように命じたのです。彼女はそうしました。ほかの乗客が、その行ないをどう思ったかは分かりませんが、この可愛らしいスペイン系の女性は目を閉じて、後ろ向きにバスに乗りました。彼女は後ろ向きにバスに乗らなければならないことにあまりにも気を取られていたので、このバスがフェニックスの私のところに来るための移動手段であると感じなかったようです。

　それから列車にも後ろ向きに乗せたのです。車掌はいやがりましたが、彼女は列車に乗ることがとても怖かったので、車掌の言うことを気に留める余裕はありませんでした。バスや列車の後部の席に座って窓の外を見る練習をさせました。

　セックスの話題が出てくると、この恥ずかしがりやで抑圧的な女性は、耳が聞こえなくなり、それから眼も見えなくなり、見たり聞いたりすることができなくなるのでした。けれども彼女は、結婚することを望んでいました。

　私は、次の面接にはハンドバッグの中に想像できる限りの短いショーツを入れて持ってきてほしい、そしてバッグからそのショーツを取り出して

私に見せるようにと言いました。彼女は実行しました。それから一つの選択をしてもらいました。次の面接のとき短いショーツをはいてくるか、このショーツを私の診察室に置いておくかです。彼女はショーツをはいてくる方を選びました。私は結婚にそなえて、彼女とセックスについて話そうと思いました。「では、私がセックスの話をするので、あなたはそれを聞きなさい。そうしないとこのショーツを脱いで、私の前にそれを置いてもらいますよ」と言いました。彼女はセックスに関する私の話を聞きましたが、耳は聞こえました。

　彼女は旅行することができて、ショーツをはくことができ、セックスについて話をすることができたので、結婚したいと思っているなら、もうこれ以上延期してはいけませんと、言いました。「今日は6月1日です。あなたは、その男性と今月の17日までに結婚しなければなりません。列車に乗ってノースダコタまで会いに行き、彼の家族を訪ねなければなりません。17日までに結婚するのなら時間はあまりありませんよ」と言いました。

　彼女はノースダコタに行き、そのあと彼がこちらへやってきて、結婚しました。今では2人の子どもがいます。

　エリクソンは患者の恐怖について単刀直入に話すとき、その恐怖にどう対処すべきか指示し、また時には変化をもたらす処置をとても優しく、繊細に行なうこともある。繊細なアプローチを用いた例として、数年前にある若い女性が恐怖のため求婚できなかったという症例を扱ったものがある。

　エリクソンによると、有能な23歳の女性が悩みのため仕事ができなくなりかけていた。次第に全ての社会的関係から引きこもり、部屋にこもったままになった。ルームメートが頼めば食事はするのだが、始終すすり泣き、死にたいと言っていた。理由を尋ねると口を閉ざしてしまう。何人かの精神科医に診てもらい、治療も少し受けたのだが、全く改善しなかった。彼女は依然として自分の問題を話すことができなかったので、家族は入院を考えた。エリクソンは彼女に催眠を使うことにした。しかし、これまで彼女がほかの精

神科医たちに対して強い抵抗を示した結果として、彼女については何も知識が得られていなかった。

　エリクソンは家族や友人から、彼女の家庭は厳しく、道徳主義だったことや、母親は13歳のときに亡くなったことを知った。彼女には仲の良い一人の女友達がいたが、彼女とその友達は同じ男性に恋をしてしまったのである。そして友達がその男性と結婚したのだが、友達は後に肺炎で亡くなった。男性は遠くへ引っ越したが、1年後に戻ってきて偶然彼女と出会い、二人はデートするようになった。彼女のルームメートによると、彼女は「恋のため雲の上を歩いているような」状態だったという。ある夕方、デート中に彼女は気分が悪くなって吐き気がし、自分のドレスを吐物で汚して帰宅した。彼女はもう生きていけないわと言い、彼が何かしてあげましょうかと尋ねると、また嘔吐して、泣き始めた。男性が彼女に電話をかけてきたが、彼女はまた嘔吐を始め、彼に会うのを拒んだ。

　男性が精神科医に報告したところでは、デートの夕方、彼女と車を止めて夕日を眺めていた。二人の会話が真剣な話題になってきたので、男性は彼女を愛していることを伝え、結婚したいと言った。彼はこれまで、このことを言うのをためらっていた。なぜなら、彼女が死んだ妻の友人だったからである。彼女も同じ感情を共有していると思っていたが、彼女にキスをしようと寄り添ったとき、彼女は身をかわし、嘔吐して、ヒステリックになった。彼女は泣きながら、「汚らわしい」「下品」「不潔」などという言葉をむせぶように言ったのである。彼が家まで送るといっても、二度と会いたくないと言って断り、走り去った。

　エリクソンはこの症例にアプローチするために、ルームメートに自分が催眠療法を受けているので、その面接に付き添って欲しいと言わせた。患者は同意したが、興味もなく、無関心な様子であった。エリクソンはこの2人の女性を隣同士の椅子に座らせて、長くて退屈で念入りな一連の暗示をルームメートに与えた。ルームメートはすぐに深いトランスに入った。これで目標とする患者に有効な手本を示すことができたのである。エリクソンによると、

このトランスの間に、私は気付かれない程度に、自分に関係あるものとして患者に受け入れられるような暗示をルームメートに与えました。ルームメートにもっと深く息を吸って、吐いてという暗示を患者の呼吸運動に合わせて与えることは可能でした。これを注意して何回も繰り返していると、ルームメートの呼吸について与えた暗示に、患者も自動的に反応するようになりました。同様にして患者が自分の手を大腿に置いているのを見て、私はルームメートに自分の手を大腿に置き、その手が大腿のところにあるのを感じてくださいと暗示しました。このような措置が次第に積み重なって、患者をルームメートに同一化させ、私の暗示は患者にもうまく当てはまるようになりました。ある人が誰かを見ながら、別の人に対して質問や批判をすると、見られた人が質問されたと感ずるように、徐々に直接患者を見ながら、ルームメートに暗示を与えることができるようになりました。このようにして患者に反応しようとする衝動を引き起こすことができました。

　一時間半が過ぎて、患者は深いトランスに入りました。患者の協力を取りつけ、これからも催眠を使う機会があることを確認するため、いくつかのことを行ないました。彼女はトランス状態にあることをやさしく告げられて、してほしくないことを私はしないことを保証しました。だから付き添いは必要なく、もし私があなたに何か不快なことをすれば、トランスから醒めますと言いました。いつまでも深い眠りについてください、そして与えられたまともな命令にだけ耳を傾け、従ってくださいと言いました。このようにして患者は自由に選択できるという安心感、しかし実はそれは架空なのですが、ともかく安心感を与えられたのです。彼女が私に対して、親しみを持てるように配慮し、適当な目的であればいつでも彼女は深いトランスに入ることを、これからの治療に備えて約束させました。このような準備行為には時間がかかるものですが、これからの治療を確保し促進するのにとても必要なことなのです。

　それから私は「たくさんのことをすっかり忘れます」という暗示を、何

を忘れるべきかについては特定せずに、強調して与えました。より痛みの強いものは抑圧してもよいという許可を与えることによって、これからの探索過程が促進されるのです。最も辛いことに対して自然とそうなるでしょう。

次に私は、彼女の時間と場所に関する見当識をなくすことを進めていきました。そして徐々に彼女を10歳から13歳頃の子ども時代にぼんやりと再方向付けました。

10歳から13歳の年齢というのは、ちょうど母の死の前に当たり、またこの頃に月経が始まったに違いないのでこれを選択したのです。この年代は、彼女の情緒的生活と精神的発達の重要な転換点だったのです。

彼女に、トランス状態で再方向付けられた年齢を特定して言わせることはしませんでした。そのようなことを詳しく述べずに、もっと重要なこと、すなわちこの年代が意味する体験を一般的に話すことを彼女に求めました。

やがて彼女は、子どもらしい姿勢やしぐさを示しました。あなたの行動は幼児のレベルまで退行したという、さりげない言葉にも反応しました。私は「今あなたはたくさんのこと、どれだけ年を取っても忘れることのできないことを知っています。私が話してもらいたいと言えば、あなたはすぐにそれを私に話そうとします」と強調して言いました。これらの暗示は、何度も何度も繰り返され、これに従って完全に理解し、実行する用意をしなければならないと言いました。彼女の行動全般から、「さあ、次は何かしら。私は用意ができてますよ」ということが示されるようになるまで、これは続けられました。

催眠で引き起こされ、わざと年齢を特定しないでおいた大ざっぱな時期に、彼女がセックスについて知ったこと全てを、特に月経との関係について話をして欲しいと頼みました。彼女はやや恐ろしそうに反応しました。緊張した子どものように素直に、短く切れた文、句、単語で話し始めました。彼女に与えた暗示は性交ではなく、月経を強調していたのですが、彼女の話は性的活動に関したものでした。

「母は私に、セックスについて全てを話してくれました。それは不潔なもので、女の子は男の子に何もさせてはいけません。決していけません。良くないことです。良い女の子は決してしません。悪い女の子だけがするのです。私はとても不快になります。悪い女の子はとてもいやらしく、私はそんなことはしませんでした。あなたも男の子に触れさせてはいけません。いやな気持ちになるでしょう。自分自身にも触れてはいけません。いやらしいことです。母はそうしてはいけないと強く言いましたし、私もしませんでした。気を付けなさい。良い子でいなさい。もしあなたが気を付けなければ、恐ろしいことが起こります。だからあなたは何もしてはいけません。手遅れになりますよ。私は母の言うようにしようと思っています。そうしなければ、母は私を愛してくれないでしょうから」

　彼女が話している間、私は質問しようとしませんでした。しかし彼女が話し終わったとき、私は「なぜあなたのお母さんは、そんなにたくさんのことを言ったのですか」と尋ねました。

　「私がいつも良い女の子であるように」という単純で真面目な、子どもらしい答えでした。

　私の戦略は、できるだけ母親の見方に近い見方を取り入れることでした。まず、私は完全にこの母親と同一の立場に立たなければなりませんでした。最後になって、母親の見方に少し保留を残すようなヒントを与えておきました。だから、「もちろんあなたは、いつも良い女の子です」とすぐにきっぱりと患者に保証を与えました。患者の態度や言葉から察して、母親の厳格で堅く、道徳的、禁欲的態度に合わせるようにして、私は注意深く言葉を用いて母親の考えを振り返り、それを本気で承認しました。あなたのお母さんは、どのお母さんも少女に言うべき重要なことをとてもたくさん言いました。あなたは、それを喜ばなければなりませんと説きました。最後に私は「あなたが私に言ってくれたことは、全て覚えておいてください。別の機会に再びこのことについて、あなたに話してもらおうと思っていますから」と指示しました。

§3 求愛期

　私はゆっくり順を追って、彼女を現在の年齢と生活場面に戻し、初めの催眠トランスに戻りました。しかし、それより前に与えた「多くのことは忘れます」という暗示はまだ有効で、催眠誘導による退行状態での全ての出来事についての健忘は続いていました。

　彼女が覚醒したとき、トランス状態にいたことに気付いている様子は見られませんでした。しかし彼女は疲れを訴え、催眠は私のルームメートに役立っているようだから、多分私にも役立つでしょう、と自発的に言いました。私はこれにわざと答えないで、突然、「あなたが小さな女の子だった頃に、お母さんがあなたに与えた性的なことに関する特別な指示を、何でもいいからできるだけ全て私に話してもらえませんか」と尋ねました。

　ためらいと気乗りのしない様子を示しながら、彼女は低い声で、厳しい言い方で小児期に退行したトランス状態で話したのと基本的には同じ話を繰り返し述べました。ただし今度は、彼女は大人の単語や文章を大げさに用い、母親のことをたくさん話しました。彼女が言うには、「母は、私の月経が始まった頃、何度もとても注意深く指示しました。母は私に望ましくない関係や経験から自分を守り、良い女の子でいることの大切さを何度も肝に銘じさせるように言いました。母は私に、セックスがどれだけ吐き気がする程、汚らわしく、不快なものかを分からせようとしました。母はセックスに耽る人は、皆どんなにだめな性格であるかを説きました。私は、子どもであったときの母の注意深い指示に感謝しています」

　彼女は、これらの話をこれ以上詳しく説明しようとする様子もなく、明らかに忘れようとしていました。彼女が母親の教えについて話し終わろうとしたとき、私は批判や非難をせずに、母親の教えをまとめて彼女に語り、それを十分真剣に承認しました。子どもがみんな知っているべきこと、子どもの頃に理解し始めておくべきことを、お母さんが子どもであるあなたに、あらゆる機会をとらえて教えてくれたことに、大変感謝しなければなりません、と言いました。次週の面接の約束をしたあと、私はすぐ彼女を帰しました。

2回目の面接では、彼女は容易に深いトランスに入り、私は母親が彼女に何度も助言したという事実に、彼女の注意を再び向けさせました。「お母さんが亡くなったとき、あなたは何歳でしたか」と尋ねると。「13歳でした」と彼女は答えました。そこで、すぐにおだやかに強調して、「お母さんがもっと長生きしていたなら、あなたにもっと何度も話をして助言を与えたでしょう。しかし13歳のときに亡くなったので、その役目を完全に果たせませんでした。あなたは、それをお母さんの助けなしでやりとげなければならなかったのです」と言いました。

　このコメントを受け入れたり拒否したり、とにかく反応する機会を与えず、私はすぐに彼女に、最初のトランス状態から醒めた直後に起きたことを話すように言って、気をそらせました。彼女がその話を終えると、私は彼女の注意を母親の説教の反復性へと向けさせ、母親の役割が未完成であったことに対して、同じように慎重なコメントをしました。それから前と同じ小児期の初期に退行させました。私はこれらの母親の説教は、全て子どもの頃に与えられたものであるということを、はっきりと強調しました。あなたが成長するにつれて、母親はもっと言わなければならないことがあったでしょう。お母さんが始めたのだけれど、亡くなったため最後まで終えることができなかった性教育のコースを自分で続けることができるかもしれない、と指摘しました。それには小児期と思春期の間や、思春期と成人期との間の数年間に、母親が与えたであろう助言がどんなものかについて、真剣に考えてみることから始めるのが最も良いと提案しました。彼女はこの提案を受け入れたので、私はそれに知的及び情緒的な側面全てを考えるようにと指示をつけ加えました。この指示のあとすぐに、催眠から醒めたら、あなたはこの催眠面接中にした話を全て繰り返して言いなさいと言いました。

　覚醒してからの彼女の話は、とても短いものでした。彼女は自分の言ったことを全てゆっくりと結び付けて、一つの簡潔な話にしました。重要なことは過去の時制で話したことでした。「母は私にセックスを理解させよ

うとしました。私のような子どもが理解できる方法で理解できるように教えようとしました。セックスの重大さと、またそれにかかわらないことの重要さを私に教え込みました。母は子どもの私に、セックスをとてもはっきり理解させたのです」

彼女は考えをめぐらすかのように話の間に、長い間をおいて話しました。彼女は何回か話を中断し、自分の母の死や母の教えが未完に終わったことついてのコメントをしたり、もし母が生きていたらもっとたくさんのことを聞けたのに、と言いました。繰り返し彼女はひとり言を言うように、「お母さんは、私が今知っていなければならないことを一体、私に言ったのかしら」と言いました。私はこの最後の発言をこの面接を終えるポイントととらえました。そして、彼女を帰しました。

3回目の面接で、彼女は直ちに催眠に入り、2回の面接の全てを、素早く黙って思い浮かべ、与えられた指示や提案、それに対する彼女の反応を思い起こすように指示されました。彼女がその最後に話してくれたことは、彼女の行動を最も適切に集約したものです。彼女は言いました。「先生のおっしゃりたいことは、つまり、母は私が知る必要のあることを伝えようとしていた、ということですね。私が年齢相応のことをする時——つまり、結婚して家庭を持って成長した女性になる時へ向けてどうのように幸せに自分を保ち、どのように確信を持ってそれを楽しみに待てばよいのかを伝えたかったのだ、と」

私は言いました。「催眠から醒めたら、3回の面接の全てのことはすっかり忘れます。あなたが始めに行なった大げさで堅苦しい覚醒時の話以外は、催眠に入ったことさえ忘れてしまいます」。この健忘には彼女が持つに至った新しい満足すべき理解も含まれていました。また、「催眠から醒めたら、あなたが私に語った性教育について系統立てて振り返りましょう。しかし、すっかり忘れてしまっているので、このおさらいは最初の覚醒時の話の上に私が可能性のある仮説を築いたもののようにあなたは思えるでしょう」と言いました。彼女は熱心に興味深そうに、理解を深めようと聞

いていました。どんなことを言われようとも、自分にとって理解できるような真実や意味やそれを応用する方法を見いだそうとしていました。それらが発展すれば、それを実際に自分のものと解釈し、適用し、認識する能力を得るでしょう。それは私が理解できる能力をはるかに超えることでしょう。

治療過程が頂点に達する段階の一つとして、洞察を抑える提案は一見して奇妙に思えるかもしれません。しかし、この方法は３つの理由に基づいて行なわれました。第１に、感情的な洞察は大抵そのまま残るか再び無意識へ戻ってしまいますが、治療効果を減少させることはありません。第２に、彼女が今知っているけれど、自分の中にしまっておきたいことをほかの誰かに知られてしまうという不快な感じから身を守れます。すなわち、彼女は私が理解しているよりももっと理解しているだろう、という提案の重要さです。第３に、内容を私の単純な可能性に基づく仮説的構築物と見ることによって、彼女はこの仮説的構築物を試しながら、ゆっくりと、だんだんに、発展的を洞察が得ることができます。

私は彼女を覚醒させ、彼女が受けた性教育がどんなふうにどこまで教えられたかをよく考えてみるように提案しました。そして、彼女の経験に抵抗なく当てはめることができる言葉で表わせることを再吟味してみることを勧めました。

このようにして、私は患者に全ての一次的及び二次的な性的特徴の発達を精査させることができました。月経現象とか、恥毛、腋毛の発毛、胸の発育、乳頭の発育に恐らく向けられたであろう興味、初めてのブラジャー着用、男の子たちが彼女の発達した体型に気付き、身体をピシャリと叩く者もいたかも知れない、など。私はそれら一つひとつを強調しないで、一連のものとして挙げました。私はこれに続けて、しとやかさとか性的目覚め、自己色情的な気持ち、思春期や青年期の愛に対する考え方、赤ん坊がどこから来るのかについての考え、などについて話をしました。こうやって何も特別な資料は使いませんでしたが、広い範囲にわたる事柄について

考え、よく見られる経験に言及しました。そのあと、私は彼女の心の中を去来したと思われる考えについて一通り触れました。これもまたゆっくりと、彼女が私の言ったことをよく理解して、広く自分に当てはめることができるようにいつもの曖昧な一般的表現で行ないました。

この手続きが始まってまもなく、患者は興味ある様子を示し、洞察と理解をよく表に現わすようになりました。最後に患者は言葉少なく、「先生、私がこれまで間違っていたことが分かりました。しかし、今日は急いでいますので明日、話しましょう」と言いました。ここで初めて、彼女は自分が問題を持っていることに気付いたのです。

私はすぐには彼女を退出させないで再び催眠導入し、トランス状態で経験した価値のあること、ためになるような記憶は全て思い起こすことを強く暗示しました。彼女に役立ちそうなことは全て何でも見せたのです。このことは、記憶にまつわる葛藤感情から彼女の注意をそらせて、それらを自由に十分に想い出すことに役立ちました。そして助言、提案、指示、何でも望むことがあれば、自由に気楽に尋ねなさいと言いました。この暗示がしっかりと心に印象付けられるとすぐに覚醒させました。

すると彼女はすぐに、といってもそれほどあわてないで、これから帰りたいのですがここで一つ、初めて質問をしたいのです、と言いました。私がどうぞというと、彼女はキスやペッティングやネッキングについてどう思うか、私の個人的な意見を尋ねました。注意深く彼女の言葉を使いながら、私はこの3つを肯定しました。ただし、どれもその人の考え方に一致したやり方で行なうべきであり、このような愛の行為は、自分が持つ理想像に合わせたやり方ですべきであることをつけ加えました。彼女はこの私の言葉を考え深く受け止めました。それから性欲を感じることが正しいかどうかについての意見を求めました。私は性欲はあらゆる生き物にとって正常で基本的な情動であること、そして適切な状況においてそれがないのは異常であると注意深く答えました。お母さんが生きていたら、同じことを言うだろうと、あなたもきっと思うでしょうとつけ加えました。彼女は

このことに考えを巡らしながら急いで立ち去りました。

　次の日、彼女はやってきて、昨夜は婚約者と一緒に過ごしたと言い、彼女はすごく顔を赤らめて「キスって素敵なことですね」と言い、そそくさと立ち去りました。

　２、３日後、私は彼女と予約どおり会いました。彼女は左手をあげて婚約指輪を見せました。そして前回、先生の面接の時の話で、私は多くのことについて全く新しい理解ができました、と言いました。その結果、愛という感情を受け入れ、性欲や性的感情を経験することができるようになり、私はもう全く大人になり、成人女性の体験をする準備ができた、と言いそれ以上話したがらないようでしたが、ただし、近日中にもう１回面接を受けられるかと尋ねました。そして、近々結婚するつもりなので、そのときには性交について教えてほしいと言いました。そして少しとまどいながら、「あのとき私は急いで帰りたかったのです。でも、先生はすぐに帰さないようにして、私の処女を守ってくれました。私は彼のところに直行して、すぐに彼に自分を与えたいと思っていました」と、付け加えました。

　それからしばらくして、私は彼女の求めに応じて面接し、最小限の情報を与えました。彼女はもう事柄全体に特に心配をしておらず、率直に熱心に指示を受けたがっていました。それから間もなくして彼女はやってきて、２、３日中に結婚をする予定であり、ハネムーンを楽しみにしていると告げました。約１年後、彼女は訪ねてきて、結婚生活が期待どおりであり、母親になることをとても楽しみに待ち望んでいることを告げました。２年後彼女は再び訪れましたが、夫と女の赤ちゃんとともに幸であることが分かりました。

　ここで明白であるのは、若い人々の行動がまだ適切ではない段階で、その人々に禁じられてきた大人の世界の行動にいろいろな方法で許可を与えていることである。しかしこの成熟した見解への導きは積極的直接的に行なわれることもあるし、いろいろな微妙な暗示で間接的に行なわれることもある。

エリクソンは、それを若者が最も理解しやすい言葉で行なっている。

　この症例は、エリクソンのアプローチの多くの側面を示している。最も重要なことは、彼がこの若い女性の保護に腐心していることで、彼女の治療場面への導入は極めて丁重であり、催眠誘導も極めて物柔らかで彼女を心配させないように注意深く保護している。また、彼女がボーイフレンドのところに直行してしまうのを妨げて、そのような衝動的行動からも彼女を保護している。エリクソンは、観念が意識化することについての広範な経験を示すだけでなく、若者たちが実際の社会的場面を鋭敏に意識することにも理解を示している。

　若い女性が親密な関係をつくることができなければならないのと同じように、若い男性もそれに成功しなければならない。若い男性が相手を探すときには多くの要因が絡んでいるが、まず第一に必要なことは正常な性反応が可能であることである。

　思春期後期までに、男性は女性により感情が動かされることを学び、より永続的な結婚の準備として女性と絆を結ぶことを学ぶ。通常、性の試みと失敗を繰り返すこの時期に性的関係にうまく参加することができず、常に敗北を経験する若い男性は、結婚探しでのハンディキャップを負うことになる。女性と快く交流することが全くできない場合はともかくとして、最も普通に見られる問題は早漏と性不能である。どちらの場合も、性的接触をうまく果せず、親密な関係をより一層経験することができずに挫折感ばかりが生じる。

　ある若い男性が、エリクソンのところへ催眠で早漏を治してほしいとやってきた。エリクソンによると、

　　この若い男性は私のところに来たとき、30歳で未婚でした。彼は自分が20歳のとき初めて性的関係を持とうとした際に、早漏を体験しました。彼はこの経験について最も不幸な反応をしてしまい、早漏は自分の不道徳に対する罰だと思い、彼はすっかり傷つき打ちひしがれました。そのとき以来、彼はこの問題について強迫的となり、セックスについて目につくもの

は全て読みました。彼はまた、あらゆる社会層やあらゆる人種、あらゆる体型にわたって次々と別の女性を求めましたが、全てだめでした。彼は自分が早漏になっていることを、実に身を持って証明していたのです。

　私は彼に自分の性行為を全て話すようにと言ったところ、彼は相手が年老いた酔っ払い売春婦であろうと、魅力的で教育のある女性であろうと、性行為は常に変わらないと言いました。彼には勃起を続けることはさほど困難でなく、射精したあとでも可能でした。しかし挿入しようとすると、先に射精が起こるのでした。何回も彼は早漏なんか気にせずに積極的に性交しようとしたのですが、快感も満足も得られませんでした。彼はそれを、性的能力を必死で求めるための不快な努力であると思いました。いつも彼は２回目の射精をしそうになるまで、膣内自慰行為を続けるのですが、射精しそうになると不本意ながらも強迫的に抜いてしまうのでした。そして膣外で２回目の射精を終えるまでは、再び挿入することができなかったのです。彼は最後の頼みの綱として、私を訪れたのです。

　彼のこの困難な問題の訴えを聞くのに６回の面接を費やしました。しかし、彼はトランスに入り、かなりの後催眠健忘を残しました。私はトランス状態下で、現在の女性関係について彼に詳しく質問しました。すると、とある中庭の入り口の上の２階のアパートに住んでいる売春婦とせっせと付き合っていることが分かりました。中庭に入って売春婦の住んでいる部屋へ行くには階段を上がり、バルコニーを通らなければなりませんでした。私は彼女を訪ねるとき、中庭に入るとすぐ勃起をし、中庭を一人でまたは彼女と一緒に出て行くまで勃起は持続するであろうと暗示しました。勃起させることについて彼は問題はありませんでしたので、中庭に入ったときにそうさせたのです。それから長くとりとめもない話を２時間しました。しかし系統的ではあるがあまり目立たないように、一連の後催眠暗示をこの独白の中に織り込んだのです。全ての事柄が入るまでごちゃごちゃと念入りに話しました。後催眠暗示の一つとして、神経症的な考えはその人の変化に役立つものだ、と暗示しました。というのは時が経ち、状況が変り、

性格も変わると共に役立つ目的も変るので、神経症症状は時に安定しているように見えますが、基本的には不安定だからです。神経症症状は実に逆になることもあるのです。従って症状は全く偶然にうまく治ることもあり、また治療的に努力して治ることもあります。与えられたその時々に自分の症状がどのようになるかについて本当に知っている患者はいないのです。一つの症状を抑えると、代りにほかの症状が出てきて、これがかえって効果をもたらすことがあるのです。早漏のような特殊な神経症症状は驚いたことに突然遅漏に逆転することもあります。30分以上も遅れることがあるのです。そんなことがもし彼に起ったとすれば、本当に心配になることでしょう。意識的にも無意識的にもどれほど悩むことになるか分かるはずです。これが起ると疑いもなく、全く予期もしないのに膣内射精をしてしまうことになるでしょう。そうするとセックスをやり遂げたというとんでもない問題に直面せねばならず、それを前向きに利用しなければならなくなります。

それからの1週間ないし10日というものは彼の中で、何か予期せざる人生の変化が起きるのではないかという不安がだんだん増大していったことでしょう。しかしこのとき、彼は話をすることを一切禁じられて、しばらくの間何もせず、何も考えないで、ただ気楽にしているように指示されました。次の日彼は予約を取りましたが、それは火曜日でした。それから水曜と金曜にも予約を取りました。火曜日にはごく簡単に話をしただけで彼には話をさせませんでした。そしてこの面接が短い替わりに、日曜日には特別に長い面接をすると約束しました。私は土曜日が例の売春婦と決まって会う夜であることを知っていました。水曜日の面接も同様で、日曜日にはゆっくり面接するとさらに強調しておきました。日曜日の面接は、もうふらふらになるぐらいやるよ、というように強調しておきました。金曜日の面接もやっぱり短くて、日曜日には彼が特別にいろんなことを話すことになるだろうと強調しておきました。この3回の面接には規定どおりの額を取って、短いのは日曜日の特別面接で補うと約束しました。しかし、彼

が日曜の朝やってきて語ったことは、私が日曜の面接でやろうとしていたことよりずっと進んだ内容でした。彼が進んで経験したことのために、私がやろうとしていたことは先に延ばすことになりました。

　彼が報告したところでは、3度の簡単な面接、これを彼は塵払いと呼んでいましたが、そのあとはどうも落ち着きがなく不安になりました。金曜の面接のあとはあまりにも気分がすぐれないので、これまで何度も会っていたが、まだセックスをしたことのない女性に会いに行きました。そして食事と観劇をしました。けれどもその夜は、ずっと同伴者に注意が向かず何かぼんやりと考え込んでいました。何度も何度も、自分は本当に膣内射精ができるのだろうかという疑問が頭に浮かんできました。これまで全くできなかったのにできるかという疑問が浮かんだのです。そのことに注意を向けようとすると突然その考えは頭から消えて、やがてまたその考えが浮かぶがまた消える、何度も何度もこれが繰り返されました。

　彼女をアパートに送り、アパートの中庭に入ったとたんに勃起が起りました。セックスが本当に最後までできるのだろうかという考えに心が奪われているのに勃起はずっと続きました。しかしアパートに入るとパートナーがとても積極的な愛の行動を起こしたので、彼女とともにベットに入りました。彼は依然としてぼんやりとしていたので、彼女が積極的な役割を取りました。挿入した途端、彼は射精は起きないのではなかろうかという不安に突然かられました。この恐怖があまりにも大きかったので、「今までダメだったことをすっかり忘れてしまって、頭の中は彼女の中に飛ばしたいということばかり。だけどそれができないのではないかと心配でした」。この恐怖のために彼はとても活発な性行動を取り、なぜか分からないけれども、「これまでベッドに行くときは身に着けたことのない時計の秒針を眺めていました」。半時間経ったころ彼はますます興奮して、だが同時に一層不安になりました。そして突然、時間も分からず20分くらいして満足に膣内射精をしました。勃起はそのあとも続いていたので少し休んだあと、再び積極的に性行為を繰り返し、完全に満足できる膣内射精を終えました。

そして勃起がおさまるのを待って、膣から抜きました。そしてぐっすりと寝て翌日はドライブに出掛けました。その次の夜は土曜日でしたが、全く正常なセックスをしました。話を終えて患者は「なぜ私が正常になったのか説明していただけますか」と尋ねました。だが私は、あなたも私も正常ならばその説明はいりません。誰もが正常であると考えていれば気が楽でしょう、と答えました。

この女性との関係はそれからも約3カ月続きましたがやがて別れました。ほかに数人の女性と関係を持ちましたが、最後に結婚を真剣に考えるようになり婚約をしました。

性的な問題は若者を普通の社会活動に従事できなくすることもあるし、また時には働くことも学校へ行くこともできなくすることがある。第二次大戦中、陸軍に入隊することが今日よりも一般的であったころ、エリクソンは徴兵委員会の顧問医をしていて、不合格になった多くの志願者に援助をしていた。この若者たちの問題は比較的軽いものであったが、それでも仲間のように軍隊での活動をすることを不可能にするものであった。よく見られたのは夜尿で、これは若者にとって特に恥ずかしいことであった。ここに述べるケースは、長いあいだ夜尿に悩んでいた軍隊志願の若者を1回の面接で治療した例である。

精神医学的な検査のとき、一人の志願者が思春期の頃から夜尿歴のあることを打ち明けました。彼は、かなり遠距離に住む祖父母や親戚たちを訪問したくても、自宅以外のところでは泊った経験がありません。陸軍に間もなく入ることになったので、余計に訪問したいと思いました。彼は夜尿があると不合格になると聞いて、とても心配して何か治療法があるでしょうかと尋ねました。これまで浴びるほど薬を飲み、膀胱の内視鏡検査も受け、そのほかあらゆる方法を用いましたが、すべて役に立たなかったと言いました。

そこで私は、もし彼が進んで催眠を希望するならば、それで何か有効な手助けをしてあげられるでしょうと言いました。彼は直ちに深いトランスに入りました。そのトランス下で、私は彼に、あなたの夜尿は心理的な原因によるものだから、私の指示に完全に従えば、治すのはそれほど難しいことではありませんと言いました。

　後催眠性暗示のかたちで、私は次のことを告げました。家に帰ったら隣町に行きホテルの一室を予約します。食事はルームサービスでとり、3夜が過ぎるまで部屋にいなければなりません。部屋では楽にしていますが、やがて翌朝メードが、母がいつもしていたように、もし夜尿で濡れた布団を発見したら、どんなに自分は恐怖に襲われるだろうと考え始めます。このことを何度も考え、どうしようもないほど恥ずかしく悲しく不安な光景をくよくよと考えていると、今度は突然、もしメードが乾いたベッドを見て驚いたら、それは本当に何と驚くべきことか、何ときつい冗談になるだろうという考えがふと心をよぎります。

　この考えはあなたにはとても理解しにくいことなので、頭が混乱してしまい、それを整理することができなくなるでしょう。この考えは頭の中を絶えず駆け巡ります。やがて、あなたはこれまでのような夜尿の跡ではなく、乾いたベッドをメードが発見したときの、惨めさと恥ずかしさに狼狽してしまうでしょう。3夜を過ごすという理論的根拠は次のことです。もしこの計画どおりにいくと、最初の夜は疑いと不安、2日目は安定、そして3日目が夜尿の不安から別の不安場面への移行ということになります。この考えはあなたを悩ませ、ついに絶望的になってとても眠くなり、考えようとしても、すっきりと考えることができないので寝ようとするでしょう。

　最初の朝、メードが乾いたベッドを見つけたとき、あなたはその部屋にいることが怖くて、部屋を出るための言い訳を必死になって探します。しかし、それが見つからず、あなたの困った様子をメードに気付かれないように、あわれな姿で窓の外を見つめていなければならないでしょう。

次の日は午後に起きますが、前の日と同じように混乱した考えであったため同じような結果になります。そして3日目にはやはり同じことがもう一度繰り返されるのです。

3日目の夜を過ごしたあとチェックアウトをしますが、今度は祖父母を訪ねたものかどうかとても悩みます。父方の祖父母を先に訪ねるべきか母方の祖父母を訪ねるべきかという問題でとても迷い悩みます。この問題は、初めの祖父母は次に訪れる二人よりも訪問時間を短くすることで結局解決するでしょう。目的地に着くととても楽しく、ほかの親戚も全て訪問しようと思いますが、次に今度は、誰を先に訪ねるべきかについてとても迷います。しかし結局、数日間の訪問を楽しむことになるでしょう。

このような暗示を繰り返し与えましたが、それはこのようにすり替えた問題を心に強く植えつけて、夜尿に対する不安を再方向付けし、最も近い身内である母のところで夜尿をしてしまうという心配を、親戚を訪問する不安に替えようと努力したわけです。

以上の、ほとんど2時間にわたって与えた後催眠性暗示は、すっかり忘れてしまうという暗示をし、面接は終わりました。そして覚醒させてから、3カ月ぐらいしたら通知があって、軍隊にはきっと入隊できるでしょう、と手短に言いました。

10週間すると、彼は再び地区の徴兵委員会の顧問の私のところに送られてきました。そのとき彼は、ホテルでの「驚くべき経験」を詳しく語りましたが、その原因については全く意識していませんでした。彼はホテルで、「ベッドを濡らそうと必死になりますが、できませんでした。水も飲んだのですが役に立ちませんでした。それからあまりに怖くなったので、ホテルをチェックアウトして親戚の人を訪問し始めました。すると、とても気分が良くなりました。ただ、どの人を最初に訪問しようかということで死ぬほど悩みました。そして私は今ここにいます」

私はそこで彼に始めの主訴を思い出させました。彼は驚いて、「ホテルで気が狂いそうになって以来、夜尿はしていません。どうしたのでしょう

か」と答えました。私は「どうなったかというと、あなたの夜尿が止まり、今では夜尿なしで楽しく眠れるんです」と答えました。2週後、また徴兵センターで彼を見掛けましたが、既に合格になっていました。そのときの彼のただ一つの不安は、母親が彼の入隊について冷静に対応できるかどうかということでした。

　エリクソンは問題によっては催眠を必ずしも使わない。特に夜尿症に対してはそうである。ほかにもたくさんの技法を持っていて、例えば若者たちにこの種の問題を克服させるには、ほかのいろいろな領域での正常な行動へと移すことによって症状から開放させることができるとも言っている。
　若者は逸脱した行動を取ることで求愛期の圏外に身を置いたり、求愛の不利になるさまざまな身体面の逸脱を見せる。時々、人を醜く見せる肥満のような身体的問題もある。時には、異性に対して魅力的になるのを避けるものもいる。エリクソンは、若者の痩せる努力を直接、助けることもある。また、若者の自己概念、特にボディーイメージに焦点を当てることもある。
　若い女性の治療では、エリクソンは自らの男性性を多いに利用する。もし女性に自分がエリクソンにとって魅力的であると確信させることができたら、その自信を、自分は男性にとって魅力的であると一般化できるであろうとエリクソンは考える。治療という安全な関係で、自分が一人の男性から賞賛されたと感ずることができると、その女性はそれを自分の社会のネットワークの中の適当な男性たちに向け、これまでと違った反応を男性に取るようになるだろう。エリクソンは自分との関係を、男性との関係を成功させる求愛行動の枠組みをもたらすための儀式として用いるのである。
　次に、自分がとても太っていると思い、エリクソンに援助を求めてきた一人の若い女性の例を挙げる。確かに肥満ではあったが、本人が主張するほど醜いわけではなかった。彼女はとても清潔で、礼儀正しく、敬虔なクリスチャンであった。自分がとても太っていると思い込んでいるだけでなく、控えめな性格のため正常な求愛行動を避けていた。

私の診察を待っている彼女を見たとき、私はとても礼儀正しく控えめな人であることにすぐに気付きました。診察室に通して腰掛けてもらい、礼を失しない程度に彼女を見つめました。それから彼女に話をしてもらいました。が、話のあいだ中、私は卓上の文鎮を持ち上げて見つめていました。悩みを聞いている間、私は時たまちらっと彼女を見つめただけで、ほとんど注意は文鎮に向いていました。

　話し終えて彼女は、こんなに醜い私など患者として受け入れてもらえないのではないかと心配です、たとえ私が体重を減らせても、やっぱりこの世でこれほど不器量なものはいないだろうと思います、と言いました。

　私はこれに答えて、「どうか私のやったことを許してください。あなたが話している間、私はあなたの方を向いていませんでした。失礼なことはよく分かっていますが、あなたの方を見ないでこの文鎮で遊んでいたのです。あなたを見つめられなかったのです。その理由はあまりお話ししたくないのですが、でもここは治療の場ですから、お話しせねばなりません。恐らく分かっていただけるでしょう。こういうことなのです。あなたが体重を減らせば——少なくとも私の見たところの全てが、それがあなたを見つめるのを私が避けた理由なのですが——今よりも もっと性的に魅力的になることを示していたからです。こんなことを我々二人の間で話し合うべきではないことは分かっています。しかし、もちろんあなたはとても性的に魅力的です。体重を減らしたら、はるかにもっと魅力的になるでしょう。しかし、私たちはそんなことを話し合ってはなりませんね」と言いました。

　このように私が言うと、女性は顔を赤らめてもじもじしました。私の言ったことは、それほど相手を傷つけるものではなかったのですが、彼女の基準からすると、それはとても不愉快だったでしょう。でも、ここに彼女がとても尊敬する男性がいて、その人が彼女を性的に魅力的だと言い、初対面で認めてくれたのです。

　後に、減量に成功してやってきた彼女は、とても丁寧な言葉で、相手がこちらに心を寄せてもいない年上の男性を好きになったと言いました。私

は、あなたがその男性を好きになったことは、その男性にとってはとても光栄なことでしょう。そして、あなたは男性を褒めることを知ったので、間違いなく自分の愛情を自分の年齢にもっと近い男性に向け替えることができるでしょう。だけど、その年上の男性をしばらくの間は褒めていてあげてくださいと言いました。やがて彼女は私に対する関心を失い、同年代の男性と婚約しました。

エリクソンはこのように、自分が男性であるのを利用するとき、自分との関係が患者の社会場面における男性との自然な関係の代用にならないことに特に注意を払っていた。ひとたび恋愛行動に目覚めたら、それはその女性にとって適切な社会場面に向けられねばならない。長期治療のように、治療者との深く持続的な情緒的かかわりを考える治療者とは違い、エリクソンはできるだけ早く自分自身を女性から離して、女性の注意をほかの男性に向けさせる。エリクソンは、それをある一定期間おいてから行なうこともあるし、速やかに行なうこともある。

　求愛期は若者だけに関係すると一般に思われているが、この時期の問題は何年間にもわたって続くことがある。男性も女性も年を取るにつれて、この段階を乗り越えることが難しくなり、異性との交流を試みる危険をあえて冒そうとしなくなる。その場合、女性は実現しにくくなるような容姿や行動を取るようになる。女性が社会の片隅に生きるような道を進めば進むほど、その生き方に変化を引き起こす手段は劇的なものとならねばならない。エリクソンは、正常な男性関係へ進むはずみとして、とても私的な、しかし安全な関係をある男性との間に持たせる。

　ある女性がエリクソンを訪れた。エリクソンの友達でもあり彼女の唯一の友達（二人とも専門職の夫婦）から紹介されてきたのである。彼女は35歳で少し太りぎみであった。容貌は十人並みで確かに魅力的なところがあるのだが、初めて会った人は誰でも「まあ、なんて人。顔を洗い、櫛をとき、粗末な袋のような服でなく、ドレスを着るべきだ」と思ったであろう。

§3 求愛期

　彼女はためらいながら診察室に入り、かたく客観的な話し方で、自分は惨めで、挫折感で一杯です、と言った。彼女はこれまでずっと、結婚して子どもを持ちたいと思ってきたが、デートをすることさえできなかった。大学生の間はずっと、病弱な母を支え、看病しながら過ごしており、社会生活は全くなかった。自分で少し太り過ぎということは分かっていたが、太めの好きな男性もいるだろうから、ずっと一人でいることもなかろうと思っていた。知的で教養があり人の興味をひく女性だが、もう35歳になってしまったので、すぐに何とかしてもらわねばと懸命になっていた。彼女は治療を急いでいた。というのは遠くの街である地位を得ており、そこで自分が変り得るか、さもなければ全てを諦めると決心していたのである。従って何か激烈な変化が求められていた。また彼女の手持ち資金も限られていた。

　この女性の働きぶりは誠実で、その仕事ぶりだけの理由で雇い主に立場を保証されていた。彼女は冷淡で、人間味がなく、いつも閉じこもっていた。唯一の友達は専門職の夫婦で、彼らと一緒だと、彼女は魅力的な会話をし、知性や関心の広がりを見せた。毎月、彼らのところへ行く以外は、自分のアパートにひとりこもっていた。彼女は金属のふちの眼鏡を掛けていて、化粧もせず、服は似合っていなくて、配色も釣り合いが取れていなかった。そして、いつもだらしなく、髪をといたこともなかった。耳も首も汚れ、指の爪はいつもひどく汚かった。それを誰かが彼女に指摘しても、彼女は冷たく人間味のない態度を取って、相手をたじろがせてしまうのが常であった。彼女は一度もデートをしたことがなかった。エリクソンによれば、

　私はその女性に、「あなたは治療をしてほしいのですね。すぐにしてほしいのですね。もう絶望的になっていますね。私のやり方に任せてくれますか。私の治療法を受け入れられますか。治療は急速に効果的にやることはできますが、かなりショックな経験になるでしょう」と言いました。「私はもう絶望的になっているので、どんなことでも受け入れます」と彼女は言いました。では3日間どうしたらよいか考え、治療を本当に受けた

いか、十分な効果をもたらすためにはとてもきついものであってもよいか心を決めるように、と言いました。とても効果があることを彼女に保証しましたが、彼女の希望する短期の条件で必要とされる治療的攻撃にはちゃんと耐える力が必要です。私はいろいろな可能性を考えて、わざとここで「攻撃」という言葉を使ったのです。治療を絶対中断しないという約束をしなければならず、私の指示する課題はどんなことであっても全てやり遂げなければならないと言いました。約束をする前に、私の言葉の意味するあらゆる可能性について、彼女は考えを巡らさねばなりませんでした。3日して彼女はやってきて、先生の要求に完全に従いますと約束しました。

私は「あなたはお金をいくら持っていますか」という質問から始めて長い面接をしました。彼女は1000ドル貯めていました。私は、彼女が不意に全額を使ってしまいそうな予感がしたので、700ドルを預金しておくように指示しました。それから鏡とテープと巻尺と体重記録用紙を渡しました。

3時間以上にわたって私は、彼女の体重と容姿について裏付けとなる証拠をいちいち挙げながら、とても率直に分かりやすく批判をしました。彼女の指の爪は喪に服しているようでした。どの指も。鏡を持って自分の顔と首の汚れ、汗のすじについて口で言わせてみました。鏡を2つ使って、汚い耳も観察させました。彼女のばらばらな髪、似合わない服、ちぐはぐな色についても批判しました。これら全てを身体検査をしているように行ないました。そして、こんなことは治療者に援助されなくても自分でできる事柄であり、全て自分の責任、これは意識的に自己を否定している現われなのだと言いました。

それから彼女に手拭いを渡し、首の片側を洗って、洗わない方と比べてみるように指示しました。これは彼女にとって、とても恥ずかしいことでした。このようにして、彼女が哀れなみすぼらしい人間であるという結論を下して面接を終えました。私が命じなければ買い物はまだしないことにしました。ただ働き続け、言われたことが本当か嘘か、考えを巡らすだけ

でよいとしました。次回は2日後に約束しました。そして、それは今回と同じくらい長く、恐らくきついものになるだろうと言いました。

　彼女は次の面接にやってきましたが、どんなことをされるだろうとためらって困惑していました。化粧はしていませんでしたが、それ以外はきれいに身繕いしていました。ただ、ドレスが似合っておらず、色がとても派手でした。前回の面接のあと、もちろん彼女は帰宅して全身を風呂で洗いました。前回、首を洗った側がきれいであることを見ていましたので、お風呂に入ったことはすぐ分かりました。今回は何を調べられるかといった不安を、彼女のためらいが示していました。

　私は、前回の面接と彼女がやり遂げた変化について体系的にもう一度振り返り、淡々と客観的な態度でそれを伝えました。それから私は、生きる人間としての彼女にとってもう一つの最も大切なことに対する心構えをするように言いました。それは今まで無視され、無自覚のまま軽視されてきたことです。その事は無視したり軽視できないことであり、彼女に接触したことのある人は誰もが明らかに気付いている、その「ある事」から、あなたはもう目を離すことはできないでしょう。それは、常にあなたの意識の中にあって、あなたに満足のいく自意識を与え、それによってあなたは楽しく正常な振る舞いをすることができるでしょう。しかし、それはここを出るときに明らかになるでしょう、と言いました。それから診察が終わって、彼女が帰ろうとして診察室のドアのところまで来たとき、私はあることをするように言いました。彼女はかしこまって、かたくなな様子で、それがどんなことかを聞こうとしていました。「あなたは両足の間にきれいなものがあることをもう決して忘れることはできないでしょう。さあ、家に帰り服を脱いで裸になって鏡の前に立ってごらんなさい。するとあなたは、女性を示す3つの美しい象徴を見るでしょう。これはどこへ行ってもあなたに付いて回り、二度と忘れることはできないのです」と言いました。

　彼女はすぐ、次の面接にやってきましたが、とても困惑した様子でした。

何の前触れもなく、私は言いました。「あなたは、ある特別な目的のために置いてあるお金がありましたね。百貨店に行きなさい。そこには美容カウンセラーがいます。その美容カウンセラーに素直に、私は哀れなみすぼらしい人間です。自分で身繕いすることを知りません。私に必要なことは全て教えていただききたいのです」と言いなさい。あなたは、その美容カウンセラーが魅力的な人で心温かく、好意的で理解力のある女性であることが分かるでしょう。あなたの完璧な身支度をしてもらいなさい。彼女を知ったことが楽しく思われ、必要なことを教えてもらうことに興奮を覚えるでしょう。3週間すると、あなたの職場で従業員のためのダンスパーティーがあります。あなたもそれに招待されるでしょう。そこに行く前の準備としてダンススタジオに行き、どうすれば踊れるか早く教わりなさい。美容カウンセラーに、ダンスに着ていくための正装ドレスの生地を選んでもらいなさい。その生地を仕立て屋の○○婦人に渡しなさい。そしてドレスの作成を指導してもらいなさい。縫うのは全部あなたがするのです。次回の面接はダンスに行く途中寄ってください」と言いました。

　ダンスのある夕方、彼女は本当に素晴らしい服装でやってきました。趣味の良さそうな服を着て、恥ずかしそうに顔を赤らめていました。減量に成功しました。そして生き生きとして活気があり、可愛いいはにかみを見せていました。3カ月後彼女は新しい地位を得て、ある大学の教授と知り合いました。1年後に二人は結婚し、今では4人の子どもがいます。

　エリクソンのアプローチは身繕いを学ばせたりダンスを習わせたり、常識的、日常的な事柄をしばしば使う。しかもこれを人との出会いと組み合わせてそれを促進させるのである。エリクソンは、自分自身や地域社会で得られる人々を最大限に利用する。この症例では、つつしみ深いこの女性が男性と親密な関係を結ぶことができるように自分自身を利用し、そこでは二人の間で口に出して言えないようなことも話し合ったりした。彼はまた、身近にいる美容コンサルタントや仕立て屋も利用した。

もう何年も前になるがブリーフセラピーについて行なわれたディスカッションがある。それをここに挙げて、若い女性の悩みを詳しく描写し、エリクソンがそれをどのように扱ったかを示したい。エリクソンの方法を理解し、利用しようとする若い男性が、エリクソンに一連のケースを提出して、エリクソンならこれをどのように扱うかを尋ねている。(Int. はインタヴュアーの略)

Int.　ある女性がひどい月経前疼痛を治してほしいと、私の元に紹介されてきました。1カ月に1度、1日約8時間何もすることができず、起き上がることもできなかったのです。14歳のときからずっとこの痛みを持っていました。私は2回、彼女に面接しましたが、これを治療できる自信は全くありません。しかし、問題はそれほど複雑でないようにも思います。12歳のときに初潮がありましたが、これは極めて普通のことです。13歳のときに彼女はある街で空襲に遭いました。彼女は丘陵地で暮らしていましたので、空襲を見ていました。従ってケガはしませんでしたが、そのあと1年間、無月経となりました。母とアメリカに戻ったのち、14歳になって月経が再び始まりました。このときはとても痛みを伴いました。それ以来月経痛に悩んでいます。

エリクソン　その子は可愛い子ですか？

Int.　はい。

エリクソン　自分でもそう思っているのでしょうか？

Int.　はい。そう思いますが。彼女は自分が可愛いと十分な自信があるわけではありません。とても可愛いと思うことはできないようです。可愛くなろうと気にしています。

エリクソン　そのことについて、あなたはどう思いますか？

Int.　どう思うかですか？　さあ、彼女は28歳で、自分で理由は分からないようですがまだ未婚です。

エリクソン　だけど可愛い子ですか。彼女はそのことを気にし過ぎていま

す。ブリーフセラピーで最も考えなければならないことの一つはボディーイメージです。ボディーイメージとはその人が自分をどのように見るかということです。自分に対してどんなボディーイメージを持つか。彼女は可愛い子ですが、そのことに努力しています。ということはボディーイメージに欠陥があることを告げているのです。良いボディーイメージを持つことはとても重要です。良いボディーイメージは身体そのものではなく機能的なもの、体の内にある性格のことなのです。自分がとても可愛い目をしていると知ることが良いことだと、彼女は分かっているのでしょうか？ 顎が少し長過ぎることに気付くのは良いことだと。口元が可愛いけれども左右の耳の高さが違うのは良いことだと。その人の顔の個性がそれぞれの魅力を形づくっていることを知っているでしょうか？

Int. そんなふうに先生は彼女に提案をされるのですね

エリクソン そんなふうにすべきなのです。女の子の中には、とても可愛いのに自分を絶対否定している子がいますね。その人たちは自分の容姿を他人の見方で分類しようとしていることに気付いていません。彼女たちは、症状を決定的に自分が駄目な人間であることを示すものだと考えているのです。この女性には月経痛があります。——正確には自分の体についてどう思っているのでしょう？ お尻が大きい、足首も大き過ぎる。恥毛は少な過ぎたり、直毛であったり、カールし過ぎているとか。どうでしょうか？ 意識することが、あまりに辛いことかもしれません。胸が大き過ぎるとか、小さ過ぎるとか、乳首の色がまともでないとか。どうですか？ ブリーフセラピーでまずやらねばならないことは、男でも女でもその人のボディーイメージを見つけ出すことです。

Int. ではどうやってそれを見つけ出すのですか。

エリクソン 2、3分患者さんと話をしたあと、特に女性の場合、私は彼女の一番良い特徴は何かを聞くのです。そしてその理由も聞きます。私は率直にそれを尋ねます。身体検査のように頭から足の裏まで調べます。

ごく客観的な検査です。相手のボディーイメージを知りたかったらボディーイメージの身体検査をするのです。

Int. この女性は女性らしく見えることに腐心しています。髪を巻くのも、化粧もイヤリングもそうです。

エリクソン 言い換えると、彼女のボディーイメージに欠けているところは女性らしさです。だから彼女は女性らしく見えるためにやり過ぎるのです。性器にどんな欠陥があると感じているのでしょうか。胸やお尻やスタイルや顔にどんな欠陥があると感じているのでしょうか。

Int. では、患者はどうやって自分の性器について客観的に考えられるようになるでしょうか。先生と客観的に話をするでしょうか。

エリクソン 私にならそうしてくれます。髪の毛の一部がくせ毛になった彼女がやってきたとします。その彼女が次にやってくるとき、髪型が少し違ってブラッシングしてありますが、くせ毛の真ん中から分けていたとします。するとあなたは性器に対する彼女の態度について疑問を持たねばなりません。

Int. 髪の一部が曲がっていると、そうお考えになるのですか。

エリクソン そうです。というのは、私たちは自分に、自分の体にあまり慣れっこになっていて、そのことを意識しなくなっているのです。慣れっこになっているということを心に留めておく必要があります。あなたは女性が胸にパットをつけていることをどうやって気付きますか。

Int. 体のほかの部分との釣り合いとを考える以外、私には分かりません。

エリクソン では、私はそれをお見せしましょう。私がある女性に背筋を延ばして座らせ、右の肩に蚊が止まっているつもりになってもらいます。そして蚊を叩いてくださいと言います（エリクソンは腕が胸に触らないで、叩くところを見せる）。さあ、その女性が蚊を叩くことをやや誇張してみましょう。このように、女性は胸の本当の大きさに合うように肘を遠周りさせます。

Int. ああ、分かりました。胸のパットをつけていると手が胸に触れてし

まうのですね。

エリクソン　そうです。もしその女性がとても小さな胸、特に膨らみのない場合は、私がしたのと同じようにして肩を叩こうとします。もし、大きな胸であるならば遠周りをして叩くでしょう。

Int.　これは簡単なテストですね。

エリクソン　とても簡単なテストです。私はボディーイメージに欠陥を持った女性の患者にはいつもこう言います。「私に知ってほしくないことや、言いたくないことがたくさんあるでしょう。自分のことで話したくないことはたくさんあるでしょう。あなたが話したいことを話し合いましょう」。その女性は、何もかも言わないでおける、全面的な許しを得ているのです。しかし、彼女は話をするために来ているのです。だからあれこれと話をし始めます。そしていつも、「もうこのことは話しても大丈夫」と思います。そして、最後まで全てのことを話してしまうのです。新しい事柄が浮かぶたびに、「そう、これは話さないでおくほど重要なことではないわ。もっと重要なことは言わないでおける特権を使いましょう」と思います。まさに催眠技法です。言わないでおくという考えに反応させ、また、これを話すという考えに反応させるのです。

Int.　分かりました。

エリクソン　患者が言わないでおくというのは結局、物事をしゃべる内容の順番を変えているだけなのです。言わないでおくという権利は、それで十分なのです。

Int.　それはまた、彼女たちが普通は何を言わないでおくかについて考えることになりますね。そんなことは、これまであんまり考えていなかったはずです。

エリクソン　かつて何度か男性と関係していた女性がいて、彼女はそれをあなたに話すことが辛いと考えているとします。あなたはそれを言わないでおくことを許します。彼女はあなたがそれらの事件を知らないことを知っています。そこで彼女は考え始めます。例えば1番目は話して構

わない。5番目も話してもかまいません。2番目ではなくて。そして4番目、6番目、3番目、7番目、2番目と話すのです。彼女は2番目を話さないでおきました。実際には、1番目以外は全て保留したことになります。なぜなら1、2、3、4、5、6、7という順番に話さなかったからです。

Int.　「言わないでおく」という言葉のゲームですね

エリクソン　無意識がそうするのです。あなたはそれに気が付きました。そこであなたは彼女たちに保留することを提案し、彼女はそうします。また、彼女たちに話すよう提案すると話します。患者は反応して話さなかったり話したりするのです。彼女らが話さないでおこうとする限りは、それを奨励しなければなりません。ボディーイメージの話をするとき──つまり自分自身をどう見るか、心の目の中に自分がどう映るか、自分の身体をどう思うか、というようなことですが──身体のある部分について確かに話したくないところがあるでしょう。話したい部分もあるでしょう。例えば顎や口そして足首かもしれません。お腹や頭髪かもしれません。「あなたの頭の毛」と言うことによって、どれほどの女性が処女性を意識するでしょうか？　それは毛の一部 part[訳注1]（陰部）なのですが、あなたはそれをどう感じますか？

Int.　それは一部 part という言葉のゲームですか？

エリクソン　いいえ、それは陰部 part があるという事実のゲームなのです。毛の一部 part があります。

Int.　先生は明らかにボディーイメージということのためではなくて、彼らに身体について意識させるためにこういうことをされるのですね。

エリクソン　身体について意識をさせなさい。「そこに座ると、自分について話さなければならないことが分かるでしょう」「そこに座ると」というのは話を推移させるときの言葉です。しかし、何の上に座っていま

訳注1）part に陰部の意味がある。

すか？　そしてどんなふうな身体がほしいですか？　ほかの性格のタイプの女性だったらどんな身体に満足をするでしょう？　あなたが満足する身体は？　それについてどのくらい知っていますか？

Int.　先生は月経痛がこの種類の問題と関係していると考えますか？

エリクソン　はい、そうです。

Int.　もちろん私の専門領域からしても、彼女の生活史については大変興味があります。この女性が13歳から14歳の間の1年間、無月経になったことは大変興味があります。

エリクソン　そうです。私が第一に知りたいことは、彼女が生命ははかないものであることについて、どのように思っているかということと、肉体もはかないものであり、突然何の前触れもなく生命を終えることをどう思っているか、すなわち死の恐怖についてどう思っているか、彼女の身体は結局、消えてしまう運命にあるのです。月経が来るごとに彼女は死に近づきます。これは非常に辛いことです。

Int.　これはまた、月経についての異なった考え方ですね。

エリクソン　しかし、そうなのです。

Int.　はい、そのとおりです。でも月経は彼女が女性であり、しかも妊娠していないことを示しています。私はそのようなことを考えます。

エリクソン　だけどあなたは、月経を男性の考え方によって、生物学的に考えています。

Int.　では、女性は一体どのように異なった考えをしているのでしょうか。老化していくという見方でしょうか？

エリクソン　女性はどんなことを考えるのでしょう。うんと年を取ったら月経は止るでしょう。ですから女性にとってそれは人として全く別のことなのです。彼女のプライバシーのなかで、つまり切り離された彼女自身の生活のなかでは、月経は生きていることなのです。月経とは生活することなのです。女性が25歳の誕生日についてどう思うかちょっと考えてください。それは25回目の誕生日なのではなくて四半世紀なのです。

では30歳の誕生日ではどう思っているでしょう？　彼女は20代を離れていくのです。そして30代も去る——去る——恐ろしさ。25歳の誕生日は四半世紀なのです。私ならアリゾナからマサチューセッツに至るとても変化に富んだ四半世紀だと言えます。ところで月経の止ったのはいつですか？

Int.　13歳のときです。3歳のときに父親が亡くなりました。それから空襲の間に、継父が戦争にいったという意味で継父も失いました。母は彼が出征中離婚しました。この女性はそのとき、無月経となったばかりでなく数カ月の間、毎朝めまいと吐き気に悩むようになりました。失われつつある家族に自分自身の家庭をもって補おうとしているようでした。私には想像妊娠のように思えました。

エリクソン　彼女は3歳のときに父を亡くし、空襲のときに継父を失いました。もし彼女が今3歳なら、父親が帰ってくるのを楽しみにしているでしょう。ではどうやって3歳に戻ることができるでしょうか？

Int.　先生はこの彼女の状態を退行と見ていますね？

エリクソン　そうです。3歳の頃のことなので、現在の彼女の記憶と理解力をもって、本当に父親を家に帰らせることが期待できます。さて空襲で街は機能していませんでした。家の中のもの全てが壊されてしまいました。彼女の機能もまた麻痺してしまいました。彼女は全体の一部だったのです。

Int.　そうです。彼女は全ての機能が止まってしまったかのように言います。——全くそのとおりではないにしても、それにとても近い言葉で——彼女は学校からも友達からも切り離されました。継父からも離された、などと言っていました。

エリクソン　まだ学校へ行くほどには大きくなく、月経が始まるほどには年を取っていなかったのです。

Int.　なぜ月経が再び痛み始めたのでしょう？

エリクソン　なぜ理にかなった痛みだと思わないのですか？

Int.　それはどういうことですか？

エリクソン　月経が始まったときは、たやすく自然に起こりました。特にほかの問題の関係がなかったので。だからそれは痛みがなかったのです。ところがその働きが妨げられます。既にその働きに対していろんな身体の感じを体験していたのですが、急に突然それがなくなります。それを失うということは大変苦痛なことです。そのとき、突然、正常な組織のうっ血に加えて、愛情を失ったときの苦しみを全て思い出すのです。だから、それは合理的な痛みです。あなたが腕を折ったら、腕をギブスにはめます。そして徐々にそのギブスに慣れます。今度ギブスをはずして手を曲げようとするとそれはとても痛いです。

Int.　そうですね

エリクソン　それも合理的な痛みです。使わないことによる痛みです。でもあなたは腕を動かせるようになりたいと思います。これは葛藤のために痛いのではありません。なぜ止まっていた月経が痛みとともに再開してはいけないのでしょうか？　このこと自体を怖れると、これからはずっと続くのではないか、と心配することになります。そして痛い月経を予期するようになるのです。痛みのある月経を１カ月間期待しながら暮らし、それから実証するのです。

Int.　彼女がやっていることがよく分かりました。痛い月経を期待して１カ月を過ごすのですね。

エリクソン　そうです。そして証拠を付け加えていくのです。私なら彼女に「あなたの周期は何日ですか？」「１日にいくつナプキンを使いますか？」「月経はいつも規則正しく来ますか？」「それは朝ですか？」「午後ですか？夜ですか？」「それとも不規則ですか？」と質問します。

Int.　とても規則正しく朝にくるようです。

エリクソン　私は質問にこんなことも含めます。「１日に何個のナプキンを使いますか？」。なぜならこのような質問は恥ずかしいけれども親しさのある質問だからです。「あなたはナプキンを滲むほど濡らしますか？」

「ナプキンが濡れはじめるとすぐ交換しますか？」。彼女は月経は規則正しく朝にあると言っていましたね。「あなたが予想していたよりも前の日に始まったらどう思いますか？　そして朝でなくて夜にきたらどんなふうに思いますか？」。それは私がまずやりたいのは苦痛の時間を置き換えることなのです。

Int.　時期を置き換えるのですね。そうすると痛みについても何かができるわけですか？

エリクソン　もし私が時期を置き換えると、予期したとおりの時期でなくなります。予期していた月経は痛いのです。予期していなかった時期が痛くないのは、予想外に来るからです。このことを彼女の心に植え込んでしまいます。彼女は「いくつナプキンを使いますか？　ナプキンを外に滲むほど濡らしますか？」などという質問が、とても気になっていますので、時期置き換えの暗示にはあまり意識的注意を払っていないのです。

Int.　そのことに意識的に注意を払っていないときには、暗示はもっと効果的になるのですね？

エリクソン　彼女はあなたの言うことが聞こえる所にいます。あなたの言うことは全て聞こえるのです——彼女はあなたと話をするためにここに来たのです。だから彼女は意識的にも無意識的にも、あなたの言うことを聞こうとしています。このことにはずっと意識を向けていなければなりません。そして予期しないときに——例えば夜に始まったらどんな感じがするでしょう？　ここで私が「感じ」という言葉を使ったことに注意してください。これは——痛み——とは違った意味合いを含んでいるのです。

Int.　ああ、なるほど

エリクソン　このようにして私は、月経の感覚を痛みから別の種類の感じに変えたのです。さて、月経痛の扱い方にもう一つ問題があります。多くの治療者、医者は患者の権利を見逃しています。彼らは女性から月経

痛をすっかり取り去ろうとします。女性が月経痛を訴えて来るのですから、彼女が月経痛から開放されたいと思っていることははっきりしています。しかし彼女の人生で、時には痛みを必要とすることも起こり得るのです。月経痛を訴えることによって、社会的なかかわりを避けたいのかもしれません。大学の試験を避けたいのかもしれません。あるいはもう一日仕事を休みたいのかもしれません。このようにとても現実的なのです。自分にとって都合がよければ月経痛からの開放も望むでしょうが、無意識は意識よりももっと賢いのです。女性が月経痛の治療を求めてくると、あなたはにこやかに優しく痛みから開放されるという暗示を与えるでしょう。しかし、彼女は無意識であなたが問題をよく理解していないと思っています。あなたは彼女の月経から痛みが取れて楽になりますと言いますが、彼女はこれから結婚し子どもを産むことになり、そのときには月経が中断することをよく知っています。だからそのような暗示はこれからの新しい月経の経過には当てはまらないのです。あなたが月経のこれからの自然な過程を考慮していないので痛みを取り除くという暗示を彼女は拒むのです。そのことを彼女の無意識ははっきりと気付いていて、これから月経の中断がないと考えているあなたを軽蔑しています。彼女も病気になるかもしれません。恐らく過去に病気になったことがあるでしょう。そして、そのときは月経が中断したでしょう。彼女の無意識はあなたに助けを求めていますが、これからいろんな事柄に遭遇する一人の人間として考えてくれることを求めているのです。新しい毛皮のコートを買ってもらう話を夫にする一つの方法として、月経痛に悩むという特権を彼女に与えてやれば、彼女に痛みを続けるか続けないかの特権を彼女に与えることになります。彼女の選択によるべきであって、彼女が自分のものとして持っているものを強制的に取り去ってはならないのです。あなたは痛みをそのときの都合に従って忘れる機会を彼女に与えればよいのです。それを持ち続けることももちろんできます。

Int. 分かりました。それはもうどの症状についても言えることなのです

ね。それが誠に正しい態度だといえましょう。

エリクソン　親指をしゃぶり、乳首にかさぶたができるまで掻く30代の女性がいました。おへそもかさぶたができるまで掻いていました。それは子どもの頃からし続けてきたのです。彼女はそれに対する治療を求めてきました。私はそれは駄目です、その治療はできません、でも30秒もあれば簡単に治してしまうでしょうとも言いました。そんなことはできないと彼女は思いました。しかし、どうやってそれを30秒もかからないで治せるのかを知りたがりました。そこで彼女に言いました――あなたがしなくてならないことは「はい」ということだけです。だけど彼女はそんなことで物事が変化するとは思っていませんでした。「『はい』ということは肯定を意味することです。『はい』といって本当に『はい』と思ってください」「今度あなたが乳首を掻きたいと思ったらそれをしてください。診察室に入ってきて、胸と乳首を出して、そして掻いてください。してくれますか？」彼女は「はい」と言いました。そして「先生は私がそんなことをするはずないと思っておられるのでしょう。私は致しません」彼女は「私は絶対そんなことはしないわ」という意志を示しました。彼女は、これ以上面接に来ないということを言っていたのです。

Int.　はい

エリクソン　「そうですね。絶対しないですね」。彼女の無意識は知っていました。彼女の無意識は激しく彼女をそうさせたのです。

Int.　ボディーイメージとこの女性の問題にもう一度戻りますが、先生がボディーイメージの欠陥に気付いたとき、それを修正するのにどんなことをしますか？

エリクソン　何をするかって？　ある女性がとても神経質になって私の所にやってきました。不安がとても強く、脅えていました。彼女は人があまり好きでなく、また人々も彼女をあまり好きでないようでした。身体が震えて、歩くのも大変でした。彼女は人を怖れ、レストランで食事をするときも新聞紙を持っていて、それに顔を隠していました。人に見ら

れるのを避けるために裏通りを通って帰宅していました。いつも一番安いレストランに行きましたので、人々は彼女を見て軽蔑していました。それに、彼女は人前に出られないような恰好でした。そこで自画像を描かせました。描画能力を試験したのです。そこに彼女の絵があります。

Int. この絵はどうも分かりにくいですね。部分部分がばらばらに描かれています。

エリクソン 結局、彼女は一枚一枚ばらばらの裸の絵を描きました。始めに頭を描いて、胴体はなく最後は全体像です。

Int. 先生は一番目の絵から最後の絵まで彼女に対して何をしたのですか？このボディーイメージの欠陥を克服させようとして。

エリクソン まず始めに、私は彼女に治療を本当にしてほしいのかと尋ねました。彼女は本当に治療に協力しようとしていました。自分にとってこれ以外の選択はない、と言いましたので彼女に同意をしました。治療者に関してはともかく、治療を受けることについては全く選択の余地はなかったのです。私のところに来て、とても辛い第一歩を経験したので、ほかの治療者を探すなどもっと辛いことでした――また、最初の段階をすっかり繰り返さなければならなかったのですから。そこで私のところにとどまることになったのです。

Int. なるほど

エリクソン 彼女をほかの治療者のところに行かせないように釘を差していることに彼女は気が付いていませんでした。私は治療というものは一人の人間としての機能全てに関連して行なわれるべきもので、仕事ぶりや街での歩き方だけでなく、食事や睡眠やレクリエーションなど全て含まれると言いました。食事は何を意味するかって？ 排尿も排便も含まれます。排尿や排便を考えないで食べてごらんなさい。たとえ考えないでも食事をすると、遅かれ早かれ腸が動きだすということは子どもでも知っています。これは基本的な学習で身に染み付いています。食事のことを取り上げて彼女に言いましたが、人間としての全ての機能について

言っているのです。性格についてではなく、一人の人間である彼女のことです。一人の人間として食べ、眠りそしてレクリエーションを楽しむ。だから全てを含む人間として考えねばなりません。だから私は、彼女が私に話せることは何でも知っていなくてはなりません。私が考えられることも全て知っていなければなりません。

Int. それはまた巧妙な言い回しですね。全てを知っていなければならない。彼女の言えることは何でも知らなければならない。危険を感じさせる言い回しですね。その危険はすぐ取り去られるのですが。

エリクソン それと私が考えられる全てのこと——私はできるだけ多くのことを考えてみました。それはすべてを含むことを意味したのです——彼女が話せる全てのこと、私が考えられる全てのこと。私は医者で事実いろんなことを知っている——しかしそれを優しく言います。彼女が医者に話せる知識を目の前に置きます。私が一番、彼女について知りたかったのは、彼女が自分を人間としてどう思っているかということです。それを知る最も良い方法は、自分がどんなふうに見えると思うかを聞くことです。「はい。私は金髪です」「眼が２つと耳が２つ、口が１つと鼻が１つ、２つの唇と顎が１つあります。これをどう思いますか？　あなたは金髪だと言いましたが、どんな種類の金髪ですか？」「汚い洗い水のような金髪です」それから「私の歯は歪んでいます、耳が大きすぎ、鼻が小さすぎます。つまり、私はごく並みの女性なのです」ごく並みのとはどういう意味でしょうか？　話が自分の顔からごく並みのという答えに移ったとき、これは自分のこと全部を言ったのです。ほかの身体の部分がこの「ごく並みの女の子」に含まれています。そのとき、私は彼女が入浴するのか、シャワーなのか知りたくなりました。どうやってシャワーを使うのか、シャワーを使いながら、またシャワーが終わったあとで何をするのかを詳しく尋ねました。彼女は自分自身をイメージしなければなりませんでした。——私は彼女を裸にして目の前に立たせていることになりますね。違いますか？　いや彼女は裸になっていたのです。

一度私のために裸になったので、「さあ、自分の頭を見ないで、裸の身体を見なければならないとして、自分の身体が分かりますか？」。自分の声をテープで聴くのはとてもいやなことだと思うでしょう。彼女はもう一度裸の自分を見ようと考え始めます。そこで彼女はもう一度裸になります。「さあ、私はあなたが知らないあなたの身体のことをお話ししましょう。私はあなたの身体を見たことがありませんが、自分の恥毛の色を知っていると思い込んでいるでしょうね。私はその恥毛を見たことがありませんし、見ることができるとも思いませんが、あなたは自分の恥毛の色を知らないのではないかと思います」。これは彼女が確信していたことの一つです。

Int. それは彼女に恥毛のことを考えさせるだけでなく、家へ帰ってチェックさせることになるのですね。

エリクソン 彼女の最初の答えは「もちろん、私の頭の毛と同じ洗い水のような金髪」でした。自然で正常な恥毛の色素は頭髪よりも色が濃いものなのです。だから私は彼女にこう言います。「あなたは自分の恥毛の色が頭髪と同じだと言っていますが、私はそうでないと思います」。彼女は恥毛をチエックし私が正しいことが分かります。私は実証したのです。私はこうして私と議論する機会を彼女に与えました。自分の身体についての知識の論争です。しかし恥毛の色などと失礼なことを言ったことはどういうことでしょう。それが論点なのではなく、私が彼女の知識に対して異議を唱えたことが論点なのです。私の失礼に対してではなく、彼女は私の無知を証明しようとしているのです。だから彼女は挑戦的です。まあ、仮りの戦いですが。彼女は自分の恥毛の実物を持ってこないで、私が正しいとか間違っているとかは言えません。「それではあなたの乳首の色は何色ですか？本当に知っていますか？」と言います。相手は知的な事柄についての論争を見逃しません。「もちろん、私の皮膚の色です」「私はそうではないと思います。いずれ分かるでしょうが、乳首はあなたの皮膚の色ではありません」。そこで彼女は争点を見いだし

ます。ごく知的な争点です。彼女は論争しようとします。しかし私の縄張りでの論争です。

Int. そうですね。恥毛の色について先生が正しかったという事実は、彼女が裸で先生と一緒にいたという事態を一層はっきりさせるに違いありません。

エリクソン　そうです。それから乳首に対して私が正しいという事実。彼女が自分のお尻が大き過ぎると言ったら、私は「お尻の唯一の価値は座ることです」と軽く言います。この論争はきっと大論争になってしまうでしょう。お尻は筋肉と脂肪で作られています。こんなことは口にすべきではないですけれど。しかしお尻は階段を登るのに役に立つのです。

Int. 男性を引きつけるのにも役に立ちますね？

エリクソン　そのことはあとで話します。それから物事は人によって違って見えるものだということをあとで指摘したいのです。誰でしたかね？　アフリカでアヒルのようなくちばしをしたのはどこの女性でしたか？　ちょっと名前を思い出せませんが、アヒルのようなくちばしの女性は唇に大皿を入れて唇を突き出しているのです。「その部族の男性たちはそれを美しいと思っているのです。しかしアメリカの男性が美しいと思っているあなたのような唇は、その部族の男性たちにとっては驚きでしょう」。あれ、何て言いましたかね？

Int. 先生は実に巧みに褒め言葉を挟み込みましたね。

エリクソン　いや男性としての見解を述べたのです。決して個人的な意見ではありません。

Int. そうですね。先生自身の意見ではないような一般的な言い方でしたね。

エリクソン　そうです。これがブリーフサイコセラピーでやることなのです。

Int. そうですか。これがブリーフセラピーにおける問題の一つと私には思われるのですが、自分の個人的な意見でないと患者に感じさせ、少な

くともほかの男も同じような意見を持つだろうと思わせるのですね。

エリクソン　全ての男性が同じ意見を持つというのではなくて、男には男としての見方があるということなのです。そして女性には女性の見方があります。男は口髭にキスをしたいと思いませんが、かなりの女性はしたいのですよ。

Int.　しかし、そこにはまた素晴らしい含みがありますね。もし先生が彼女の魅力的な唇を褒めたら、先生が間違いだと言って否定することもできますし、これは先生の意見であって、男性一般の意見ではないと考えて受け入れることもできます。

エリクソン　そのとおり。それから身体の機能も教えます。「あなたが食事をします。胃の調子はおかしくありませんか？」「便秘はどうですか？」「食欲はどうですか？」「胃を大切にして良い食事をしていますか？　何か手近なもので済ませて胃を痛めていませんか？」。このように反対できない正面攻撃によって彼女が胸、性器、唇、大腿、足首、膝、お腹などに関してどんな考えを持っているかを聞くことができるのです。また歯が歪んでいるか？　本当の歯か？　彼女の笑顔を見た男性はどのような反応をするか？　とても視力の悪い男性だったら、２本の曲った歯しか、あるいは唇しか、顎だけしか見ないのではないか？　彼はあなたの笑顔を好んだか？　彼の見たいところだけを見てよかったのか？　彼はどこが好きか？　あなたには「私いま、笑ってます。私の曲った歯を見てくださいますか」と言ってよかったか？　男性はあなたの唇の形や分厚さに注目したがっていたかもしれません。

Int.　先生は自分を魅力的であると感じられる可能性に関心を持たせようとしたのですね？

エリクソン　いいえ。彼女を選んだ男性は、誰でも彼女に何か美しいものを発見できるのだということに気付くためです。男には好みがあります。

Int.　私はよく思うのですが、先生は患者に指示したことをさせるのにどのようにことをもっていかれるのでしょうか？

エリクソン　それは競わせるのです。例えば、ある女性が仕事がうまくいかなかったとします——とてもよくある訴えですが。彼女が部屋に入ってきたとき、髪の毛があまりにもとかれていないことに気が付きました。彼女は私が髪の毛を見ているのに気が付いて言いました。「ボスのようなことをしないでください。彼はいつも髪をとくように言うのです。私としては最善をつくしているのです」。そこで私は「あなたは仕事をうまくやりたい。髪の毛にも自分なりに最善をつくしたいと思っている。しかし、自分が素晴らしく見えることが心配なのではないですか？」と言いました。そして、家へ帰ってシャワーを浴びて、洗髪すれば分かるでしょう。「自分について多くのことを発見するでしょう」と言いました。

Int.　答えを言わないで？

エリクソン　そうです。

Int.　さて、彼女に何が分かったのでしょう？

エリクソン　彼女はシャワーを浴びて、注意深く乾かし、鏡の前に立って、手鏡で後ろを見、自分の身体を調べるのに長時間を費やしたそうです。ボスが彼女の髪のとき方に苦情を言ったので、それに反抗して調べたのです。彼女を批判するボスに、彼女は大変腹を立てていました。ボスに対する怒りに刺激されて、自分を調べれば調べるほど、自分の身体を満足に思うのでした。

Int.　これは、患者にとって破壊的なものを建設的なものに向かって、逆転させる先生のすごいやり方ですね。

エリクソン　しかし、ここでやっていることは生まれながらの自己愛を使っているのですよ。

Int.　先生は患者との競い合いで、患者が病気から治らないことによって、あなたの誤りを証明しようとすると、何か患者に有益なことで、あなたが間違っていることを証明させようとするように逆転させてしまいますね。私が最も興味があるのは、先生が原因論についてほとんど無視して

しまっていることです。

エリクソン　原因というのは複雑な事柄で、必ずしも問題解決には必要ないのです。ある男性が結婚式を終え夫婦の契りをした。その途端、二人は性的関係を楽しむことができなくなることがあります。これには、何か一つの特別な原因があるとは思われません。男性の成長過程を考えてみましょう。私はこれをよく男性や、特に女性の患者に言うのですが、この過程に学ばねばならないことがたくさんあります。男性は陰茎の感覚、つまり亀頭や陰茎軸、皮膚、包皮、尿道の体感を学ばねばなりません。成長していくにつれて、このようなことを学びます。思春期に達したら満足に射精をすることを学ばなければなりませんが、それにも学ぶべきことは多く、性的快感を与えたり受け取ったりする、とても難しいことを学ばねばならないのです。誰から初めてそれを習うでしょうか。彼と同じような言葉を語る人です。ドレスやお人形などのことを言う人ではなくて、ホームランやタッチダウンといった言葉をしゃべる人です。少年の関心事はレスリングができるか、どれだけ遠くへ跳ぶことができるかということで、髪の形とか色の濃さなどではありません。そんなことは別世界の不快な言葉ですので、相手がそうだと、また別の少年を探します。少年はまたほかの誰かから性的な喜びをどうやって受け取り、また相手にどうやって与えるかということを学ばねばなりません。その一番基本的なところで、ほかの少年と陰茎が同一のものかどうか、形が同じであるかどうかという点で意見を交換します。ほかの少年と同じでなければならないのです。少年はまた、互いに筋肉の発達を競います。跳躍力、投球力、射精能力、射精のときどれほど遠くへ飛ばせるかを競います。またお互いにやり合いますが、さてどのように互いにやり合うのでしょう。掌でやります。また射精を見ること、あるいはそのような話を聞くことです。それは同性愛的なことなのでしょうか？　あるいは誰かと性感を相互に交流し合うことの初歩的な学習なのでしょうか？　別の言葉を話す異質な人よりは、あなたの言葉を使っている人と始める

方がいいでしょう。異質の身体で、ボール遊びができず、レスリングのような楽しいことが何もできないような、筋肉も発達していないような人は避けるべきです。だがこのような学習は個々に起こるものではありません。男子なら手で刺激して射精を起こすことを学びますが、ほかの人もそうするということを知らなければなりません。そして成熟した一人前の男になるには、これに感情的な価値を添えねばなりません。そこで夢精が起こります。はじめ、夢精は漠然とした経験です。静かに眠っていて、どこも触れないのに何らかの考えや感情が浮かんでくると勃起をし、夢の中で射精をします。射精が感情や考えやイメージに反応して起こるためには、ちゃんとした夢を見、ちゃんとした射精が起こらねばなりません。母親はよく身体に悪いとか、勉強の邪魔になると言います。少年は母親を心配させるために夢精をするのではありません。生理的に何かを学習するために夢精をするのです。実際の身体的経験を感情や記憶や思考に統合しているのです。確かに漠然とした体験ですが、少年にとってはとても重要なものです。また性的発達は男女別々に起こるものではありません。男子に対する反応と女子に反応し始めるものとが混ざりあっています。リンクでローラースケートを練習するとき、男子たちは楽しいリズミカルな身体活動に共に参加することを学びます。次に女子とダンスをしたり、ハイキングに行くことの楽しさを発見します。それと共に、女性の持つ身体的なもの以外の性質——例えば数学の才能——などを発見します。こんなふうにして男子は初歩的なことを学び、さらに年上の人たちのすることを見て、女性とは何かを学ぶのです。それから下品で粗野な話もします。少年たちは女性、そして尻や胸の下品な想像をします。お尻をつねったり、偶然を装って手や肘を胸に当てたりします。少年たちは胸に当たるところまで少女がセーターを着るのを手伝い、手で胸に触れます。始め肘で胸を叩いたりしますが、それは位置を探しているのです。お尻を粗野に叩くだけでなく下品な話もします。少年たちは洗練された言葉や相手の感情を配慮する言葉は持ち合わせて

いません。少年たちは自分が他人を観察したことを確かめねばなりません。そこで粗野な話し合いをしてセックスについて語り、それを通じて彼らの本能的衝動がどんどん広がっていきます。そして初恋がやってきます。そのとき、女性は高い所に置かれて、遠くから崇められます。それは彼女に十分接近できるほど異性を知らないからです。女性は見知らぬ生物なのです。女性の実際を垣間見るまで、高いところに置かれています。少年たちはほかの女性も高台に置きますが、今度はそれほど高くありません。そして最後に男子が首を延ばすことなく男子と女子は同じレベルで、互いにまっすぐ見つめ合うことができます。もちろん女性の方も、男性の実体があらわになるまでは男性たちを彼女らのやり方で見上げます。少年はキスとは何かに思いを巡らせます。私の息子は11歳でキスとは何かを知りましたが、それはとても不快に思えました。自分はそんなに堕落してしまったのかと思いましたが、そう思いながら自分がそれをやってしまったことにも気が付きました。ところで少年と少女は一体どのようにしてセックスそのものを知るのでしょうか？　その頃までに彼らは一般的な知識はかなり持っています。本や年上の人や信頼する人々から情報を求めます。そしてこれらを互いに関係付けますが、まだ実験はしません。少年たちの中には情報を関係付け合成することができずに実験に入ってしまうものもいます。首から上や、腰の上下への愛撫を、その人のいわば一般的道徳観に従って行ないます。女性の中にもまた、実験を通して学ぶものもいます。

　さあ、ここでよく見逃されていることの一つは、個人の生物学的な事柄です。男性は女性と性関係を持ちますが、それは生物学的には局所的な行為なのです。精細胞が分泌され、ひとたびその過程——すなわち精細胞の生産——が終わると、男性の身体は精子にとってもはや用なしになり、精子はまた男性にとって何の役にも立たなくなります。男性が精細胞を膣のなかに処分するときだけ精細胞は役立つのです。従って男性の性行為は生物学的にごく局所的な現象であり、しかも非常に早く秒単

位で達成されるのです。それは局所的で、精細胞を処理してしまうと彼は性行為の全てを終えるのです。ところが女性が性交をすると、生物学的に見ると、この一つの行為を完成するために妊娠をします。これが9カ月続き、次に授乳をし、これが6カ月続きます。それから育児やしつけ、食事を与えること、成長を促すなどの仕事が続きます。女性にとって性交という一つの行為は、我々の文化ではそれを終えるのに18年かかるのです。男性の性交で必要なのはたったの18秒です。女性の身体は一体どのようになるでしょうか？　じっくりとそれを考えた人はほとんどいません。女性の身体は性的関係に入るとどうなるか。女性が積極的によく適応した性生活を始めると、骨のカルシウムが増えます。足は4分の1大きくなり、眉毛の隆起も少し高くなり顎の角も変化し、下顎は少し長くなり、鼻もわずかに高くなり、髪にも変化が見られます。胸は大きくなり硬さを増します。お尻や恥丘も大きくなり硬くなります。背骨の形も少し変わります。女性は2週間位の性生活で生理的にも身体的にも変るのです。それは彼女の身体が9カ月間の胎児の保護と、それから何カ月も何年にもわたる子どものための身体的な行動を必要とするからです。妊娠するたびに女性の足は大きくなり、下顎の角度が変化します。妊娠はこのような大きな身体的、生理的変化を引起こすのです。男性は性交しても髭が伸びるわけでもなく、カルシウムの量も変化せず、足も大きくなりません。身体の重心も変わりません。男性にとっては局所的な行為なのですが、性交や妊娠は女性には大きな生物学的、生理学的変化を起こすので、女性は完全な生物体として性交を始めねばなりません。性的な問題の原因はこれら全てにまたがっているのです。過去の何か一つの外傷性経験が問題の全ての原因だと一般に思われています。また、治療においてある考え方を自分で発見できれば患者に変化をもたらすとも思われています。治療とは、患者が性的に楽しむためにこれまで学んできたことを利用でき、知らねばならぬことをもっと学ぶ機会を与えられるような状況を設定することだと私は思います。

Int. 先生は過去を探索することはあまり必要でないと思っていますね？私はブリーフセラピーをするとき、いつも過去についてどれほど考える必要があるかについて、はっきりした考えを持ちたいと思います。

エリクソン　そう。私はこの７月に、４年も５年も精神分析を受けてよくならなかった患者を診ました。その患者の知人が「先生はどれほど過去に注意を向けましたか？」と言いましたので、私は「ああ。そのことはすっかり忘れていました」と答えました。その患者は私の考えではかなり良くなりました。毎日20時間、ひどい強迫手洗いに悩んでいたのですが、私は原因だとか過去には立入りませんでした。私が尋ねた唯一の探索的な質問は、「あなたは何時間も身体を擦るために、いつシャワーに入りますか？　それは頭のてっぺんから始めますか？足の裏から始めますか？真ん中辺ですか？首から下へですか？足から始めて上へ洗っていくのですか？それとも頭から始めて下へ進みますか？」でした。

Int. なぜそんなことを聞くのですか？

エリクソン　私が本当に関心を持っていることを知らせるためです。

Int. この症状に先生も参加できるためですか？

エリクソン　いいえ。私が本当に関心を持っていることを知らせるためです。

§4 若者の性格改造

　若い人が非常に深刻な問題を抱えているために、人間的な生活から逸脱しているような場合、エリクソンは性格の大改造を試みる。アプローチはブリーフセラピーを行なうときとほとんど同じだが、介入はより包括的である。しばしば数カ月から数年にわたって介入を行なうが、面接は毎日、毎週行なうわけではない。ある期間面接して、しばらく会わず、またある期間面接する、というようなことをする。自分が絶えずかかわらなくとも、継続する変化を起こすことをエリクソンは好んだ。このような場合、治療には数年を要することがあるが、ほかの長期にわたる心理療法とは異なり、面接の回数は少ない。

　若者が社会生活から完全に離脱しているような場合、さまざまな理由が考えられる。ここで初めに紹介するのは、世の中から完全に引きこもった若い女性の事例である。彼女は大きな肉体的な欠陥（彼女によれば）により引きこもりとなった。外見を気にすることは思春期には起こりがちなことだが、この事例のように深刻化することは少ない。普通この年代では、自分たちを文化の理想的対象と比較することから劣等感を感じる。一般に彼らは、通常の恋愛行為によってこのような悩みに打ち勝つ。少女たちは、少年たちが彼女らを魅力的だと考えることにより、自分たちを魅力的であると感じる。しかしながら、自分の肉体的異常に心をとらわれた少女が、その困難を自分が解決するのを助けてくれる社会的な場から完全に退いてしまうときがある。時には本当に肉体的欠陥がある場合もあるが、ほかの人にとっては些細な問題であっても、本人にとっては重要なことなのである。少女がほかの人々から遠ざかると、彼女にはほかの関心事はないので、ますます自分の肉体的欠

陥に心をとらわれ人々から遠ざかる、という悪循環が起こることもある。そのような場合、親から「そんなことはない」と言われても、それは同情しているだけだと受け止められる。時には家庭的な問題から少女がその種の悩みを持つことがある。例えば嫉妬深い母親を扱う方法として少女が自分の肉体的魅力を否定することがある。少女が原因で両親の間に葛藤が生じ、母親が少女をライバル視したり、父親が妻と対立するときに少女を利用したりするような場合も同様である。実際上あるいは想像上の肉体的欠陥に心をとらわれるということは、理由なしに起きることもある。どんなに論理的に説得しようとしても、彼女の「あまりにも欠陥が大き過ぎ、人と交流することができない」という信念を変えることは不可能なときもある。

　ミルトン・エリクソンは、治療において長年にわたって多くの若者を相手にしてきたという専門家としての経験以外に、自分自身の子どもを8人育てたという個人的な経験をもつ。彼の奥さんはかつて、家に思春期の子どもが30年間いるだろうと予測した。エリクソンは、若者の感性についての彼の知識を基に彼らの問題を考える。

　ある17歳の少女は大学入学の年に家を離れることを拒み始めた。彼女の胸が十分に成長しなかったことが引きこもりの理由であったが、ほかの点では肉体的に正常だった。彼女は試験的なホルモン療法など、医療的な治療を次々に受けたが、効果はなかった。彼女の感情的な障害が大きくなってきたので、精神病院での治療の可能性が考えられた。エリクソンは彼女の家に治療に出向き、彼女がソファーの陰に隠れているのを見つけた。彼女は見つかるとすぐにピアノの陰に隠れた。彼女は、これ以上医療的な援助を受けずに済む、「もう薬も注射も必要ない」ことを理解すると、ようやくエリクソンと話すようになった。エリクソンは彼女と治療を進め、彼女が良い催眠に入りやすい人であることに気付いた。彼は以下のように報告している。

　数時間にも及ぶ最初の面接の間、彼女の性格的な長所について、私は語りました。あるときはトランス状態でしたし、あるときはそうではありま

せんでした。彼女はいたずら好きのユーモアのセンスがあったし、劇的なことに興味を持っていたので、それを手始めに利用しました。「つま先の骨は足の骨につながり、足の骨は……」という古い歌を、彼女に思い出させました。彼女が興味を示したときに、それをホルモンシステムに言い換えました。足の骨がくるぶしの骨につながっているように、「副腎の骨（ホルモン）」は「甲状腺の骨（ホルモン）」と互いに「つながり助け合っている」と話しました。

　次に、彼女がさまざまな感覚を感じるような暗示を与えました。暑い、寒い、顔が不快なほど熱い、くたびれる、ゆったりとして快適であるというようにです。彼女はこれによく反応したので、足が我慢できないほど痒いという暗示を与えました。それからこの痒みをどこかへ移すように言いました。でも、身体の深部ではなく発育の悪い胸へです。そこで彼女は、胸の「不毛さ」へと痒みを送りました。そこが我慢できない痒みにふさわしい場所だったのです。しかしながら、さらに痒みがひどくなると、その痒みが常に存在する、愉快でも不愉快でもない何とも形容しがたい感覚となり、彼女に胸部を常に意識させるのです。これらの暗示にはさまざまな意味があります。彼女の相反する感情に合っていますし、彼女を困惑させ、興味を引き、彼女のユーモアのセンスを刺激し、彼女の自己攻撃と自己非難への欲求を満たしていますが、全て彼女の気分を沈めることなしに行なわれます。これらは非常に間接的に行なわれるので、彼女はただ受け入れて反応する以外にないのです。

　私は治療面接のたび、考えられる最も困った状況をイメージするよう彼女に言いました。必ずしも毎回同じとは限りませんが、状況はいつも胸に関連していました。彼女は困惑を強烈に体感しました。初めは顔で、そしてそれから困惑の重みを胸にたどり着くまでゆっくりと下ろしていきながらほっとした感覚を味わうのです。私は彼女に次のような後催眠暗示を与えました。一人のときには定期的に面接のことを思い出し、非常に困った感覚を急速に思い起こすけれど、すぐに非常に当惑しながらも愉快な方法

でその感覚は胸に「落ち着く」というものです。

この暗示の理由は単純で直接的です。「ほんのささいな心配で胃にできる恐ろしく、痛ましいできもの」といったような不幸で破壊的な心身症的反応を、愉快で建設的な方法で不安なしに胸に移すというものでした。

最後の催眠暗示は、彼女が素晴らしい大学生活を送れるというものです。この暗示によって、彼女の引きこもり行動や大学への登校といった議論を避けることができます。

勉学をうまくこなせるということに加え、彼女が自分自身楽しみ、学校の友人を愉快に煙に巻くのに、体にピッタリ合ったセーターにいろいろなサイズのパットをしたり、時には左右のパットのサイズをバラバラにできることを説明しました。また、外見を不意に変えることを決意したときのために、いろいろなサイズのパットをハンドバッグに入れておくようにも言いました。そうすればデートする相手に好みのサイズを選んでもらうことも可能です。このように彼女のいたずら好きの部分も満足させられるのです。

彼女には8月の中旬に初めて会い、それ以後週1回面接しました。初めの数回は、彼女は覚醒しており、前に与えた指示を繰り返し強化することにより、理解と協力を確かなものにするために費やされました。そのあとの4回中3回は、許可されて彼女は「不在」でした。これは後催眠暗示に反応して少なくとも1時間は、中くらいから深いトランス状態に彼女が入り込んでいたという意味です。その状態で彼女は、それまでの指示や議論や「そのほか」の頭に浮かんだことについて系統的にそして広範囲に回想を行ないました。「そのほか」について、私はどのような種類の出来事であるか、決めるような努力をしませんでしたし、彼女も喜んで情報を提供しているようには思われませんでした。ただ彼女は、さまざまな事柄について考えたと言いました。そのあとの面接では、覚醒していた彼女は時には質問し、時にはトランスに誘導してほしいと言いましたが、ほとんどいつも「頑張って続ける」よう指示してほしいと言いました。彼女は非常に

楽しそうに、彼女のパットに対する友達の反応について時々語りました。

彼女は9月に入学し、よく適応して新入生に与えられる賞を得ましたし、課外活動において頭角を現わしました。最後の2カ月の面接は、社交的訪問といったものでした。しかしながら彼女は、5月にセーターを着て現われ非常に困ったように言いました。「私もうパットは使っていないんです。大きくなったんです。大の中といった大きさなんです。もう大きくならないように言ってください。もう満足なんです」

私の希望により、彼女は胸に特に気を付けながら、全身の身体検査を受けました。報告が送られてきましたが、肉体に何の問題もありませんでした。大学では優秀でしたし、そのあとも順調です。

彼女の胸の発育に催眠治療が関連していたかどうかは分かりません。単に成長が遅れていたということも十分に考えられます。彼女が受けた薬物治療の結果かも知れません。いろいろなものが混合されたのかも知れません。感情的状態が変化したことも影響していたらよいと思います。何にしても、以前の引きこもりを続ける代わりに、彼女は大学に進み、生活を楽しむことを始めたのです。

エリクソンの特徴の一つは、治療の全ての点で柔軟であるということだ。彼は自分の診療所以外に自宅や患者の職場で喜んで治療を行なった。それだけでなく、喜んで短い面接を行なったし、数時間にも及ぶ長い面接も行なった。彼は催眠を使うことがあったし、使わないこともあった。あるときは家族全員とかかわったし、あるときはかかわらなかった。この事例のように社交的訪問という形での面接も喜んで行なった。

非常に深刻な問題がエリクソンに寄せられたことがあった。21歳の女性が彼に電話を通じて助けを求めた。どうせ先生は私に会ってくださらないでしょう、と言いながら。診察室に現われたときに彼女は言った。「あなたにはそう言ったけど、私もう死にます。父は死んで、母も妹も死んで、何もないんですから」。エリクソンはこの問題に以下のようにアプローチした。

少女を椅子に座らせ、目まぐるしく私は頭を働かせ、この少女と話し合う唯一の方法は、不親切で不人情なやり方を実行することだと気付きました。彼女に私の誠実さを理解させるためには不人情でなければならなかったのです。彼女はあらゆる親切さを曲解し、思いやりのある言葉は信じなかったのです。私が彼女を理解し、彼女の問題に気付き、考えたことを隠さず、自由に、感情をまじえず、誠実に話すことを彼女にはっきりと確信させる必要があったのです。

　私は彼女の身の上話を簡潔に聞いたあと、2つの重要な質問をしました。「あなたの身長と体重を教えてください」。彼女は非常に沈んだ様子で答えました。「身長は150cmです。体重は110と120kgの間です。私は不器量でデブのろくでなしです。誰でも私を見ると不快な顔をします」

　この発言をきっかけにして私は言いました。「本当のことを言っていませんね。私が簡潔に言いましょう。そうすればあなたは自分自身のことが分かりますし、私があなたのことを理解したということも分かります。それからあなたは、私があなたに言わなければならないことを本当に信じるでしょう。あなたは不器量でデブなろくでなしではありません。あなたは私が今まで見た中で最も太っている、醜い脂肪の塊です。あなたを診なければならないと思うと、私はぞっとします。あなたは、高校は卒業しています。人生の真実についていくらかは理解しているでしょう。しかしながら、ここにいるあなたは身長は150cm、体重110と120kgの間です。あなたは今まで私が見た中で最も醜い顔をしています。鼻は顔に埋まっています。歯並びはガタガタです。あなたの下あごは、上あごに合っていません。顔全体がぞっとするほど平べったいですね。ひたいもひどく狭い。髪もちゃんと整えられていません。服もすごい数の水玉模様です。あなたは服のセンスさえ、まともではないんですね。あなたの足は靴からはみ出しています。簡潔に言えばあなたはぞっとするほど醜い人です。でもあなたは援助を必要としています。私は喜んでその援助をあなたに提供しましょう。私が本当のことを躊躇なく言う、ということがあなたには分かったでしょう。

あなたが自分自身を助けるために必要なことを学ぶ前に自分自身についての真実を知っておく必要があるのです。でもあなたがそれに耐えられるとは思いません。なぜ私のところに来たのですか？」

彼女は言いました。「催眠に入れてもらえば、いくらか痩せられるかも知れないと思ったんです」。私は言いました。「あなたは高校を卒業できる程には聡明だから、どのように催眠に入っていくかを学ぶことはできるでしょう。あなたを催眠に入れたいと思います。あなたをけなすようなことを、いくつか言いたいと思います。あなたがしっかり目覚めているときには耐えられないと思いますが、トランス状態なら聞くことができるでしょう。あなたは理解できるでしょう。何かすることができるでしょう。あなたはひどく困難な立場にいるので、ものすごくいやなことではありません。でもトランス状態に入ってほしいと思います。私がするように言ったことは何でもしてください。あなたが満タンのごみバケツのようになるまで食べ物をむさぼり食べるやり方は、あなたが人の目に少しは攻撃的でなくなるために何かを学ぶ必要があることを示しています。あなたはもう私が真実を言うと分かりましたから、ただ目を閉じて深いトランスに入りなさい。時間をかけずに、あなたが実にいやな様子で人の目ざわりになったように、のらりくらりしてはいけません。完全な深い催眠トランスに入りなさい。あなたは何も考えず、何も見ず、何も感じず、何もしない。私の声以外には何も聞こえない。私の言うことは理解できるでしょう。そして私があなたに話し掛けていることを幸せに感じるでしょう。多くの真実をあなたに話したいのです。目覚めた状態では、あなたはそれらに向き合えないでしょう。ですから深い催眠トランスに入り、深く眠りなさい。私の声以外には何も聞こえません。何も見えないし、私が考えなさいと言ったこと以外は考えてはいけません。私がしなさいと言ったこと以外は、してはいけません。自分は何もできない人形のようになりなさい。さあ、そうしていますか？　うなずいて、正確に私の言ったようにしなさい。あなたは私が真実を話すことを知っているのですから。初めにすることは、自分自身につ

いての事実を話すことです。深いトランスにいても話すことはできます。これからする質問に手短に、しかし役立つように答えなさい。あなたの父親に関して重要なことは何ですか？」

そのあとの会話は以下のようなものでした。「父は私を嫌っていました。酔っ払いでした。私たちは生活保護を受けていました。父はいつも私を蹴り上げました。それが覚えていることの全てです。酔って、私を叩き、蹴り、嫌悪していました」「お母さんは？」「同じだけど、先に死にました。私のことは父より嫌っていました。父よりひどく私を扱いました。私が高校を嫌っていたのを知っていたので、私を高校へやりました。高校で私のできることは勉強だけでした。彼らは私と妹をガレージで生活させました。妹は生まれつきの障害者でした。背が低く太っていました。膀胱は体外に飛び出ていました。いつも病気でした。腎臓病を患っていました。私たちは愛し合っていました。私たちが愛する相手はほかにいませんでした。彼女が腎臓病で死んだとき、両親は「良かった」と言いました。私は葬式にも出してもらえませんでした。私が愛した唯一のものを、彼らはただ埋めてしまいました。高校に入ったばかりのときでした。翌年、母は飲み過ぎで死にました。すると父はもっと性悪な女と結婚しました。彼女は私を家に入れてくれませんでした。彼女は残飯をガレージに持ってきて、私に食べさせました。死ぬまで食べてよいと言いました。よい厄介払いになりますから。彼女も母のように酒飲みでした。ソーシャルワーカーも私を嫌っていましたが、彼女は私を検診にやりました。医師は私に触れないようにしていました。もう継母も妹も死んでしまいました。福祉課は私に働くよう言いました。私は床掃除の仕事に就きました。そこの男たちは私をからかいます。彼らはお金を出し合って、誰が私と性交渉するか賭けをしています。でも誰もしないでしょう。私は全てにおいて駄目なんです。でも生きていきたいんです。住む所を手に入れました。古い小屋です。あまり稼ぎがないので、コーンミールやとうもろこし粥やじゃがいもを食べています。多分あなたは私を催眠に入れて何かをしてくれるでしょう。でも何の

役にも立たないと思います。

　非常に横柄に容赦なく私は尋ねました。「図書館がどんな所か知ってますか？　図書館に行って人類学の本を借りてきなさい。男と結婚している、あらゆる種類のぞっとするほど醜い女を見てほしい。図書館の本には彼らの写真があるでしょう。未開の野蛮人たちは、あなたより見劣りするものと結婚するでしょう。本を何冊も眺め好奇心を旺盛にしなさい。それからどのように男女が自分の外観を醜くするかについて書いてある本を読みなさい。刺青をしたり手足を切り落としたりして、そのような容姿を作り上げます。過ごせる時間の全てを図書館で過ごしなさい。十分にそうしてから2週間後に戻ってきなさい」

　この後催眠暗示と共に彼女をトランスから覚醒させました。彼女は来たときと同じように卑屈な態度で診察室を出て行きました。2週間後に彼女は戻ってきました。私は時間を無駄にしないよう彼女に言いました。深いトランスに瞬時に入るように。不愉快な写真を見つけたか尋ねました。彼女はホッテントットの尻の肥大した女性、あひるのような唇をした女性、キリンのような首をした女性、あるアフリカの部族の火傷痕のような体の切り傷、奇妙な変形をほどこす儀式の写真を見つけたということを話しました。

　私は街の最も人通りの激しい場所に覚醒状態で行くように言いました。そこで男性と結婚した奇妙な体や顔をした者を観察するように言いました。彼女はそれを1週間続けることとなりました。1週間、彼女はおかしな顔や体の既婚婦人たちを見て驚くことになりました。

　彼女は約束どおり次の面接に来て、トランスに入り、彼女と同じくらい不器量な女性が結婚指輪をしているのを見て驚いたと言いました。彼女は結婚していると思われる、恐ろしく太って不恰好な男女を見てきました。私は彼女に「あなたは何かを学び始めている」と言いました。

　彼女の次の課題は、図書館に行き、化粧の歴史についてできる限りの本を読み、人の目に望ましい美がどのように形成されるかを発見することで

した。彼女は課題をこなし、次の週に現われました。彼女はもう卑屈な態度ではありませんでしたが、まだ水玉の服を着ていました。そこで私は、図書館に戻って、人々のしきたりや服や外見について書かれている本を読みあさり、少なくとも500年前には存在し、今でもまだ良いと思われる描写を見つけるように言いました。アンは戻ってきて診察室に入るとすぐトランスに入り、腰掛け、本で見たことについて熱心に語りました。

　次の課題はすごく難しいですよ、と私は言いました。2週間、彼女はぞっとするような水玉の服を着てブティックを次々に訪れることになりました。彼女は販売員にどんな服を着たらよいか尋ねるのです。店員が答えてくれるように、非常に熱心に、そして率直に尋ねるのです。彼女は次のように報告しました。多くの年老いた店員は、彼女に「あらまあ」と声を掛け、なぜ水玉のたくさん描かれた服を着てはいけないのかを説明してくれました。太っていることを強調するような、ふさわしくない服を着てはいけない理由を話してくれました。次の課題は2週間を強迫思考で過ごすことでした。なぜ10kgにも満たないで生まれてきただろう彼女が、それほどまでに体重を増やさなければいけないのか、なぜ脂肪に包まれていなければならないのか、を考え続けるのです。この課題に対して、彼女はどんな理由も考えられなかったと言いました。

　再びトランスの中で、彼女は次の課題を与えられました。今度はなぜ彼女は今の体重を維持しなければならないのかを考えることでした。もし、70kgぐらいになってちゃんとした服を着たらどうなるのかを考えるのです。彼女は真夜中にその質問を考えながら目覚め、それからゆっくり眠れるという暗示を受けました。そのあと何回かさらにトランスに導き、これまでの課題を全て回想するように言いました。一つずつ全てを思い出し、課題が彼女に適していたかどうかを考えるように言いました。

　アンとは2週間ごとに会いました。6カ月以内に彼女は、この体重を維持する理由は何も見つからないと、とても興味深そうに言いました。悪趣味な服を着る理由も見つかりませんでした。彼女は化粧やヘアメークのこ

とについて、十分に本を読んでいました。彼女は形成外科や歯科矯正についても読んでいました。彼女は痛々しくも、自分をどうできるかについて考えてもよいでしょうか、と尋ねました。

翌年には、アンは70kgになりました。彼女の服のセンスは素晴らしくなり、ずっと良い職に就きました。大学に席を置くようになり、やがて卒業しました。まだ体重は65kgぐらいでしたが、彼女は婚約しました。歯を2本矯正しました。彼女の笑顔は実に素晴らしいものになりました。彼女はカタログや新聞のファッションアーティストの職を得ました。

アンは自分の婚約者を連れてやってきました。彼女は先に入ってきて言いました。「この人ちょっとおかしいんです。私のことを魅力的だと思っているんです。でも決して幻滅させないつもりです。彼は私を見るとき、眼が輝いているんです。先生と私は真実を知っています。私は体重を70kg以下に保つのが大変です。また太ってしまうんじゃないかと恐れています。でも、彼はこんな私が好きなんです」

彼らが結婚して15年経ちます。彼らには3人の立派な子どもがいます。アンは治療で言われたことを全て覚えているので、そのことを自由に語ります。彼女は何度も言いました。「ひどいことを言われたとき、先生は本当に正直でした。真実を語っているのが分かりました。でもトランスに導いていただかなかったら、どの課題も行なうことができなかったでしょう」

この事例で非常に面白いのは、エリクソンのやり方である。治療の6カ月後には、彼女は自分で自分をもっと魅力的にしたいと懇願している。彼女は変化に抵抗するのではなく、痛々しいほどにそれを求めているのである。それまでに彼女は十分な知識を得ていたし、変化を可能にするに十分なほど動機づけられていた。エリクソンはよくやるように、図書館のような公共の施設を利用した。彼女がなぜ肥満なのかを理解するのを助ける——伝統的アプローチ——代わりに、肥満でいる理由について2週間強迫的に考えさせた。彼女が肥満でいる理由を何も考えられなかったら、体重を減らすのを許可す

るのは理にかなっている。

　エリクソンのもっと極端な長期治療の例は、同性愛傾向があり、あちこち渡り歩く、肉体労働者の若者への治療である。数年の治療のあと、彼は大学を卒業し、女性に興味をもつように変化した。この事例は詳細に報告することにするが、それは今まで簡単に触れてきた、エリクソンの治療手続きの多くが描かれているからである。エリクソンは以下のように報告した。

　　ハロルドが電話してきたとき、彼は予約を希望していたのではありません。彼は弱々しい、とまどったような声で、貴重な時間を数分無駄にしても構わないか、と尋ねました。診察室に来たときの彼の姿にはびっくりしました。髭は伸びていましたし、風呂にも入っていないようでした。自分で切っている髪は長過ぎましたし、手入れもされていませんでした。服は不潔でしたし、靴はひび割れ、荷造り用のひもで結ばれていました。彼は内股で、手を握りしめ、歪んだ表情で立っていました。急にポケットに手を突っ込み、しわくちゃの紙幣の束を出しました。私の机にそれを置いて彼は言いました。「これが全財産なんです。昨晩、妹に全部は渡さなかったんです。また手に入り次第持ってきます」

　　私は黙って彼を見つめました。すると彼は言いました。「僕はあまり頭が良くありません。すごく良くなるとは思いませんが、悪いわけでもないんです。間抜けですが、悪いことをしたことはありません。一生懸命働きます。ほら、手を見れば、お分かりいただけると思います。なぜ働くかというと、働かなければ、じっと座って、泣いて、惨めになって、自殺したくなると思うからです。でも自殺は良いことではありません。だからひっきりなしに働き続けて何も考えません。眠れないし、食べたくもないし、体中傷つけます。そんな生活には、もう耐えられないんです」。そして彼に泣き出しました。

　　彼が息を吸うためにちょっと間を置いたときに、私は尋ねました。「私に何をお望みですか？」

泣きながら彼は言いました。「私はただの間抜け、ばかです。私は働くことができます。私は死に怯え、泣いて、自殺したくなる代わりに、ただ幸せになりたいんです。あなたは気がふれた兵隊たちを正気に戻すドクターです。僕も正気に戻していただきたいんです。どうか助けてください。一生懸命働いてお支払いします。助けが必要なんです」

彼は向きを変えドアの方に向かいました。肩をがっくりと落とし、足を引きずっていました。彼がドアにたどり着くまで待って、私は言いました。「よく聞いてください。あなたは惨めな間抜けにすぎません。あなたはどのように働くかを知っており、助けを必要としています。あなたは治療については何も知りません。私は知っています。そこの椅子に座って私に仕事をさせてください」

私の話し方は、故意に彼の雰囲気に合わせ、彼の注意を引いて固定させるように計算されていました。彼が腰掛けたときには、とまどいながら、ほとんど軽いトランスに入っていました。私は続けました。「その椅子に座っているときには、聞いてほしいのです。質問しますので、私が知る必要のあることだけを答えてください。それがあなたのする全てです」

質問に答えて、ハロルドは身の上話を始めました。要約すると、彼は23歳で、女7人男5人の12人きょうだいの8番目でした。彼の両親は文盲の移民で、彼らは貧困の中で育ちました。服がないので、ほとんど登校できませんでした。2年間落第したあと、高校を退学して妹や弟を養う手助けをしました。17歳のときに軍隊に入って基本訓練のあと、2年間の「雑役」に従事しました。そのあとアリゾナに住む20歳の妹とその亭主の所へ行きました。彼らは二人ともひどいアルコール中毒でした。彼は肉体労働者としての給料を妹夫婦と分かち合いましたが、ほかの家族との行き来はありませんでした。彼は夜間スクールに通いましたが、失敗に終わりました。最低レベルの生活で、狭いワンルームを間借りしていました。八百屋で捨てられた野菜と安い肉を煮込んで食べていました。料理のために、隣の家の屋外コンセントを無断で使用していました。灌漑用水路でたまに入浴し

ていました。寝具が整っていなかったので、寒いときには服のまま寝ていました。彼は女性を受け入れないし、正気の女性は彼のような間抜けな男を相手にしないと、どうにか促されて告白しました。彼は同性愛者であり、その点については変えようと努力したことはありませんでした。時々彼が性交渉を持つのは「同性愛相手の少年たち」でした。

　この事例へのエリクソンのアプローチは、非常に彼らしいものだった。その治療のさまざまな点が以下にまとめられている。しかしながら、これが非常に複雑な治療の概略に過ぎないことを気に留めておいてほしい。それぞれの治療的試みは綿密に関連し合っているが、そのいくつかを紹介することで単純化されてしまっている。
　ハロルドが入ってくると、ほとんどすぐにエリクソンは彼を患者として受け入れることを決意した。エリクソンは次のように感じた。「彼の卓越した人格の力が、ほとんど治療を正当化していました。彼のほったらかしの外観、絶望感、話す言葉づかいと内容との不一致、肉体労働のためにできたたくさんの手のたこ、それらが私に治療の可能性を示唆しました」
　しかしながら、その男が必死に助けを求めたとき、エリクソンは、すぐには援助の意向を示さなかった。それどころか、拒絶されたと感じてドアの方に向かうのを、黙って見ていることによって絶望の淵まで追いやっている。ドアまでたどり着いたところで、やっとエリクソンは反応を示している。彼は次のように言っている。「診察室から出ていこうとしているとき、彼は精神的に落ち込みの極みにありました。彼は救いを求めてやってきたのに、何も得られず帰っていこうとしていました。精神的に空っぽの状態でした。そこで私は一連の提案を行ないました。彼がそれらに肯定的に反応するのは、自然な成り行きでした。絶望の淵から突然、希望に満ちた状態に置かれたわけです。それはものすごく対照的なことでした」
　ハロルドは自分のことを間抜けだと定義している。ほかの患者の見方を受け入れるように、エリクソンは彼のこの見解も受け入れている。彼は次のよ

うに語っている。「彼が間抜けであるということに関して、初めから私たち二人の間に意見の違いのあることは、この状況にはあまり関係のないことでした。その状況では、彼の理解力はごく限られており、彼は間抜けで、対立する意見に全く興味がなかっただけでなく、本当に耐えられないものでした」。彼が間抜けであるということについての反証は、彼が大学に入学するまでなかったわけで、エリクソンの「受け入れる」能力がいかにすごいかが示されている。

　エリクソンの初めのコメントは、ハロルドの言っていることが正しいと認めているし、二人の参加者とそれぞれの役割を定義している（治療を行なう者と患者がいて、患者は治療者に従わなければならない）。そして、患者に安全な枠組みを与えている。ハロルドは「私が知る必要のあることだけ」を報告することになった。「それがあなたのする全てです」というコメントもハロルドに確実性や安心感を与えている。エリクソンは次のように語っている。「その安心感が単なる錯覚であったとしても、彼には効果があるのです。このような条件で質問に答えることにより、彼は自分の答えを判断する必要性から開放されるのです。私だけが判断できるわけですし、その判断も情報の量に関してだけであり、感情的な質や価値といったものに関してではない、ということは明らかです」。1時間以上に及んだこの面接の後半で、エリクソンはまだ2、3、治療に関して述べられていないことがあると断言した。治療は、お互いの責任を果たすことなので、ハロルドは重要ではないと思って、まだ言っていないことを報告しなければならないことになった。エリクソンによれば、「まだ言っていないけれど、いずれは報告しなければならないことであり、しかも特別なことでなければならない」のである。ハロルドは、治療は責任分担であるので、自分が「同性愛者」であることを報告しなければならないだろうと述べた。彼は女性を受け入れられず、男性とのオーラルセックスを好んだ。彼は異性愛への変化のための努力を望んでおらず、それをエリクソンに約束してくれるよう頼んだ。これに対するエリクソンの反応はいつもどおりであった。「徐々に明らかになっていくであろう」。ハロ

ルドのニーズに沿ってあらゆる努力が行なわれるだろうという約束を通して、何かをやるかやらないかはハロルド自身が決めるという妥協案を提示した。エリクソンも患者も早まった目標を定めずに、お互いに指示することもしない。どちらも相手の努力に敬意を払いつつ、自分の仕事を果たすのである。

多くの治療者と違い、エリクソンは初回面接から患者のゴールを明らかにしようとした。この面接において明らかになったように、彼はゴールについて繰り返し尋ねる。彼が望んでいることを2度目に尋ねられたとき、ハロルドは次のように答えている。彼は間抜けであり、「脳みそがないし、教育も受けていない」。彼は肉体労働しかできない。「頭が混乱している」ので、「正気に戻してほしい」。そうすれば、彼も「ほかの間抜けどものように幸せに生きられる」。ハロルドが多くを望み過ぎているかと尋ねたとき、エリクソンは「どんな状況の下でも、自分が当然得られる以上の幸福は与えられないもの」で「どんなに多かろうが少なかろうが自分が当然得られる幸福」は受け入れなければならない、ときっぱり答えている。このようなアプローチによって、エリクソンは治療で受ける恩恵の全てを彼が受け取る権利があることをハロルドに受け入れさせているし、ニーズに合わせて受け入れることも拒否することもできることも示している。エリクソンは次のように述べている。このようにすることによって、「自分の性格に合わない結果は起きず、患者は肯定的にも否定的にも反応します。そして使命を果たすという大きな義務感を持っています」

エリクソンが治療の課題を「それがどんなことであっても、考えていることを話して整理することにより、頭が混乱しなくなること」と定義したときに、ハロルドは多くを望んでいないと反応している。ハロルドはできることだけやれば良いと保証されたのだ。彼は「できること以上をやるのは、時間の無駄と考えている」のだ。

面接の終わりまでに、両者の関係はエリクソンによって、「私には治療に専念させてください。それが私の仕事。あなたはやれる事以外やらないでください。それがあなたの仕事」と定義されている。エリクソンは次のように

語っている。「この否定的な表現の中に非常に効果的で許容的な、実際には良くなるという肯定的なゴールが含まれているのです。このように二人の肯定的、否定的な望みの両方が共通のゴールを達成するために結びつけられたのです。ゴールとは豊かな生活であり、彼の感覚においては限られたものですが、実は限られたものではないのです」

　エリクソンの、この患者との初回面接を要約すると以下のようになる。ここで取られた治療的スタンスは、患者が2つの相反する状態にあると仮定している。ハロルドは自分を、援助を必死になって求めている人間と位置付けていると同時に、いかなる変化にも抵抗する人間とも位置付けている。エリクソンは2つのレベルでこれらに対応することにより、両方とも満足させている。エリクソンが治療を行ないそれに責任を持つ者であり、ハロルドは指示に従う者と定義することにより、援助を求めているという位置付けを満足させている。この枠組みの中で同時に、変化に抵抗したり指示に従いたくないと考えることも許される、というように関係を定義付けている。エリクソンは以下のように対応した。(a) 援助の提供を申し出るタイミングを遅らせることにより患者の絶望感を増幅して、変化への動機を高めた。(b) 患者の言語を利用して会話を行ない、ハロルドの、自分が間抜けであるという定義を受け入れた。(c) 何をして何をしないのかという範囲を明らかにした。(d) 自己開示を容易にした。(e) 含みのある言い方で、ゴールを限定した。これによってハロルドはできる事以外はやらなくてよいことが保証されたし、得られるもの以上を求めないことも保証された。(f) どちらも相手に指図をしない、というように関係を定義した。

　複雑で矛盾しているように見えるこれらの治療的手段は、矛盾した不明瞭な方法での関係の定義であり、どんな心理療法でも用いられている。定義によれば、精神病理を持つ患者は援助を切望している。しかし、また別の定義によれば、彼らには何も問題はない。彼らの問題は、彼ら以外の人たち（特に彼らに援助を提供する人たち）への不幸なかかわり方である。それゆえ、役立つ援助という枠組みは必要であっても、その枠組みにおいては、より

「普通」の行動（援助者への適切な行動）を直接的に要求することは回避すべきである。別な言い方をすれば、治療関係を変化に導くためにデザインされたものとして定義する枠組みは必要であるが、直接的に変化を求めるのではなく、そのままの彼を受け入れることが必要なのだ。このケースでエリクソンが変化を求めるとき、変化は延長であると定義され続けた。彼が既にやっていることをもう少しだけやってみる、ということなのだ。それが、エリクソンが本当の変化は起こそうとしないもの、と治療を定義した理由である。治療とは単に、間抜けな男が彼自身であることを援助するだけなのだ。ただしもっと幸福で、良い働き手となって。

仕事及び妥当な地位の達成

　ハロルドの治療では２つの重要なポイントがあった。彼がもう少しましな仕事に就くこと、そして（特に女性との）社交技術の向上である。これらは互いに関連している。仕事をする上で社交能力は重要である。しかしながら、ここでは別個のものとして報告してゆく。

　ハロルドの面接は２時間に及ぶこともあったが、大体は１時間だった。「初めのうちは、ほとんどいつも軽いトランス状態で面接を行ないました。治療が進んでくると、中ぐらい、時には深いトランス状態で治療が行なわれました」。ハロルドが指示に確実に従うように催眠が用いられた。時々、健忘が起こることで、抵抗を回避することもできた。あとの段階では、患者の主観的な時間感覚を歪めるために催眠が用いられた。そうすることにより、短時間で多くを達成できるのだ。

　覚醒時においてもトランス時においても、自由に話し、自分の考えを検討するという特別な訓練がハロルドに与えられた。一日の彼の仕事やそのほかの活動を全てくどくどと説明する、という検討課題を与えることでこれは達成された。ハロルドの説明の間に、エリクソンは、質問、示唆、議論を自由に行なった。それによりハロルドはより会話能力が高まったし、考えを受け入れる能力も増した。

§4 若者の性格改造　　141

　初回の治療で、ハロルドは以下のことを権威的に言われた。「あなたと議論するつもりはありません。いくつかの考えを示し、説明します。よく聞いて、理解して、それが自分に合っているか、どのように自分流にそれを利用できるか考えてください。あなた流にです。私流でもほかの誰流でもありません。自分に合ったものは何でも取り入れて構いませんが、それ以外は駄目です。あなたは自分自身でいなければなりません。本当のあなたです」

　ハロルドは母親や姉妹は非常に信心深いけれども、彼はそうじゃないと述べた。しかしながら聖書は、「関心を持っていない」にもかかわらず、「世界で最も重要なもの」だった。これを背景に、エリクソンは仕事や彼の間抜けさの重要性について彼の感情を確認した。彼は言った。「聖書を信じているんですね。それは世界で最も重要なものです。それは正しいし、オーケーです。あなたに知ってもらい、理解してほしいことがあります。聖書のある部分に、いつも貧困な者がいた、と書かれています。貧しい人というのは薪を切り水を汲む者です。日雇い人夫です。世の中にはそれが不可欠です。非常に重要なのです。そのことを理解しておいてください」

　この「間抜け」によって行なわれる労働が社会の全ての人にとって重要であるということは、初回面接やそのあとの面接の中で議論された。この説明に織り込まれているのは、ハロルドの職歴であり、生産者であり社会の正当なメンバーであることの重要性である。これらの考えと共に、肉体の価値や重要性について、系統的ではあるがわざとあちこちで言及し強調した。筋肉の大きさ、強さ、協調性、技術について、身体感覚の重要性と共に議論された。

　例えば灌漑用水路での作業は「ただの筋力だけではありません。もちろん、筋力は必要ですが、泥をたっぷり入れる、程よい大きさのシャベルも必要です。そうでなければ仕事が終わる前に疲れてしまいます。綿を扱う場合も同じです。綿は切ったり突いたりできません。いくら筋力があったとしても、適したやり方を知らなければならないのです」。このような議論を通じて、筋力と感覚との協調性、周囲の現実への敬意、現実の一部と

しての自分自身への敬意、といったものに焦点が当てられているのです。しかもそれは、気が付かないように押し付けられたという感じを伴わないように。彼は自分を低く評価していたので、組立工場の工具と知性の欠けた単なる筋肉男である運動選手についての話もしました。同様に、料理人に関しても単に味覚に秀でているだけで、知性はさほどでもないということも指摘しました。これは、間抜けな人間であってもさまざまなことが学べるのだという考えの礎を作るためになされました。彼がその点を理解したように思えたとき、イディオサヴァン（idiot-savant；特殊な才能をもつ知的障害者）について、長くて興味深い話をしました。その能力や欠陥について話したのです。ハロルドは特に列車強盗について非常に興味と尊敬の念を示しました。私は話を以下のように締めくくりました。ハロルドは深い催眠状態にありました。私のコメントは「あなたは、知的障害者（idiot）でもありませんし、特殊な才能の持ち主（savant）でもありません。そのどこかの中間にいるのです」というものでした。彼がこの言葉の意味に気付く前に、彼を健忘させてから目を覚まさせ、退室させました。催眠を用いる効能の一つは、非常に重要な暗示が疑問に思われたり反駁されそうになったりしたときには、健忘を利用することができるということです。重要なアイデアが拒絶されるのを回避することができますし、患者がそれをあとで発展させることもできるのです。

　しばしば、治療的暗示は平凡なものです。一般的な形で暗示され、その人に向けられているとはすぐには気付かないが、あとで個人的な意味があることがはっきりしてくるのです。例えば「あなたが言ったというのではないし、どのように言ったというのではなく、実際にあなたにとってどのような意味があるのかが大切なのだ」とか「何か良いこと、興味深いこと、素晴らしいことを赤ん坊、子ども、男性、女性から学べない人などいない」とか「赤ん坊が何になるために生まれてきたのかなんて誰も言えないし、彼が５年後いや１年後でもどうなっているかなんて誰にも分からない」というのがその例です。

エリクソンは、間抜けな人間の可能性について焦点を当てたり、人間の潜在的な力について疑問を提起したりすることにより、ハロルドが持っている自分の潜在能力への否定的評価を不確かなものとした。しかもそれは、簡単には反駁したり拒否したりできないやり方でなされた。

　間抜けがどのように役立つかに焦点を当てると同時に、エリクソンは良い労働者には何が必要かについても話している。エリクソンはよく、人の人生に何か肯定的な点を探し、それを患者の行動に変化を起こす「てこ」のように利用した。この事例の場合、ハロルドは良い労働者であることに誇りを持っていたので、エリクソンは自分の暗示をそれに合わせて行なった。初めに労働者に必要な身体の健康について述べ、あとで良い食事の重要性について強調した。そしてハロルドに良い料理法を学ばせた。上手に料理するのを学ぶためには図書館で料理の本を借りなければならず、ハロルドは図書館の使い方を学んだ。エリクソンはアルコール中毒の妹夫婦には、お金よりも良い食事を提供するようハロルドを説得した。そうする過程でハロルドは、妹夫婦を自己軽視と自己破壊のサンプルとして眺めるようになった。これらの活動への動機づけについてはハロルドが、良い労働者になりたいと願っていることにより、明らかであった。この初めの段階でハロルドは、良い労働者は（よく働けるように自分に合った靴を履くということも含めて）自分の肉体を大事にする、というアイデアを受け入れた。しかしながら彼は、そのアイデアが自分に応用されるときには抵抗を示した。そこでエリクソンは、綿農場での作業に話を移した。

　　トラクターは力仕事だけに適した農機具なのかどうかという話になりました。そこで私は、トラクターは正しい手入れが必要なことを指摘しました。ガソリンを入れなければいけませんし、オイルを差したり、グリースを塗ったり、掃除して雨風から守らなければなりません。燃料は適したものを使わなければなりません。点火プラグは綺麗になっていなければなりませんし、航空ガソリンではなく、オイルとガソリンを補給しなければな

りません。そうでなければトラクターは、労働用器具として役に立ちません。もう一つの例として私は言いました。「あなたは嫌でも自分に正しいことをしなければなりません」。でも何がその正しい「こと」なのかはハロルドのために、はっきりさせないでおきました。

彼は次の面接に清潔な服で現われることでこれに反応しました。彼はそれについての私のコメントを待つ間、険しい表情をしていました。私は言いました。「結構。服はすぐに駄目になってしまうから、新しい物を買ってお金を浪費するより、服を大切にすることを覚える時が来たようだね」。この言葉により、ハロルドの劣等へのこだわりと、自己を手入れするというアイデアを受け入れる気持ちの両方がますます強くなりました。それで彼は、自己を手入れするということを継続することができたのです。彼は救われたようにため息をつき、それ以上の服についての話を避けるためにトランスに入りました。私はすぐに彼に言いました。それは、手間の掛かる努力をしたのに自滅してしまうという、あるケチな農夫の笑い話です。農夫はラバが「農耕馬」であると知っていましたが、草を食べさせる代わりに緑色の眼鏡をラバに掛けさせ、木の削りくずを食べさせました。そして削りくずで生きていけるように訓練したあと、働いてもらわないうちに、ラバが死んでしまったと不平を言ったというものです。ハロルドがこの話に反応する前に、私は「助祭の傑作、または素晴らしい一頭立ての二輪車」というショートストーリーを読み、それについて議論しました。そして彼を混乱したまま退室させました。

彼は次に現われたときに初めてちゃんと散髪し、新しい服を着、明らかに入浴してきたようでした。困ったように彼は、「妹夫婦が結婚記念日を祝うために禁酒したので、自分もそのお祝いに参加しようと思うんです」と説明しました。私は「しなければならないことはあります。一度習慣ができてしまえば、それを維持するのはそれほど難しくありません」と答えました。プレゼントとして妹を彼のかかり付けの歯医者や医者に検査に連れていった、とハロルドは付け加えました。「ちょっと前に」住所が変わ

ったという報告以外に、彼の身体ケアの進歩や生活レベルの向上については述べませんでした。

ハロルドが良い服装をし、より快適に暮らすようになると、エリクソンは失敗するように手配することで彼が自分の潜在能力を探ることを勧めた。

　私は代数学の夜間コースに通うよう勧めました。彼も私も、それをうまくやれるとは思っていませんでした。でも私は何か肯定的なことを試す前に、否定的なことを強調し処理することが望ましいと感じたのです。患者にはたとえ間違っているときでも正しいと感じ続けることが必要であり、治療者はこれに加わることが必要です。そして患者が間違いを正すときが来たなら、彼は治療者と共にそれをするのです。こうして治療はより協調的なものとなるのです。ハロルドはすぐに代数学をマスターすることができなかったと嬉しそうに報告しました。私も同様に喜んで、彼の失敗に満足を表明しました。これにより、ハロルドが合格できないことを発見するためではなく、合格できるかどうかを発見するために、科目を履修するのは誤りであったことが証明されました。この言葉はハロルドを困惑させましたが、これは後に学校へ行ったときのための基礎作りなのです。
　失敗を安全に達成したことにより、ハロルドはほかの指示に従いやすくなりました。

この時点で、エリクソンは彼にもっと社交的になるよう指示し始めた。このテーマは後述するが、社会的訪問は彼の働く能力を高めることに重要であった。

　私はハロルドに住所を渡し、新しい知人をつくるという課題を与えました。書かれている所へ行き、徹底的に学び、何も見過ごさないこと、そして頻繁に訪問するよう言いました。

そのあとの数週間、彼はその課題を行ないました。私はそこで彼がすることについて私に相談することを禁じたので、何であれ彼のしたことは完全に彼自身の行為であり責任となりました。また、そのような指示のために、彼は自分がしたことについてあとで話し合うために、一層の努力をしなくてはならなかったのです。

　私はジョーという38歳の男性の元に彼を行かせました。彼はほとんど瞬時に暖かい友情をつくり上げる人物でした。ジョーは喘息と関節炎に苦しんでいました。車椅子を使用しており、自ら望んで一人で暮らしていました。歩けなくなることを予想し、したいと思っているあらゆるスポーツ用の機械装置をたくさん小屋に取り付けていました。彼はラジオや家電製品の修理、近所のこわれ物の修理、片手間の衣服の修繕、とりわけプロ並みの赤ん坊の世話、で生計を立てていました。彼の小説や歌や詩についての知識やモノマネは、子どもも大人も大いに楽しませました。ジョーは料理も自分でしましたし、調理法についてほかの人と情報交換したり、近所の新婚女性たちのために料理の相談にのったりしていました。

　ジョーは小学校も卒業しておらず、知能指数も90かそれ以下ぐらいでしたが、記憶力が良く、人の話をよく聞き、事実や哲学的アイデアの素晴らしい宝庫でした。彼は、体は不自由でしたが、人々と親しくし、明るく、啓発的でした。

　ジョーが突然心臓発作で亡くなるまで、彼らの友情は２年間続きました。ハロルドは彼から計り知れない恩恵を与えられました。私はジョーについては、ほとんど知らなかったので、二人の友情はほかの人と分かち合ったものでなく、ハロルドだけのものであり、彼自身が成し遂げたものです。

　ハロルドは、地域の図書館を訪れ、子どもの本に徹底的に精通する、という課題も与えられた。これについては、ジョーの影響もあった。ハロルドは、これをやり遂げた。自発的に図書館のほかの場所も探索するようになり、本やアイデアについてエリクソンと話すようになった。アイデアのいくらかは

ジョーから得た物であり、いくらかは自らの読書によるものだった。

　ハロルドは、料理の技術と書く技術の2つについて語るとき、精神的な苦痛を感じた。しかしエリクソンは、料理を最高の技能と位置付けた。同時に間抜けでもできるもの、女性でさえできるものと低く評価した。書くことは素晴らしいたしなみと位置付けられたが、小さな子どもでもその方法を学ぶことができる、間抜けでもできるもの、女性でさえできるもの、と価値を減じた。書くことについては女性が速記するときに作り出された歪んだ印や線であるとさらに評価を下げた。

　ハロルドは心理療法を、生活のわずかな喜びを確保するものと見なしていたので、エリクソンは娯楽についても彼と検討した。

　ハロルドは音楽好きで、ラジオも持っていました。彼は自分にはそんな物を所有する資格はないと感じていたので、それに罪悪感を抱いていました。一定期間だけラジオは必要で、治療のための命令としてそれを使用しなければならないと彼に言いました。「一定期間だけ」と言ったことで、彼は命令として受け入れることができます。将来その命令に背いた場合も、それは協調と見なすことができます。

　さらに、良い労働者は体を鍛えるべきで、同様に目、耳、身体全体も鍛錬が必要であるという理論付けをしました。ラジオが生活の正当な一部として確立され、彼は純粋な音楽への興味を持っていたので、そこから娯楽を発展させるのは比較的簡単でした。治療的暗示は彼の音楽への興味と同調させることができました。例えば後催眠暗示には、彼の好きな曲がずっと頭に残っているというようなものもありました。彼はその曲を覚えたいと思うかもしれませんが、ハンバーガーを食べたときにだけよく思い出せるのです。そのように控え目な方法で彼の食習慣を変えることができました。

　毎回の面接で、ハロルドは楽しんでいる曲や歌について説明するよう求められました。それらの曲のタイトルや歌詞の一部に、治療的暗示をでき

る限り関連付けるよう努力しました。例えば、暗示は「自然に起こることをやっていく」とか「プラスに注目、マイナスは無視」とか「乾いた骨^(ドライボーン)[訳注1]（つま先の骨は足の骨につながり……）」などから選ばれました。それでも、女性歌手の歌や女性を褒めたものは、治療後半までは拒否される傾向がありました。

　私は彼に、音楽に合わせて拍子を取ったり、一緒にハミングしたりすることを勧めました。いくらかの抵抗を乗り越えて、彼に曲に合わせて歌わせるようにしました。最後には、テープレコーダーを買って、自分だけで歌ったり歌手と一緒に歌ったりしているのを録音するようにさせました。ハロルドはこれらの活動を非常に楽しみましたので、もっと脅威的な暗示で彼に挑むことが可能になりました。私は楽器（できればバンジョーやギター）で歌の伴奏をするよう提案しました。でもそのあと、このアイデアを取り下げました。ハロルドは強い筋肉を必要とする肉体労働だけに値しており、繊細な筋肉活動には値しないという理由からです。私はこの問題について、あるときは賛成し、あるときは反対するというようなことを後悔の表現と共に繰り返しました。これは実際には間接的な催眠暗示です。ついに我々は解決を見つけました。ハロルドは速記とタイプを習うことを通して、今まで発達させる機会のなかったあらゆる繊細な筋肉の協調性を急速に獲得することになったのです。これらの技術は間抜けや鈍い女性でもできるものに過ぎず、速記は単に小さくて細い歪んだ印や線を目的に沿って鉛筆で書くだけですし、タイプはピアノのように鍵を叩くだけのことです。タイプの場合は、間違えたらすぐ直すこともできます。そんな議論は、普通の状態では馬鹿げていますし不毛でしょう。でもトランス状態においては、患者は考えに集中していますし、よく反応します。また論理的関連や首尾一貫性よりも、その考えから受ける恩恵や助けに、より注意を向けます。

訳注1）人体の骨格をたどる歌詞をもった曲のタイトル。

§4 若者の性格改造

　ハロルドは落ち込みながらも決心しました。彼は暗示に従って速記とタイプを習うことに非常に積極的になり、真剣に集中して練習しました。彼は急速に上達しました。彼は友人であるジョーの器用さや繊細な動作に憧れを抱いていたのです。

　次のステップは、週1回のピアノレッスンを受け、「タイプとギターの習得を速める」よう納得させることでした。彼は病気のご主人を抱えた老ピアノ教師に紹介されました。彼は庭仕事をすることで、レッスンを受けることができました。ハロルドはこの提案をのみました。彼は気付かぬうちに女性と接することになりましたが、その接触は習うという立場と有能な男性という立場の両方を含んでいるものでした（この状況は偶然起こったもので、この両方を達成する機会としてとらえられました）。

　テープレコーダー、ギター、タイプライターといった出費の増加と生活レベルの向上によって、ハロルドはより良い仕事を探すことになりました。職場の仲間が彼に運転を教えたことから、トラックの助手となり、そのあとより収入の良いトラック運転手になりました。

　職歴、改善、進歩をもたらした達成などを要約するために面接が行なわれましたが、私はこれらのことを「新しい出来事のないいつもどおりのその日暮らし」であると低く評価しました。ついに私は、彼に求人広告を見ることを勧めました。あるとき、人里離れた山小屋に住んで昼夜を問わず仕事をする、結婚していない秘書を求める広告が出ていました。タイプと速記が必要とされていました。ハロルドは面接に出向き、月410ドルで雇われることになりました。彼の雇用者は、金持ちで少々変わり者の、年寄りの世捨て人で、古い原稿や本のコピーの収集が趣味で、それについて議論したり注釈を付けたりしていました。ハロルドは秘書の仕事を果たしながら、コックが休みのときには1日、2日料理をしました。治療には料理の本を学ぶことや妹の家での料理が含まれていましたから、彼はこの仕事に適していました。

　ハロルドの仕事は彼の雇用者を満足させたので、給料や食事のほかに買

出しに行くための衣装も与えられました。彼は本を探しに図書館へしばしば通ったので、そのためのスーツが与えられました。

ハロルドはこの仕事を18カ月行ない、その間、私との2時間の面接を時々行ないました。彼の考え方は非常に成熟してきましたし、学問領域も非常に広がりました。また、学究的な雇用者との長い期間の議論によって、興味や知識の範囲も広がりました。結局は、彼の雇用者はアリゾナの家を引き払うことになり、ハロルドは3カ月分の退職金を受け取りました。

数日のうちに、ハロルドは秘書兼事務所マネージャーという高給の仕事を見つけました。彼は自分の知的限界を考え、この仕事を引き受けるのを躊躇しました。最終的に彼は仕事を引き受けることにしましたが、無能なためにすぐに解雇されるだろうと考えていました。彼はこの仕事に応募した理由を「これ以上良い仕事はなかったから」と説明しました。

この時点でハロルドは催眠に誘導され、彼のこれまでの職歴について回想するよう求められました。特に「無慈悲にも」彼の初めの頃のものと18カ月の秘書の仕事を比較するよう求められました。彼はこれによって落ち込んだように見えました。最も重要な問題を試案という形にして戻ってくるように後催眠暗示されて、面接は終わりました。

次の面接でハロルドは言いました。「すごく惨めな気持ちで過ごしてきました。心が引き裂かれたようです。何かしなければならないのに、それが何か分からないような気持ちです。答えの一部分は分かったのかも知れません。これを言うのは馬鹿げています。でも私は失敗するのが分かっていても、大学に行かなければならない、と感じているんです」。人生の冒険、日の出の喜びといった理解したいことがたくさんあります、と彼は付け加えて言った。「人にしろ物事にしろ多くのことを探求したいんです」

私は彼に権威的に告げました。「よろしい。あなたは大学に行くでしょう。でも、今回は代数学を履修したときのような誤りは起こさないでしょう。あのときは、失敗するのを発見するという代わりに、合格できるかどうか知ろうとしました。今度の9月には、あなたは通常の大学の履修コー

スを取ることになるでしょう。そして学期の半ばまでにどれだけの科目を失敗してしまうか発見することになるでしょう」。今からそれまでの間に、人生の大部分を構成している単純で素晴らしい小さなことをいろいろ彼が探求するだろう、と私はさらに付け加えました。

そのあと3カ月の間、ハロルドは1週間に1度の割で現われましたが、面接の性質は全く違ったものでした。彼は私にいろいろなことに関して意見を求めました。ハロルドは、彼が尊敬し好意を持っている人間がどのように物事を考え、余暇を過ごしているかに強い好奇心を持っていました。

9月になるとハロルドは、大学に16時間の正規コースの学生として登録しました。彼はどの科目を履修したらよいか、高校の卒業証書なしでどのように登録手続きを行なうのかなどについて、私の意見やアドバイスを全く求めませんでしたし、私も何も口出ししませんでした。ハロルドの、自分が間抜けであるという確信は、まだ消えていませんでした。ですから私は再び、どの科目で失敗するかを知るためには中間テストまで待たねばならないだろう、と告げました。彼は失敗すると確信していましたから、どの教科も自信たっぷりに履修することができました。能力以上どころか能力の範囲内での頑張りも期待されていなかったのです。でも見事に失敗するためには、きちんと登録を行なう必要があったのです。

何週間過ぎてもハロルドは、勉強に関することを話題にしようとはしませんでした。中間テストのあとでハロルドは、全ての教科で良い成績を取ったことを、驚きながら報告しました。中間テストでは、教科の担当者たちが新しい学生たちを適切に判定するには少々早過ぎる、と私は答えました。彼が自分の正確な能力を判定するには、学期が終わるまで待たねばならないことになりました。このように、失敗が発見できなかったことは、教科担当者たちのミスであると定義されました。同時にハロルドは、学期末での成績が「彼の正確な能力の判定」であることも受け入れたのです。

面接中の人間が、どんなに学校でうまくやれているかということを、そのように忘れてしまうというのは、考えにくいかもしれません。しかしな

がら、面接では催眠が用いられていることを思い出してください。健忘がしばしば用いられますし、気をそらしたり、注意を再び向けるように仕向けたりということが、何が起こっているかということを忘れてしまう能力を援助しているのです。

　ハロルドは学期末に全ての教科でＡ（優）を取りました。そして予約なしに面接に訪れました。彼は混乱しているようでしたし、何かおかしいと感じているようでした。私は彼が間違っていたわけではなく、ただ多くのことで誤解をしただけだと安心させました。彼が深いトランス状態に入ったので、次のような後催眠暗示を与えました。「目が覚めるとあなたは自分の成績を知るでしょう。その件に関してはもう結果が出たということを理解するでしょう。それについては、いつでも都合の良いときに話すことができるでしょう。なぜならもうそれは緊急な事柄ではなく、結果が出ていることなのですから」

ハロルドはそのあとも順調に大学に通っていたが、新しい問題に直面した。それは、女性と仲良くするということだった。しかしながら、そのことについて話を進める前に、この面接のアプローチについて、いくつかの点を我々は確認すべきである。

　まず初めにしたいのは、肉体労働者で自分を間抜けと確信し、しかも経歴がそのことを実証している人間が、たった２～３年の間に中流階級の職を手に入れ、大学において立派な学生に変身することができたという点である。彼は社会の底辺でやっと生活している人間からそれなりの社会の一員となったのである。このゴールは、何が彼の問題の「背後に」あるのかという、通常の精神科で行なわれるような探索を経ることなく達成されている。彼は自分の過去について洞察していないし、転移解釈といった過去と現在との関係を発見することなしに変化している。彼のトラウマが何だったのかは明らかにされていないし、彼の問題の「原因」が何なのかも説明されていない。彼の恐らくは惨めな子ども時代が、彼の失敗や低い自己評価の原因として取り

上げられていない。実際には、そのような過去は、意識に上らせる代わりに、意図的な健忘を頻繁に用いることによって意識しないようにしておくように扱われている。ときに過去が意識されることがあるが、それは過去という文脈ではなく、現在の彼が得た能力という文脈で意識されている。

　このようなアプローチは明らかにエリクソンらしいものであり、適切に経験し、学ぶための多くの戦術を含んでいる。ハロルドが学んだのは、なぜ彼がそのような状態に陥ったかではなく、どのように変化し成功するかであった。恐らくこの事例において、最も際立っているのは、ハロルドが大学で成功するなどさまざまな事柄を達成するまで、自分が間抜けではないということに彼自身が気付かなかったし、エリクソンと合意もしていなかったという点であろう。

　もう一つ重要な要素を強調すべきだろう。それは心理療法の全期間にわたって、エリクソンはときに非常に権威的に振る舞っているのに、それ以外のときはほとんどハロルドの自主性に任せているという点である。エリクソンから独立してハロルドが自主的に行動することに、多くの治療が費やされている。エリクソンはトラクターの例をあげて患者にかかわっているように、いろいろな方法で患者とかかわる。彼はただハロルドを始動するよう「刺激する」だけなのだ。そのあとはハロルド自身のやり方で、彼が機能するのに任せるのである。

社交と恋愛活動

　社会においてハロルドをよりふさわしい職に就ける一方で、エリクソンはハロルドの正常な恋愛活動に従事する能力についても働き掛けている。治療の初期には、ハロルドの人間関係は主に妹夫妻に限られていた。彼には同性の友人がいなかったし、異性は完全に避けていた。ウェイトレスを避けるために簡易食堂で食事をしていたし、可能な限り男性の販売員から物を買おうとしていたし、女性の乗客がいる場合にはバスをやめて歩いたりもした。彼は妹であっても異性がそこにいることに容易に耐えられなかった。耐えてい

たのはただ、彼女が妹だという理由からだけだった。彼の性行為は時折の男性とのオーラルセックス（したりされたり）に限定されていた。彼の性交渉の相手には以下の特徴があった。それは、ハロルドより若い、できればメキシコ系、長髪、身長160cm以下、体重55kgから70kgというものであった。彼らは丸顔でなければならず、唇が厚く、肩幅は狭く、尻が大きく、腰を振って歩き、香水とヘアオイルをつけていて、すぐにくすくす笑う傾向があった。ハロルドはこれらの条件を満たす多くの「同性愛相手の少年たち」を知っており、時折彼らと付き合っていた。

ハロルドは女性と付き合ったことは一度もなかった。デートしたこともなかったし、女性は全く必要ないと主張した。ハロルドを正常な恋愛活動ができるようにする、というのは明らかに治療上の大きな課題だった。

エリクソンはよく使う方法でやっていった。女性とかかわることに抵抗をあまり生じない方法で、間接暗示を与え始め、恋愛行動につながるような一連の課題を提案した。服装や生活レベルや職業レベルを向上させることによって、ハロルドを女性にとってより魅力的にするということが、必要だった。

治療の初期にエリクソンがハロルドに課したのは、全然知らない人と1週間以内に知人になるというものだった。ハロルドは気が進まないものの同意したが、「彼は成功と失敗のどちらが望ましいのか、よく分からないようでした」（恐らくエリクソンが代数学の科目に失敗したことを祝福したので）。

彼への課題として、私はどこでも好きなトレーラーハウス（移動住宅）用駐車場を選んで、そこら辺を散歩するように提案しました。それから、私の患者の一人が住んでいるトレーラー用駐車場を選ばせました。私はそこの人の習慣を知っていました。ハロルドは当然ながら、私が指定した週の最終日の晩まで行動を起こさず、不安で不確かな気持ちで散歩に出ました。それは指定した夕方の6時でした。彼があるトレーラーのそばを通ると、トレーラーの日よけの所に座っている夫婦に挨拶されました。その時間にそこに座って、通り掛かりの人に挨拶するのが彼らの習慣でした。友

情が芽生えました。彼らが共に私の患者であるということが分かるまでには数週間かかりました。初めは社交のためのほとんど全ての努力が、夫婦からなされました。しかしながら訪問が続くうちに、ハロルドも徐々に受動的ではなくなり、敏感に反応を示すようになりました。

多くのセラピストが、孤独な患者に友人ができることを望むが、エリクソンはそれが確実に起こることを好んだ。直接に関係を用意したり、最も出会いが起こりやすいと思われる場所に患者を行かせたりした。思惑どおりことが運んだときにも、患者はしばしば自分がそれを成し遂げたと考える。エリクソンの次の指示は、もっと直接的なものだった。「その夫婦との友情が順調に進行しているとき、私はハロルドに住所を渡し、新しい知人を作るという課題を与えました。書かれている所へ行き、徹底的に学び、何も見過ごさないこと、そして頻繁に訪問するよう言いました」。ハロルドが体の不自由な便利屋のジョーに会ったのはこのようにしてだった。彼らは友情を築き、それはジョーが2年後に死ぬまで続いた。

ハロルドの社交の次のステップは、庭仕事と引き換えにピアノのレッスンを老婦人から受ける、という提案を受け入れることだった。これにより彼は、女性からものを教わるという経験をしたし、彼女の病気の夫ができないことを彼女のためにしてあげるという、有能な男性としての女性との関係を経験した。

ハロルドは既婚のカップル、男性の友達、それに老婦人と交際することができるようになったので、エリクソンは更なるステップを提案した。それは、ハロルドがYMCAで水泳と社交ダンスを習うというものであった。

どちらの提案にもハロルドは非常な嫌悪感と感情的な落ち込みを示しました。動揺しながら、彼は以下のことを説明しました。女性が週に1度YMCAのプールを使用することを許されていて、自分はそのように汚染された水に体をつけるのは耐えられない。またダンスについては、女性の

体に自発的に触れることが必要であり、そんな考えには耐えることができないというものでした。彼は同性愛者であり、女性は全然受け付けないのだということを、苦痛と怯えを伴って再び説明しました。私がこんな不可解な要求をする前に、女性を無理やり押し付けようとされて問題が起こったことが過去にたくさんあると言うのです。

エリクソンは2つの命令を同時に下す。一つはほかのものよりさらに難しいので、患者は一つを拒絶しながらもほかのものには従うことになる。この事例の場合には、全てが男性の組織であるＹＭＣＡでの水泳より、社交ダンスが嫌悪感を抱かせた。しかしながら、いくらかの励ましを受け、ハロルドは両方とも行なうことになる。

　ハロルドが水泳とダンスに異議を唱えたとき、あるアナロジーを話しました。彼は肥料を撒かれ、殺虫剤をかけられた野菜を素手で収穫していました。彼自身も野菜も洗うことができるので、安全に食品を口にすることができるのです。それを彼は知っていました。同様に水泳やダンスで起ったことは水と強力な石鹸とタオルで洗い流すことができると私は強く主張しました。
　彼の異議は即座に却下されました。そして私はダンスを習うのに望ましい場所は、専門的なダンススタジオであることを指摘しました。そこでは全ての接触に、全く個人的意味がありません。これらの2つの活動をする理由は、彼が労働者として、リズムを基にした2つの異なる身体的技術を習得するというものでした。
　ハロルドは水泳も社交ダンスも、すぐに上達しました。彼は活動のあと、儀式的洗浄のために、ある石鹸を使い始めました。私はもう一つのブランドの石鹸も同様に効果的かも知れないが、より優れているわけではないことを指摘しました。実際には、どちらも目的にかなっていたのです。

§4 若者の性格改造　157

　このようにエリクソンは、新たな社会活動を勧めるために洗浄強迫を部分的に利用した。そしてあとになって脱儀式化をし、それを弱めていく。もう一つのブランドの石鹸も同様に効果的である、その時でもよいし別の時でもよい、すごくよく洗ってもよいし軽く洗ってもよい、というように。

　ハロルドは少なくとも個人的ではないにしろ、女性とかかわる社会活動に参加することが求められていたが、治療面接は、エリクソンがよくやるように患者の考えを変更し、彼の人生のさまざまな面を再ラベル化することに費やされた。

　ハロルドが性の理解について柔軟になっていると思われるときに、面接でそのような話題を出しました。私がさまざまな興味や知識を持っているように、彼も種の保存のために人間生活のさまざまな面について一般的知識を持っているべきだと指摘しました。例えば、彼は自分が同性愛者で私が異性愛者である、と分類していましたが、「あなたは、それぞれがどういうことを意味しているのか、理解しないままに分類している」と、私は言いました。それから私は性の成長とか発達とはどういうことなのかについて話しました。また異なった人々や異なった文化で、どのように性的な信仰や行動が行なわれるのかについて話しました。話を聞いて理解してもらいたいけれど、自分自身の個人的考えを修正しようとはしないように、私はハロルドに言いました。こうすることで、彼が自分から努力するのではなく自然に、自らの見解を修正する機会を与えたのです。

　単純で、事実に基づいており、かなり学問的な性生理学や、性の生物学的重要性について、ハロルドに説明しました。性的リズム、鳥の求愛ダンス、動物の発情期、異なった文化における性行動、音楽、踊り、歌、性に関する文学なども話に織り交ぜました。あとで分かったことですが、このような試みによってハロルドは図書館で性についてもいろいろ学ぶようになりました。

　それから一連の指示をハロルドに与えました。それらはかなりあとにな

るまで実行されないようなものでした。謎のような、曖昧で一般的な指示は、彼がトランス状態にあるときに繰り返されました。それらは以下のようなものです。(a) したいことをするのを恐れている、非常に惨めな若者たちを発見しなさい。(b) その若者たちを観察し、なぜ彼らはそのように行動するのか考えなさい。(c) その若くて不幸な人々は、誰かが来て彼らを救ってくれることを望んでいるけれど、それが起こるとは信じていないことを発見しなさい。(d) そのようなわずかな数の若者たちを、公平に感情を交えずに助けなさい。

彼にこの課題を果たさせることが安全だと感じたとき、踊りたいけれど恥ずかしいし、怖いので習いにも行けない、若い男性が何人いるか、いろいろな公共のダンスホールに行って注意深く観察するよう指示しました。そして若い女性、太った女性、醜い女性、痩せた女性、相手を探してきょろきょろしている壁の花、踊るのが恥ずかしくてあちこち足を動かしている若い男たちを見ながらも、思いあまって同性同士で踊っている女たちにも気付くように言いました。

ハロルドのこの課題にたいする反応は、課題を嫌がるというものではなく、そのような状況が存在することが信じられないという驚きでした。しかしながら、この課題を果たそうと初めに試みたとき、彼は無力感にとらわれるほど苦しみ、何度も出掛かってはためらったあげく、公共のダンスホールに着くまでに3時間もかかりました。そこで彼は若い男たちが互いに押し合って、「行けよ」「お前が行くなら俺も行くよ」「踊れないよ」「だからどうした？　教えてもらえるかも知れないだろ」「お前が先に行けよ」「俺は行きたくないよ」というようなやり取りをしているのに遭遇しました。

ハロルドはこの状況が意味しているものを理解すると、ホールの中を歩き回り、6人の壁の花を観察した、とあとで報告しました。彼女たちは失望しており、彼を希望の眼差しで見つめ、彼が優柔不断な態度を取ると再び失望しました。そして何組も女同士で踊っているダンスフロアに視線を

転じたのでした。ハロルドは報告しました。「自分のやることをよく理解し、前に進み、その6人の女性と1曲ずつ踊り、その場所を出ました。それで終わりだと思ったんです」

ハロルドは3度ダンスホールを訪れ、結論を出しました。「その経験が僕に教えてくれました。僕は自分の思っているほどは駄目じゃありません。僕は実行を恐れません」。私は力強く言いました。「そうです。あなたは自分が思っているほどには駄目ではありません。退役軍人管理局へ行って、自分がどれ程のものか心理検査してみなさい」。そして彼が驚いているうちに退室させました。

数日後にハロルドは戻ってきましたが、性格も変わっていました。彼は喜びに満ちて報告しました。彼は高卒に値するという結果を得、大学に入学する資格を手にしました。彼は言いました。「間抜けな男としては悪くありません」。私は答えました。「ええ、自分のことを間抜けだと考えているだけの男にとっても上出来です」。そして私は面接を突然終結させました。このあと、彼からの面接の希望を私は数回断りました。彼には、たくさんのすべきことがあったからです。

この特別な課題は、いろいろな意味でエリクソンらしいアプローチである。しばしば彼は、一連の一般的で曖昧な指示を与え、あとになってその指示に従うような状況を用意する。患者は自発的に決定を下した、という気になるのだ。この事例では、ハロルドは観察し、何人かの若い人々に限られた援助を施すように言われていた。そして後に、公共のダンスホールに行かされている。ホールに着くと彼は、「自発的に」何人かの若い女性にダンスを求めることにした。そして、達成感を味わっている。同時に、この指示の目的はハロルドを通常の男女の出会いの場に導くことであった。彼は自分をほかの男たちと比較し、ほかの多くの男たちができないことを自分ができるのを発見した。ハロルドはそれまで経験したことのない、ダンスに出掛け、見知らぬ女性と出会い、踊るという普通の経験をしたのだ。

ハロルドが女性ともっと親密な関係になるのは、治療の後半である。彼は大学に通っており、エリクソンもこの関係についてはまだ知っていない。

　この期間、エリクソンはハロルドを時間歪曲下で治療している。催眠を使い、時間感覚に影響を与える。その結果、実際には数分で起こったことが何時間にも感じられる。目的のいくらかは、彼の学業を助けることにあった。エリクソンは深い催眠下で時間歪曲を用い6回の面接を行なった。ハロルドは静かに座って、自分が何物なのか、どのようになりたいのか、何ができるのかについて考えた。それに加えて、彼は自分の過去を未来と比較し、感情や肉体の力を持った生物として自らを考察し、自分と他人との適切な関係において機能する自分の人格の可能性について考察した。ハロルドはこの期間、問題解決に徹底的に従事した。あるものは楽しかったが、苦しいものの方が多かった。しかし全てが重要なものだった。毎回の面接終了時にハロルドは疲れきっていた。催眠面接後、2週間は姿を現わさなかった。そして彼は「新しい問題」と共に診察室に戻ってきた。

　ハロルドはかなり緊張している様子でした。行動はいくらか変化しているように思われました。彼は私が必要以上に状況を理解することを望んでいませんでした。ですから彼の説明を受動的に聞き、肯定的なことより否定的なことに、自由に焦点を当てました。

　彼の話は、いくらか前のことでした。いつであるか分かりませんが、「かなり前、いやずっと前かも知れません」。彼の隣の部屋に女性が引っ越してきました。その女性が、朝晩彼と同じ時間に出掛け、戻ってくることにちょっとして気付きました。彼女が明るく、「こんにちは」と挨拶を始めたので、不快ながらその事実に気付いたのです。このことは彼を困らせましたが、返事をする以外にどうしたらよいか分かりませんでした。

　それからその女性は、車を止めて彼とちょっと世間話をするようになりました。彼は近所でからかわれるので、このことで「ひどく」落ち込みました。彼女が彼より15歳年上であること、アルコール依存症で乱暴者の旦

那と別れたこと、自力で生活し離婚のためのお金をこしらえていることを隣人たちから知らされました。

「本当の問題」はある晩に起こりました。「何の許可も得ないで」彼女は材料をいっぱい持って、彼の部屋に「侵入し」、2人分の夕食を作り始めたのです。この「とんでもない行動」に関する彼女の言い訳として、男性はたまには女性の作る料理を食べるべきよ、と彼女は宣言しました。あとで彼女が皿洗いをしているとき、クラシックのレコードをかけてほしいと言いました。彼は会話の必要がなくなるので、大いに救われた気持ちでレコードをかけました。「運良く」彼女は、「台所の片付けを終えると」帰りました。その晩明け方まで、彼は部屋を行ったり来たりしました。「考えようとしたのですが、何も考えつきませんでした」

何日かして、彼がちょうど夕食の支度をしようとしているとき、彼女が「入ってきて、夕食の支度ができたので部屋で待っていると言いました。何もできませんでした。何も言えずに、子どものように部屋へ行き食事をしました。夕食後、彼女はただ食器を重ねただけで、音楽を聴きに私の部屋に来ました。それが私たちのしたことです。彼女は10時頃帰りました。その夜は眠れませんでした。考えることさえできませんでした。私は狂ってしまうと思いました。それは恐ろしいことでした。私は何か非常に重要なことをしなければならないということを分かっていましたが、それが何か分かりませんでした。2週間も分かりませんでした。お分かりでしょうが、私は彼女を避け始めました。でも2週間後に分かりました。私が彼女に夕食を作れば、彼女は喜ぶでしょう。それでそうしました。ただ、私が望むようにはなりませんでした。それは素晴らしい夕食でした。本当にそうだったんです。私たちはまたレコードをかけました。彼女は本当に音楽好きで、いろいろなことを知っていました。彼女はいくつかのとても間の抜けた点を除けば、非常に知的な女性でした。とにかく彼女は10時半ぐらいに帰りました。彼女はドアから出るとき、私の方に体を傾けてキスしました。私は彼女を殺していたかも知れません。ドアをすぐに閉めることが

できませんでした。バスルームに駆け込み、シャワーの下に行き、栓をひねりました。服を脱がないままで、私は顔を石鹸でごしごし洗いました。私は地獄の時間を過ごしたのです。私は石鹸をつけてこすり、そのあとまた石鹸をつけてこすりました。ひどい晩でした。何度か服を着て、先生に電話しようと公衆電話まで行きました。でもそんな真夜中に電話をかけるわけにはいかないと分かっていました。それで帰って、またシャワーを浴びました。神よ、私は狂っています。私は自分自身で戦わねばならぬことが分かっていますが、何とどうやって戦うのか分からないのです。ついにある考えが浮かび、答えが分かりました。それは５、６回の先生との面接のときでした。そしてすごく疲れました。私の頭の中の何かが言っているようなのです。「それが答えだと。でも納得できませんでした。今でもそうです。それでも洗浄強迫をやめるのには役立ちました」

「なんで今日ここにいるのか分かりません。でも来なければならなかったのです。何も言ってほしくありません。でも、同時に何か話してほしいんです。でも慎重にお願いします。先生にこんなふうに言ってしまって済みません。でもちゃんとしてないといけないと感じています。それは私の問題なのです」

　注意深く、私は曖昧で一般的な議論を提示しました。わざとハロルドとはほとんど無関係な話題です。彼がリラックスしたとき、次のことを指摘しました。離婚を求める女性を批判したり責めたりするべきではありません。結婚はきっと不幸や身体的虐待以上のものを課しているのでしょう。全ての人間は精神的肉体的に幸福を得る権利があるのです。彼女は全ての点で自立しているので、人々から敬意を払われ、好かれる資格があります。彼女の気さくなことやあなたのプライバシーを侵害したことについては、人間はそもそも社交的なので仲間や経験の共有を求めてやってくることを予期しているべきなのです。これは彼女の行動を説明すると共に、あなたがその行動を受け入れたことも説明しています。食事については、歴史が始まって以来、最もおいしくとる２つの方法は、空腹であることと良い仲

間と一緒に食べることです。音楽も基本的には、ほかの人と一緒に聴くともっと楽しめます。キスは彼を落胆させましたが、そのような単純な身体行動は、その可能な意味を推測することしかできません。愛、情熱、死、お母さんによるもの、赤ん坊によるもの、親によるもの、祖父母によるもの、挨拶、別れ、欲望、満足、ちょっと挙げただけでもこれだけの意味があるのです。彼がどんな意味付けをそれに与えるにしろ、それがどんなやり方のキスであったか知らねばなりません。そのことについて恐怖するのではなく学びたいと思って、自由に喜んで考えることによってのみ、それが分かるのです。またあなたはそのキスに、どのような意味付けをしたいかを喜んで認識しなければならないのです。彼女やあなたの行動についての個人的意味合いについては、何も言うことはできません。あなた方はどちらも行動をしっかり定義しているわけではありません。でもあなたが迷惑に思うことは、どんなことでもきっぱり拒否すべきであるということは明らかです。

これらを言い終わったあと、5分ほど沈黙が続きました。ハロルドは目覚め、時計を見て言いました。「さて、どんな意味があるにせよ、もう行かなければなりません」。そして彼は帰りました。

この会話について述べてみたい。エリクソンは、ハロルドがこの経験の意味をありふれた精神医学的な点から「理解すること」を援助しようとしていない。年上の女性の母としての意味や、その状況のほかの象徴的な意味について、何も解釈していない。だから、彼らの関係について否定的でもない。それは現実の女性との現実経験として扱われている。

1週間後、ハロルドは1時間の面接に現われて、言った。「僕は先生に尋ねるべきではないと思うんですが、僕の内側の何かが、ジェーンについて先生がどう思われるか知りたがっているんです。ですから、彼女について話してください。何を意味するにせよ、慎重に。先生は彼女を知らないので、ちょっと馬鹿げた考えです。彼女については僕がいくらか話しただけなんです

から。それでも先生が彼女をどう考えるか知りたいんです。でも何を意味するにせよ、慎重に」。エリクソンは彼女について客観的に、一般的に論じた。

　私は控え目に、ハロルドにとって特に重要な考えについて述べました。私はジェーンをいろいろな特徴、性質、経験を有し、それが彼女の個人としての独自性を形作っている生命体であると描写しました。ほかの人は彼女に対して、自分の能力や必要性に応じて反応するでしょう。例えば、彼女が結婚していたことがあるということは、彼女が異性愛者を魅了する異性愛者であることを示していますし、彼女が雇用されているということは、彼女には生産性があるということを意味しています。彼女が離婚するということは、人として幸福を望んでいることを示しますし、彼が彼女の料理や交際を楽しんだということは、彼女が個人的な興味を抱いていることを彼は分かっていたということを示しているのです。

　彼が望んでいるかも知れない治療による大きな進歩には、人生の現実の一部としての女性が含まれるということも私は指摘しました。そして、その女性はこの人でなければならない、というわけではありません。私はこの面接を、ハロルドが初めて私に会ったときに言った言葉で終えました。「女性がどんな生き物か知らなければなりません。彼女にとらわれてはいけません。彼女を目茶目茶にしてはいけませんし、あなた自身を目茶目茶にしてもいけません。ただ答えを正しく把握することだけが必要なのです」。彼にそのときと今の状態の差を認識させるために、そのような言い方をしたのです。彼は何も言わずに帰りました。しかしながら、何を言ってよいのか分からないとでもいうように、ドアの所で不思議そうに考え深げに、こちらを見つめていました。

　ハロルドは次の面接の予約はせずに、数週間後にやってきて言った。

　「僕はそのことについて自分流に言いたいのですが、あなたは精神科医

です。全て先生のお蔭です。ですから僕はそれを先生流に言います。そうすれば多分ほかの人にも役立つでしょう」

「先生が私に言った最後のことは、率直に言えということでした。そこで僕は何をしようとしているか、ほとんど言いそうになりました。でも私が何を言うかについて、先生は全く興味を持っていないことに気付きました。先生は僕に、ただ僕が何者なのか、何ができるのか見つけてほしかっただけなのです。僕がどのようにドアのところに立って先生を見ていたか、ちょっとだけ思い出してください。それこそ考えていたのです。僕は答えが一つずつ明らかになるだろうと思っていました。家に着くまでずっとそう思っていました。僕は答えが分からなかったので、楽しかったのです。僕はただ、一つずつ把握するだろうということを知っていただけなのです」

「大体５時半ぐらいに家に帰りました。そして、何かを見ることを予期しているかのように、ドアのところへ行き、外を見ていることに気付いて当惑しました。ジェーンが車を運転して帰ってきたとき、やっと彼女を探していたのだと分かりました。僕は出て行き、彼女を夕食に誘いました。その日の午前中、僕は早いうちに買い物に行って買ってきた物をどうしようか困っていたのです。彼女は誘いを受け、料理をしてくれました。僕はそのあいだギターを弾き、自分で作ったテープに合わせて歌っていました。夕食のあと、僕は何曲かレコードをかけ、２人はしばらく一緒に踊りました。そのあとソファに座ったとき、これからキスしようと思うけど、その前にどれ程それが楽しいか考えたい、と彼女に言いました。僕がそうしている間に彼女は楽にそれを拒むことができると言いました。彼女は驚いたようでした。そして笑い出しました。僕は自分が言ったことが非常に奇妙に感じられたのだろうと分かりましたが、本当にそう思ったのです。彼女が笑い終わったとき、僕は彼女の顔に手を添え、まず片方の頬にキスしました。それからもう片方、そして唇にキスしました。僕は気に入りましたが、それはとても事務的だったので、彼女は驚いたようでした。そこで僕は、踊ろうと言いました。踊っているとき、僕はまたキスし、彼女もそれ

に応えました」

　「そのとき、僕にほかのことが起こりましたが、まだそれには準備ができていないと分かっていました。僕はダンスを止めて、クラシックをかけました。僕は何曲か知っている曲を歌い、彼女もそれに加わりました。彼女は素晴らしい声をしていました。彼女を部屋まで送り、おやすみのキスをしました。その晩は赤ん坊のように眠りました」

　この時点で、ハロルドは正常な性行為の準備を始めている。しかし、この状況が可能になるために、どれほど緻密な準備がなされたかを考えてほしい。ハロルドは正常な恋愛活動を始めることができる。なぜなら彼は、ふさわしい服装をしているし、敬意を払われる住居に住んでいるし、大学に通っているし、良い仕事に就いているからである。彼はまた、現在はこの女性と音楽や料理について知識を交換することができる。その上彼には、社会的関係についての経験があるし、ダンスをすることができるし、女性と踊った経験もあるのだ。ついに彼の女性への態度は変化し、彼は探索への好奇心と欲求を手にしたのだ。

　ハロルドは説明を続けました。「翌日目覚めたとき、日曜であることを喜びました。僕は人生を楽しむためにすばらしく、ゆったりした休日を求めていたのです。3時頃ジェーンに会いに行きました。彼女は忙しそうに服を作っていました。僕は続けるように言い、6時に夕食を用意しておくことを告げました。夕食のあと、僕らはクラシックをかけ、そのあと何曲かポップスをテープで聞きました。僕らは疲れるまで踊り、ソファに腰掛けました。僕は彼女にキスし、彼女はそれに応え、僕らはペッティングを始めました。僕はすごく慎重にやりました。初心者なのでうまくできないだろうと分かっていたからです。抱き合ってキスしました。僕はフレンチキスが何なのか知りました。まず踊り、ペッティングをし、それからまた少し踊りました。ペッティングするたびに、僕は身体的な反応を得ました。

僕はそこに答えを求めるには、まだ準備ができていないと分かっていました。最後に僕らはクラシックをかけ、彼女を家に送っていきました。彼女のために情熱を込めておやすみのキスをしました。その晩は良く眠れました」

「彼女とは3日間会いませんでした。それは少々奇妙な日々でした。僕には全く記憶がありません。月曜日の朝は、気持ち良く目覚めました。日曜の晩のことを思い出し、嬉しくなりました。それから仕事に出掛けましたが、気が付くと一日が終わり、家に帰ってきていました。日中何が起きたか全く覚えていませんでした。でも、仕事は全てこなしたという強い感覚があり、気分も良かったんです。火曜には、前日何が起こったのかさりげなく聞き出そうと考えながら仕事に行きましたが、また気付くとアパートへ帰ってきていました。困った感じではなく、水曜には何が起こるか楽しみでした。もちろん水曜の記憶も蒸発していましたが、気が付くと僕は大きな買い物袋を抱えていました。驚いたのはレシートを見たときでした。今まで行ったことのない所で買い物をしてたんです。買い物について思い出そうとしていると、知らないうちにジェーンの部屋の前にいました。彼女が挨拶したとき驚いて、服については気にしないでいいと言いました。彼女はショーツとブラウスだけを身に着けていたのです。僕は夕食の準備をし、彼女が来て一緒に食事をしました。

その晩ハロルドは初めて性的な関係を体験した。彼は興味深い探検としてそれを経験した。彼は次のように報告している。

「一緒に朝食をとりました。ジェーンは仕事に行きましたが、僕は家にいました。ずっと家にいて、幸せを味わっていました。これまでの人生の中で初めての本当の幸せです。うまく説明できません。話すことはできても、言葉にすることができないことがあります。木曜はそんな日だったんです」

「僕らはまた土曜の夜に会うことにしていました。それで僕は金曜日に買い物に行きました。土曜日にアパートを掃除しました。でもどちらの日も、全てがうまくいったという気持ちいい気分以外は、ほかに何があったのか記憶がありません。土曜の午後には素晴らしい夕食を用意しました。ジェーンは、かわいらしく女性らしいドレスで訪れました。彼女を褒めると、彼女は僕のネクタイが気に入ったと言いました。そのとき初めて、僕も正装していたことに気付きました。それは驚きでした」

「私たちは食べ、踊り、ペッティングをしました。10時ごろ寝室へ行きました。このときは違っていました。僕は何かを学ぼうとはしませんでしたし、自分自身を変えようともしませんでした。僕らはただお互いに好意を持ち、セックスする2人の人間でした。12時を過ぎて、僕らは眠りました。翌朝は彼女が朝食を作り、帰っていきました。彼女は友人が数日遊びに来ると僕に告げました」

「月曜の朝は、早起きして仕事に行きました。でもなぜ早く行くのかは分かりませんでした。車を運転しているときに、それは起こりました。歩道の女性が僕の方に歩いてきました。僕は驚いて彼女を目の端で見つめ、彼女が通り過ぎるまで車を道端に止めなければなりませんでした。その女性はきれいでした。徹底的に、完全に、信じられない程きれいでした。僕が見た中で一番きれいでした。しばらく行くと、また同じことが起こりました。今度は2人のきれいな女性でした。職場に着くまでは大変でした。僕は車を止めて、いろいろなものを見たいと思いました。全てのものが変わっていました。草は緑色でしたし、木は美しく、家は塗装したてであるかのように、道にある車は新車のように、男たちは僕と同じように、見えました。フェニックスの道路にはかわいらしい女性たちがうようよしていました。月曜以来ずっとそんなふうなんです。世界が変わりました」

「水曜日には、以前の同性愛相手の少年たちはどうだろう、という気になりました。そこで、街の反対側へ行って、何人か眺めました。それは驚くべき体験でした。そんな哀れな人間と関係があったなんて、とんでもな

く僕はおかしくなっていたのでしょう。彼らのことをひどくあわれに思いました」

「土曜になってジェーンの所に来ていた訪問者が帰るまでは、それ以上のことは起こりませんでした。私たちは夕食を共にしました。何曲かレコードを聞き、ステレオを止めたとき、僕らは２人とも真剣に話し合うときが来た、と感じました。僕らはお互いにすごく楽しんできたけれど、それは道理に合っていない、という賢明な会話をしました。僕は自分と同じ年代の女性を見つけるべきですし、彼女もそうです。僕らはこれまでの関係はもうこれきりにするが、友達でいることにしました。今もそうしています」

「僕は教会や青年クラブへ行っていますし、風景を楽しんでもいます。僕は生き生きとそれを楽しんでいるんです。僕には未来もあります。もうすぐ大学も卒業ですが、どのような職に就きたいのか分かっています。僕は伴侶や家や子どもを望んでいます」

ハロルドは大学を卒業し、彼の望む責任のある仕事に就いた。

§5 結婚とその結果

　結婚を契機に発生する問題として、配偶者のいずれかが性的ハンディキャップや性的不能となる症状を抱えたり、結婚後間もない時期での、見掛け上解決できないような不一致がある。家族サイクルの見地からは、治療のゴールは、若年夫婦の安定した関係確立を支援し、出産と子育ての段階への移行を援助することである。

　結婚して間もない人に問題が発生した場合、異なる見解に立てば、問題の性格が違って見える。個人の視点から問題を見ると夫婦間の問題とは異なっているし、夫婦の視点から問題を見ると拡大家族の問題とは異なっている。例を挙げよう。一人の若い女性が、右手の震えが止まらず治療のために紹介されてきた。前年、費用のかかる神経学的検査で身体を精査したが、最終的な結論は、手の震えの原因はヒステリー性であるということだった。伝統的な心理療法を6カ月間受けたが、手の震えは悪化する一方である。早急に何かしら改善が見られないと、仕事を首になりかねない状況であった。私は症状緩和に絞ったブリーフセラピーをしてほしいと求められた。数分間、エリクソン催眠でアプローチすると、震えの症状が一方の手からもう一方の手へと移動することが分かり、ヒステリーの診断を引き出すのに神経学的検査に大金を掛けるまでもなかったことが明らかになった。その"治療 cure"法が問題であった。

　その若い女性を担当してきた治療者は、若い女性に共通する状況に直面しており、彼女に何かしらの問題があると考えていた。しかし、視点を変えると、この若い女性は最近結婚したばかりで、そのあと間もなく発症していた。

　私は、若い夫婦を一緒に面接した。夫は取り乱した状態で、妻はそれを丸

抱えに保護していることが明らかになった。二人は、彼が海軍にいるときに結婚した。海軍では、魅力的な身分と地位があったが、除隊した夫は、職にあぶれた一市民に過ぎなかった。学校に戻るか、仕事に就くかの決断ができずに、どちらにも行動を起こさないでいた。若い妻は、そんな彼を支えていた。この見解から考えると、症状そのものが結婚生活に寄与していたことが分かる。症状が悪化するとどんなことが起きるかを尋ねたときに、それは明らかになった。彼女は仕事を失うだろうと答えた。私が、そうなるとどうなると思うかを尋ねると、「夫が働かねばならなくなるでしょう」と、彼女は答えた。すなわち症状は結婚生活をより正常な状態へ移行させる肯定的機能を果たしている。この仮定に従えば、夫と結婚生活が治療の焦点になるべきである。

　こういった状況で、妻だけが治療の場におかれると、その結婚生活に影響を与える。夫にしてみれば、妻が苦痛を抱え、恐らく自分のことで、ほかの男と話をしに週に何度か出掛けているという状況になる。個人療法の性質上、夫は治療者との三角関係に加わってしまう。このケースの場合、夫は自らの夫としての不適切さが妻と地位ある人物との間で話し合われていると思い込み、彼女の自分に対する誠実さに不信感を抱くようになった。逆に妻は、不満表出を促す治療者と、そうすると彼女が誠実でないかのような態度を取る夫との板挟みになっていた。

　長期間の個人療法は、ほかの要因を結婚生活に持ち込んでしまう。妻が治療者に愛着を感じるにつれて、夫婦の協約である、夫一人への執心ができなくなる。こうした場合、その配偶者は取り残される。妻の新しい着想や考えは、先ず治療者に伝えられ、夫に知らされることがあっても、そのあとになる。治療が結婚した二人の障壁にすらなりかねないし、急に不満を引き出すことが、かえって結婚生活を蝕み、離婚になりかねない。たとえ離婚してしまっても、個人療法家は、患者が配偶者を必要としないほど「成長した」と考えたり、特に「成長」とは関係なく、自分の介入そのものが分裂の重要な要因になったと自覚していない療法家は、離婚が必要だったと考えるかも知

§5 結婚とその結果

れない。場合によっては、もう一方の配偶者も別な治療者の元へ治療に出向き、結婚は2人ずつの四つどもえ状態になる。この配置ではどんなに好意的に結末を考えたとしても、治療が長引けば長引くほど、普通の結婚生活らしくないという意味で、ますます「異常」になっていく。配偶者が8年も10年も個人療法を受けると――私が知る一人は18年間続けた――そのあとの結婚生活は、正常な結婚生活を阻害するバイアスを抱えて進行することになる。例えば、出産や子育ての計画といった本来夫となされるべきものが、夫だけでなく治療者と相談したものになりかねない。実質的に治療者は、拡大家族の雇われ成員となる。

　夫との文脈だけでなく妻の原家族を含んだ文脈にまで広げると、この若い女性の手の震えに関して別な視点が得られる。彼女の両親は若者との結婚に反対しており、事実それを許さなかった。彼女は何があっても彼と結婚しようと決意し、結婚さえしてしまえば両親は許さざる得ないだろうと考えていた。ところが、若者二人が自分たちのアパートに落ち着いたとき、彼女の母親が電話をかけてきて、その日、家に戻ってくるかどうか問いただした。たった今結婚して、自分たちの住まいを持ったことを伝えると、母親は「まあ、そんなもの続くはずないわよ」と言った。翌日、母親は再度家に戻るかどうか尋ね、部屋はいつ帰ってきてもいいようになっていると請け合った。母親は根気強く再三娘に電話をかけ、家に戻ってほしい一念で、若者の不適格さを批評した。妻が抱いた夫へのわずかな疑念も、必ず母親によってひどいものにされ、若い夫は敵意ある義父母のいる状況下で暮らしていた。彼が仕事を決めかねているのは、どうなれば妻の家族から受け入れてもらえるかということを気にし過ぎていることも根底にあり、それゆえ彼の人生の決断は、必然的にこの広い家族ネットワークの影響を受けているのであった。こういった環境では、彼の自信のなさは性格の一部としてではなく、社会的な要因を持つものとして説明される。

　この大きな文脈では、妻の症状は家族成員間の葛藤の一部であり、両親からの分離、夫との独立した強固なテリトリーの確保という課題が含まれてい

る。これまでの治療も、この大きな文脈の一部と見ることができる。費用のかかる個人療法同様、神経学的検査代は彼女の家族が支払いをしていた。彼女はそうやって、両親が引き起こしている問題に両親に金を支払わせ、おまけに精神科医が必要なほど大きな問題となっているので、その結婚が間違いだったという両親の考えを実証してしまっている。よくあることだが、治療が家族紛争の攻撃手段の一部になっており、治療者は治療のこのような面に気付かなかったり、関心を示そうとしない。

またこのケースは、恐らく援助しなくても自然に解消したと思われる問題を解決したことで、治療者がどんなに信用を得ることができるものであるかを説明している。モンテーニュはかつてこう述べた。「治療を自然に任せれば、医療は信用を得る」。高度な素晴らしい治療処置を施しても、問題が治療とは無関係に解消するということが起こり得る。若妻が妊娠したことが、この状況全体を変化させた。妻は生まれてくる赤ん坊のために仕事を辞める必要が生じ、若い夫は彼女を養うために働きに出ざるを得なかった。両親は彼女が戻ってくることを望んだが、赤ん坊を連れて帰ってくることは望んでいなかった。そのため彼らはスタンスを変え、反対することを止めて支援するようになり、孫の誕生が近づいてきた。若い夫婦が家族発達の次のステージ、出産と子育てへ移行して「自然」に問題を解決してしまった。症状は消失し、若い女性と夫は、さらに成熟して自信に溢れているようだった。

若い夫婦の場合、個人に発症する症状は義父母との関連で変化すると多くの治療者がようやく理解するようになってきた。若年夫婦の典型的問題の一つは、原家族との付き合いを仲良くやっていくための能力が不足していることである。例えば、妻は夫の家族が自分たちの生活へ立ち入ることを彼らが望んでいるほどには望んでいないし、夫は自分の両親に面と向かってそれを止めさせる能力がない。こうした状況下では、妻にはある種の症状が起きやすい。次のケースはこういった例で、エリクソンは症状をより発展的なものに作り変えている。

一人の女性が胃潰瘍で私の元へやってきました。仕事も家事も、全ての社会的人間関係もままならない痛みでした。彼女にとっての大きな問題は、夫の両親が週に３、４回訪れるということでした。予告なしにやってきては、好きなだけいました。私は彼女に、義父母に我慢できなくても、教会へ行くこと、ご近所とのカードゲーム、仕事には辛抱できていることを指摘しました。義父母に目標を絞って、「実のところあなたは、夫のご両親がお好きではない。彼らが訪ねてくるといつも、そのことが胃の痛みとなってしまうのです。それをもっと役立つように開発すべきです。彼らだって訪問中にあなたが戻して床をモップ掛けするのを見たいと思っていないでしょう」と告げました。

　彼女はこの対処法を採用し、義父母が来ると吐きました。それから、彼女が弱々しく悲しげに謝る傍らで、義父母らは床のモップ掛けをしました。中庭に車で入ってくる音を聞きつけると、彼女は大急ぎで冷蔵庫に走り、グラス一杯のミルクを飲んだのです。彼らがいつものように入ってくると、彼女は挨拶をして話し始め、そのあと、突如胃の調子が悪くなって吐くのでした。

　義父母は自分たちが訪ねていっても大丈夫かどうかが知りたくて、訪れる前には電話をかけてくるようになりました。「今日はだめです」。そして次も「今日はだめです」と彼女は繰り返しました。ようやく「今日は大丈夫だと思います」と伝えたが、あいにく彼女は過ちを犯してしまい、義父母は後始末せざるを得ませんでした。

　彼女には困っている必要がありました。このようにして義父母の訪問にそなえて胃の痛みをため込み、そして満足を得ました（彼女は胃潰瘍を放棄し、自分の胃に誇りを持ちました。それは義父母を追っ払った驚くほど素晴らしい胃でした）。義父母が２カ月間来なくなってから、「午後」おいでになりませんかと誘いました。彼らは恐る恐るやってきて、何度も「もしかして帰った方がいいかな」と言いました。彼女は帰ってほしいときは、つらそうな表情を浮かべながら腹部をさすりました。彼らは直ぐに帰りま

した。彼女はどうにもできない人間から、十分考え抜いた目的を達成するために冷蔵庫にグラス一杯のミルクを準備できる人物へと変化しました。もはや、表立って口論する必要はありませんでした。この話から、日曜の夕飯時にいつも訪ねてきては、毎回スポンジケーキ[訳注1]を出される客人のことが頭に浮かびました。家人の「スポンジケーキをお召し上がりになりませんか？」という、丁重な言葉の意味に気付くまでそれを楽しんでいた客人のことを思い出しました。

問題を抱えた結婚後間もない人への保守的な治療とは、システムへの影響を考慮せずに、変化をもたらすために侵入すること、と今や定義される。インポテンスや不感症といった性的な問題は、しばしば新婚旅行中に発症するが、ひとりでに解決してしまうことが多い。多くの場合、専門家は夫婦から援助を求められた際に、異常ではないのでひとりでに治るだろうとだけ助言し、病理学的な議論を避けるのが賢明なことである。もし治らなくても、治療にはいつでも戻ってこられる。結婚初期でのこういった問題は、ある権威者とセックスの話をするだけで解決してしまうことが多い。これは若者が新しい情報を得たからではなく、それまでの権威者たちが常に性を楽しむことを禁じてきたのに、それが許されたからである。これは、大人世界への「通過儀礼」の一つである。

　性的関係が自然に楽しめない場合の治療的介入の目標は、結婚生活を安定させるだけでなく、性的に楽しめるような手はずを整え、子育ての発達段階へ向けて若い夫婦を支援することとなる。時には性的関係自体が全くなく、結婚生活が楽しみを欠くどころか、出産段階へ移行する可能性すら欠く場合がある。エリクソンは、夫が不満を訴えているケースを提示している。

　　普段の体重が77kgの若者が、美しく官能的な女性と結婚しました。友人

訳注1）人の善意や寛容さにつけ込んでうまい汁を吸い取る人をスポンジという。彼は自分が与える以上のものを取る。

たちは、彼の体重が激減するだろうとからかいました。9カ月後、彼は2つの問題を抱えて私に精神医学的助言を求めてきました。一つは、18kg体重が減ったことで仕事仲間にからかわれるのに我慢できなくなっていました。現実の問題はそれとは全く違っていました。それまで夫婦関係を一度として持っていなかったのです。

彼の説明では、彼女は毎晩性的関係を持つ約束をするものの、彼がほんの少し動いただけで、必ず激しいパニックを起こし、怯え、悲しげに明日まで待ってほしいと彼を納得させるのでした。彼は毎晩落ち着いて眠れず、激しい欲望を感じながら、どうすることもできずに欲求不満になっていました。最近は、ますます性的な欲望が増しているにもかかわらず、勃起しないことに不安を覚えるようになっていました。

彼は、自分か妻か、いずれか一方を援助してもらえるかどうか尋ね、私はそれを引き受け、妻との予約を取りました。彼には、彼女に診察の理由を告げ、思春期からの性的な発達を話し合う準備をしておくように伝えてほしいと頼みました。

予約の晩、夫婦はそそくさとやってきて、夫は部屋から消えました。彼女はとてもきまりわるそうに、大雑把に自分の話をしました。彼女は自分の行動を、道徳的、宗教的な教えに漠然と起因する制御不能でいかんともし難い恐怖の結果であると説明しました。性的発達に関して、毎回の月経周期開始日時がきちんと記録された一冊のノートを提示しました。この十年間、月経周期はほぼ33日で、始まりは決まって午前10：00か11：00頃で変わらないことが記された驚くべき記録でした。何度か周期どおりではなかったことがありましたが、いずれも早く来ることはありませんでした。むしろ、時折遅れ、実際に始まった日付が記録され、予定日だった日には「ひどい風邪で寝込む」というような説明書きが付されていました。私は、彼女の次の月経が17日間は来ないと言いました。

彼女に夫婦生活の問題への援助を希望するかどうか尋ねると、最初はそうしたいと答えました。しかし、すぐに怯えて涙ぐんで、「明日まで待っ

ていただけませんか」と哀願し始めました。結局、彼女自身の意志で決定することだと繰り返し安心させなだめました。そして、彼女が明らかに良いトランス状態に入るまで夫婦関係についての冗長でありきたりな話をしながら、疲労し、関心を喪失し、眠くなる暗示を次第に頻度を上げながら散りばめました。

それから、トランスを持続するために、はっきりとした指示で次第に強さを増しながら一連の暗示を全て与えました。それは、明日の約束を守ると、彼女が考えていたよりも早く、突然、思いがけず怯えが永久に消失してしまって驚くかもしれないというものでした。彼女は家に帰る道すがら、恐いことだけれど早めにことが起こりそうだわという、満足だがつまらない考えにたっぷりと浸っていたことでしょう。

夫は彼女と別に診察を受け、夜の生活がうまくいくことを保証されました。翌朝彼は、帰宅途中に17日間という早過ぎる周期で彼女の月経が始まったと、残念そうに報告しました。これは彼女の情欲の激しさの証であって、夜の生活を成し遂げたいという確固たる意志の表われだというもっともらしい私の言葉に、彼は和らいで、慰められました。私は彼女の月経が終わった頃にもう一度予約を取らせました。

次の土曜の晩、私はもう一度彼女と会ってトランスに誘導しました。このとき、夫婦関係を必ず持つことができて、それはこの10日のうちに起こるのではないかと感じていると話しました。さらに、それがいつかは彼女自身が決めるべきだと付け加えました。私は彼女に、私は金曜の夜がよいと思うが、土曜の夜か日曜になるかも知れない。あるいは、それは月曜か火曜の夜かもしれないが、私は金曜の夜がよいと思う。そして繰り返し、私は絶対に金曜がよいと思うが、木曜の夜になってしまうかもしれない、と彼女に伝えました。こうやって彼女がうるさがる表情を見せるようになるまで、私の好みは金曜日だと強調しながら、週の全ての曜日を並べ立てるのを整然と繰り返したのでした。

彼女を覚醒させ、同様の発言を繰り返しました。選ぶ曜日の話になると、

彼女の表情は強い拒否反応を見せました。別個に夫を診察し、アドバイスはせず、行動は受け身でも直ぐに反応できる準備をしておくように伝え、必ず良い結果になると伝えました。

次の金曜日、夫は次のように報告してきました。「彼女が、昨夜起きたことをあなたへ話せと言います。あまりに急なことで、私には勝ち目がありませんでした。彼女にレイプされたようなものです。おまけに彼女は、もう一度やろうと夜半前に私を起こしました。今朝になって、彼女が笑っているので、その訳を尋ねると、金曜日ではありませんでした、とあなたに伝えるよう言うのです。私は、今日は金曜だよ、と言うと、笑って、金曜じゃなかったって分かるわよ、と言うんです」

彼には何も説明しませんでした。その後の経過は、幸せな夫婦生活が続き、家を購入し、待望の子どもを2年間隔で3人出産しました。

10日という期間、一週間の曜日の名前を言うこと、私が曜日を選んで強調した理由は次のようなものです。10日間というのは、彼女が意志決定するのに十分な期間ということでしたが、曜日の名をあげることによって結果的に7日間に短縮されました。私の好みの強調は、彼女に無理を強要されるという最も不愉快な感情を引き起こしました。全ての曜日が名指しされたので、一日一日が過ぎてしまうと、許し難い私の好みの曜日にどんどんどんどん近づいてしまいました。その結果、木曜になるとその日と、金曜日だけが残りました。土曜日、日曜日、月曜日、火曜日、水曜日、これら全ての曜日は拒絶されました。その結果、関係の成就は、彼女が選んだ木曜か、私の選んだ金曜に起こらざるを得ませんでした。

初回面接での手順は、明らかに間違いでした。私の無力を懲らしめ挫折させるために、患者に鮮やかに利用されてしまいました。2回目の面接はとても運が良かったと思います。彼女に気付かれない二者択一のジレンマ——彼女の選択する日か、私の好みの日か——を作り出せたからです。繰り返し私の選択を強調することで、強い修正的な情動を引き起こしました。即刻私を懲らしめ挫折させたいという気持ちが一時、彼女のほかの感情よ

りも勝りました。夫婦関係を結んで、昨晩が金曜日ではなかったと宣言することで、彼女は私をあざけることができました。また、私にはそのことがちゃんと分かるはずだとうれしそうに言い切ることもできました。

若い女性が夫婦関係を持つことに問題を抱えることがあるように、そのことは男性とて同様である。よくある問題は、新郎が勃起できないことである。新婚旅行に突然襲ってくる場合もある。それまで何の問題もなく性的関係を持つことができていた男性でも、夫婦としての振る舞いになると、彼を性的行為ができない不能者にしてしまう。この問題はひとりで解決してしまうこともある。解決しない場合は、短期介入することが問題を緩和し、夫婦生活を救済する。

　私が教える医学生の一人が、とても美しい女性と結婚しました。しかし新婚初夜、勃起できませんでした。彼はどちらかといえば遊び人だったので、街中の売春婦と寝た経験は持っていました。結婚後２週間、勃起することができませんでした。いろいろ試しましたが、マスターベーションで勃起することすらできませんでした。憂うつな新婚旅行の２週間後、妻は弁護士に離婚を相談していました。
　若者は、この問題を抱えて私の元へとやってきました。私は彼に新婦を知っている数人の友達に電話をかけ、私に会いに行くよう彼らに彼女を説得してもらいなさいと言いました。彼女が診察室にやってくると、若者を外で待たせ、私は彼女と話をしました。彼女はひどく傷付いていました。私は失望した話を全て話してもらいました。彼女は自分なりに魅力的だと思っていましたが、彼女が全裸になっても、彼は彼女を愛せませんでした。初夜は少女には大変なことです。初夜は、少女が女性に変わることを意味する重要な儀式であり、またどんな女性も、唯一の掛け替えのない存在でありたいと願うものです。そんな圧倒される状況だったのだ、と私は彼女に初夜の意味を明確にしました。

夫からどんな賛辞を受け取ったか尋ねました。これは、彼女が話していたこととは正反対だったので、彼女は困ってしまいました。「やれやれ、明らかに彼は、あなたの身体があまりに美しいのでそれに圧倒されてしまったのです。完膚無きまでに圧倒されました。それをあなたは誤解して、彼が役立たずだと思ってしまいました。そして彼は役立たずだったが、彼には君の美しい身体を本当に吟味するのに、どんなに力不足かが分かっていたのです。隣の部屋へ行って、よく考えてみてください」

夫を呼び入れ、新婚旅行での悲しい話を全部打ち明けるように告げました。そして彼にも同じことを話しました。彼が妻にどんなに素晴しい賛辞を贈っていたのかを指摘しました。彼はこれまでのことにかなり罪悪感を持っていましたが、本当に望みどおりのたった一人の女性、彼を圧倒してやまない女性が見つかったことを不能になることで立証したのでした。

二人一緒に車でアパートへ向かいましたがその途中、性的な衝動に駆られて、車を止めてしまいそうになりました。それから二人はうまくいくようになりました。

この種の治療は、本質的には、結婚の危機治療であり、効くかどうかは介入のタイミングによる。良いタイミングで迅速な行動が取れると、性的問題が慢性の結婚問題になってしまってなかなか解決されない問題でも、素早く解決できることが多い。時々介入が権威者からのうまくやれるからという成功許可証となって、問題からうまく脱する道にもなる。エリクソンが用いたさまざまなバリエーションがある。

大卒の24歳の新郎が、勃起できずに2週間の新婚旅行からすっかり落ち込んで帰ってきました。新婦はすぐに離婚を求めて弁護士事務所へ出向き、彼の方は、精神科医へ援助を求めました。

彼は、妻も診察室へ連れてくるように説得され、難なく彼女も夫の催眠療法への協力を承知しました。これは次のように進められました。私は彼

にこう語り掛けました。奥さんを見てください、そして改めて、恥ずかしさ、屈辱感、救いようのない絶望感をしっかり身体で味わってください。するとそんな、とことん惨めな気持ちから逃れるためには何だってしたい気分になってくるでしょう。そうしていると、奥さん以外のものは見えなくなってくるのを自分自身で感じてきて、私の声は聞こえても、姿は見えなくなってくるでしょう。それが起きたときあなたは、自分では身体の隅々までコントロールできない深いトランスに入っていることが分かったでしょう。そして全裸の妻と、自分自身の全裸の姿を幻覚として見始めたでしょう。この幻覚で、自分の身体が動かせなくて、コントロールが全く利かないことに気付いたでしょう。さらに彼は、妻との肉体的接触を感じて、それがどんどん濃密になって興奮してきて、身体の反応を抑えようがなくなっているという驚くべきことに気付いたでしょう。しかしながら、妻が求めるまでは、こらえきれない反応を解放させられるはずもありません。

　トランス状態はうまく展開し、終結の時点で、「あなたは今、自分が勃起できることを知っています。事実、うまくできたのですから、何もしなくてもこれからも繰り返し勃起することができます」と教示しました。

　その晩すぐに夫婦関係が結ばれました。そのあとも時々彼らの家族アドバイザーとして会いましたが、夫婦生活に性的な問題が起きることはありませんでした。

結婚したての夫婦には、勃起させることが問題になり得るが、男は簡単に勃起するものなので、その人間としての単純さから問題が発生する。次の例での妻の不満はこれだった。

　女性は１年前に結婚して、夫にうんざりさせられていました。夕方までは何事もなく過ごせるのだが、ベッドルームへ行く瞬間からトラブルが始まるのだと彼女は説明しました。「ベッドルームへ行こうとするときには、彼は勃起しています。私がゆっくり脱ごうが、早く脱ごうが、関係ないん

です。毎晩、勃起したままベッドに入ります。朝起きると、もう勃起しています。それが腹だたしくていつも小言を言っているんだと、自分で気付いたのです」

「それでどうしたいの？」と、彼女に尋ねました。

彼女は、「一度、一度でいいから、ベッドに入って勝手に勃起しないでほしい。一度でいいから、私が女としての魅力（female power）をもっていることを感じさせてくれれば」

全ての女性が、勃起を引き起こし、またそれを鎮める権利を持っているのだから、これは理にかなった要求です。見られたただけで勃起し始めたり、彼女の魅力とは無関係にベッドルームとの関連で勃起が起たりすれば、不満に違いありません。私はご主人を招き入れ、奥さんにとってこのことがとても重要であることを指摘しました。彼にはそのことを秘密にするよう誓わせました。彼はその晩3回マスターベーションをしてからベッドルームへ行きました。その晩はペニスはちゃんと萎えていました。彼女は、もじもじと身もだえして本当に素敵な時間を過ごしました。彼は勃起できるだろうかと考えていました。彼女を喜ばせたのは、彼への愛撫やキスではなく、彼が彼女のしぐさを見て勃起したことです。彼女は自分の女としての魅力を実感しました。数カ月後、私が彼らの街へ出掛けた折り、彼らが食事に連れていってくれました。彼女が実際に女としての魅力を身に付け、それを楽しんでいるのが食事の場で観察できました。

女としての魅力を堪能したい女性がいる一方で、新婚旅行で性的な行為が全くできないと気付く女性もいる。エリクソンは、1週間前に結婚し、望んでいながら夫と性的関係を持てないでいる新婦のケースを報告している。彼女はいつも夫婦関係を持とうとするいかなる申し出や行為に対しても、極端なパニック状態になって、両足をはさみのように固く閉じてしまう。彼女は夫を伴いエリクソンに会いにきて、ためらいがちに自分のことを話し、離婚されるかも知れないので、何とかしなければならないと述べた。夫は彼女の

話に頷き、細かな説明を加えた。

　私の用いたテクニックは、半ダースの類似ケースで用いられたものと根本的に同じでした。彼女に、問題を解決するためならどんな処置でも受ける意志があるか尋ねました。彼女の返事はこうでした。「はい、触られると錯乱状態になってしまうので、絶対に触らないのでしたらどんなことでも」。夫もこの発言を確認しました。

　彼女に、催眠を使うつもりであると告げると、ためらいがちに同意しました。彼女は再度、彼女に触ろうとしないよう要求しました。

　彼女に、ご主人には部屋の一方の、壁際に置いてある椅子にずっと座っていてもらい、私はご主人の隣に座るつもりです、と伝えました。けれども彼女は、自分で部屋の向こう側の壁際に椅子を動かしてそこに座り、夫をずっと見つめていました。彼女は隣の部屋に通じるドアの側に座ったので、私たちのどちらか一方が椅子から立とうものなら、いつでもすぐに部屋の外へ出ることができました。

　彼女に、足を伸ばしたまま上体をずっと後ろへ反らして、足先を交差させ、筋肉をしっかりと緊張させて椅子に座るよう要求しました。彼女は横目で私の姿がちらっと見え、夫をじっと見つめられる姿勢でした。腕を手前で組み、固く拳を握りしめたままです。

　素直に、彼女はこの動作を始めました。彼女がそうできたところで、だんだん眠くなり、夫と私以外は何も見えなくなると語り掛けました。彼女の眠りが次第に深くなるにつれて、怯えるようになり、パニックとなりましたが、それと比例して、我々二人を見ることとトランスの中でますます深く眠ること以外、動くことも何かをすることもできなくなりました。指示によるこのパニック状態は、彼女のトランスを深くし、同時に彼女を椅子にしっかりと固定させました。

　それから、部屋の反対側に座っている夫を見つめているだけで、だんだんと、優しく、愛撫するかのように、夫が触れてくる感触を感じ始めるだ

ろう、と彼女に語り掛けました。彼女がそういった感覚を体験したいかどうか尋ね、頷くか首をふって返事できるくらい、あなたの硬直した身体はリラックスするでしょう、と伝えました。さらに、ゆっくりと思慮深く、正直な返事が出てくる、と加えました。

彼女はゆっくりと首を縦に振って頷きした。

さらに、夫と私が彼女から顔を背けていることに気付くように言いました。なぜなら、快感と幸せとリラックスを十分感じられるほどに、今や夫からの親密な愛撫が身体中に広がるのを彼女が感じ始めていたからです。約5分後、彼女は私に言いました。「じろじろ見ないでください。とても恥ずかしいわ。もう大丈夫ですから、家に帰ってよろしいですか」

彼女が診察室を出てから、夫は彼女を家に連れて帰って、じっとことの進展を待つように指示されました。

2時間後、二人からの電話を受けると、彼らは「万事順調です」とだけ言いました。

1週間後の予後確認の電話で、万事うまくいっていることが明らかになりました。15カ月も過ぎた頃、二人はとても誇らしげに初生児を連れてきました。

時折、性交渉は普通にできるのに何かが欠けている夫婦がいる。次のケースはそういった事例である。

大学教授が私の元を訪ねてきました。彼はこれまでオルガスムスを全く経験したことがない、つまり一度として射精を経験したことがありませんでした。彼は「射精 ejaculation」という言葉を辞書で調べました。私の元へ来て、どうして「射精」という言葉は、男性の性的行為に関して用いられるのかと尋ねました。私は彼に「おねしょを何歳までしていましたか？」と尋ねました。彼は「10歳か11歳くらいまでです」と言いました。

彼は、妻は幸せな結婚生活を送っており、夫婦関係もあるし、2人の子

どももいるというので、私は「射精じゃなくて何をしたの？」と尋ねました。彼は「性行為をして楽しんだら、しばらくすると、あなただって小便をしているときのようにペニスから精液があふれ出てくるでしょう」と言いました。

彼はペニスはおしっこをするものと学習してしまっていて、夫婦として自分のペニスを妻の膣の中におしっこを入れることに使っていました。「男は誰でもそうじゃないの？」。私は彼がすべきことを伝えました。毎日、もしくは１日おきに、自分ひとりの時間を１時間必ず作ること。そしてトイレへ行き、マスターベーションをする。マスターベーションの過程で、ペニスの全ての箇所を確かめること。付け根から亀頭までの、あらゆる感覚を確かめる。どれだけ自分で興奮できるか分かるまで、できる限り長い間、精液のおしっこをしてはならない。わずかな感触と興奮を高めてみる。精液のおしっこをしないで、自分自身の、膨張、興奮、摩擦にいそしまねばならない。彼はそこまで持ちこたえなければならない。精液を放出してしまうと、マスターベーションの持続能力が生理的に失なわれてしまうからです。

子どもじみたばかげたことだと思ったが、彼はそれを約１カ月間定期的に行ないました。ある晩11時に、彼は私に電話をかけてきて、「できたよ」と言いました。私は「どういう意味ですか？」と尋ねました。彼は、「そう、今日はマスターベーションではなく、妻と寝て、性的な興奮をした。そして射精した。電話して教えてあげると、あなたが喜ぶと思って」。私は、「あなたが射精できて本当に嬉しいですよ」と伝えました。１時にもう一度電話がかかってきました。もう１回やったのです。

彼の妻は、なぜ夫婦関係を持ったことを私に電話で知らせるのか知りたがりました。彼は、彼女に話すべきか尋ねました。私は彼に、それは余計なことだと伝えました。しかし後に、私は妻と話をした際に、「結婚生活を楽しんでいらっしゃいますか？」と尋ねました。彼女は楽しんでいると言いました。さらに、「性生活はうまくいっていますか？」と尋ねました。

§5 結婚とその結果

彼女は、「はい」と答えました。それから彼女はこう言いました。「いつだったか夜中に、夫があなたに電話して、私と性行為をしているところだと話してから、彼との性生活が素敵なものになったのですが、どうしてか分からないの」

結婚したばかりの夫婦にありふれた問題の一つが、上品ぶった考えを持っているため、お互いに楽しんで性交渉を持てないことである。これは短期介入することで、結婚を若い二人が自分たちで楽しめる機会となるように関係を変化させることができる。エリクソンの方法の一例がその点を説明している。

　新郎新婦が、1カ月も結婚生活をしないうちに私の元へやってきました。新婦が私に会うことを主張しました。新郎は、自分の気持ちはすっかり決まっています。離婚するつもりだ、と話しました。彼は新婦のとんでもない行動に我慢できませんでした。

　彼は、語気を強めて、精神科医の意見は気に入らないと主張しました。ついに私もこう言いました。「では、あなたのご意見は述べていただいたので、私も同じくらい率直に話をしようと思います。結婚して1カ月足らずで、あなたは離婚を口にしています。私にはあなたがどんな臆病者かは分かりませんが、ご自分の結婚が辛い結果になるまで、少なくとも1カ月は黙って見守るべきです。思いやりを持って、黙って、あなたの新妻が私に何を話さねばならないのかを聞きなさい」。彼はそれに従った――腕を組んで、ぐっとあごをひいて、耳を傾けました。

　新婦は言いました。「ヘンリーはまともな方法で愛を確かめ合うのをいいことだと思っていません。明かりは全部消したがり、カーテンを閉めたがり、誰もいないバスルームで服を脱ぎたがります。明かりを全部消さないとベッドルームへ入ろうとしません。私はナイトタイを身につけるのですが、脱がしもしません。彼がしたいのは、できるだけシンプルな形で性

的関係を持つことです。キスさえしようとしないのです」

「本当なの？」と、彼に尋ねると、彼は「性的関係というのは、感情的になることなく、礼儀正しく行なうものだと考えています」と言いました。

彼女は続け、「彼は私を触ることを避けているようです。私の乳房にキスしようともしないし、乳房をもてあそぼうともしません。触ろうとすらしないんです」

夫は応じて、「乳房というのは実用的なものです。乳児のためのものです」

彼に、私の気持ちも奥さんと同じだと伝えましたが、彼は私が話したことがどうも気に入らなかったようです。「だから」と私は続け、「そこに座って、腕を組んで、口を堅く閉じていなさい。私は奥さんに、知っておいた方がよいと思われる考えをいくつか話しますので、あなたは勝手に怒っていなさい」と言いました。

それで私は新婦に、どんなスタイルで夫が妻の乳房にキスし、乳首を愛撫した方がよいと思うか私の考えを伝えました。彼が彼女にどうやって、どこにキスしたらよいか、さらに彼はそれを楽しんですべきだと指摘しました。健康な女性ならば、それを喜ぶのは当然です。それから私は、人は擬人化する傾向をもっていることを教えました。自分の銃に「オールド・ベッツィ Old Betsy[訳注2]」、自分のボート[訳注3]には「立ちん坊 Stay-Up」、そのキャビン[訳注4]は「いらっしゃい Do-Come-In」などと名付ける。人は、あらゆる種類の所持品になにかしらのペットネームをつけていたりする。夫は妻を愛していると言っていましたので、彼に、妻の双子ちゃんに名前を付けるべきだと思うと伝えました。彼女は少々困惑した様子だったが、私は「こちらが双子ちゃんですよ」と、彼女の乳房を指さしました。双子ちゃんには、韻を踏んだ名前がついていた方がいいな、と言って、若者の方

訳注2）古びたピストルや、昔なじみのエリザベス（女の名）の意
訳注3）男性器
訳注4）女性器

を振り向いて、彼にしっかりとそのことを申し付けました。「では明日、次回の診察には、奥さんの乳房に名前を付けていらっしゃい。あなたが名付けないのでしたら、私が片方を名付けますから、あなたはもう一方の名前に専念すればすぐに思い浮かぶでしょう」。彼は大股で診察室を出ていきました。

翌日、彼らがやってきて、妻はこう言いました。「そうね、ヘンリーはずっと良い感じに愛そうとしてくれています。かなり分かってきたみたいだけど、双子ちゃんの名前は決して口に出しませんでした」

彼の方を振り向いて言いました。「双子ちゃんの名前を付けようとしていますか？ 覚えていますか、あなたが気が進まないのでしたら、私が片方に韻の合う名前を付けますから、もう一方の命名に専念してください」。彼は言いました。「妻の乳房を品位のないものにしたくないのです」

彼には、私たちがそれ以外の質疑をしている間、その名前を30分程よく考えた方がいいだろうと提案しました。そして我々は、妻が望むままに、彼らの性的な関係調整について別な側面から話し合いました。

そして30分が経過して、「双子ちゃんのための名前は準備できましたか？ 私は準備できていますが、あなたが準備できているといいのですが」と彼に伝えました。彼は、「ご提案を拒否します」と言いました。私は再度、私が一方の名前を付けると、韻を踏んだ名前がすぐにあなたの心に浮かんでくるでしょう、と説明しました。再度彼が拒否したので、私は妻に言いました。「じゃあ、あなたは準備いいですか？」。彼女は、できています、と答えました。「では、私はあなたの右の乳房を『キティ Kitty』と命名します」。上品ぶった若者の心には韻を踏んだ言葉、「ティティ titty」が浮かびました。

新婦は喜びました。彼らは上品振ることもなくなり、6カ月後、私は二人からのクリスマスカードを受け取りました。彼らの名前と、「KとT」のサインがなされていました。妻は、夫が愉快な恋人になって、双子ちゃんを大いに自慢し満足しています、と書いていました。2年後、私は彼らの

街を訪ね、彼らを知る友人と夕食を共にしました。その友人は、「彼らは楽しげな夫婦だね。結婚した当時、ヘンリーは大丈夫かと思ったが、実に人間らしくなったよ」と言いました。その後、彼らから手紙をもらいましたが、「KとT」に加えて、さらに数人の家族が増えていました。彼は、実際にティティが何のためにあるかを学んだのです。

治療ではたびたび、このケースのように、強迫的な欲求を治療手段として利用します。夫は強迫的に妻の乳房を避けていました。私が強迫的に韻を踏ませると、彼はそれから逃れることができませんでした。妻の乳房を避ける代わりに、全ての強迫的な欲求を乳房への愛情のこもった名前に集中させることで彼の強迫的な欲求が転換されてしまいました。

自らの行為を意識するという人間固有の能力故に、当然起こるべき行動が、しばしば意図的な努力となり、その性質が変化してしまう。勃起させるという意識的な決断や、オルガスムスを得るといった意識的な決断は、このカテゴリーに入れることができる。それは自発的な意志で無意識的な行動を生み出そうとすることであり、人を自己敗北の悪循環に陥らせる。厳格ではないにせよ、性教育があまりに科学的に行なわれることが多いため、過剰に教育されたものには、性的関係が技術的な努力となってしまう。善意の教育者によって、セックスを享受することさえ義務として教えられる。もっと人間らしく性的な反応をするよう夫婦に強要することは、治療的努力として試す価値があり、エリクソンの手法は、この問題を扱う方法を説明してくれる。

30歳の大学教授が、ある大学のダンスパーティーに参加し、部屋の反対側にいた30歳の独身女性と会いました。彼女も彼を見て、二人はお互いに急速に惹かれ合いました。1カ月経らずで彼らは将来を語り合い、結婚しました。3年後、二人は私の診察室に現われ、悲しみの物語を語りました。その話し振りは、極端に上品を装い、回りくどく、堅苦しく形式張っていました。要点をかいつまめば、彼らの不満は、二人とも結婚する以前から

子どもを持ちたいと考えており、二人共に30歳なので、遅れるわけにはいかないというものでした。しかし、3年経って、医学的検査やアドバイスを受けても、子どもは授かりませんでした。二人して診察室に現われ、自分たちの問題を話しました。男は言いました。「私の考えで御座いますが、また同時にそれは妻の考えでも御座います。私どもの共通の問題を口にし、簡潔にお伝えした方がよろしいのではないかとの結論に達しました。そもそも私どもの問題と申しますのは、結婚生活最大の悩みで結婚を破壊いたしかねないもので御座います。子どもを望むあまり、二人で毎朝、毎晩、生殖目的の十分な生理学的付随状況を伴う夫婦の契りに従事してまいりました。日曜、休日ともなれば、1日に4回も、生殖目的のために十分な生理学的付随物を伴う夫婦の契りに専念いたしました。私どもには、身体的機能不全は御座いません。子宝願望が思うに任せぬことから、夫婦の契りが次第に不快なものとなって参りましたが、生殖活動の努力の妨げにはなっておりません。しかしながら、お互い、もどかしさが増していることが分かり、二人とも苦しんでおります。ほかの医学的支援も効を奏さず、私どもは先生のご援助をお願いに上がった次第です」

この時点で私は男の話を遮り、こう言いました。「問題は分かりました。ご主人には沈黙を守っていただいて、奥様ご自身の言葉で、ご意見を述べていただきたいのですが」。ほとんどそのまま同じような学者ぶった口振りで、多少夫以上に困惑しながら、妻は二人の不満を述べました。私はこう伝えました。「お二人のために治療して差し上げられますが、ショック療法になってしまいます。電気ショック、身体的ショックではなく、心理的ショックを伴うことになるでしょう。かなり辛い心理的ショックですが、進んで受けようとする意志確認がお二人でできるように15分間、診察室はあなた方だけにいたします。15分が過ぎたら、診察室に戻ってまいりますので、決心の程をお聞かせください。それに従います」

私は診察室を出て15分後に戻り、言いました。「答えをお聞かせください」。男はこう返事しました。「私どもは問題を客観的に、そして主観的に

も議論いたしまして、子宝願望が叶うのでしたらいかなることも我慢しよう、という結論に達しました」。私は妻に尋ねました。「全く同じ考えですか？」。彼女は「おっしゃるとおりでございます、先生」と答えました。ショックは、感情的なものを含んだ心理的なものであり、二人にはかなりの負担になるかもしれないと説明しました。「行なうことはとても簡単ではございますが、お二人ともかなりの心理的ショックをお受けになるでしょう。椅子にお掛けになって、両側から手を下に伸ばし、座席の底をしっかりとつかんで、私の話をよくお聞きになることをお勧めします。それから、ショックを加えている間は、二人には絶対沈黙を守っていただきます。数分後には診察室をお出になって、ご自宅にお戻りになれると思います。二人とも、家に帰るまではずっと口をきかないでいていただきます。すると沈黙の間、多くの思いが心を駆けめぐるのに気付かれることでしょう。家に到着なさっても、中に入って、ドアを閉めるまでは口を利かないでてください。あとはご自由にどうぞ！　では、しっかりと座席の底をつかんで、今からあなた方に心理的ショックを与えようと思います。では始めます。３年間もの間、お二人は少なくとも１日２度、またあるときは、24時間内に４回も、生殖目的のために十分な生理学的付随物を伴なった夫婦の契りに従事なさったあげく、子宝願望の挫折に遭遇されました。じゃあ、面白半分にズバズバやりまくり、最低３カ月孕まねえように悪魔に祈ったらどうだい。では、どうぞお帰りください」。

　私は後日、二人が家に着くまでずっと「いろんなこと」を考えながら沈黙していたと知らされました。夫の話では、彼らは家に入ってどうにかドアを閉めると、「寝室まで待ちきれませんでした。床に倒れ込みました。夫婦の契りには従事しませんでした。楽しみました。３カ月がなんとか過ぎ、妻は妊娠しました」。９カ月後には、可愛い娘が誕生しました。赤ちゃんを見たいと立ち寄ったとき、二人の会話に、形式張った話し方、多音節の単語、過度に礼儀正しいフレーズが使われなくなったことを知りました。彼らはきわどい話さえできるようになっていました。

§5 結婚とその結果　193

　与えた指示に従って、二人は60kmの家路を完全に沈黙したままでいたために、心の中にはびこっていたが、抑圧されていたとても強い思いを受け入れるようになりました。これが、家に着いてドアを閉めてすぐの性行為に結び付きました。これは私が期待していたことでした。この件を夫婦に質問すると、家に近づくにつれてどんどん膨れ上がる卑猥な考えを確かに抱いていました、と明言しましたが、特別に具体的な記憶はないということでした。

　このケース経過は、コロンビア大学において、70人を越える臨床精神科医の聴衆に全て詳しく話しました。事例の経過を話す前に、彼らが精神医学上の問題に関して、いわゆるアングロサクソン言葉を聞くに耐えると思うかどうかを尋ねました。聴衆は確かにできる、と反応し、私も彼らは大丈夫だと感じました。ところが驚いたことに、キーワードを口にしたとたん、聴衆はわずかの間、動くこともできず固まってしまいました。私は、自分の声のトーンが、はっきり分かるくらい変わったことに気付きました。これは、私が子ども時代に学習した禁止事項を引きずってきたことと、それらを大人になるまで持ち越していることを、最も顕著に示していました。

　ある人々には、エリクソンはわざとショッキングな言葉を使いもするが、ほかの人々には、話した内容があとになって始めて納得がいくように話すために、いつだって慎重に言葉を選ぶ。すなわち口にできないことについて話し合うことを怖がっている人には、彼は非常に慎重だったということになるだろう。何をするかは訪れた患者個人にフィットさせねばならない、と彼は信じていて、全ての患者を同じ治療の型にフィットさせようとしない。先程のケースでは、率直に、ぎょっとする方法でセックスに言及したが、別なケースでは、間接的に、会話の主題がセックスであることを患者に分からせている。例えば、

　ある既婚女性が、盛りだくさんの心配事を報告しにやってきました。特

に髪が気が掛りだと言いました。彼女は、町内に気に入りの美容院が見つからないのだそうです。右側を下にして寝ても、左側を下にしても、仰向けになっても、どのように寝ても、髪をくしゃくしゃにしてしまうのです。私が別な話題に移ろうとすると、彼女は必ず髪の問題に戻します。彼女が２時間、無駄に時間を使ってしまってから、彼女にこう言いました。「これまでの時間、髪のことをいろいろお話してくださって、まだ続いています。お時間もありませんので、最後に私から意味不明なお話をしようと思います。まず、あなたの話を聞きましょう。そして、私にその話をするチャンスを与えるようなことをあなたが言ったら、お話ししましょう。その話をしたら、すぐにドアを開けて、あなたをお見送りしましょう」

彼女は自分の髪についての話、ウエーブ、カール、ロングウエーブ、ローション、シャンプーといったことについて話しました。最後に、彼女はたまたま、髪をうまく分けられないと話し始めました。私は言いました。「そうでしょう、本当は一本歯の櫛で思いどおりに髪を分けるのが好きだってことでしょう」。ぼんやり私を見ている彼女を、そっと診察室の外へ出しました。

彼女がそのことをあれこれ考えるのに３日かかりました。彼女は私に、帰宅する途中も、次の日も、その意味が全く分からなかったと語りました。「そして３日後に、私の性生活のことかしら、と思い始めました。そして、自分の問題はそこなんだと次第に確信を深めたのです」。そのあと、私たちは治療に取り掛かりました。

このケース以外でも、エリクソンは話し合う主題をいつまでもきちんと合意しないまま、問題を語り合うことがあった。例えば、セックスについて話す隠喩として、食べることの楽しみを話す──「レア（rare）、あるいはレアに近い（rarely）お肉はお好きですか？」。彼は、性的な問題は直接話題にしなくとも解消できることが多いと感じていた。とりわけ問題に関して恥ずかしく感じていたり、口の重い人には、その人が口にできない話を最終的

§5 結婚とその結果　**195**

には持ち出すような方法で、別な話をすることもあった。例えば、

　ある女性が、話し合うことができないような問題を抱えているので、私に何とかできないかと手紙をくれました。私に会いにきてくだされば、最善の援助ができると申し出ました。彼女は、十分な勇気を振り起こすのに数カ月かかるでしょうが、必ずそうさせてもらいますと言ってきました。結局、彼女は私の元へやってきました。彼女はほとんどセルフコントロールができないことを述べました。夫との性交渉は、何かが起きるかもしれないので、とても難しくなっていました。彼女の母親は、においのために彼女の面倒を見ることを嫌がっていました。「におい odor」という単語が強調されたことから、彼女の心配事が放屁であると分かりました。彼女は実際にそれを話せなかったので、私は運動競技の話を始めました。ゴルフボールを300ヤード飛ばすことは、実は大変なことです、と話しました。フェンス越えのホームランを打つときも同じです。長距離を泳ぐことも、実は大変なことです。さらに90kgを上げられる重量挙げ選手について話し、その重量を持ち上げるしぐさをしながら、うなりながらその努力を示しました。彼女も、何かをするときは、いかに大変な努力がいるかが分かりました。

　それから、身体の筋肉には、それらが激しく、強制的に、そして効果的に収縮し終えたあとには感動という恩典がある、と彼女に告げました。同様に固いキャンディをかみ砕くと、間違いなく肉体的満足感がある。どんな子どもでも、チェリーを丸ごと飲み込んで、食道を通っていくときの確かな喜びを知っている、と指摘しました。彼女は、全てのこういった感覚が理解でき、私から魅力的な学位論文の話をしてもらっているように感じました。チェリーを丸呑みすることを話すと、彼女はとても喜んで自分が丸呑みした経験について話しました。それから私が、人はぴったり合った靴を履いて足を大切にすることを話すと、彼女も、人は、足、目、耳、歯を大切にすべきだと同意しました。彼女に、「本当に十分おなか一杯と感

じられる美味しい食事のあとの、ものすごい満足感はもちろん分かりますよね」と言いました。彼女はちょっとふっくらしていて、食べることが好きなのは一目で分かりました。私は、胃が喜ぶのは当然だと指摘し、直腸は良いお通じがあり喜んでいる、と気付いてあげるのが公平で親切なことだと思わないかと尋ねました。では、何が便を固くするのか？　砂漠の夏の暑い日には脱水状態になるので、どちらかといえば便は硬い固形になるはずです。下剤を飲んだあとは、腸はそれが何をするものかが分かっているので、便は水っぽくなるはずです。胃は受け取った食物の中から、引き受けて消化するものかを選別し、十二指腸も食物の中からそこで消化できるものを選別する。腸の中はずっとそんなふうになっています。だから腸は、下剤を見て認識するはずです。「流動体にして排出する必要がある」と。そのとき彼女が質問に及んだのです。「でもガスは、あれは何なの？」。私はそれが共生であることを明らかにしました。腸管中のバクテリアは自分自身の消化作用によって消化を助けます。だから、ある程度の腐敗が必要で、それによりガス状物質が放出されます。タンパク質を分解するには、ある化学変化が起きなければなりません。そして直腸は、大きくて硬い、大きく軟らかい、長く液状の、またガス状のものを排出して楽しむはずです。いろいろなことに、時と場所というものがあることも指摘しました。あなたは食卓で食事をするかもしれませんが、どういう訳か——法律違反でもないのに——食卓で歯磨きはしません。あなたは食卓で洗い物をしませんが、流しのない田舎の台所に行けば、食卓の上に洗い桶を置いて、そこで食器を洗います。それでいいのです。しかし、そこに流しがあるのだったら、そこで洗いものをしますね。同じように、腸の働きに適した時間と場所があります。しかし、腸の要求は、人の要求に取って代わるということも理解しなければなりません。車を運転してどこかへ行かなければならないとき、もし目に砂が入ったら、止まって目の要求に従った方がよい。人間としての自分を気にすることなく、目が要求したものに注意を払う。そうやって、人は身体のあらゆる部分の要求に繰り返し注意を払いながら、

必要なコントロールを得るのです。

　彼女は、自分自身のガスのことを詳しく述べました。彼女は家に帰って、自分で大量の豆料理を作りました。あとで彼女は「面白かったですよ。小さいの、大きいの、音の大きいの、静かなのを作るのに、丸一日使ってしまいました」と言いました。彼女は、おならが出るかもしれないと心配してもしなくても、性交渉に支障がないことが分かりました。現在、彼女は子どもを授かっています。

結婚して子どもを持つことは、「普通 normal」のことだが、かなりの人がそれとは違った生活を好み、結婚しなかったり、別な目的から結婚する。ケースを用いて、二人にとって都合の良い結婚をしつらえるエリクソンの方法を説明する。

　私の元でトレーニングしている精神科研修医が病院職員を診察し、困りはてて私のところへやってきました。彼は「自分の患者がホモセクシャルだが、結婚したがっている」と言いました。その患者は、地域社会の一員となり、近所で良い評判を得たいので、うわべだけの結婚をしてくれる女性をどのように見つけたらよいかを尋ねたと言います。

　研修医は知りませんでしたが、私は病院で働くレスビアンの女性と面接していました。彼女もうわべだけの夫を持ちたいという同種の願望を持っていました。

　私は研修医に言いました。「患者さんに、午後4時に病院裏の歩道を歩くよう伝えてください。歩道のどこかで君の求めるものにばったり出会うでしょう、と彼に伝えなさい」

　それからその若い女性に、その日の4時に病院裏の歩道を反対方向から歩くように伝えました。彼女には、何をすべきか分かるでしょう、と伝えました。

　彼らは、歩道で誰かを捜すことになっていましたが、誰なのかは分りま

せんでした。そこには二人を除いて誰もいませんでした。だが、二人を強制するものは何もなかったのです。気ままに自由に通り過ぎることもできました。

女性は男より鋭かったのです。彼女は私の元へ来て言いました。「あれは、先生がしつらえたんですよね？」。私は、「そうだよ」と答えました。彼女は私に、「彼を見て、すぐホモセクシャルだって分かり、率直にそう聞きました。彼は結構得意げでした。先生のことは彼に伝えた方がいいでしょうか？」。私は「あなた方二人が、もっとアドバイスが欲しいならば、そうしなさい」と答えました。

彼らは結婚して、立派に暮らしています。彼はたびたびポーカークラブへ出掛け、彼女はたびたびブリッジパーティーへと出掛けます。1年ほどして、彼らは他州の病院から就職の誘いを受けました。彼らは私の元へやってきて、それを受けるに当たってのアドバイスを求めました。私はそれは良い考えだと思っていました。私はその病院に知った内科医がおり、彼にこう手紙を書きました。「某氏とその妻が行きます。なぜ私が彼らのことをあなたに頼むか分かると思います。彼らは、保護、ガイダンス、安全に住む所が必要なのです」

二人は異動すると、その内科医のところへ行きました。彼は、私から二人が来るという手紙を受け取っているが、どうしてかは伝えられてない、と言いました。「その訳を、あなた方が私にお話しくださるのをエリクソン博士が期待しているのだと思います」。二人は、ほっとため息をつきました——二人は内科医に打ち明ける機会を得ました。

彼らは4つのベッドルームのある家を手に入れました。そしてたびたび友達を招きもてなしました。彼は彼のベッドルームで、彼女は彼女のベッドルームで寝て、時にはほかのベッドルームは友人で埋まっていました。

多くの深刻な精神医学的な問題が結婚生活の中で発生しているのに、これまでの精神科医は、症状を、結婚の文脈とは切り離して考える傾向があった。

例えば、ヒステリー性の盲のような症状を、その人が現在適応している社会的な文脈を考慮せずに、個人の不安や恐怖に対する反応と見なしてきた。この社会的文脈は、無視されるか、人の内的精神生活での力動である症状の「主要な」原因に比して二次的に重要なこととされてきた。より現代的な見方は、症状は、耐え難い状況への適応手段として発症し、その状況が解消すると、症状はその機能を失い、消失するというものである。よくある耐え難い状況は、結婚生活で配偶者と話し合えない秘め事があると生じる。配偶者に話せないことも治療対象にせざるを得ないのだが、症状が出ることで問題が治療の俎上に載る。ヒステリー性の盲の典型的なケースを使って、問題の原因についてのエリクソンの仮説と、いかに問題からの快い解放がなされたのかを説明しよう。

　精神病院の従業員が、仕事に向かう途中で突然、急性の盲に陥り、私のところへ紹介されてきました。彼は精神的に脅えた状態で診察室に連れてこられました。ためらいがちに、びくびくしながら、その朝、妻と笑ったりジョークを言いながら朝食を食べていて、妻が口にしたきわどい話に非常に動揺してしまったことを話しました。彼は怒り気味に家を出て、いつものようにバスに乗るのではなく、歩いて行こうと決めました。ある街角を曲がったところで、突然目が見えなくなりました。彼は気も狂わんばかりになってしまい、高速道路沿いを車で走っていた友人が、拾い上げ、彼を病院へ連れていきました。眼科医は直ぐに彼を検査し、私のところへ行くように言いました。男は非常に脅えていて、適切な経過を話せませんでした。それでも彼は、彼と妻が最近たびたび喧嘩を重ねていたことだけは述べました。彼女が自宅で飲酒を続けており、彼は隠してあった酒瓶を見つけてしまいました。彼女は猛烈に飲酒を否定していました。
　私が、家を出たとき何を考えていたかを尋ねると、彼は妻への怒りで頭がいっぱいで、彼女がいかがわしい話さえしなければ、と考えていたと説明しました。彼は、ばく然とした不安を感じており、離婚法廷に向かって

進んでいるのではないかと考えていました。

　私は彼に、家から突然盲が始まった地点までの心のなかの足取りをたどるよう求めました。彼の心の中には何も浮かびませんでした。その街角の状況を述べるよう求められると、周囲を何度も何度も歩き回ったことがあるにもかかわらず、何一つ思い出せませんでした。記憶は真っ白でした。

　その街角は、私も十分知っていたので、彼から何かを引き出すことなく、さまざまな質問でリードしました。それから、盲がどんなふうに起きたか正確に表現するよう求めました。突然、とても烈しい赤っぽい閃光が襲ってきて、それはまるで灼熱の赤い太陽を直接凝視しているかのようだった、と述べました。その赤は、まだ持続していました。彼は暗闇や暗黒ではなくて、輝き、目もくらむようなまぶたに染み付く赤だけを見ていたのです。残りの人生は、烈しくぎらぎら輝く赤以外、何も見ることができないのではないかという恐怖の感覚に彼はふさぎ込んでいました。このやり取りで、患者は非常に興奮し、落ち着かせるためにベッドに寝かせました。

　患者の妻が、病院に呼び出されました。難しかったのですが、何度も夫への変わらぬ愛をしきりに誓ってから、やっと自分がアル中であるという彼の報告を認めました。彼女は喧嘩になった話をするのを嫌がりました。ただ単に、男と赤毛の少女の卑猥な話で、本当に何の意味もない話だ、とだけ述べました。

　彼女は、夫がどこで突然の盲になったか教えられ、その街角について何か知っているかと尋ねられました。多くのあいまいな話のあとで、その通りの反対側にガソリンスタンドがあることを思い出しました。彼女と夫は愛車の給油の際によく使っていました。さらなる執拗な質問に、彼女はすばらしい赤い髪をしたガソリンスタンドの従業員を思い出しました。何度も励まされ、ついに彼女はその従業員との不倫を告白しました。その男は、周囲から「レッド Red」と呼ばれていました。何度もその従業員が夫の目の前で彼女に必要以上に親しく話し掛けたことがあり、彼らはとても不快に思ったことがありました。彼女は真剣に考えてから、私が夫の盲を治そ

うとするなら不倫を止めると断言し、職務上の保秘を要求しました。夫が無意識にこの状況に気付いていることを指摘すると、彼女は、これ以上裏切るかどうかは、自分の行動次第であると語りました。

患者は翌日来診しても、何一つ新しい情報を明らかにしませんでした。盲が一時的症状であると納得させ、安心させました。彼にとってはなだめられることが最もいやなことでした。そして、視覚障害者の学校に通えるよう手配してほしいと望んだのです。やっとのことで試しに治療を受けることに同意しましたが、視力に関しては何もしないという条件つきでした。同意が得られたとき、催眠が彼の目標に適切で効果的な治療として提案されました。彼は直ぐに、トランス状態に入っていても何が起きているか分かるのか尋ねました。そういった知覚は、そう望めば、無意識にだけに残るので、覚醒状態のときに彼を苦しめることはない、と告げられました。

容易に深いトランスに誘導されましたが、当初患者は、目を開けることやどんな方法による視力の検査も拒絶しました。それでも、無意識の心、健忘症、後催眠暗示について詳しく説明され、トランス状態で視力を回復するように誘導されました。私の蔵書票を見せられて、それを完全に記憶するよう指示されました。記憶できたら、蔵書票を見たという意識的な知識がないまま覚醒し、再び盲に戻ることになっていました。でも、後催眠暗示の合図があれば、彼は自分自身で戸惑うほど正確にその記憶を思い出すことができるはずでした。私は、彼が覚えたらすぐに覚醒させ、とりとめのない会話を始めました。後催眠暗示の合図と同時に彼は蔵書票の内容をすっかり言うことができました。彼はそれが見たこともないものだと気付いて、非常に困惑しました。ほかの人たちが彼の記憶の正しさを確認したことが、彼に大きな自信を与えましたが、治療状況下での不可解な自信でした。

引き続いての再催眠では、彼はこれまで行なってきたことに十分満足し、どんなことにも協力する十分な意志を表明しました。それは私に全てを打ち明けるということか、と尋ねると、ためらったあと決然と、そのとおり

だと断言しました。

　前日、彼の親しい同僚に話を聞いたところ、彼が赤い髪の女性従業員に特別な関心を寄せていることが明らかになりました。穏やかに少しずつ、このことについて質問をしました。かなりためらいましたが、彼は全てを打ち明けました。妻がこのことをどう思うか尋ねると、防衛的に、彼女だって自分と同じだと述べ、このことは内緒にしておいてほしいと述べました。

　すぐに質問は街角の描写に移りました。彼は、ゆっくりと注意深く街角を表現しましたが、ガソリンスタンドは最後になるまで口に出しませんでした。断片的に、ガソリンスタンドのことを話し、やっと最後に妻と赤い髪の従業員との疑惑を口にしました。

　その疑惑は、彼が赤い髪の少女へ関心を持ったときから始まったのか、そして彼は全ての状況をどう考え、どうしたいと考えているのか尋ねました。彼は慎重に、どんなことになっても彼も妻もどちらもお互いのことを思う努力を怠ったので、罪の深さは二人とも同じだと述べました。

　それから私は、視力についてはどうしてほしいか尋ねました。彼はすぐに治ることが怖いと言いました。彼はこの「恐ろしい、明るい赤」は輝きがにぶり、最後には全快するまで、時折短時間眼が見え、それが頻繁に、どんどん長くなっていき、最後に全快するか、尋ねました。私は、全て君の希望どおりになるだろう、と安心させ、必要な一連の暗示を与えました。

　彼は病気のままにして家に送り帰され、毎日、妻の付き添いで催眠のために戻ってきました。これらの面接は、ゆっくりと少しずつ視力を取り戻す治療的暗示を強化することだけが行なわれました。約１週間ほど経過して、彼は視力が職場復帰できるまでに回復したと報告しました。

　６カ月後、彼がやってきて、妻と離婚の平和的合意がなされたと報告しました。彼女は故郷に帰りましたが、彼は差し迫った将来計画もありませんでした。彼の赤い髪の少女への関心も消え失せていました。彼はそのあと２年間、何事もなく仕事を続けて、別な職場に仕事を求めました。

§5 結婚とその結果

　この初期のケースのように、いくつかの事例でエリクソンは症状を消失させ、夫婦に、彼ら自身の手で結婚生活に決着を着けさせている。そうでない場合、夫婦が特にそれを望む際は、間に入って結婚上の問題を解決しようとさえする。ときに症状は、不倫を容認するのを回避する手段として発症するが、あからさまな問題として不倫を持ち込む夫婦も多くいる。次のケースは、エリクソンが過去こういった問題で若い夫婦を援助した数多くの方法の一つである。

　若者が妻を私の元へ連れてきてこう言いました。「私は妻に惚れ込んでいます。彼女を失いたくありません。妻は私の友人と不倫しています。1週間ぐらい前から不倫しているのが分かっています。それでも彼女を愛しています。私たちの二人の子どもを失いたくありません。きっと私たちはやっていけると思いますし、彼女が自分の行動を愚かだったと気付いているのは間違いないと思います」
　私は、夫が誠実に考えているのかどうか確認するために1時間使いました。彼は彼女を許しており、ずっと一緒にいたがっていました。彼自身、結婚生活と子どもたちのことをよく考えており、状況判断をきちんとしていました。
　それで、その男に言いました。「いいでしょう、あなたは隣の部屋へ移ってください。しっかりとドアを閉めてくださいね。そこで、何か本を読んでいてください」
　私と妻だけになると彼女は言いました、「夫が全てを知っているわけではないということは分かってください。始まったのは、1週間前どころではないのです」
　私は「もっと男がいるということですね？　あと何人いるの？」と聞きました。
　彼女は「それは言えません」と言いました。
　「あなたは、夫が知っていること以上のことを私に理解してほしいんで

しょ。何人男がいるの？」

「最低2人」と、彼女は言いました。

そう答えても、それが少なくとも3人いるという意味なのかは聞きませんでした。最初の不倫相手は結婚しているかどうか尋ねると、結婚していると答えました。

それで私は聞きました。「私たちは、隠しだてせず、正直に、単刀直入に話し合いましょう。最初の不倫関係が壊れたとき、その男は、やるための女としてあなたに飽きちまったことを、どんなふうに伝えましたか？」

「随分いやらしい話し方するんですね」と彼女は言いました。

「私に、彼が使っていた上品な言葉づかいで話をさせて、彼が本当は思っていた言葉は避けてほしいのですか？」と私は尋ねました。

彼女は、「彼はただ、女房のところへ戻った方がいいと思ったんだ、と言っただけよ」と言いました。そして、「3カ月後、2番目の男が私にやらせてと言ったわ」と付け加えました。

私は「やっと分かり合えましたね。これで、礼儀正しい言葉が使えますね」と言いました。

私は彼女に、今回の1週間だけだったという最後の男との不倫を夫がどんなふうに思っているか告げました。実際には、それは14日間であると判明しました。私はこう言いました。「あなたはご主人に今回の件を見つけさせようと決意なさったということですね。だから本当は、あなたは込み入ったことを終わりにしたいと思っている人だということですね。本当は何もかも嫌気がさしていて、ご主人にこんなに早く見つけさせる手はずを整えたに違いないでしょう」

私がそういう言い方をすることで、彼女は全ての面目を施しました――しかし、彼女は面目に恥じないようにしなければなりませんでした。私は彼女の前にその面目を置き、背後から彼女をぐいっと押しやりました。彼女はその面目を維持しなければなりませんでした。しかし、彼女は私がそんなことをしたとは気付きませんでした。単に言葉の選択に過ぎませんで

した。彼女は夫の元へ戻っていこうと決断しました。

不倫を扱うエリクソンのもう一つの方法を、次のケースで説明する。

　若い夫が、妻が別な町へ出掛けている間に、知性に乏しく乱交歴を持つ、ごくありふれたメードをたらし込んだのです。妻のベッドでことを行ないました。妻は帰宅してそれを目撃し、嘆き悲しんで私の元へやってきました。彼女は、二度と夫が家に入るのを許せませんでした。また、メードにも激怒しました。
　私は3人それぞれと面接し、夫が心から後悔しているのが分かりました。メードも同様に申し訳ないと思っており、怯えていました。それから私は3人を面接の場に集めました。私はそれぞれが、残りの2人に何か言うように、会話の道筋を立てました。夫は、妻もメードも彼に反目していたので、二人には話すことがたくさんありました。妻は、夫とメードがしでかしたことに強い不満をぶつけました。メードは、夫妻の彼女の扱い方に対して抗議することができました。かなりドラマティックな設定でしたが、彼ら皆、互いに本音をぶつけ合うことができました。私は夫に、妻の憤りと悲しみを十分尊重するように求め、妻にも、夫が皆から反目されている状況がいかに哀れかをよく考えるよう求めました。そして、夫にメードの方を向かせ、彼女を罵らせ、それからメードに彼の方を向かせ、彼を罵らせました。誰にとってもいやな状況だが、それが結婚生活を救いました。
　夫と妻は意見が一致して、その身持ちのよくないメードを身寄りのある別の州へ追いやることにしました。また、私は妻に夫が家を出てひとりで暮らせるように、夫の服を荷造りし、それを前庭に運び出すようにメードに命じさせました。妻は、スーツケースを運び出すメードと共に、夫も家から追い出しました。それから、メードにその荷物を戻させ、荷を解かせ、それから再度詰め直させ、もう一度外へ運び出させました。こんなふうに、妻が自分の力に満足するように計画し、それから夫は妻の命令があれば戻

れるように取り計らいました。この手はずによって夫は、彼女が許し、戻ってこさせる決心がついたとき、家に帰れることになりました。彼女は、戻れることを夫に知らせると私に告げました。私は、そんなことをしなくても、「そうですね、私が彼に戻ってこいと知らせることだってできますし、第三者が彼に伝えることもできます。郵便屋さんだって彼に伝えることもできますよ」と述べました。妻はとてもほっとしました。彼女は、夫に手紙を書き、それを第三者の郵便屋へ渡しました。私は第三者にはなりたくなかったし、なるべき人がいることが分かっていました。問題が解決してから、彼らはまた一緒になりました。２年後、メードが戻ってきて仕事を求めたことに、二人とも当然のように憤慨していました。

多くの家族志向治療者のようにエリクソンは、結婚した二人が困難を通り抜け、そのまま一緒になるよう援助することを好んだ。それでも、結婚したことが間違いであったと考えれば、結婚の破綻にも容易に同意した。状況に危険が伴うと判断すれば、彼は積極的に、素早い離婚を推進する介入さえもする。

　ある夫婦がカリフォルニアから私の元へやってきて、診察室に一緒に腰掛けると、男がこう言いました。「あなたから妻に、当たり前のことを言ってやってほしいのです。私たちは１カ月前に結婚して、彼女には、二人の最初の子どもは必ず男の子にして、私の名を取って命名するのだと念入りに説明しました。彼女から、女の子になってしまったらどうなるのかと尋ねられたときには、こう話しました。もし、最初の赤ちゃんが男の子でなかったら、彼女を撃ち殺してから赤ん坊も撃ち殺すつもりだって」
　私は怯えている妻を見て、それからこの怒った男へ振り向いて、どんな教育を受けてきたのか尋ねました。彼は言いました。「私は弁護士です。順調に開業してきました。だから、私の最初の子どもは男の子になるでし

ょう。じゃあ、彼女にこんな当たり前の常識を話してやってください」

彼はこんなふうに脅しを平板な言葉で述べるが、開業弁護士という教養ある人物でした。

私は言いました。「お二人とも私の話を聞いてください。私は医学的に赤ん坊の性別を決める方法を何一つ知りません。あなた方は生まれるまで待たなければなりません。性別は、受精してから最初の3カ月で決まります。そのあと、性別に関してあなたができることは何もありません。あなたの奥さんとて、五分五分の確率でしか男の子を授かれない被害者です。彼女が、女の赤ちゃんとその報酬としての死で9カ月を終わるような妊娠を楽しみにできるとは思えません。あなたも9カ月後に、殺人者になる危険を冒すべきだとは思えません。私には全く理解できません。あなたがお望みになるだけ何時間でもこの話題をあなたと話し合おうと思いますが、奥さんには離婚を申請することをお勧めします。奥さんはカリフォルニアに帰ったら、別な町に引っ越して、新しい名前を名乗った方がよいと思います。離婚を申請し、住所は秘密にしておくべきです。あなたですが、東部に出掛けてはいかがですか？　ジョージアはいいところですよ。恐らくお友だちもできるでしょう（私がジョージアをどこからともなく取り上げたのは、私がそこに旅行し損ねたばかりだったというのが理由でもある）。彼は「ええ、そうです。ジョージアには何人か友人もいます。彼らにも会いたいなあ」と言いました。私は言いました。「では、あなたはここから直接ジョージアに出掛けてください。きっと楽しい訪問になると思いますよ。奥さんは、あなたが出掛けている間に、喜んでアパートを出て行かれるでしょう」

彼らは翌日の日曜日にやってきて、あの話し合いをもう一度検討したいと依頼してきました。私はそれを引き受け、私のアドバイスどおりに行動したいという彼らの合意を得ました。彼女はカリフォルニアに戻り、そのあと転居したところから、離婚届けを作成していると電話をかけてきました。彼はジョージアから電話をかけてきて、友達と素晴らしい時間を過ごし

ていると述べました。離婚届が受理されてから、彼は私の知的アドバイスに感謝の電話をかけてきました。そして再婚する前に今回のことをよく考えてみたいと述べました。どうも彼は理性的でなかったようです。私はこれからは、公に婚約する前にどんな女性とでも全体について計画を話し合っておくべきだ、と提案しました。

　妻は私に電話をかけてきて、離婚が承認され、彼は異議申し立てしなかったと話しました。彼女はまた、住所は彼女の家族にさえ明かしていないと述べました。彼女は彼の脅しを深刻に受け止めていましたし、だから私も彼女がそうすべきだと考えました。

　治療者の元へと届くさまざまな問題に、ある特定の方法やアプローチがどれにでも適用できるということはない、というのは明らかである。問題状況への対応の幅が、発生する問題の種類と同じくらい幅広いというのがエリクソンの特徴である。彼は断固として、若い夫婦にある行動を取るよう命ずることもできれば、優しく間接的に彼らに影響を与えることもできる。最も典型的には、彼は人の行動様式を「受容」しつつ、その行動様式を変えるアプローチを好む。夫婦が争っていたら、それを止めさせようとするのではなく、争いをもっとするように要求した。しかしその争いが、継続している問題の解決に至るようにとりはからった。例えば、夕飯の食卓で姑といつも激しい口論をしていた夫婦に、母を殺すために車で砂漠へ連れ出して口論をするように命じた。異なったセッティングで口論することと、強制されて口論することが、争いの質を変化させ、口論が続けられなくなった。

　時にエリクソンは、夫婦が喧嘩するようにもっていく。そうすることで症状そのものが夫婦の権力争いの一部として利用されることがなくなり、症状が消失するのである。次に示すケースでは、一人の男が、何人もの医者から心臓には何も異常はないと保証されているのに、いつ襲ってくるか分からない心臓発作で死ぬかもしれないという不安に苦しんでいる。こういった場合、妻は夫にどう対処してよいか分からない。彼女は、夫の無力と不安に苛立っ

ているが、夫が本当に病気かもしれないので何も言えない。大抵妻が夫をどう扱ってよいか対応に迷う。すると、今度は全てのことが夫の心臓を不安がる発言で決まるので、家中のことを夫が支配するようになる。こういった状況でよくあるのが、夫が良くなると妻が落胆することである。妻が気落ちしてくると、夫は代わりに盛んに心臓を不安がり、すると彼女は存在感を感じるし、苛立ちもする。夫が危機的状態になると、妻は存在感を感じ目標を持つが、元気だと彼女は役に立たなくなってしまったと感じる。だから、心臓の不安が永久に続くよう願うのが、二人の間の契約である。この問題で男性一人を扱うと、効果のないまま年月を重ねることになりかねない。

　こういったケースでは、私は復讐心に満ちた怒りとでもいうようなものを取り入れる傾向にあります。夫と妻を一緒に診察すると、たいがい妻がかなり怒っていると分かります。夫は心臓発作の脅しで妻の生活を支配しながら、力無く嘆き苦しんでいます。妻の生活は悲惨で、一度は夫の心臓に悪いところはないのではないかという気になっています。

　私はそんな妻と、夫が心臓発作による死の恐怖を口にしたときのために、ある準備をしておくように打ち合わせました。彼女が準備したことは、町中の葬儀屋から広告を集めることでした。彼女は、葬式のタイプ別、永代供養の宣伝別、といった分野別にファイルしました。夫が心臓発作での不安を口にしたとき、彼女は「お部屋を片付けてきれいに整頓しないといけないわ」と言うことにしました。それから決まって葬儀屋の広告をばらまきました。夫は怒って必ずそれを投げ捨てましたが、彼女は別なものを家中にまき散らしました。彼は心臓の不安を口にするどころではなくなって、それはどこかへ吹き飛んでしまいました。これは復讐行動を取り入れている――あなたは私の気分を害しており、夫のやることを妻もしているということになる。時には、夫の保険証書の金額を合計する作戦に変更したこともありました。

　この方法でアプローチすると、夫は症状を出すことなく妻と向き合わざ

るを得なくなります。彼女もまた、彼との別な対応を迫られます。それから、結婚生活での本当の問題に取り組むことになります。

エリクソンのアプローチでは、誰かが治療に持ち込んで提示している問題に常に重きが置かれる。その人が回復を求めている症状の場合、エリクソンは直接症状に働き掛け、たとえどんな関連性の変化が必要であっても、まず症状へ働き掛けようとする。彼は、兆候が現われる領域が問題を抱えた人にとって最も重要で深刻な部分であり、そこここが治療者の最も変化のてこ入れをするべき領域である、と主張する。夫婦の一方が症状を呈した場合でも、症状を通して働き掛けて結婚生活を変化させることができる。[原注1]

エリクソンは、結婚初期での問題は、夫婦が症状を克服し、子どもを授かれば解消すると考えることが多かった。その時点で、夫婦は新たな解決が必要な新しい問題が存在する次の発達段階へ突入する。

一方が適切な親になれないのではないかと心配して、子どもを持つ段階へ移行が棚上げになることがある。エリクソンは次のケースのように、そのような人に別な子ども時代の経験を与えることで、こういった問題に対処した。彼は次のように報告する、

　　1943年、私の教える医学生の妻が声を掛けてきて話し始めました。「夫との間に困った問題を抱えています。私たちはとても愛し合っています。彼は兵役中で医学を学んでいるのですが、1945年に卒業予定です。私たちはそれまでに戦争が終わってほしいと願っています。彼が兵役を終えたら家族を持ちたいと思っています。でも、そのことが私には不安なのです。夫には兄弟がいて、健全な家庭の出です。私は一人っ子です。父はお金持

原注1）夫婦双方が同じ症状を呈しているケースに出合うことがある。エリクソンの古いケースには、二人ともずっと夜尿を抱えた夫婦のものがある。彼は同時に二人で故意にベッドを濡らすようにさせることで問題を治療した。Jay Haley, *Changing Family* (New York: Grune & Stratton, 1971, pp.65–68.)参照。

ちで、シカゴ、ニューヨーク、マイアミに会社を持っています。時々、私を訪ねて家にやってきます」

「母というのは社交界の名士です。いつもニューヨーク、ロンドン、パリ、イタリアといった社交会に参加しています。私は何人もの女性家庭教師に面倒を見てもらって成長してきました。子どもは社交会生活の邪魔になるという母の身勝手で、私は本当に幼い頃から家庭教師たちに育てられてきました。おまけに母は、女性家庭教師は訓練されているのだから、自分よりももっと上手に子どもを扱えると主張していました。私は母とめったに会うことはありませんでした。母が家に戻ってくるときはいつも決まって大きなパーティーを抱えていて、就学前はお行儀のよさを披露するために可愛く歩き回らされ、母のゲストから褒められるために童謡を歌っては、その場から急ぎ立ち去ったものでした。母はいつも私にプレゼントを持ってきてくれました。時には美しい人形もありましたが、棚のどこかに飾って置かなければならないもので、私が実際にそれで遊べるものを持ってきてくれたことはありませんでした。母が家にいるときは、私はまさに彼女にとっての飾り物だったのです。父は違いました。父が家に帰ってくると、私と過ごす楽しい時間を作ろうとしてくれました。サーカスや、州や郡のお祭り、クリスマスパーティーにも連れていってくれましたし、長く滞在して、よくいろいろなレストランへ食事に連れていってくれ、私の好きなものをなんでも注文させてくれました。私は本当に父が大好きで、その優しさから、父を恋しがるようなりました。しかるべき年齢になるとすぐに、全寮制の学校に入れられ、夏には、しかるべきサマーキャンプへ入れられました。どれも格式あるものでした。最後に私は教養女学院[訳注5]へ送られ、そこで私は、会話のキャッチボールの仕方と言うべきことの伝え方を学びました。教養学校は、私の所属するクラスが大学のジュニアダンスパーティーへ参加することを許可してくれました。そこで夫と出会い

訳注5）社交界デビューの教養と身だしなみを教える学校。

ました。私たちは文通し、お互い都合して会うようになり、それもどんどん頻繁になりました。結局、父が結婚に同意してくれましたが、母は結婚を承諾する前に夫の家の家系を調べ上げました。母はとても手の込んだ結婚式を計画しましたが、夫と私が駆け落ちをしてしまったので憤慨していました。私は、母が計画していた上流社会のパーティーのような結婚式に耐えられないのが分かっていました。私が駆け落ちしたことに対して、母はパリに行ってしまうことで怒りを表わしました。父は「でかしたな、おまえ」と言ってくれました。父は本当は母の上流社会での生活に賛成していたわけではなかったのです。いま私が抱える問題は、子どもを持つことがとても怖いのです。私の子ども時代は悲惨で、ひとりぼっちでしたし、女性家庭教師たちに、自分たちの務めをきちんと果たさせようとする者も誰一人として周りにいませんでした。彼女たちは私を、いらいらさせる子どもとしか思っていませんでした。遊び友達は誰もいませんでしたし、自分の子どもに何をしたらいいのか心配でしかたがないのです。子ども時代に何がためになるのか本当に何一つ分かりませんが、子どもは欲しいし、夫も同じです。二人とも子どもたちを幸せにしたいと望んでいます。催眠によって、不安を軽減していただけるかどうか先生に会ってくるようにと、夫が送り出してくれました」

　私は、この問題を何日か考えて、役立つと思って催眠を使うことにしました。開発した手順に従って、最初に若い女性の催眠被験者としての適性を試しました。彼女は夢遊病様の被験者で、あらゆる種類の暗示に反応しやすいことが明らかになりました。判明した被験者としての適性どおり、彼女は催眠に入り、「4、5歳くらい」の年齢に退行しました。その年齢に退行した状態で、彼女が「応接間に降りて」くると、話し掛けてくる「知らない男」に会うだろうと、暗示されました。

　彼女は予想どおり退行して、驚いたときの子どもの仰天目（まなこ）で私を見て尋ねました。「あなたは誰？」。私は答えました。「私はフェブラリーマンだよ。君のお父さんの友達です。ちょっとしたお仕事の用事で、お父さん

§5 結婚とその結果　213

が家に帰ってくるのをここで待っているんです。待っている間、私とお話しないかい？」。彼女は誘いを受け入れ、自分の誕生日は2月だと話しました。彼女は、多分お父さんが素敵なプレゼントを送ってくれるか、持ってきてくれるに違いない、と話しました。彼女は、幾分寂しがりやの4、5歳の少女のレベルで、全く気ままに話をして、「フェブラリーマン」に明らかな好意を示しました。

　訪問して30分後、私はお父さんが到着したと告げ、彼女に二階へ上がっていてもらって、先に私が父親に会いたいと言いました。彼女は、私が帰ったら、二階から降りてきて父親に会いにくることにしました。彼女は、フェブラリーマンはまた来るのかと尋ねました。私はきっと来ると確約し、6月までは来られないと思うと付け加えました。ところが、フェブラリーマンは、4月にも、6月にも、感謝祭とクリスマスのちょっと前にも現われました。フェブラリーマンが現われるそれぞれの間は、患者は覚醒させられ、何気ない目覚めた状態での会話が続けられました。

　この治療は数カ月間にわたって続き、時には週に2回行なわれました。彼女は催眠下での出来事は自然健忘していましたが、退行催眠状態のときは、その前のフェブラリーマンの訪問を覚えていました。最初の患者との面接では、フェブラリーマンが決して偶然に大切な記憶に立ち入ったのではないことにするため、彼女の人生で大切な日を確かめるように注意していました。彼女との治療が続くにつれて、1年ごとに年齢を取り、フェブラリーマンの訪問も次第にだんだんと間隔が開くようになり、年齢が14歳に達したとき、彼女の人生のさまざまな出来事で実際にいた場所で、「ほんの偶然」に会うことができるようになりました。そして、彼女の人生における実際の記憶よりも2、3日前に現われることが頻繁に行なわれました。彼女が10代後半に近づいても、彼女のフェブラリーマンとの四方山話はまだ続き、何度も何度も繰り返し会って、10代の子どもの関心事を語り合うのを明らかに楽しんでいました。

　彼女のことがさらに分かるようになってくると、新しい子ども時代の記

憶を見つけるたびに、その年齢まで退行させ、実際の彼女の人生の大切な出来事の数日前に現われて、その記憶に参加しました。あるいは、数日後にも彼女と会い、思い出を語り合いました。

　この方法で、彼女の記憶に、受け入れられたという感情と、彼女の人生でのさまざまなことを現実の人たちと分かち合ったという感情を入れ込むことができました。彼女は決まってフェブラリーマンへ、次はいつ会えるのか尋ね、彼女がプレゼントを要求したときは、彼女にあとに残らない、一時的な感覚があたえられました。例えば、キャンディを食べたとか、フェブラリーマンと花の庭園を通り過ぎたとかいう感覚がプレゼントされました。こうしていろいろなことを試すうちに、彼女の過去の記憶に、情緒的に満たされている子ども時代の感覚をうまく生じさせることができました。

　この治療が続くにつれ、患者は通常の覚醒状態で、母親として自分は不適格であることを心配しなくなりました。彼女がどんな年齢の子どもとでもうまく仲良くやっていく方法を知っているという自信に満ちた感覚を与えるために、私がトランス状態で彼女に何をしたのか彼女は繰り返し尋ねました。トランス状態でも覚醒状態でも、トランス状態で起きたことについて、そこで交わしたことばの意味に関して、意識的には何も覚えていないと、彼女はいつも暗示されていたのです。しかし彼女は、情緒的な価値を大切にし続け、それを楽しみ、そして、どんな子どもを授かっても一緒にそれを共有するはずでした。年月を経て、私は彼女が３人の子どもを授かり、その成長と発達を楽しんでいることを知りました。

§6 出産と子育て

　子どもが生まれると、母、父、祖父母、叔父、叔母などの役割が生じるとともに、家族のシステムに新たな影響が及ぶ。家族は子どもを歓迎する場合もあれば、やっかいものとして扱う場合もある。また子どもは、夫婦関係を確実にすることもあれば、逆にそれを壊してしまうこともある。夫婦関係というのは不安定なものであるので、子どもの誕生が期待される。子育ての責任が生じるに伴い、新たなかかわりが必要となり、夫婦間の契約も変ってくる。簡単に優位に立てるような夫を選んだ女性は、母親になった途端に自分の弱さを感じるようになり、今度は自分を支えてくれるような男性像を求めるようになる。そのような夫は、妻の新しい要求にしばしば戸惑いを感じる。部外者であった義母は祖母という新しい役割で家族のメンバーに再参加する。さまざまな感情的問題が表面に出てきたとき、その文脈では家族のネットワークが変化しているのである。

　母親は子どもの誕生によって症状が現われることが多い。精神的に落ち込んだり、行動がおかしくなったり、産後の精神病と診断されたり、自分の精神状態について心配させるような行動を取ったりする。家族全体よりも母親にだけ焦点を絞った場合、現況が異常であれば、精神病院に入れてしまうのが普通である。このやり方は、母と子どもを守るための保守的な対策である。病院に入っている間、母になったことで自分は何を悩んでいるのかを理解するよう進められる。家族という視点から見れば、入院治療は家族にとって過激な介入法であり、不幸な結果をもたらしてしまう。

　見落とされがちなのが、家族全体の文脈における入院治療の影響である。母親の入院中、赤ちゃんの面倒を誰が見るかといった明らかな問題が無視さ

れがちである。大抵子どもは、家族内のある所に落ち着くことになる。父は自分の両親に子どもを預け、父の母（子どもの祖母）が子どもの面倒を見るようになる場合が多い。母親が離れている間、子どもはこの家族システムに組み込まれてしまう。母親が病院から戻ってきたとき、自分の子どもは違う家族の一員になっていることに気が付く。母親が子どもを取り戻そうとするのは当然である。また、自分の子どもが他人に面倒を見てもらっている間、ただ何もせずに見るだけとなってしまう。彼女が再入院する場合、母親として抱えている問題がさらに悪化していると考えられる。彼女が腹を立て、自分の子どもは自分で面倒を見ると主張したり、もしくは家族への不信感に対して反発して無力感をつのらせたために、再入院させられることになったことには気が付かない。このような場合夫は、専門家によって精神的に問題を抱えていると判断されてしまった妻と、赤ちゃんを可愛がる母親の間で板挟みになる。元精神病患者に自分の孫を育てられたくないというもっともな不満を自分の母に言われれば、夫はどうしたらいいか分からなくなる。精神病院に入院をしたという汚名は、結婚生活を本来の道から逸脱させ、解決可能な問題をこじらせる。

　ここで、子どもが生まれたときに直面する大変な危機と不可解さを示している事例を紹介する。

　20歳前半の女性は第一子を出産してまもなく、かなり精神的に動揺してしまった。彼女は涙を流し、自分は役に立たない人間で赤ちゃんの世話をすることができないと言い張った。退院するとき、彼女は依然として動揺しており、無気力で絶え間なく涙を流していた。夫は、妻と子どもを自分たちの家ではなく、彼の実家に連れていった。妻は夫の実家にいる間に地元の精神科に通うようになっていた。効果のない面接を数週間受けたあと、彼女は観察期間ということで、精神病院に入院した。紹介状によるとある朝、10から12錠のエンピリン（鎮痛、解熱剤）を彼女が飲んでいたことが、夫とその両親への無視できない警告となり、早く対応しなければならないとの認識を持たせるきっかけとなったようである。退院すれば、彼女と夫は自分たちの家に

戻ることができるであろうと思っていたが、それは不可能なことだった。2週間の入院で彼女にいくつかの改善が見られた。改善といっても退院の点数稼ぎのためのかなり人為的なものであったが、そのために退院することは認められた。

彼女は、診察室に行けないと言い張ったために、家庭訪問からなる週に数回の個人治療を受け始めた。これらの面接で彼女は涙を流し、自分は失敗者だと言った。何の効果もない4カ月の治療のあと、精神科医は彼女を治療するための方法をほかに探すことにした。彼は2人の精神科医を紹介し、相談するように言った。その中の一人は、彼女のケースはかなり未熟な性格を持つ人に見られる分裂感情障害であると診断を下し、治療が効かないのなら、ショック療法の適応はどうかと考えた。もう一人は、彼女は強迫性を伴うヒステリー性格で、精神病の要因はごくわずかしかないと考えた。また、彼女はロールシャッハテストのために心理学者にも紹介されたが、彼女は10枚のカードのうち3枚しか反応しなかった。が、精神病的な特徴は見られないと思われた。

これらの相談のあと、最初の精神科医は、個人治療を続けながら、彼女の症状が軽快する望みがあるかどうか、あるいは少なくとも彼女の病気の背後に隠されている何かが明らかになればということで、催眠を受けるために私のところに紹介してきた。

その女性の面接を行なったとき、催眠に入るのが極めて難しい人であることが明らかであった。このため、催眠の使用はあきらめた（面接に来る途中、彼女が夫に「誰も私を催眠に入れられないだろう」と言っていたことをあとになって聞いた）。

彼女が涙を流すばかりなので、夫を面接に入れて、夫婦面接を行なった。これによって、彼女はあまり泣かなくなり、もっと話をするようになった。というのも、夫が症状を説明するときに起こる誤りを訂正しなければならなかったからである。

夫は父親の元で働いていて、愛想の良い若者であり、妻の症状に当惑して

いるようだった。彼女が子どもを世話することができないと言っても、夫は彼女が赤ちゃんをお風呂に入れたりお乳をあげたりちゃんとしていると指摘した。彼女はこの話を遮り、子どものためにすべきことは全て義母がやっているので自分はできないと訂正した。また彼女は、子どもの面倒を見ていないので、自分の本当の子どもだという気がしないと言った。夫は仕事から戻ってきたとき、彼女ではなく、彼の母に子どもの一日の様子を聞いていた。それというのも自分が価値のない、不適切な人間だからだと、彼女は大量の涙を流して話すのであった。

　この問題を違った視点から見ることができる。妻だけを考えるならば、彼女の過去に問題があって母親になるということが、彼女にとって特別な意味を持ち、それが出産時に彼女に不安や苦悩を生み出したということが考えられる。その治療は、子どもの誕生が彼女にとってどんな意味があるのか、また現在の状況が彼女の過去や無意識の考えとどのように結びついているかを彼女自身に理解させることになろう。

　視点を広げれば夫も視野の範囲に入れることができるだろう。彼は優しい若者で、実家から離れて生活することや大人としての責任を取ることをいやがっているように見えた。彼は父親の元で働いており、母親には刃向かうことが難しいらしく、問題が起こったとき、妻の側に立って支えることができないようであった。妻として失格することによって、妻は夫に結婚生活における責任をさらに持たせようとしていた。彼はその責任を彼の実家に押し付けていたのである。

　さらに大きな家庭環境の中では、若い夫婦は異常な状況で生活をしていたのである。彼らの本当の家庭は空っぽであった。義母は祖母というより子どもの母親の役割をしていたのである。本当の母親はますます夫や家族生活から孤立し、夫は独立する以前の息子に戻っていたのである。

　この広い視野から見れば、治療のゴールは明らかであった。この若い夫婦は自分たちの家に戻り、妻は普通の母親がやるように自分で子育てをするべきである。たとえ、彼女が世話をできなくても、契約ヘルパーを雇う方が親

戚に任せるよりも適切である。母親が良くなったら、契約ヘルパーなら解雇できるが、親戚を追い出すのはなにかと面倒である。

　困難な問題を解決するのに、エリクソンの治療スタイルを基本とした簡単な療法が始められた。この場合、妻は自分をどうしようもない人間だと決め付けているので、おもに夫が話をして、夫の話に反対であるときだけ、妻は会話に参加した。彼らの将来に焦点が当てられると、夫は最終的に自分たちの家に戻るのが希望であり、妻も涙ながらにそうだと言った。それに対して夫は、自宅へ戻ったらいつでも2、3週間の休暇を取って、妻が赤ちゃんの面倒をみるのに慣れるように手伝えると答えた。家に戻るという前提が設定されると、問題はいつ家に戻るかということになった。そこで、急に私は2日後の今週の水曜日は早過ぎるかと夫に尋ねた。彼は煮え切らない態度であったが、可能であろうと答えた。妻は泣くのを止め、2日間では不十分であると主張した。家は数カ月閉めきっているし、掃除をする必要があると主張した。それに対して夫は、仕事を明日から休むことに同意した。そして、2日間あれば2人で水曜日までには準備ができるだろうと言った。妻は怒り、無理だと言い張った。赤ちゃんの部屋はペンキを塗る必要があり、ほかにもやることが多過ぎると言った。私は彼女に、水曜日までには、引っ越しができるのではないかと言った。しかし、彼女はかたくなにできないと言い張った。水曜までにはできるだろうと言われて、彼女は土曜日より前には無理だと言った。そこで妥協案として木曜日で合意することとなり、妻は水曜日では早過ぎると言う彼女の意見が入れられ嬉しそうだった。次の3日間、妻は掃除、買い物、片付けに忙しく働いたので、引っ越しをするということをよく考える時間もなかった。義父母たちは、既成事実を目の当たりにして、ただ手伝うだけだった。

　夫は妻といるために2週間の休暇を取るどころか、1週間経たないうちに仕事に戻った。若い母親は、2、3日泣いていたがよく子どもの世話をしていた。2週間で彼女は泣くのをやめ、母としての自信が付き、適切な行動が取れるようになった。彼女は、うまく精神科の治療をやめることができた。

今は母親が普通に見えたとしても、この治療過程で本当に問題が解決したと言えるかどうかという問題が残されている。症状の背後に隠されたものは何か？　将来どのような結果となるのか？　この女性は普通に生活を続け、子どもは健やかに幸せに成長した（母親が問題を抱えていたときもそうした子どもであったが）。症状の「背後」にあったものはついに明らかにされることはなかった。

　長期的な治療のゴールを短期的なゴールにするというエリクソンの前提を採用すれば、治療が驚く程短期で終わるということをこのケースは明確に示している。もし、最終的な「治癒」というものが、彼女が自分の家で子どもを育て、夫が自ら責任を持って生活するようになるということであるならば、この治療は既に目標を達成しているといえよう。生活状況が不適切である限り、ゴールを達成することはできない。課題は、より普通の生活の文脈をもたらすことである。社会的な文脈を変えるために、家族療法の支持者が示唆するように、家族全員が一緒に参加して全ての人間が治療を受ける必要はない。一人の個人の介入を通して、しばしば状況は変わる。またこのケースのように、夫婦は子育ての段階で適切に役割を果たせる普通の状況に移行できるのである。彼らに必要だったのは、子育てへの移行を妨げていた危機を彼らが乗り越えられるよう援助されることであった。

　若い夫婦に子どもが無事誕生すると、彼らは小さな子どもを育て、親になるという複雑な課題を学ぶために何年もかけることになる。問題は常に起こるものだが、中でも、最も一般的な危機は子どもが学齢期を迎え、地域社会とのかかわりを持つようになる時期である。この時期は、親と子どもの間で親離れと子離れのための第一歩を踏み出す時期でもある。

　もしこの時期、子どもに問題が起こるとすれば、これは家庭内で適応していた社会的な行動が、外での最初の活動には適していないことが原因であることが多い。一般的な問題は学校に行けなくなることである。不登校の場合、問題は家庭に、学校に、もしくは学校と家庭の接点にあると思われる。普通この時期、問題は家族の中にあるが、と言っても家族全体が子どものために

治療を受けなければならないというわけではない。しかしながら、治療者が治療にかかわるとき、家族全体の文脈を思い巡らさなくてはならない。

エリクソンは、子どもの問題の治療のためにさまざまな技法を開発した。時に彼は、子どもの問題の治療に両親を参加させ、別の時にはあるやり方で、両親に協力を求めるだけのこともある。多くのケースでは、彼は両親を治療からはずし、本質的に両親やそのほかの人たちに対抗して子どもとの連合を築こうとする。

エリクソンの治療における「遊び」の重要性は子どもの治療において、最も明らかである。しかし、通常使われている意味のプレイセラピーとは異なる。大人を扱うときと同様にエリクソンのゴールとは、子どもが両親に対してどう思っているか、どういうものが子どもに意味があるのかということを子どもに発見させることではなく、変化を引き起こすことだけである。「遊び」という取り組み方は、変化を起こすための一つの方法である。エリクソンは子どもにも催眠を使うが、それは通常の催眠ではないことははっきりしている。彼は正式な催眠誘導を使うのではなく、子どもの言葉で子どもに応える。彼はこれを催眠技法の一部であると考えている。彼はこの技法の一つの例として、自分の子どものアクシデントを扱ったケースを挙げる（治療のポイントを説明するために、彼はしばしば自分の子どものケースを引用する）。

　3歳のロバートが裏の階段から落ちて唇を切り、上あごの骨に上の歯がめり込んでしまいました。かなり出血し、激しい痛みと驚きで泣き叫びました。母親と私は助けに行きました。地面の上に倒れ、泣き叫んでいる彼を見ると、口から多量に出血し、血は舗道にまで飛び散っており、早急かつ適切な処置が必要な緊急事態でした。
　私は彼を抱き上げようとはしませんでした。代わりに、彼がさらに叫ぶために息をついでいる間に、私は彼に簡潔に素早く、優しく、かつ力強く「ひどいケガだよ、ロバート。これは大変だ」と、言いました。
　まさにそのとき、間違いなく息子は私が何を言っているのか分かってい

ました。彼は私に同意できたし、私が彼に完全に同意していることを知っていました。その結果、彼は私の言うことをちゃんと聞きました。なぜなら、私がその状況を全て把握していることを示したからです。子どもに対する催眠療法では、子どもが自分自身の判断であなたに同意し、あなたの理性的な状況の把握をそのとおりだと認めるように話し掛けることが最も重要なことです。

それから私はロバートに、「そして、痛みは間違いなく続くだろう」と言いました。この単純な言葉で私は彼の恐れを言葉に表わすとともに、彼自身の現状に対する判断を確認し、私が現状を正確に理解しており、彼の考えに完全に同意していることを示しました。それで彼はもっぱら、痛みがどれくらい続くのかということだけ自分で考えられるようになったのです。

次の段階は、彼がさらに一呼吸置いたときに、「おまえは本当に痛みを止めたいんだね」と明言することでした。再び私たちは完全に同意し、彼は自分の考えを確認され、さらにこの痛みを止めたいという願いに勇気づけられました。そして、その願いは本当に彼の内部から導き出されたもので、彼自身にとって緊急に必要なことでした。状況が明確にされたことで、私は受け入れられそうな暗示を出すことができました。「多分痛みはすぐに収まるだろう。1、2分くらいのうちにはね」。この暗示は彼の願いや必要性と完全に一致していました。それに「多分……だろう」と推定の形を取ることで、彼自身の状況理解からは大きく外れてはいませんでした。このため、彼はこの考えを受け入れるとともに、それに対して反応し始めることができました。

彼が考えを受け入れ反応し始めたことで、次の大切なことに移ることにしました。このシフトは苦しんでいる彼にとって大切であり、出来事全体についての心理的な意味合いにとって大切なものです。このシフトするということはこの状況を変え改善していくために、第一の手段として重要です。

しばしば、催眠療法や催眠の利用において、望ましい反応がより起こりやすくなるように期待される状況を作り出すことをしないで、明白なことをあえて強調したり、既に受け入れられている暗示を重ねて再確認したりする傾向があります。どのボクサーもトレーニングのし過ぎの弊害を知っていますし、セールスマンは売り過ぎの愚かさを知っています。同じような危険は催眠技法を使う場合にも当てはまります。

次の手順は、ロバート自身にとってのけがの意味を認識させることでした。それは、痛み、出血、身体的ダメージ、無傷だった彼の正常な自己愛的自尊心が損なわれること、人の生活の中で非常に重要な身体的健康感の喪失などです。

ロバートは自分がけがをし、傷ついた人間であることを知っていました。彼は舗道にあふれた血を見ることも、口の中の血を味わうことも、手についた血を見ることもできました。しかし、ほかの人と同様に、彼も自己愛的な慰めを求めるとともに、自分の不幸に自己愛的な栄誉を求めていました。人間は誰も意味のない頭痛には耐えられません。もし、耐えなければならないならば、頭痛を非常に素敵なものにしてしまえば、人間は耐えられるものです。人間のプライドは驚くほど良くできており、苦痛に苦しむ人間を力付ける作用すらある。この場合、「舗道にすごく大量の血が飛び散っているよ。なかなか良い赤くて力強い血だね。お母さんよく見て。そうでしょう。私はそう思うけど、母さんにも確かめてほしいんだよ」という、ちょっとした私の言葉によって、ロバートは彼にとって意味の明瞭な重要さという2つの生命にかかわることに注意を向けられたのです。

この結果、ロバートは自分にとって重要な価値というものを違った角度から、恐れを感じることなく素直に認識するようになりました。彼は自分の不幸が、自分だけでなくほかの人から見ても大惨事であることを知る必要がありました。そのために、彼自身が正確に状況を判断できる具体的な証拠を必要としました。私の「すごく大量の血」という明言によって、ロバートは実際に明確にしていませんが、本当に望んでいたとおりに、再び

論理的で十分な現状認識ができました。血に関する「良い」「赤い」とか「強い」という事柄は、ロバートにとってのこの事故の持つ個人的意味とうまく対応しており、心理面で効果を上げました。人間はひどいダメージを受けたと感じるような状況の中では、自分は大丈夫だという補償的感情を非常に必要とします。そのため、母親と私は舗道の血を調べ、私たちは「良い」「赤くて」「力強い」血という意見を述べました。このように私たちは、ただ感情的な心地よさだけではなく、彼に示した現実認識に基づいて、彼を安心させることができました。

しかしながらバスルームの白い洗面台で血を調べた方が、もっとはっきり「赤い」とか「強い」が分かるだろうと言って、彼にとってうってつけの好ましい意見を述べました。この頃にはもう彼は泣きやんでいて、痛みや恐怖はもはや彼の関心事ではありませんでした。その代わりに、彼は血液の質という重要な問題に興味を持ち、引き込まれていました。

母親は彼を抱き上げバスルームに運び、彼の顔に水を流して、血が「水とうまく混じる」かどうかを見せ、水は「程よいピンク色」になることを確認させました。そして血の赤さが注意深く調べられ、再び確かめられました。それから顔を十分に洗ってもらって、水が「ピンク色」になることを再確認し、彼はとても満足しました。というのは彼の血が素晴らしくて赤くて力強く、混じり合った水をきれいなピンク色にしたからです。

そして彼は、「ちゃんと血が出て、口がちゃんと腫れているのか」という質問をしました。ロバートを完全に満足させ安心させるために、詳しい検査をすると、症状は全て良好で申し分なく、彼はどこから見ても理想的で、大いに健康であることが明らかになりました。

次の問題は唇の縫合です。これは否定的な反応を呼び起こしやすいので、はじめから彼にとって否定的な形で切り出しました。そのために、彼の最初の否定的な反応は前もって妨げましたし、同時にまた新しい重要な問題も提起できました。これは、「おまえは唇を縫わなければならないが、おまえが数えることができるくらい何針も多く縫わなければならないとは思

えないなあ」と残念そうに彼に言うことでした。事実、10針も縫わないでいいくらいに見えたし、彼は20まで数えることができたのです。このため、姉ベティ・アリスの17針や兄アレンの12針ほど多く縫うことにはならないだろうなと残念そうに言う反面、ほかのきょうだいのバート、ランス、キャロルのときより多く縫うことになりそうだと言って、彼を慰めました。このようにすべての状況が読み替えられ、彼の兄や姉と共通体験を持ち、同時に彼らと肩を並べたという点で気分良く感じられ、さらには優越感すら感じられるようになりました。この方法により彼は、手術に対し恐怖や心配がなくなり、外科医と協力してこの難題を乗り越えたいと願い、また「縫う数を確かめる」という課題をうまくこなしたいという願いを私からも吹き込まれて、手術に臨むことができました。このやり方では、改めて安心させる必要はなく、痛みをなくすような暗示をさらにする必要もありませんでした。

　ロバートの期待とは裏腹に、縫合はたった7針で済んだのです。外科医は、彼のきょうだいのときより新しく良いタイプの糸を使い、縫った跡も父の出た大学の頭文字のような形をした普通にはないWの形をしていると言いました。このように、縫い目の数は少ないが、ほかの点で勝っていることで彼は満足することができました。

　どこで催眠を使ったのかという質問はもっともなことです。実は、息子への最初の言葉から催眠は始まっていました。彼のケガに対する医学的な処置となった一つひとつの出来事に、彼がほかのことに気を取られずに、興味を持って喜んで注意集中したとき、彼が催眠に入っていることが明らかになりました。

　彼は嘘を言われることはなかったし、彼の理解と矛盾したようなやり方で、力ずくで安心させられることもありませんでした。理解しあえる基盤を最初に作り上げ、彼の置かれている状況において彼が本当に興味を持てることを一つひとつよく検討し決定して、彼が満足できるように、あるいは彼が十分受け入れる価値があると認めるようにしました。全体の状況の

中で、彼は興味を持った参加者としての役割を果たし、暗示されたそれぞれのアイデアに十分な反応を示しました。

　この事例は、エリクソンの典型的な手法であり、子どもまたは大人に対する彼の治療の一場面を描いている。このケースの場合「ひどいケガだよ、ロバート。これは大変だ」ということによって、エリクソンは最初に患者の立場を完全に受け入れた。次に彼は安心させるのではなく反対に、「痛みはもっと続くだろう」と言った。多くの人はこれを負の強化だとか、痛みを持続させる暗示だとか言うでしょう。エリクソンの場合、ゴールである変化を可能にするような関係を、患者とうまく築き上げるための方法である。一度関係をつけると、「多分痛みはすぐ収まるだろう。1、2分くらいのうちにはね」と言うことで、変化を促すことができるのである。
　「率直かつ正直に」行動するというより人間を「操作する」のではと心配する人は、注意してこの説明を読むべきである。エリクソンが指摘したように、この子に嘘を言うことはなかった。「そんなの痛くない」と言って少年を安心させたり、起こったことを大したことではないと思わせたり、あの状況で少年が経験したことをないがしろにする方が、ずっと率直でも正直でもない。
　これをエリクソンが催眠の使用と呼ぶとき、ここで言う催眠はほかの人が意味する催眠とは明らかに違う。エリクソンにしてみれば、催眠とは2人の人間がお互いに反応し合う方法である。深いトランスは、2人の人間関係の一つのタイプである。このように見ると、催眠と言っても、命令を繰り返し、特別な物を凝視したり、そのほかの多くの催眠の伝統的な手法を必要とするわけではない。実際、エリクソンは会話もしくは催眠反応に陥らせるような突然の行動で、深いトランスを導いていくことをよく好んだ。全く儀式的な催眠誘導をすることなく、急速なトランスに導く例として次のようなケースがある。

8歳の男児が両親に引きずられるようにして私の診察室にやってきました。彼の問題はおねしょでした。両親は、これまで近所の人たちに助けを求めたり、教会で大っぴらに息子のことをお祈りしたりしていました。いま両親は最後の望みとして少年を、「変わり者の医者」のところへ行けば「ホテルで夕食する」からと約束して連れてきました。以下はその面接の記録です。

　少年は明らかに怒っていて反抗的でした。私は彼に両親のいる前で言いました。「君は怒っているし、怒り続けているつもりだよね。君はそのことを自分ではどうしようもできないことだと思っているが、できるんだよ。君は『変わり者の医者』のところに来たくはなかったが、ここに居る。それに、君は何とかしたいが、どうしたらいいか分からない。両親が君を連れてきました。言い換えれば、君は無理矢理連れてこられた。そうだ、君は両親をこの診察室から追い出すことができるよ。僕たちにはできるんだ。さあ、彼らを追い出してみようか」。ここで、私はそっと両親に出ていくように合図し、両親は出ていきました。これで少年はすぐに驚くほど満足を示しました。

　そして私は、「でも君はまだ怒っているよね。私もそうです。なぜなら、彼らは私に君のおねしょを治すように命じたからです。しかし、彼らは君にするように私に命令することはできないよ。しかし、そのことで私たちが彼らをこらしめる前に……」と言い、さらに念入りに人の注意を引くようなしぐさで指をさして言いました。「そこにいる子犬を見てごらん。私は茶色の犬が一番好きだけど、前足が白いから、君は白黒の犬の方が好きみたいだね。君がとっても大切に扱うなら私の子犬も触っていいよ。私は子犬が好きだけど、君はどうかな」

　子どもはすっかり驚いて、夢遊様のトランスに入りました。彼は歩き出し、（何もない床の上で）2匹の子犬のうち片方の犬をかわいがる動作をしました。彼がようやく私を見上げたとき、「君はもう私のことを怒ってないよね、君も私も両親に何も言う必要はないよ。実際、この学年が終わ

る頃まで待てば、君をここに連れてきたことは全くよかったと両親に思わせることになると思うよ。しかし、一つ確かなことがあるよ。1カ月間君のベッドが乾いていれば、君はそこのブチ犬のような子犬をきっと飼えるようになる。たとえ、君が両親にこのことを何も言わなくても、彼らは犬を飼ってくれるさ。さあ、目を閉じて、大きく息をして、深く眠ってください。そして、君はすごくお腹が空いて目を覚まします」と私は言いました。

　子どもは言われたとおりにしました。私はあらかじめ両親に指示をしてからその子を預け、治療を終えました。2週間後、医者のグループのためのデモンストレーション用の被験者として彼に来てもらいましたが、治療は行ないませんでした。

　学年末の最後の1カ月、毎朝彼はうれしそうにカレンダーの日付を消していました。残すところあと数日になると、彼は母親に「準備した方がいいよ」と密かに言いました。

　31日に、母は彼に驚くことがあるよと言いました。彼が「白黒の犬がいい」と言ったとき、父親が子犬を連れて入ってきました。少年は興奮して喜び、質問することはしませんでした。1年半後も、彼のベッドは乾いたままでした。

これはほかの多くのケースと同様に、トランスへのエリクソンの誘導が、突然の奇跡的な反応を見せることができた例である。しかしながら覚えておいてほしいのは、子犬の幻覚の暗示は単独のものでなく、それまでの少年とのやりとりを通じてあらかじめ慎重に準備されていたものであるということである。この少年との相互関係とは、両親と対立して少年と仲良くすること、一連の暗示をほのめかすこと、魔法のように両親を部屋から追い出したことなどである。一見つながりがないように見える少年との相互交流のうちの最後の動作は、子犬を指さすという驚くべき動きであった。エリクソンの多くの策略に見られるように、あとで行なうことのための基礎作りを緻密に行な

う。この基礎作りの中には、さまざまな多くの可能性が組み込まれていて、彼は使う機会が来たときにその中から選ぶことができるようになっている。これを彼はアイデアの「種まき」と名付け、はっきりしない時期から、彼が特定の方向に動こうと決心したときには、行動の方向性が既に整えられているのである。

エリクソンは催眠技法の例としてもう一つの事例を述べている。これも正式な催眠誘導ではない。ある親指しゃぶりをする16歳の女子高生は、それによって両親、先生、同級生、バスの運転手など彼女の周囲にいる全ての人々を苛立たせていた。彼女もまた教会で大っぴらにお祈りされていたし、「親指しゃぶり」ですというサインを奉られていた。精神科医に診てもらうことは恥ずかしい最後の手段であったが、彼女はとうとう半分やけっぱちでエリクソンのところへ連れてこられた。

エリクソンは事前に両親と話し、家族の状況についていろいろと聞くことができた。また、スクールサイコロジストが彼女の親指しゃぶりは攻撃的な行動だと説明していたことを知った。両親は彼女の治療がなによりもまず宗教的なアプローチに基づき行なわれることを希望していた。これを断り、エリクソンは少女がいったん彼の患者となったら1カ月間は、両親は何があっても治療の邪魔をしないこと、親指しゃぶりを気に掛けたり、一言でも注意したりしないことを彼らに約束させた。この場合の治療手続きは以下のとおりであった。

彼女は嫌々、両親に診察室に連れてこられました。そのときも彼女はやかましいほど親指しゃぶりをしていました。両親を退室させ、彼女と向かい合いました。彼女は「狂った人を診る医者」が嫌いだと宣言できるほどの間だけ、親指を口から離しました。

私は言いました。「私は君の両親が、指しゃぶりを治すように私に命令したことがいやだな。私に命令するなんて。君の親指だし、君の口だし、君がしたいのなら、どうして（Why in hell）親指しゃぶりをしてはいけな

いんだい。私に君を治療するよう命令するなんて。私はただ、なぜ、いつ君が親指しゃぶりを攻撃的にしたくなるのかということを知りたいだけなんだ。攻撃的に親指しゃぶりをする方法を知らない赤ちゃんのように、あちこちにおしっこをするでもなく、君は本当に攻撃的になりきっていない。私は、君の年老いた母と父を徹底的に（the hell out of）うんざりさせるのに十分なくらい攻撃的な親指しゃぶりを君に教えたいだけなんだ。もし君が興味あるなら話そう。君に興味がないなら、君を笑うだけだ」

「hell」と言う言葉を使うことで、私は完全に彼女の注意を引きました。彼女は、専門家は熱心に教会に通う女子高生に対してこのような言葉を使うべきでないと考えていました。スクールサイコロジストが彼女に教えた「彼女の攻撃性」が不十分であると挑戦されたことで、彼女の注意はより一層引きつけられました。

非常に失礼な言い方で、彼女の両親をうんざりさせる方法を彼女に教えようと言ったために、彼女の注意は一層完全に引き付けられました。その結果、意図したとおりに彼女は催眠トランスに入りました。それから意図的な声のトーンで言いました。「毎晩夕食のあと、まるで時計のように同じ時間に君の父親は居間に入り、新聞を端から端まで読みます。毎晩父親がそうしたら、君はそこに行き、父親の隣に座り、親指しゃぶりを十分に大きな音を立ててするのです。父親がこれまで経験した中では最も長い20分の間、徹底的に続けて父親をうんざりさせるのです。

そのあと、母が皿を洗う前にいつも1時間縫いものをしている部屋に行きます。母親の隣に座り、十分に音を立てて親指をしゃぶり、母親にとっても最長の20分間徹底的に、母親をうんざりさせるのです。

これを毎晩、そして十分にしなさい。そして学校に行く途中で、君の最も嫌いな薄汚い奴、馬鹿野郎を慎重に探して、彼に出会うたびに君は親指を口に入れ、彼が顔を背けるのを見るのです。

そして彼がまた振り向くようなら、親指を口に入れる準備をしておくのです。先生全員を思い浮かべて、一番嫌いな先生を一人選び、その先生が

君を見るたびに親指をしゃぶりなさい。私は、君が攻撃的にやることを望んでいます」

とりとめないの筋違いな話をしたあと、彼女を出して、両親を診察室に呼び入れました。そして、彼らに絶対に約束を守ることを肝に銘じさせました。彼らが約束を忠実に守れれば、彼女の親指しゃぶりは止まるであろうと、私は言いました。

帰り道、彼女は指しゃぶりをせずに静かにしていました。両親は喜んで電話で報告してきました。その夜、彼女は教えに従い行動し、両親をぞっとさせました。両親も教えに従い、親指しゃぶりを注意しませんでした。次の日、両親は不満げに電話をしてきました。私は、彼らが約束したことと娘の経過がどうなるかについて私が言ったことを思い出させました。

そのあと数日間は毎晩、彼女は確実に言われたとおり親指しゃぶりをしました。そして、彼女はそれに飽きてきました。彼女は、指しゃぶりの時間を短くしたり、遅く始めたり早く終わりにしたりしました。最後には、指しゃぶりをさぼり、次には忘れてしまいました。

4週間もしないうち、彼女は指しゃぶりを家でもどんな場所でもしなくなり、彼女の年齢層にあった活動に興味を示すようになりました。全ての面で彼女の適応がよくなりました。

1年後、私は彼女と社交の場で出会いました。彼女は私を憶えていたらしく、2、3分見つめたあとで、「私はあなたが好きかどうかは分からないけれど、あなたには感謝している」と言いました。

過去の治療手続きと比べると、このケースにはさまざまな驚くべき側面がある。1回の治療の面接で彼女が生まれてから続いていた習癖が解決された。それだけで大変驚くが、それ以上に驚くべきことはエリクソンがこのアプローチに自信を持っていて、子どもが1カ月間で問題を解決するだろうと両親に断言したことだ。しかしながらエリクソンはまた両親の側に、彼女の指しゃぶりについて怒ったり、諭したりしないと約束させることで、自分に逃げ

道を用意している。もし両親が適切に振る舞わなければ、彼は結果を保証することはできない。そのように少女と両親は、それぞれ異なった行動を取るように強制されている。彼女はわざと苦痛を生み出すような行動を強いられており、両親は彼女の挑発に対して寛容になるように強いられていた。このようなほとんどのケースの中で、エリクソンは症状についての解釈を一切行なわない。彼は症状的な行動をわざと行なうように言って、非常識な程長い間、これまでやってきていることをしてもらう。

似たような親指しゃぶりのケースでは、エリクソンは子どもに対して、親指では不十分なので両親の隣に座わり、全ての指についても同じようにしゃぶるべきだという考えを提示した。しばしばエリクソンは時計を見させ、決められた時間、親指とほかの指もしゃぶるように要求した。義務として課せられたことで、その親指しゃぶりをすることはその子どもにとって魅力を失う。この手続きで大切なことは、プログラムに両親をかかわらせることである。このケースのように約束したときには両親は進んでかかわるし、子どもが症状によって両親を怒らせようとしているときには、いやいやながらかかわることになる。

エリクソンはやはり一度の面接で問題を解決したほかのケースで、全く違った方法を使った。催眠を使わず、催眠的技法を使おうと考えた。ある14歳の少女が、自分の足は大き過ぎると思い込んでいた。母が一人でエリクソンのところに来て、娘の状況を説明した。少女は3カ月の間にだんだん引きこもるようになり、学校へも、教会へも行きたがらず、道に出て人に見られることすら嫌になっていた。少女は足のことを言ってほしくなかったし、医者に行って話すことさえ嫌がった。母親による励ましも役に立たず、少女はより一層引きこもるようになった。エリクソンの報告によると以下のとおりであった。

　私はにせの口実で次の日、家を訪ねることを母親と取り決めました。少女には母親がインフルエンザかどうかを診るために私が訪ねてくると言っ

ておくことにしました。これは口実でしたが、実際に母親の調子はよくありませんでした。それで、診察に行くことを口実にするのは適当だと私は提案しました。私が家に着くと、母親はベッドに寝ていました。私は心音を聴いたり、のどを調べたりして、母親を慎重に診察しました。彼女はそこに居たので、私は少女にタオルを持ってこさせ、ほかに必要なものがあるかもしれないからと私の横に居るように頼みました。彼女は母親の健康について非常に心配していました。これは、彼女を観察するいい機会でした。少女は少々太り気味でしたが、足は決して大きくありませんでした。

　少女を観察しながら、私はこの問題を彼女に乗り越えさせるには何ができるかと考えました。最終的に一つの考えが浮かびました。母親の診察が終わったときに、少女を私の真後ろに立たせました。私はベットに腰掛け母親と話をし、ゆっくりと注意深く立ち上がり、よろけるようにあとずさりしました。そして、私はかかとで彼女のつま先をまともに踏んだのです。もちろん、少女は声を上げて痛がりました。私は彼女の方を向いて、憤慨した声で「もし君の足が人に見えるくらい十分大きかったら、私はこんな目に遭わなかったのに」と言いました。私は母親の処方箋を書き、薬局に電話をしている間、少女は困惑したような顔をして私を見ていました。その日、少女は母親に、ここ何カ月も行っていなかったショーへ出掛けてもいいかと聞きました。そして、彼女は学校にも教会にも行くようになり、3カ月間の引きこもりに終止符を打ちました。そのあと、彼女がうまくやっているかどうか調べたら、彼女は友達と仲良くし、楽しくやっていました。彼女は私が何をしたのか気付いていなかったし、母親もそうでした。母親が知っていることは、訪問した日に娘に対して私が失礼なことをしたことだけです。母親は、そのことと娘が普通に戻ったことと結び付けることができませんでした。

　この技法が催眠的な方向性に基づくものであることは明らかである。エリクソンが述べるように、「足への褒め言葉に対して彼女は拒否することも、

反論することもできなかった。『もし、君の足が人に見えるくらい十分大きかったら……』という言葉に対して、少女は「どじ」と私に言うことはできなかった。私は母親の医者だったので、彼女はどうしても仕返しすることができなかった。彼女は自分の足が小さいという断固とした証拠を受け入れるほかはなかったのである」。エリクソンにとって、患者がある考えを受け入れざるを得ないようにするために催眠を使うのは珍しいことではない。このケースの場合、彼は催眠を使わずに、社会的状況を利用して、そのような目的を果たした。

エリクソンが子どもを治療する際の大切な見解は、子どもは親の反対者であって当たり前であるという前提である。子どもと親では世代が異なり、世代間で葛藤があるのは当然であろう。この前提は、親と子は一体であると考えている人にとって納得いかないであろう。しかし不思議なことに、親と子が相反する関心を示すからこそ、しばしば彼らを一緒にかかわらせることに意義があるのである。エリクソンは会話の中で述べている。「カップルに話をするときには、お互いのどこが好きかと尋ねることができるが、子どもと話をするときには、両親のどこが嫌いかと尋ねますね」

この仮説に基づきエリクソンは大抵、親に対抗して子どもに味方する。これは、エリクソンが子どもを犠牲者として見ているのではない。治療を進めていく上で、子どもとの関係を考えていくことが治療者として一番良いスタンスだという意味である。同時に彼はまた、子どもが気付いていようがいまいがおかまいなく、子どもに対抗して親の側に立つこともある。

彼が子どもの仲間になるとき、問題を直接扱うときもあれば、隠喩を用いて間接的にコミュニケーションをとることもある。次のケースでは、異なるタイプの筋肉反応に影響を及ぼすための手段として、一つのテーマに関連した筋肉コントロールのある側面について話している。これは、アナロジーや隠喩を使ってコミュニケーションをとり、変化を導き出すというエリクソンの典型的な方法である。

§6 出産と子育て　　235

　ある母親が電話で、10歳になる息子の毎晩のおねしょについて言ってきました。両親は、おねしょを治すためにあらゆることをしてきました。彼らは、私のところに文字どおり息子を引きずってきました。片方ずつ両親に手を引っ張られ、彼は足をばたばたさせてやってきました。彼らは診察室で彼をうつ伏せにしました。私は両親を部屋から出し、ドアを閉めました。少年はわめき散らしていました。

　少年が一息ついたところで、「なんてひどいやり方だ、こういう方法は好きじゃない」と私は言いました。これは彼を驚かせました。彼は息つぎする間、躊躇していたので、私はもっと叫んでもいいよと言いました。彼が叫び、一息ついたとき、私が叫びました。彼が私を見たので、「私の番だ」と言いました。続いて私は「さあ、君の番だよ」と言いました。彼が叫びました。私も再び叫び、彼の番だと言いました。そして、「さて私たちは、順番を守ることはできるが、すぐつまらなくなるんじゃないかな。むしろ、順番になったら私は椅子に座ることにするよ。あそこに空いている椅子があるね」と、私は言いました。私が自分の順番のときに椅子に座ると、彼も自分の順番のときに彼の椅子に座りました。期待どおりになっていました。私は最初に順番で叫ぶことにして、そのあとでそのゲームを順番で椅子に座ることに変えました。私は言いました。「ねえ、君の両親は君のおねしょを治すように私に命令したんだよ。彼らは、私に命令できるなんて、自分のことを何様だと思っているのだろうか」。彼はこれまで両親から十分罰を受けていたので、こう言うことによって、私が彼の立場に立っていることを示しました。私は、「むしろもっとほかのことで君と話がしたい。おねしょのことを話すのはやめよう。さあ、10歳の子どもとどのように話したらいいだろうか。君は小学校に行っているね。君は小さくて引き締まった手首をしているね。足首も引き締まっている。私は医者だから人の身体がどのようにできているかとっても興味があるんだ。君の胸はとても丸みがあって厚い。君の胸にくぼみはないし、なで肩でもない。君の胸はすばらしく張っている。きっと走るのが得意なんだと思うな。小

柄な体型なら、筋肉をうまく協応させることができるに違いない」と言いました。私は筋肉の協応について説明して、君はきっと力ではなく技術が必要とされるスポーツが得意だろうと言いました。どんな間抜けでもできるようなスポーツではなく、技術を要するスポーツだろうと指摘しました。どんなスポーツをやっているのかと聞くと、野球とかアーチェリーをやっていると言いました。アーチェリーはどのくらい上手かと聞くと、「かなりうまいね」と彼は答えました。私は「へえー、もちろんアーチェリーは、目、手、腕、胴の協応が必要だよね」と言いました。そして、弟がフットボールをやっているという話になりました。弟が、彼を含めた家族の中の誰よりも大きいということでした。「筋肉と骨格だけに取り柄があるような人間ならば、フットボールはいいスポーツです。大きくて育ちすぎの奴の多くはフットボールが好きなんだよ」

　そして、私たちはそんなことや筋肉の協応について話し合いました。私は「弓を引いて方向を定めるとき、瞳孔はどうなるのかな？　閉じるんです」と言いました。私は筋肉には平たいものや長いものや短いものがあることを説明し、そして円形の筋肉があることも話しました。「例えば、お腹の下の方にある筋肉なんかがそうだよ。君がものを食べるとその筋肉が閉じて、消化し終わるまでその食べ物は胃にあるんです。胃が食物を外に出したいときには、そのお腹の下の円形の筋肉が開き、空にしてしまう。そして閉じて、次に食物が来るのを待つんです。そのお腹の筋肉は君が小さい頃はどの辺りにあった？　ずっと下の方だったよね」

　結果として、私たちは1時間話をしました。そして次の土曜に、彼はひとりで来ました。おねしょについては触れることなく、あれこれとスポーツの話をしました。私たちはボーイスカウトやキャンプなど少年の興味をそそるような話ばかりをしました。4回目の面接をしたとき、彼は大きなこぼれるような笑みを浮かべてやってきました。そして彼は「ねえ、僕のお母さんは昔からの自分の習慣を長いあいだやめようとしてきたけど、やめられないんだ」と言いました。彼の母親は煙草を吸っており、禁煙しよ

うと努力していました。「そうだね。長年の習慣をすぐにやめられる人もいれば、口ばっかりで、止められない人もいるね」と私は言いました。そして、私たちはほかの話題に移っていました。

それからおよそ半年後、彼は私に顔を見せに立ち寄りました。そして、彼は高校に入学したときにもまた、立ち寄ってくれました。今、彼は大学生です。

私はただ、下腹部の円形の筋肉がお腹を空っぽにしたいときまで閉じ、食物を留めておくという話をしただけでした。象徴的な言葉としてもちろん、手、目、胴の協応という素晴らしい話もしました。結局、おねしょ自体には触れずに症状は消えてしまいました。

エリクソンは、扱うのが難しい問題をさまざまな巧妙な方法で解決してきた事例を紹介しているが、中には扱うことができない問題もある。次のものはその種のケースである。

12歳の少年が私のところに連れられてきました。私は彼の親戚の多くを知っていたので、多少その家族のことが分かっていました。彼の継母の話によるとこうでした。ある朝、少年は自転車のチェーンをもって下に降りてきて、「あんたの踊るところが見たい」とその継母に言いました。彼女は「冗談でしょ」と言ったが、彼は「いや、違う」と答えました。彼は脚の高い子ども用椅子の赤ん坊を指さし、「あんた、赤ん坊が見えるかい」といってチェーンを振り上げました。彼女は1時間、台所で踊らされました。父親が彼を連れてきたとき、私はこんなに意地の悪い子どもを見たことがないと思いました。最終的に私は「君が嫌いだ、君も私を嫌いです。君はわざと私をイライラさせるようなイントネーションでしゃべっています。だから、君のお父さんに頼んでうちに連れて帰ってもらうよ。そして、ほかの精神科のところに連れていくように頼もう」と言いました。私はこの子どもを殴りたくなりました。彼のイントネーションは、ひどく人をイラ

イラさせるものでした。それは私と渡り合うための彼のテクニックでした。彼はやり方を心得ていました。父親は私にもう一度彼に会うように頼みましたが、私は会いませんでした。

エリクソンが何を決め手にその子どもを治療するかしないか決めるのかということを説明することはとても難しい。その判断は、子どもの挑発に乗らないようにうまくやれるかどうかにかかわっているようである。彼の選択は、問題の難しさや家族の状況がどれくらい不幸かということに基づいていないことは、次の難しい子どものケースに見るように明らかである。

　母親が来て、息子を診てほしいと言いました。「彼は嘘つきでずるく、癇癪持ちで、我が家を支配しています。それに彼の毒舌はとんでもないほどです」と彼女は言いました。

　母親は非常に痛烈でした。彼女は「夫は性的倒錯者です。おかしな部分は詳細に分かりませんが、時々私とベッドを共にすると、さまざまな異常な性的行動をひとりでするんです。彼は女性服、要するに私の服を使うのです。私にわざと服をクリーニング屋へ持っていかせるために、私の服に射精をしているのだと思います。父親と子どもの関係は良くありません。父親は短気で少年を罵倒するのです」と言いました。

　少年は、私に会いにきたくないと言ったが、もし必要なら無理矢理にでも連れていくと言ってあると、母親は私に話しました。彼女によると、息子をこれまでほかの医者にも連れていったが癇癪を起こして、医者は何もできませんでした。

　そして、彼女はその子どもを連れてきました。彼は魅力的で可愛らしい顔をしており、ソフトな声で話していました。彼は「母親が僕のことを全てもう話してるんだろ」と言いました。

　私は「お母さんは君について自分が知っていることは話してくれたけど、君についての全てを話してくれたわけではない。君しか知らないことがた

くさんあるはずだし、お母さんはそれらのどの一つだって私に話すことはできないよ。君はそれらのことについて話してくれるだろうか」と言いました。

「ダメだろうね」と彼は言いました。

私は「一つの問題をすぐに片付けよう。私はここに座って君が床の上で癇癪を起こしているのを見るより、ここに座って君に何もしないで時間を無駄にした方がいい。どうだろう。床の上で癇癪を起こすか、それとも二人でここに座って時間を無駄に費やすか、やるべきことに本気で取り組むかどれがいい？」と言いました。

彼は「そうじゃない」と言って笑いました。「僕たちは時間を無駄にすることもできるし、やらなければならないことに取り組むこともできる。それに、僕は癇癪を起こすこともできる」。彼はとても鋭く賢い少年でした。

彼はまだ、私に対して癇癪を起こしていませんでした。私は彼をひどく怒らせました。特に近所の家に泥だんごや水ばくだんを投げたことに話を向けたとき、彼は怒りました。水ばくだんを投げるときどんな気持ちがするか、プライド、喜び、幸せ、勝利感を説明してほしいと頼んだのです。これは彼を激怒させました。「君はここで癇癪を起こしたいと思っているね。今まで起こさなかったのに。しかし、これはいいチャンスだ。そう、君は何をするかな。癇癪を起こすかな、それとも君がどう感じているかを話すかな」。彼はいかに怒っているかを話してくれました。

そのあと、彼は家の中での態度が改善され、友達もできました。今、彼は家でも学校でもうまくやっており、充実した生活を楽しんでいます。そして彼は今では、以前の自分の行動を笑っています。

エリクソンには前もって決まった手法はなかった。彼はクライエントとクライエントの状況から手法を決めていた。経験に基づいて、それぞれの子どもへのかかわり方を決定していた。患者に取り組むときの粘り強さが彼の成

功の決め手の一つとなっていた。もしある方法がうまくいかなければうまくいくまで、さまざまなほかの方法を試みた。彼は全力を尽くして、患者を治療するために必要ならば患者の家でもどこへでも行った。下記のケースは親の望む方法より、エリクソン自身が選んだ方法で子どもを治療するという彼の主張と、彼の積極性を示した例である。

　9歳の少女は、学校の成績も落ち、人との接触からも遠ざかっていました。何か聞くと、怒ったような涙声で「私には何にもできないの」と答えました。

　前年の彼女の成績は良かったのです。しかし、学校では引っ込み思案で、行動がぎこちなかったのです。両親は成績だけを気にして、心理面での援助を私に依頼してきました。少女は診察室に来ようとしなかったので、彼女の家へ毎晩行きました。彼女は校庭で縄跳びやローラースケートをやっている少女たちを嫌っていることが分かりました。「あの子たちは何も楽しいことをしてない」と彼女は言いました。

　彼女はジャックス[訳注1]のセットとボールを持っていましたが、「とても下手だ」ということが分かました。私は小児麻痺で右手が不自由だったので、彼女より「もっと下手に」ジャックスをやって見せました。彼女は私からの挑戦を受け入れました。数日の内に良い競争心と人間関係が形成されるようになり、軽度のトランスに誘導することは比較的簡単でした。トランス状態とともに、覚醒している状態でゲームは行なわれました。両親は彼女の学業不振が取り上げられないことが不満でしたが、彼女は3週間で上手にジャックスができるようになりました。

　3週間、ジャックスを続けたあとで、私は足が不自由だから、彼女よりもローラースケートが下手だと話しました。そしてジャックスと同じ展開になり、今度は2週間ほどでローラースケートの技術を彼女は身に付けま

訳注1）ゴムまりを使う子どもの遊び

した。次は縄跳びに挑戦して、私に縄跳びを教えるように彼女に頼んでみました。1週間も経つと彼女は縄跳びの名人になりました。

それから、彼女自身も分かっていたので、私は自転車乗りが上手だとあえて言った上で、自転車レースを彼女に挑んだのです。私は彼女を負かすことになるよ、と自信ありげに言いました。彼女は自分が負けてしまうだろうと確信したからこそ、その挑戦を受けることにしました。それでも、彼女は頑張ると約束しました。彼女は半年以上も前から自転車を持っていましたが、たったの1街区さえも乗ったことがありませんでした。

約束の時間に彼女は自転車を持って現われました。そして私に「先生は真剣に乗ってください。私をわざと勝たせるようなことはしないでください。一生懸命に乗らなければだめです。私を負かすほど先生が自転車に上手に乗れることは分かっています。私は先生がずるをしないよう見張っています」と言いました。私と彼女はそれぞれ自転車に乗りました。私は通常左足しか使わないので、両足を使ってペダルを漕ぐということが、自転車に乗る上で私のハンディとなることを彼女は知りませんでした。少女は疑い深げに、私が一生懸命に両足でペダルを漕いでいるのにスピードが出ないのを見ていました。結局、彼女は私が一生懸命乗っていると信じて、レースに勝って完全に満足することができました。

それが最後の面接でした。彼女は縄跳びとジャックスで学年の一番となり、彼女の成績も同様に良くなりました。

数年後に、彼女はどうして私よりうまく彼女が自転車に乗れることにしたのかと私に聞きにきました。ジャックスや縄跳びやローラースケートを学ぶことは、彼女の自我を強化する働きがありました。しかし、彼女は私の肉体的な障害のために自分が成し遂げたことを十分に信じていませんでした。しかしながら、自転車乗りは別の問題でした。彼女は私が上手に自転車に乗れることが分かっていましたし、彼女を負かすことができるだろうし、彼女に勝たせる気がないことが分かったと話してくれました。事実、私は一生懸命に乗りました。私を負かしたことで彼女は「何でもできる」

という自信を持ちました。この自信によって彼女は勇気づけられ、学校は楽しい挑戦をさせてくれる場所だと考えるようになりました。

エリクソンは治療過程で自分自身の身体的なハンディキャップを進んで使った。彼のハンディキャップは過小評価されがちである。17歳のとき、最初のポリオの発症後に、彼は体力をつけるために1,600kmの単独カヌー旅行をした。1952年の2度目のポリオの発症後には、アリゾナで最も難所と言われているところを2本の杖で徒歩旅行した。

この少女のケースでは、「ジャックス誘導」と名付けた特殊なトランス誘導の方法を用いた。これには、変化を起こすのに必要だと思えばどんなことでも進んで取り組むエリクソンの考え方が示されている。もし街路での自転車レースが最適だと考えれば、エリクソンは喜んでレースを行なうのである。

親子が両方にとってマイナスとなるような葛藤に陥ってどうにもうまくいかなくなって困っている場合には、両者がプラスの結果を得るような方法を取るのもエリクソンの典型的な手法である。エリクソンはまたしばしば、葛藤を単に避けて、次に示すように別個に子どもと問題に取り組む。

7年生と思われるが、読むことができない少年が連れてこられました。両親は、彼は読むことができると言い張り、無理やり読ませようとするので、彼は全く自由を奪われていました。彼の夏休みはいつも家庭教師がつぶしていました。彼はこれに対して、読まないという態度で応戦していたのです。

私は次のように話し掛けて少年の治療を始めました。「君の両親はかなり頑固だね。君が読めないことは君自身が分かっているし、君が読めないことを私は知っています。ご両親は君をここへ連れてきて、私に読み方を教えろと言いました。僕たちの間では、そんなことは忘れてしまおう。私は君のために何かすべきだし、私は本当に君が好きなことをすべきだと思っています。いま君が一番したいことは何かな？」。これに対して彼は

「いつも夏休みには父と魚釣りがしたかったんだ」と言いました。

　私は父親がどこで魚釣りをするのか、と尋ねました。父親は警察官で、コロラドやワシントンやカリフォルニアで魚釣りをしており、アラスカにも魚釣りをしに行こうとしたことがある、と彼は言いました。父親は海岸線のほとんど全ての場所で釣りをしたことがある、と彼は言いました。父親の釣りのポイントのある町の名前を彼が知っているかなと私は考えました。私たちは西部の地図を出してきて、その町を探しました。私たちは地図を読むのではなく、町の名前を探しました。君は地図を見ているので、読んではいない。

　私はいくつかの町の場所を取り違えましたが、彼が訂正してくれました。私は、コロラドスプリングスという町がどこか見つけようとして、カリフォルニア州を探していましたが、彼が違うと教えてくれました。しかし、彼は文字を読んでいたのではなく、私の間違いを正していたのです。彼は、私たちが関心のあった全ての町の場所を素早く覚えました。彼は自分が名前を読んでいるのに気が付きませんでした。私たちは地図を見て、釣りのいいポイントを探して楽しく時間を過ごしました。彼は魚つりの毛ばりの種類や魚について話にくるのが好きでした。私たちは百科事典でさまざまな種類の魚を調べました。

　8月の終わり頃、私は「先生やご両親をからかって見よう」と提案しました。「君は学校が始まると、読み方のテストを受けることになっているね。ご両親や先生たちは君がどのくらい読めるか心配している。君が1年生の読本のテストを受けるときには、上手にとちったような振りをして、テストに失敗してしまいなさい。2年生の本のときには少しうまく読んで、3年生の本のときはさらにもっとうまく読んで、8年生の本のときにはとってもきれいに読みなさい」と彼に言いました。彼は面白い、と思いました。そして言われたとおりにやりました。彼は学校を無断で休み、私のところに来て先生や両親がどんなにぎょっとした顔をしたか話してくれました。

もし彼が1年生の本を間違わずに読んでいたら、彼の側の失敗であることを認めたことになります。しかし、彼は1年生の読本を読み間違った上で、7年生よりさらに先の8年生の読本をうまく読んだことで、勝利者となりました。彼は先生を困惑させ、両親を狼狽させ、勝利者となることができました。

　エリクソンのほとんどの治療は指示的なので、この手法の大事な点は彼の指示に従うように人を納得させることにある。彼が望んでいることを人にさせるためのさまざまな方法の一つは、何かを始めてそれから脇道にそれることである。彼は次のように手続きを説明する。

　私は、家族単位または夫婦、母と子どもで面接するときにあることをします。人は助けを求めて来る。しかし一方で、彼らは態度で存在を表わすようになり、体面を守ろうとします。私はここに注目し、彼らが自分の立場に立ってくれていると信じるようになるように話し掛けます。それから、彼らが受け入れられる範囲で道をそれていくのです。彼らはためらいながらも私に対する期待を何とか持ち続けます。彼らは私が脇道にそれていくことを完全に正しいと認めなければなりません。しかし彼らは、私がそのようなことをそのような方法で行なうことは期待していません。ためらいながら私についていくことは気分の良いものではありません。私がもう少しで解決しそうな所まで持っていった問題が解決することを彼らは求めています。彼らは問題の解決を求めているので、私の言うことを喜んで受け入れます。彼らは指示的なことを言われることを求めます。もし、あなたが指示を直ぐに与えれば、彼らはすぐに反駁するでしょう。しかし、もしあなたが本道からそれれば、彼らはあなたが本道に戻ることを望み、あなたからの指示的な言葉を喜んで受け入れます。

　次の2つの12歳の少年がかかわったケースは、エリクソンのこの戦略を使

用した例である。

　ジョニーは毎晩おねしょをするので母親に連れてこられた。母親はこの問題に関して彼を助けたいと思っていたが、父親はそう思っていなかった。父親は残酷で冷たく、子どものことを甘やかし過ぎていると母親を責めた。少年が父のところに行くと追い払われた。母はなんとか父親の子どもに対する態度を改めさせようと努力した。少年の根本的な反応は「父親に愛されたいのに、父親は愛してくれない。母親は何でも干渉して、父親が自分を愛する必要をなくしてしまっている」ということだった。少年が物心付いたころから父親は、子どもがおねしょをするのは当たり前で、しない方がおかしいと言っていた。彼自身、10代後半までおねしょをしていたと言っていた。母親はもちろん少年のおねしょにはうんざりしていて、どうにかしたいと思っていた。エリクソンの報告は以下のとおりである。

　私は父親のことが知りたくて、父親と一度面接をしました。彼は声の大きな人でした。診察室に入ってきて、椅子に座ると、まるで20mも離れているかのように大声で話をしました。彼は、子どもはみんな16歳くらいまでおねしょをするのを知らないのかと私に聞きました。彼もそうだったし、彼の父親もそうでした。私もそうだったはずだし、ほかの子どもだってそうやって成長していくものだと彼は言いました。だから、息子のおねしょを治すなんて無駄なことだと言いました。私は彼のこうした説明を聞きました。彼は面接を楽しんで、握手をして帰りました。こんな知的な聞き手に出会えて楽しいと彼は言いました。

　母親と息子が一緒に来ました。母親は「夫はあなたに全てを説明したと言った」と言いました。それに対して私は「そのとおり、かなり長いあいだ説明していただきました」と答えました。彼女の表情は、そうだろうと言っていました。子どもは苦痛に満ちた顔をしていました。私の場合、父親が言ったことは全て忘れることにします、と彼らに告げました。あなたたちにはその必要はありません。でももちろん、あなたたちはその場に居

なかったのだから、彼がこんなことを言ったであろうと思っているくらいで全て知っているわけではありません。君と私、それに君のお母さんがどう考えているかが大切なのだから、彼の言ったことは忘れることにします。私と君の考え、ジョニーの考え、それが大切なんだ」と言いました。

　私が何をしているのか分かりますか？　私はまずジョニーと親密になり、それから逆にジョニーが私と親密になろうとするように仕向けました。私は最初にジョニーに味方し、それから母親に私の味方をしてもらいました。私は父親の言ったことを忘れると言いました。また、ジョニーはそうしてほしかった。それで、ジョニーが私を支持しようとしたのが分かりすか？それから、母親も父親の言ったことを忘れるということで私を支持し、私と同盟関係を結ぶことにしたのです。これで、父親を場外に出すことができました。しかし、敵として場外に出したわけではありません。私は彼から話を聞いていましたし、そのことを彼らも知っていました。父親は家に帰り、彼らに私と話したことを告げていました。特別な怒りや苦悩からではなく、私は単に父親のことを忘れようとしていました。父親は自分の意見に固執しており、彼を治療に含めることはできないので、彼をこの問題の圏外へ追い出すことが必要でした。

　母と息子の関係から判断して、ジョニーがおねしょのことで母親に対してかなりの敵意を持っているのは明らかでした。彼はおねしょのことで母親に憤りを感じており、二人はいつも言い争っていました。私はジョニーに彼にとって嫌なやり方で治療をすると言いました。この治療法はとても効果があり役に立つ。そして、この問題から彼を救うことは確かであるが、彼にとってこの治療法は嫌なものであるだろう。しかし、彼の母親にとってもっと嫌なものであるだろう。では、ジョニーは何をすることができるのか？　母親が彼以上に嫌がるということなら彼にとって良いことです。彼は、母親が嫌がることならそれに耐えられるでしょう。

　私のジョニーへの提案は簡単なものでした。母親が毎朝４時か５時に起きてベッドをチェックする。もし濡れていれば母親が彼を起こし、乾いて

いたら起こす必要はない。しかし、濡れていたら母親は彼を起こすので、彼は起きて机に座り、自分の選んだ本から大量のページを書写しなければならない。彼は4時から（または5時から）7時までのあいだ書写し続けなければならない。母親は彼が書写し、きれいな書字ができるように勉強する姿を監視することができました。というのは、彼の書字はかなり汚いので改善する必要があったのです。

ジョニーにとって4時や5時に起きることは、ぞっとするほど嫌なことでした。しかし、母親がまず起きなければなりませんでした。彼の字がきれいになるように母親が彼の隣に座るのは嬉しいことではありません。しかし、それは彼がおねしょをした朝だけです。字をきれいにするのにわざわざ早朝に起きるなんて彼にとっては何よりも嫌なことでした。

彼らはこれを実行しました。ジョニーがベッドを毎朝濡らさなくなるまで、そんなに時間はかかりませんでした。おねしょは毎日ではなくなり、すぐに週2回になり、そして10日に1回になりました。しかし、それでも母親は毎朝起きてチェックしなければなりませんでした。

最終的には月に1度になり、ジョニーは生まれ変わりました。彼は初めて友達関係を築けるようになりました。夏休みには友達が遊びに来るようになり、彼も友達の家に遊びに行くようになりました。9月には学校での成績もすばらしく良くなりました。それは彼にとっての初めての成功でした。

これは息子に対する母親の気持ちや行動、母親に対する息子の気持ちや行動が効果的に活用された例です。これは単純な考えで、「私には君の治療法があるけど、それは君の嫌いな方法だよ」とまず言い、それから、「母親にとっては、君以上にそれは嫌なことだろう」と脇道にそれました。ジョニーは、私が治療法を提示するのを望んでいました。そして、彼はそれに大賛成でした。彼の書字がきれいになることが第一のゴールで、乾いたベッドになることは付随的な、いずれにしろ受け入れられるものでした。そして、おねしょはもはや彼を脅かすような問題ではなくなりました。

母親は、息子の書字が改善されたのを見て、息子が成し遂げたことに誇りを持ちました。息子もそれに誇りを持ちました。二人でその書字を見せにきたとき、私にはきれいな字を見せにきたただ熱心な母親と息子でした。私はページを繰りながら、n、g、tなどの字を取り上げて、その字の美しさを褒め称えました。

　ジョニーのおねしょが止まってから父親は会社から早く帰ってくるようになり、息子とボール遊びをするようになりました。少年のおねしょが止まったことに対する父親の反応は、驚いたことに息子への賞賛でした。父は「おまえは俺より早くおねしょをやめることができるようになった。俺よりとても賢いに違いない」と息子に言いました。彼は息子に対して寛大な態度を取るようになりました。彼は私には全く言いっぱなしでした。その上、息子の問題が解決したのは、精神科医ではなく、遺伝的に息子が受け継いだ優れた頭脳の力のお陰であると考えました。このように、問題の解決は、父親から祝福される、家族が共同して成し遂げたものとなり、息子は父親から認められ、受け入れられるようになりました。

　症状は何であれ、おねしょなどの少年期の問題には、その子どもに過剰にかかわっている大人が大抵一人いる。治療ではその関係を引き離すことである。前のケースでは、母親と子どもに二人が距離を取れるようになるように仕向ける課題が与えられた。次のケースでは、いらいらさせる問題を父親と息子に課題を与えることで解決した事例である。

　ある12歳の少年はおでこのはれもの、にきびを2年間もつつき続け、やがて、慢性のおできになってしまいました。両親は彼におできをつつかないようにするために、さまざまな罰を与えてきました。彼のクラスメートや先生も彼の癖を直そうと努力しました。医者は彼に、がんになる恐れについて説明したり、おできに包帯を巻いたりテープをまいたり、彼がおできにふれないようにとあらゆる努力をしました。少年は絆創膏の下まで手

を入れて、かさぶたをほじくり出しました。そして少年は、つつきたくて我慢できないと説明していました。

少年の両親は少年がおできをつつかないようにできる限りのことをしました。しかし、両親は罰について異なった価値観を持っていました。父は大変極端で、全てのおもちゃを取り上げ、彼の自転車を売り払い、彼の弓と矢も壊してしまいました。

ついに両親は、彼を私のところに連れてきました。私は家族の状況を知るために、母親と面接しました。そして、少年の問題を取り扱うためのヒントを得ました。少年には家庭内で雑用などの役割が与えられていました。そのことで、彼の家の中での価値や義務を知りました。家には少年が手入れをしている大きな芝生と大きな庭がありました。母親は大抵少年の味方でした。また、少年はさまざまな罰を与える父親に憤っていることが分かりました。特に父親が弓矢を壊したことには憤慨していました。また、少年はスペリングにも問題があることが分かりました。彼は、単語の文字を抜かして書く癖がありました。私は、学校で何があるかを知るために子どもの学業をチェックするのが好きなのです。

私は、少年と父親と一緒に面接しました。私はさっそく所有権がどのように明確にされているのかということに焦点をあて、弓矢を問題にしました。その弓矢は誰のでしたかと聞くと、父親は少年のものだと認めました。両親が誕生日に少年に贈ったものでした。それから、おできの治療はどのようにすべきかを尋ねました。包帯を巻いたり薬を付けたりするのは当然の処置であると私たちは同意しました。私はおできの治療のために弓矢をどのように使うのかと聞きました。弓矢を壊すことでおできを治すことができるのかと言うと、父親は当惑し、少年は細くした目で父親をにらんでいました。この会話で父親は赤面してばつが悪そうでした。それから私は少年の方を向いて、父親の愚かな行動はともかくとして、善意によるものとして、少なくとも素直に信頼することができると考えなかったのかと尋ねました。二人ともこの言葉を受け入れなければなりませんでした。この

方法によると、少年は父親の行動を愚かだと考えることができるが、一方そのためには、父親が善意でやったのだとして、父親を信頼しなけれななりませんでした。

そして、私はこれまで効かなかった薬[訳注2]についてどの程度話し合うべきか、それとも忘れてしまおうかと尋ねました。「2年間もこの薬を飲んできたんです。弓矢を壊したことや自転車を売ったことによる薬効はなかったということになるので、どうしたらいいでしょう？」と私は聞きました。少年は私が処置をすべきだという考えを示しました。

私は彼に言いました。「よし、私がやりましょう。しかし、君はきっと私のやる方法は嫌だと思う。おできをきれいにしてしまうために私が何かをするのだから、君はちょっと嫌だろう。でも、君の望んでいることは、いや本当に君が望んでいることは、君のおできを治すことだよね」。少年の代わりに父親が週末の雑用をするので、少年は毎週末、おできを治すことに専念してほしい、と私は言いました。少年は勝ち誇ったように父親と私を見ました。

それから、芝刈りとその芝を熊手でかき集めることや犬の糞の片付け、庭の雑草取りなどの雑用に話を移しました。少年が芝刈りをしたときは誰がチェックするのか尋ねると、父親でした。「よし、土曜日に、おできを治すのに専念している間、そればかりもできないだろうから、君は庭に行き、君の代わりに父親がした仕事をチェックできるよ」と、私は言いました。

このときに至って、彼は週末におできを治すためにどんなことをするのかということに相当の興味を持ちました。私は本題から道をそらし始めました。怒らせてしまうほどゆっくりとだらだらとしたやり方で、治療計画を提示しました。こうすれば、患者はあなたが早く要点に達するのを待ちこがれるようになるでしょう。彼は一体、自分は何をするのか知りたくな

訳注2）父親が子どもに対して与えてきた罰の比喩。

る。彼はあなたの治療法についてのよく考えられた説明を聞いて、あなたを信頼するようになるでしょう。彼は、あなたが問題を解決するのに性急ではないことを知っています。彼はあなたが要点に達するのを待っているでしょう。そして、あなたが最終的に要点を説明すれば、彼はその計画を喜んで受け入れるでしょう。

　私は少年に「君のスペリングがとてもひどいことが分かった。君は単語を書くとき、文字を抜くからスペリングがひどいのだ」と言いました。

　そして、「土曜日の朝6時からおできの治療に取り組むべきだと思う。これは真剣なんだから、そのために早起きをしたら、さらに真剣に取り組むことになるだろう。もちろん、5時55分に起きたら、6時を待たないで始めればいい。6時5分に起きたら、その時間に始めなさい。5分ぐらいは大した違いじゃない」と言いました。

　私は「ペンで書いても、鉛筆で書いてもいい。鉛筆には色つきのものもあるけれど、普通の鉛筆を使うのがいいでしょう。ペンやボールペンやインクで書いてもいい。線が引いてある紙が一番いいと思うよ。線の幅は広いものか、少し広目のものがいいね。お父さんがちょうどいい紙を用意してくれると思う」と続けました。

　そしてついに、彼に伝えました。「これが君の書く文だよ。『私はおでこのおできをつつくことは良いことだと思わない』」私はゆっくり注意深く、この文を繰り返しました。「さあ、ゆっくりきれいに慎重に書きなさい。書いたら、1行ずつ確認しなさい。そして、また、ゆっくりと慎重にその文を書きなさい。一つの文字も抜かさないようにするために、一行一行、一語一語チェックしなさい。同じように、君はおできを残らず全て治したいでしょう」と言いました。

　私は彼におできが治るのにどれくらいかかるか分からないと言いました。私は2年以上も慢性になっているのだから、治るのに1カ月はかかるだろうと思いました。彼は毎日ではないが、3日から4日に1度は鏡の前で治り具合を確認することができました。こうすれば、彼はいつ治ったか知る

ことができるでしょう。彼は治ったあとでも、さらに週末に書きたがるかもしれません。

　彼は6時に起きて書き始め、そのあとで朝食をとることにしました。私は母親にゆっくりと朝食を準備してもらい、彼がそのとき休憩が取れるように、密かに話しておきました。彼は2時間ごとにジュースや水を飲む休憩を取ることにしました。そして父の仕事をチェックに行き、戻って書きました。午前中に手が痛くなるかもしれないと言って、何をしたらよいか説明しました。休憩のときに、手を素早く開いたり閉じたりして筋肉をリラックスさせることを教えました。こうすることで筋肉の疲れを増すかもしれないが、筋肉の柔軟性を保持するのに役立つでしょう。夕食のあと、彼は仕事から解放されるべきだと思うと言いました。実のところ、私は本当に彼が4時に書くのをやめたとしてもかまいませんでした。何時に終えても良いようにすることで、罰ではないと思わせるようにしました。

　その少年は毎週土曜日と日曜日ごとに字を書きました。私はあの文章が書かれた罫線入りの膨大な量の紙を見せられました。全ての文字は喜びと誇りに満ちていました。彼の父は少年を追い立てませんでした。彼の両親は、彼が自分の字に誇りを持ったことに驚きました。長い文章の中で1000回目はきれいに書けていました。私は、彼の書いた成果をチェックするのは私の仕事であることをはっきりさせました。彼が両親に見せることは良いことだが、私が調査者でした。私は全てのページをチェックしました。私は、各ページを素早くチェックしました。そして、特にチェックする必要のあるページを彼は思い出すことができました。そうすることで、彼は私が詳細なチェックをしないで済むようにしてくれました。

　少年は書けば書くほど、父親の仕事を点検する正当な理由を得たのです。書けば書くほど、正確に書かなければならなくなり、彼は最後には上手に書けるようになりました。全ては良い方向に変わっていました。このアプローチは彼のおできをつつくという強迫性を、正確に何かを書くという強迫性に変えるものでした。その結果、彼は健全なプライドを持つことがで

きました。「すべきことは分かっている。私はおまえが想像する以上に、芝をきれいにしている」と父親は言いました。少年は芝生に葉っぱが落ちているのを見つけては指摘するのを楽しんだのです。父親は芝を新たに植え、庭を完璧に直し、庭の塀も直すなど全ての雑用をこなし、そして少年は書き続けました。

　1カ月で、おできは治り、1年後も再発していません。あの慢性のひどいおできはなくなり、その痕さえありません。

　私は少年の書いた紙を症例記録ファイルに保管し、どのくらいの期間保存すればよいか彼に聞きました。いずれそのファイルに入り切らなくなるでしょう。彼は「数カ月とっておくみたいだね」と言いました。私がそのあとどうしたらいいかと彼に尋ねると、「そのときはもうただの紙屑だよ」と言いました。

エリクソンは、子どもをどうしつけるかについての両親の対立に直接取り組むことが時々あったが、これらのケースではそうしなかった。両親の争いに利用された子どものことを質問すると、エリクソンは「子どもを治せば、子どもは両親にとってはこれまでと違った存在になる。そして両親は、子どもを巻き込むことなく、自分たちだけで争わなければならなくなる。子どもは両親からは距離を持った異邦人となり、自立した存在となる」と言った。

エリクソンは子どもたちと一緒に遊んだり、大人の世界に対抗して子どもの立場に立ってきたが、彼は子どもを甘やかして育てることを支持してはいなかった。彼は両親にどうやって子どもと遊ぶかを教え、両親が厳し過ぎて無理な罰を与えるのを阻止した。しかし彼は、両親が厳しい制限を設定するのを助けたりもした。子どもが間違った行動をしたとき、エリクソンはその理由を理解させようとするのではなく、子どもにもっと適した行動を取らせるようにした。彼の考え方は古めかしく思えるだろう。例えば、子どもが朝食を食べないと母親が心配したら、エリクソンは母親にその問題を解決する方法を教えたであろう。母親においしい朝食を作らせ、もし子どもがそれを食

べなければ冷蔵庫で保存する。昼食時にまたそれを出し、もし食べなければ夕食にまたそれを出す。子どもが食べるまでこれを続けるのである。

　自閉症のような重度の障害をもつ子どもを治療するときでも、エリクソンは人の許容限度を超えた行動をする子どもを扱うときと同様、特に愛情を必要としている子どものようには対処しなかった。エリクソンは、子どもが不安定なのはどのような制限が自分に課せられているかを子どもがはっきりと知らないことからきており、治療的アプローチとはこの制限を明確にすることであると感じていた。問題はむしろ、子どもの治療者のような外部の見ず知らずの人ではなく、両親がいかに制限を設定するように持っていくかにある。子どもの問題においては、エリクソンは子どもに焦点を置くのと同様に、家族の状況にも焦点を置いている。

　問題行動を持つ子どもをエリクソンが扱ったときの方法を以下で紹介する。

　ある27歳の母親は8歳の息子がだんだんと反抗的になり、毎日新しい方法を探しては彼女に反抗するため、本当に困り切っていました。母親は2年前、周囲の皆が仕方がないと思うような理由によって夫と離婚していました。彼女は息子以外に、9歳と6歳の娘もいました。彼女は結婚を考えている男性とデートを数カ月重ねていましたが、息子が反抗的になり、これまで考えもしなかったような問題が起こったことを知りました。一時、長女も彼と一緒になって反抗的になりましたが、母親は怒ったり、叫んだり、叱ったり、脅したりして、また怒って尻を叩いたあとで論理的に子どもと話し合うという、母親のこれまでの躾の方法によって長女を治すことができました。この方法は、以前には子どもたちに効き目がありました。しかし、尻叩きの数を増やしたり、息子のものを取り上げたり、涙を流して見せたり、実家の助けを借りても、息子ジョーにはこれまでの躾の方法は効果がありませんでした。ジョーはしたいことは何でもできるし、彼を止められるものは何もないと楽しそうに話しました。

　息子の破壊的な行動は学校や近所にまで拡がり、周囲の全てを危険に陥

れました。学校の器具を破壊したり、教師に反抗したり、クラスメートをいじめたり、近所の家の窓を割ったり、花壇を荒らしたりしました。先生や近所の人たちは何か良い方法がないかと思案したが、なすすべがありませんでした。彼はついに家の中にある貴重品を壊し始めました。特に、母親が夜寝たあとにひどかったのです。次の朝になると、彼は母親にふてぶてしい顔で自分はやってないと言って母親をかんかんに怒らせました。

　それでとうとう母親は、息子を治療することを決意して診療所へ連れてきました。母親はこうした話をし、ジョーは勝ち誇ったように笑って横でその話を聞きました。彼女が話し終わったとき、ジョーは私に彼を止めることはできないと得意げに言い放ちました。彼は自分のしたいようにすると言いました。私は、君はかなり大きくて強い少年でとても賢いから、君の行動を変えるために私が何かする必要などないし、君は自分で行動を改めなければならないだろうと、真面目かつ熱心に言い、少年を安心させました。そして、少年が自分自身で行動を改めるためのチャンスを母親も与えようとするだろうと請け合いました。ジョーは疑い深げにあざけり笑うようにこの言葉を聞いていました。私は、君の母親は君の行動を改めてもらいたいために、ちょっとした簡単な約束事を要求するだろうと言い、診察室を出しました。私はまた非常に優しく、この簡単な約束事とは何か少年に考えるように言いました。こうすることで、母親を待つ間、少年は静かに考え込むことになりました。

　母親に対してだけ、少年は自分より強い力のある人間の存在を求めているのだと、私は説明しました。今日まで、少年の住んでいる世界はひどく不安定で、たった8歳の自分だけが最も強い存在であることを証明しようと、彼はむきになってきたのです。そして、次の2日間に取るべき行動の明確な指示を母親に丁寧に与えました。

　診察室から去るとき、少年は自分の尻を叩くように言ったのかと挑発的に私に尋ねました。私は、君の行動を変えるのは君以外の何者でもなく、君に全て任されているのだと保証しました。この私の返答は彼を困惑させ

ました。家への帰り道、母親は車を安全に運転できるよう少年を従わせるために、きつい体罰を加えました。この母親の誤った行動は予期されたことでした。母親は有無を言わさずすぐに体罰を加えるように忠告されていました。その日の夜は、いつものように彼が望むだけテレビを見させました。

　次の朝、祖父母がやってきて2人の娘を連れていきました。水泳に行くつもりだったジョーは母親に朝食を要求しました。母親がサンドイッチの包み、果物、フルーツジュースの入った魔法びん、コーヒーとタオルを持って居間に入ってくるのを見て、彼は戸惑いました。彼女は手に持っていたものを全て電話と本が置いてある長椅子の上にしっかりと置きました。ジョーは、母親が言うことを聞かなければ手当たり次第に物を壊していくと脅して、母親にすぐに朝食を作るよう要求しました。母親は少しほほ笑むと、少年をつかみ、床に投げつけ、腹這いにさせて全体重を少年にかけました。少年は降りろと叫びましたが、「私はもう朝食は終わりました。あとはおまえの行動を直すための方法を考えるだけです」と母親は言いました。しかしながら、どうしたらよいかは自分には分からない、全てはおまえ次第だ、と母親は言いました。

　彼は、上に乗っている自分より強い母親の体重と力とスキのない機敏さに対して、気が狂ったように抵抗しました。彼は叫び、罰当たりな言葉や猥褻な言葉をわめき、そしてすすり泣き、最終的には哀れにも良い子でいると約束しました。母親は、彼の行動がどのように変わるのか分からない以上、そんな約束は何の意味も持たないと答えました。この答えは、彼をまた怒らせたが、それも最終的にはやんだのです。それから、少年はすぐにトイレに行かないと漏れると言いました。彼女は静かにまだ考えているところだと説明し、彼のズボンがびしょぬれにならないようにタオルを渡しました。これはまた彼を怒らせたが、怒ると疲れるだけでした。母親は少年が静かになったのを見計らって、彼女の母親のところに電話をしました。ジョーが聞いているところで、彼女はまだ何の結論にも達しておらず、

ジョーから行動の変化が現われると信じていると言いました。母親の言葉を聞いて、息子は力を振り絞って大きな声で叫んで対抗しました。彼女は、ジョーは叫ぶばかりで行動を変えることを考えていないと電話で話し、彼の口にマウスピースを入れ、叫べないようにしました。

　彼はしばらく静かにしていましたが、突然、暴力的になり、叫び、要求し、すすり泣くといった行動を取ったかと思うと、悲しげに母親に嘆願しました。こうした彼の行動に対して、母親は変わらず静かに同様の答えをしました。しばらくして、母親はジュースとコーヒーを注ぎサンドイッチを食べ、本を読んだのです。昼ちょっと前、彼は丁寧に本当にトイレに行きたいと言いました。彼女も行きたいと告白しました。トイレから戻ってきて床の同じ場所に戻り、彼の上にちゃんと母親を座らせると約束できるなら、トイレに行くことができると母親は言いました。彼は少し泣いたあとで、できると約束しました。彼は約束を果たしたあとで、すぐに彼女を追い払うための新たな行動に出ました。成功しかけたところでさらに努力を続けましたが、彼はもっと疲れただけでした。彼が休んでいる間、母親はコーヒーを飲んだり、果物を食べたり、ちょっと電話をしたり、本を読んだりしました。

　5時間以上経ったあとで、ジョーは全て母親の言うことをやると、惨めなくらい簡単に言って降参しました。それに対して母親は、考えてもむだだったし、彼が何をすべきと言えばよいか分からないと、ありのままに真面目に答えました。ここで彼は、わっと泣き出したが、すぐすすり泣きになり、何をしたらいいか知っていると言いました。母親はそれを聞いてとてもうれしいが、考えるのに十分な時間があったとは思えないと優しく言いました。恐らく、もう1時間は考える時間が必要だろうと言いました。母親が座って静かに本を読んでいる間、彼は黙って1時間が経つのを待ちました。1時間が過ぎたとき、母親は時間を告げましたが、その章を読み終わりたいと言いました。これに対して、彼はぞっとして溜息をつき、彼女が読み終わるまで、ひとりでそっとすすり泣きました。

その章を読み終わると彼女は立ち上がったので、彼も起き上がりました。彼は恐る恐る、何か食べたいと頼んだのです。彼女は昼食には遅過ぎるし、朝食は昼食の前に食べるのであり、遅過ぎて朝食を出すことはできないと非常に詳しく説明しました。代わりに彼に冷たい水を飲み、午後の残りの時間はベッドで休むように言いました。

　ジョーはすぐにぐっすりと眠りました。彼は美味しそうな臭いで目が覚め、祖父母の元から戻ってきたきょうだいたちと一緒に夕食のテーブルに着こうとしました。

　しかし母親は、朝食を最初に食べ、そして昼食を食べ、そして一日の最後に夕食を食べるのが決まりだと重々しく、簡潔に、しかも分かりやすく説明しました。不幸なことに、彼は朝食を食べ損ね、それから昼食も食べ損ねました。だから、夕食も食べさせるわけにはいかない。だけど、幸運なことに明日の朝には新しい一日を始めることができるから朝食から食べられるよ、と母親は言いました。ジョーは彼の寝室に戻り、ひとりで泣いて眠りました。母親は何もなかったように眠り、彼女が朝食の準備に起きるまでジョーも起きませんでした。

　ジョーはきょうだいたちと一緒に朝食を食べに台所に入り、母親がきょうだいたちのためにパンケーキとソーセージを配っている間、幸せそうに座っていました。ジョーの前には大きなボールが置かれていました。母親は、ジョーの嫌いな食べ物であるオートミールを彼の特別メニューとして作ったと説明しました。涙があふれてきましたが、彼は家の決まりどおり朝食を作ってくれた母に感謝して、がつがつ食べました。母親は、お替わりができるように大量に作ってあると言い、彼の昼食用に十分残りそうだわと嬉しそうに話しました。彼はそうならないようにと頑張って食べましたが、食べきれないほど母親は大量に作っていました。

　朝食のあと、彼は何も指示されることなく自分の部屋を片付けだしました。そして、近所を訪問してもよいかと母親に尋ねました。母親は彼が何をするつもりか分かりませんでしたが、外出の許可をしました。窓のカーテ

ン越しに彼女は彼の様子を見ていました。彼は隣の家に行き、ベルを鳴らしました。ドアが開き、隣の人と簡単に話をして、彼は道に出てきました。彼はこれまで計画的に襲った近所の家を念入りに一軒一軒廻り、謝罪するとともに、できるだけ早く償いをしにまた訪問することを約束していたことを、彼女はあとで知りました。彼は自分が今まで与えてきた損害を全て償うには大分時間がかかるだろうと説明しました。

　昼食に戻ってきたジョーは、バターを塗った冷たいオートミールを食べ、自発的に食器を拭き、きょうだいたちがテレビを見ている間、教科書を読んで午後の時間を過ごしました。夕食は十分な量がありましたが、また残り物でした。ジョーはその夕食を黙って直ぐに食べました。きょうだいたちが母に注意されるまで寝室に行かなかったのに、ジョーは自分から寝室に行きました。

　翌日彼は学校に行き、謝るとともにこれからちゃんとすることを約束しました。それは半分不信の目で受け入れられました。その夜、彼は姉と典型的な子どもっぽい喧嘩をし、姉は母親に助けを求めて悲鳴を上げました。母親が部屋に来たとき、彼は見ても分かるくらい震え始めていました。二人を座らせ、まず姉にどうしたのか話すように母親は言いました。ジョーの番になったとき、姉の言ったとおりだと彼は話しました。母は彼に、8歳の普通の男の子でいてほしいし、普通の8歳の男の子がするようなトラブルなら起こしてもよいと思っていると言いました。そして、喧嘩は何のメリットもないし、ほどほどにすべきだと母親は二人に話しました。二人は黙ってそれを認めました。

　私の指示に従って息子の問題を扱えるように、ジョーの母親を教育することはとても難しいことでした。彼女は大卒で、地域や社会に関心と責任感を持っており、知的レベルは高かったのです。面接で、彼女はジョーが学校や地域社会に与えてきた迷惑をできるだけ述べるように言われました。この説明をしているうちに、ジョーが学校や地域社会に与えてきたことに対する責任は、彼女の心の中で痛々しく膨れ上がったのです（植物はまた

生えてくるし、壊れた窓硝子や破れた服は取り替えられるが、彼女の反省の中にそのような慰めの入る余地はなかった)。

　次に、彼女はジョーがどのような子どもであったか聞かれ、かなり幸せで行儀よく、本当に賢い子だったと説明しました。彼の過去と現在の行動を比較し、それぞれ手短に、重要なことは明確に思い出すよう求められました。私は、「かつての彼がそうであった」ということと、彼の現在の行動をもとに、今「考えられる可能性」の両方から彼の将来の行動について推測するよう尋ねました。私は、母親が「将来の考えられる像」をはっきりと描くのを助けるためにに有効な提案を行ないました。

　この話し合いのあと、彼女は週末にやれることと、ジョーに対して取るべき役割について十分検討するように言われました。彼女は分かっていなかったので、そのために彼女は完全に受動的な立場に置かれました。それで、私は計画を提示することができました。息子と逸脱行動に対して怒りと恨みを感じていたが、罪悪感のために抑圧してしまったそれらの感情を利用しました。彼女の息子が自分の不安感を確かめたり、母親の無能さを確かめようとするのを、十分に慎重な警戒によって阻止することに努力を集中しました。

　8歳の子どもの身体の上に乗るには、母親の体重70kgは重すぎるという一見もっともな意見は、母親の完全な協力を得るきっかけとなりました。最初は、この議論はうまくはぐらかされました。彼女の体重が重過ぎて子どもには耐えられないというこの一見明らかな論理の背後には、私の提案に反対する彼女の気持ちがあり、それを全てきちんと整理させるように援助しました。彼女がさらに防御を強めたので、注意深い表現を使って、週末に起こりそうなさまざまなことを話すと、彼女は私の話したさまざまなことをやってみようという気持ちになりました。

　彼女の気持ちの準備がうまくできたところで、彼女の体重の問題を検討することになりました。彼女には医学的な意見など必要なく、明日になれば、息子から彼女の体重など取るに足らないことだと思い知らされること

になるだろうと確信しました。事実、この状況を乗り切るには、体重のほかにも強さや機敏さや敏捷性が必要でした。体重が十分でなかったら、彼女はこのコンテストに敗退していたかもしれません（母親は単純に提示されたこの議論の拘束的な意味を理解していませんでした。彼女は自分の体重が重過ぎるということを証明しようとする立場に置かれたのです。これを証明するために、彼女には息子の協力が必要でした。しかし私は、少年の攻撃的パターンからして母親に黙って少年が従っていないだろうと確信していました。このようにして、彼女は私の提案に対する自分の防衛的な考え方など無視してよいことを息子から教えられるでしょう。また、暴力的な彼の行動は、私の提案を彼女が受け入れやすくするでしょう）。母親はあとに語っています。「息子が暴れ馬のようなやり方で私を振り落とそうとしたので、私は自分の立場を守るためにこの難しい問題に取り掛からなければならないと思いました。誰がより賢いのかという問題になり、私は十分やり通す自信がありました。私は彼の動きを予測してタイミングを合わすことに喜びを感じました。これはもうチェスのゲームのようでした。私は確実に彼の判断に応える方法を知っており、彼が私を阻止するのと同じくらい綿密に、彼を阻止する喜びを感じていました」

「しかし、一度だけまずい場面がありました。彼がトイレから出てきたとき、床に座り情けなさそうに見つめるので、私は腕の中に抱きしめたくなりました。しかし、哀れみによって彼の降伏を受け入れてはならない、問題が解決して初めて彼の降伏を受け入れられるのだ、とあなたが言ったことを思い出しました。そのときに私は勝利したと感じました。そして、私はどんな哀れみも入らないように十分注意しました。それであとは楽になりました。私が何をしているか、なぜやっているかを本当に理解することができるようになりました」

次の数カ月、夏の中旬まで全てはうまくいっていました。姉との喧嘩が不公平にも姉の勝ちに終わった以外、これといった理由は考えられないのですが、ジョーは落ち着いてしっかりと「あんな目に合わされる」必要は

なかったと断言しました。彼は誰でも、特に私を「蹴りつける」ことができると言いました。そして母親に、その日の夕方遅く私のところに連れていくように強要しました。どうしてよいのか困って、母親は直ぐに私のところに彼を連れてきました。入ってくるなり母親は「ジョーが診察室の床を蹴り抜いてやると脅している」と幾分不正確に言いました。床が堅くて、そんなことはできないよとジョーは言いました。彼はカウボーイブーツを振り上げ、カーペットを敷いた床を強く踏みつけました。私は「8歳の男の子にしては本当にすごいね。しかし、何度か繰り返すことはできても、そんなに多くの回数はできないよ」と彼に言いました。ジョーは怒って、やろうと思えば50回でも、100回でも、1000回でもできると言いました。これに対して、君はまだ8歳の少年なのだから、どんなに君が怒っても、1000回はできないだろう、半分の500回もできないよ、と私は言い返しました。実際、もしやったとしても君は疲れてしまい、だんだん足蹴りは弱くなっていくだろう。そして、足を替えて休みを取らなければならなくなるだろう。さらに悪いことには、足踏みは止まり、ふらふらで立っていられなくなり、座りたくなるであろう。私は言いました。もし君が信じないなら、すぐ始めて見たらいいさ。小さな子どものように疲れ果てたら、ふらふらして座りたくなって、もはや立っていることが無理だと分かるまでは、立ったままで休息を取っていいよ。私は続けました。彼は憤慨し荒れ狂いつつも厳然と、1億回やってでも床に絶対穴を開けてやると宣言しました。

　私は母親に、「4の平方根」には戻ってくるようにと言いました。彼女にはすなわち「2時間」したら戻ってくるようにという意味だと理解できました。ジョーは大人同士が特定の時間を示し合わせているとは分かりましたが、彼女が戻ってくる時間は分かりませんでした。彼女が外に出るためドアを閉めたとき、彼は右足でバランスを取り、左足で床を踏みつけました。私は驚いた振りをして、予想していたよりもジョーの足蹴りは良いねと言いました。しかし、彼がどこまで続けられるのか疑問でした。私は

ジョーはすぐに疲れるだろうと言いました。そして、立つことさえできなくなるのが分かるだろうと言いました。人を馬鹿にしたように彼が足蹴りをさらに数回繰り返したところで、十分非難できるほど力が衰えました。

　懸命に努力して30回ほど足蹴りをしましたが、ようやく彼は自分の力を過信していたことに気が付きました。彼が気付いていることは彼の顔の表情に現われていました。そこで私は、もはや立ったままで休憩を取ることもできないみたいで、ふらふらして座りたそうだから、足で床を1000回軽く叩くことにしてもいいよと見下したように提案しました。やけになりながらも毅然として、彼は床を軽く叩くという選択を拒否して、立ったままでいると宣言しました。彼は私の方を見ながら、まっすぐ両脇に手を置き身体をしゃんと起こす振りをしました。私は机の上の時計を彼にすぐに見せました。チクタクと時計が早く動いているように見えるにもかかわらず、分針が遅いことと時針がさらに遅いことを説明しました。私は机に向き直り、彼の治療記録を書き始めました。そして別の仕事に取り掛かりました。

　ジョーは15分ほど交互の足に重心を移し、体を前後に動かしたり、首を動かしたり、肩を揺り動かしました。30分したところで、彼は腕をのばし、彼の側の椅子に体をもたせかけました。私がちらっと部屋の様子を見ようとすると、彼はさっと手を椅子から離しました。約1時間後、私は一時的に部屋から離れました。ジョーはこの機会を十分に利用しました。これを繰り返したあとには、もう椅子の側の位置から離れられなくなりました。

　彼の母が部屋に戻ってきてノックしたとき、私はジョーに言いました。「お母さんが入ってきたとき、私の言うとおりにしなさい」。彼女は入ってきて座りました。ジョーが机の方を向いてじっと立っているので不思議そうに彼女はジョーを見ました。静かにと母親に合図を送って、私はジョーにしっかりと命令しました。「お母さんに君がまだどんなに強く床を蹴ることができるか見せてあげなさい」。彼はびっくりしたようにうなずきました。「さあ、お母さんに君がいかにまだしゃんと真っすぐ立っていられるか見せてあげなさい」。1分後にはさらに2つの指示を出しした。「お母

さん、ジョーと私の面接は二人だけの秘密です。ジョー、この部屋で何が起こったか、たった一つでもお母さんに話してはだめです。私たち二人が知っていればそれで十分です。いいね」

ジョーと母親はうなずきました。母親はちょっと煙にまかれたような表情をしていました。ジョーはとてもうれしそうに見えました。帰宅する車の中で、彼は静かに母親のすぐ隣に座っていました。帰り道の半分を過ぎたところで、彼は沈黙を破って、私のことを「良い医者」だと言いました。この彼の発言は、うまく説明できないけれど、彼女の当惑した気持ちを安心させる効果があったと彼女はあとで話してくれました。彼女は部屋での出来事を尋ねもしなかったし、説明も求めませんでした。彼が私のことを好きで、尊敬し、信頼しており、時々普通の友人として会うことを喜んだということしか彼女には分かりませんでした。ジョーはそのあと、普通の賢い少年らしく行動しました。時々予測されうる正当な範囲で間違いをしでかしましたが。

2年が経ち、ジョーの母親は婚約しました。ジョーは将来の義父のことが好きでしたが、母親に対して一つの厳しい質問をしました。「エリクソンは賛成した？　彼が本当に賛成なら、言うまでもないよ」

知的で感情的な動揺が、ある気分から別の気分へと移り変わるような、不安定な状況のもとでは、確実性や安全性は存在しません。ジョーは、何が本当に強くて、安全で、確実なのかを知りたがりました。彼はそれを裸足で石を蹴ってはいけないということや素手でサボテンを叩いてはいけないという、効果的な学習によって学んだのです。

§7　夫婦と家族の難局

　中年期にさしかかると、夫婦のもめごとは常習的なものになりがちである。時には子どもも巻き込まれるが、ここで持ち出される苦情というのは、よくある夫婦の問題であることが多い。よく見られる問題は、夫と妻のどちらが優位に立つかの力争いである。ヒエラルキーを形成するのは学習する動物の本性であり、結婚においても、夫婦関係のヒエラルキーでどちらが上位でどちらが下位かということが絶えざる争点になり得る。この問題に柔軟に対応する夫婦もいる。そういう夫婦は、時と場合に応じて夫が優位に立ったり妻が優位に立ったりしながら、大体の場面では対等な夫婦として機能する。結婚生活が困難に陥っている場合、大抵夫婦は一方通行でしか機能できなくなっていて、そのあり方が不満なのである。また配偶者の一方が相手に逆説的な要求をすることもある。しばしば妻は夫に対してもっと支配的であってほしいと望む——しかし彼女が望むように支配してほしいのだ。

　夫婦がこうした権力争いにとらわれると、どちらもそんなことは望んでいないのに、それが長年にわたって続いてしまうことがある。攻撃手段としては、症状を含む多様な行動が用いられる。エリクソンは、習慣的・悪循環的な行動にはまってしまった夫婦の葛藤を解決するために、さまざまな手法を開発した。次の2つのケースは、本質的には同じ難局に対して、全く異なったアプローチをした例である。ある夫婦が一緒にレストラン業を営んでいた。彼らは結婚生活における果てしない力争いに陥っており、その争いはどちらがレストランを管理するかという形をとっている。最初のケースでは、エリクソンは妻とのみ面接して問題を解決し、夫は直接には参加しなかった。

この男を仮にスミス氏と呼びましょう。彼は50代で、これまでずっとレストランを経営してきました。高校でホットドッグスタンドを始めたのが皮切りでした。その間妻は、レストランの経営について毎日彼を質問攻めにしていました。これは婚約したときから始まり、結婚生活を通して続いていました。妻が言うには、夫がレストランをきちんとやっているかどうか見極めがつくまで、彼女が毎日管理しなければならないと感じてしまうのでした。夫は管理されることに腹を立てながらも、されるがままになっていました。彼女は2時間もかけてあらゆることを調べ、何を仕入れどんな手配をしたかを夫に報告させました。

　妻はこんなやり方で夫を支配したいと思わないし、それをやめるためならどんなことでもするつもりだと言いました。自分ではどうしようもなく無理やりさせられているように感じていました。私はこの強迫的な気持ちを利用して、それを妻自身に向けさせ、夫からそらすことにしました。今しているような、夫に根ほり葉ほり質問するという課題を彼女に与えたのです。彼女はいつもの質問をリストに書き出し、自分自身のするべきことについても、これに対応する同じような質問リストを作ることになりました。夫を問い詰めたら、今度は振り返って自分のしたことについて自分自身を問い詰めるのです。あたかも夫から問い詰められているかのように質問し、答えなければなりません。レストランのストックについて夫を問いただすように、家のストックについて自分自身に問いただし、「家庭用にミルクを7ℓ注文した、パンを2斤買った」などと答えるのです。

　夫は依然として問いただされていましたが、そのあと必ず妻が夫の役を演じました——夫がするはずの質問を文字どおり自分自身にして、自分でその全てに答えなければならなかったのです。妻は一切を取り仕切っていましたが、それでいてただ暗唱する役をしているだけでした。

　妻は予想どおりに反応しました。こんなやり方にうんざりし、毎日夫に質問するのをやめました。彼女と最後に会ったのは治療が終結してずいぶん経ってからでした。彼女は、レストランに行くのは友人たちと食事をし

に行くときだけだと言いました。決して夫に質問しないし、家事のことも報告しません。でも、夫が完全に満足するように5万ドルの家の手入れをしています。

このケースで特徴的なのは、エリクソンが強迫性のある人に強迫的な行動をやり通させ、困難を克服させるようにもっていくところである。風変わりなのは、夫を参加させないまま治療に利用するところである。夫を管理してきた妻は、彼女を管理している夫を管理しながら、彼女自身を管理するという課題にうまく乗せられて、長年してきたことをやめる。それこそが夫の腹立ちの種であり、結婚生活の悩みのもとだったのだ。夫を監督する仕事から妻を解放してやる前に、既に夫の経営能力を見抜いていたあたりも、いかにもエリクソンらしい。

もう一つの全く同様のケースでは、エリクソンは夫と妻を一緒に扱った。彼は状況の性質上、必ず変化を引き起す単純な指示を与えることによって、長い間続いていた夫婦の葛藤を解決した。

この夫婦は長年、共にレストラン業に携わっており、その管理を巡って常に喧嘩していました。妻は管理は夫がすべきだと主張し、夫は妻がそうさせてくれないと抗議しました。「ええ、こいつは私がレストランを運営すべきだと言い続けていますよ。こいつは自分で運営していながら私にやるべきだと言ってるんです。私は皿洗いで、門番で、床も磨くんです。こいつは仕入れのことでガミガミ言い、帳簿付けのことでガミガミ言い、床を磨く必要があるとガミガミ言うんです。私は本当は床磨きの人を雇いたいんだが、妻は人が来てくれるまで待てないんです。それで私が自分で頑張ってやる、するともう人を雇う必要はなくなるってわけです」

妻は、自分はむしろ家にいたいのでレストランの面倒は夫にみてもらいたい、というもっともな立場を取りました。したい縫い物はあるし、日に一度くらいは夫の好物の手料理を食べさせてやりたいというのでした。夫

は答えました。「いま、先生と私に言ったとおり、こいつはいつも口でそう言うんです。でも明日の朝になってみなさい、こいつはレストランにいるんです！」

　レストランは夜10時頃閉店し、朝は7時に開けるということでした。私は手始めに、レストランの鍵はどちらが持っているのかと妻に尋ねました。彼女は言いました。「鍵は2人とも持ってます。いつも夫が駐車している間に私が先に行って店を開けるんです」

　私は夫の方が30分早く着くように、妻が取り計らうべきだと指摘しました。夫婦は1台しか車を持っていませんでしたが、レストランは家から数ブロックのところにあり、彼女は徒歩で行って30分後に着くことができました。彼女がこの手はずに同意したとき、葛藤は解決しました。

この夫婦について数人の弟子たちと討論したときも、エリクソンはやはりこともなげな言い方をした。「女性を夫より30分遅く到着させることで、問題は解決しました」。聞き手にはエリクソンにとってほど明白でないように見えたので、彼は続けて説明した。

　妻より30分早く着いたとき、夫は鍵を持っていました。彼がドアを開けました。彼が全ての鍵を開けました。彼がその日のレストランの準備をしました。妻は着いてみると完全にペースが狂って取り残されていました。それでいろんなことが夫の手によって動き出し、夫がそれらを管理していたのでした。

　朝の30分家に残っていると、妻の前にはもちろん朝食で使った皿や出掛ける前に片付けなければならない家事がありました。そして、もし30分遅れることができるのなら、35分遅れることもできました。事実、この手はずに同意したとき彼女が気付いていなかったのは、40分あるいは1時間遅れることだってできるということでした。このようにして、妻は自分なしでも夫はレストランをやっていけることが分かりました。夫の方も自分で

レストランを運営できることが分かってきたのでした。

　妻はひとたび朝の30分を譲歩してしまうと、夜早く帰宅して、夫のために寝る前の軽食の支度をすることでも譲歩しました。それは、夜の営業や店じまいも夫が引き受けることを意味しました。

　妻はまた、家事を切り盛りしようとしていましたが、それは彼女にとって一層重要な仕事でした。最終的な取り決めでは、妻は家に居るけれど、従業員の病気や休暇のときにはレジそのほかの配置に着くことになりました。それ以外にはレストランにいる必要はなく、彼女はもはやそうしませんでした。

このケースについて討論したとき、一人が、これは妻個人の問題ではない、夫がしきりと妻にレストランの管理を引き受けさせようとしていたのであって、両者が関与しているゲームなのだ、と指摘した。エリクソンは同意したが、夫に自分が関与していると気付かせてやることは、変化を起こすこととは必ずしも関係がない、と言った。「夫に向かって、あなたは自分に床のモップがけや何やかやをやらせるように妻を仕向けているんですよと言ったとしても、どうなるとは思えませんでした。彼には理解できなかったでしょう。でも彼は、30分まるまる自分がその場を預かっていることを理解し始めました。そして預かってみると申し分なく快適だったのです」

　妻にこのような変化を起こさせ、それを貫かせるのはなかなか難しい。それも管理するのが好きな女性である場合は特に難しい。エリクソンはこの点に触れて、妻が進んでその考えを受け入れて最後まで付いていったのは、提案の仕方のせいだと指摘した。彼女は、夫が30分早く着くように・・・・・・・・・・あなたが取・・・・・り計らってほしい・・・・・・・と求められた。彼女は手配を任された。だから進んで受け入れたのである。

　治療者が夫婦を扱っているとき、その場で言うべきことは何でも妻が決定するというのが、両者の暗黙の申し合わせになっているのに気付くことがよ

くある。夫が質問されても、妻は彼にはしゃべらせないで代わりに答えてしまうので、夫が問題をどう考えているのかなかなか分からない。夫が言い分を言えるように黙っていてほしいと妻に頼めば、うまくいくこともよくあるが、自制してくれないこともある。エリクソンにはそういう「支配的な」女性を扱う独特のやり方がある。

　夫の考えを尋ね、妻にじゃましないように言っても割り込んできてしまう場合、私はいつも何か彼女を黙らせる行為を見つけます。例えばこんなふうにします。「私はまだご主人の考えを聞きたいと思っているんですが、あなたはしゃべり続けていますね。私が理解するのを手助けしたいという熱意のためだということは分かりますよ。でも、ひょっとして口紅をお持ちじゃありませんか？」。もちろん女性は大抵口紅を持っていますから、バッグから取り出すように頼みます。それから言います。「さあ、バカバカしいと思うでしょうが、その口紅をこんなふうに持っていてもらえますか」──口紅の先が唇にそっと触れるようにしていてほしいと教えます。「ではちょっとだけ触れているようにして、ちゃんと持っていてくださいね。これからご主人にいくつか質問をしますが、あなたにはご自分の唇がどんなふうに動こうとするかに注意していてほしいのです。きっととても面白いだろうと思いますよ」。女性は、口紅に触れている自分の唇の震えに注意することにすっかり夢中になることができます。こうすることによって、私は彼女の唇に適正な使い道を与えました。そんなことは全然理解していなくても、彼女はそれが面白いと分かります。

女性があまりにも支配的で子育てから夫を締め出す場合、エリクソンなら、夫がもっと関与するようにあなたから取り計らってほしいと説得するという方法で、彼女と手を組むだろう。

　結婚生活において過度に支配的な女性を相手にする場合、私は彼女を褒

め、能力を評価します。そうしておいてから、さも納得がいかないように疑問を持ち出します。彼女のような知的な女性が、どうして夫の能力を活用しないのか理解できないと言います。それから、男性というものは生物学的に女性とは全然別種の生き物だと指摘します。男性の人生哲学は違うし、子どもとの関係における生理的な機能も違います。

　女性の1回の完全な性行為は、およそ18年かかって完結します。彼女は精子を受け取り、やがて生まれてくる子を9カ月間身ごもり、授乳しなければならず、この全てには身体的な変化が伴います。女性は赤ん坊の世話をし、教え、育て、教育し、長い子ども時代を通じて導き守ってやらなければなりません。生物学的に女性はこの役割に向くようにできているのです。支配的な女性がこれを聞くと、子育てにおける自分の支配的な地位を認めるもっともな口実ができます。けれども、そのもっともな口実を認めるのと同じくらい確かに、環境の好ましい影響をすべて活用する責任も認めることになります。好ましい影響の中にはまた、違った生物学的経験や学習を代表する夫があります。彼女の子どもは男性と女性のいる世界に生きていかなければならないし、両方の性に対処していかなければなりません。だから子どもは両方の性の生物学的特徴をよく知っている必要があります。支配的な女性は、夫の生物学的構造のうちにあるそうした生得的で固有の事柄を、子どものために活用しなければならないとはっきり理解させられるのです。

　あるときエリクソンは、夫に対してひどく支配的な妻の話を聞かされた。彼女は夫にかかってきた電話に出たとき、相手が名乗らないとそのまま受話器を置いてしまうのだった。夫の人との交流は、必ず彼女の検閲を通さなければならないとでもいうように振る舞った。こんなことを許している男性をどう扱うかと尋ねられると、エリクソンは自分ならむしろ妻を扱うと答えた。

　私なら妻だけと面接します。そして、彼女の自己の完全さを傷つけな

ように、間接的な形で話を持ち掛けます。個人には、たとえ親しい間柄でも他人には秘密にしておかなければならない事柄があります。私は、いつ初潮があったかを妻は夫に教える理由などないと指摘します。それは彼にとって重要なことですが、それでもなおプライベートな事柄です。それから、秘密にしておくべき交渉について論じます。どんな女性も、自分へのクリスマスや誕生日のプレゼントを内緒にしないように夫を仕向けるべきではありません。妻への贈り物を義妹にこっそり買ってきてもらうのは秘密であるべきです。あるいは、夫が教会の集まりで妻をグループの座長に選ばせるつもりでいるのを、隣家の主婦がこっそり確認するということだってあっていいはずです。人が自己の完全さを保つのに、不可侵性の必要な秘密はたくさんあります。私たちは、自分自身に対してさえ秘密を作ります。何人の男が、ズボンをはくときどっちの足から先に入れるかを実際に知っているでしょうか？

　私は女性に、何もかも知ることは可能だけれど、それは気持ちのいい知識ではないと分からせます。これによって、自分自身について気持ちのいい知識を持ち、夫に大切なプライバシーの余地を残してやることが彼女の責任になるのです。

妻があまりにも支配的だということをめぐる夫婦間の争いの方が一般的だが、夫が支配的過ぎる場合にも葛藤は起こる。明らかに、問題は単に結婚生活がいかにある「べき」かではなく、あるべき形をめぐってその夫婦が持つ葛藤なのである。しばしば、夫婦は同時に2種類の合意を操る。実際には妻の方が家庭生活をあらかた取り仕切っているのに、夫が仕切っているという振りをするのだ。夫婦のそれぞれにとって、2世代前は事情が違っていたという神話は悩みである。例えば私たちは、ヴィクトリア朝時代の父親は今より強く支配的だったという観念を持っている。しかしその時代の家族構造に関する私たちの知識は、おおむね風聞に過ぎない。ある逸話が、私たちがそれとともに生きている神話とはいかなるものかを示してくれるかもしれない。

私は以前、前世紀末から今世紀初頭にウィーンで育った数人の老人に、彼らの家族がどんなだったか尋ねてみたことがある。ジークムント・フロイトの時代——彼が父親というものをあれほどまでに強い、去勢コンプレックスを与える人物と見なした時代——の家族の雰囲気に興味があったのだ。あるウィーン女性は、若い頃、家族の中で父親は権威ある存在だったと教えてくれた。「私たちは父の椅子に座ることすら許されませんでした」と彼女は付け加えた。不思議に思って私は、父親がどうやって自分の椅子から子どもたちを遠ざけておいたのかと尋ねた。「あら、父がしたんじゃありませんよ。母がしたんです。母は私たちに、お父さまの椅子に座ったりしたらお尻におできができますよと言って聞かせたんです」。少なくとも彼女の父親は、家族の中では権力者として認められていたと見える。

こうした中年期に、夫があまりにも支配的で全てのことに耳を貸さないことから夫婦の問題が起こっていると訴えて、妻が治療に来ることがある。次の2つのケースは、エリクソンがこの問題をどんなふうに扱ったかを示しているが、一つは顕著な支配、一つはもっと微妙な形をとった支配の場合である。

　ある女性が夫との深刻な問題を語りました。彼らは結婚して何年も経っており、家を買うために貯金してきましたが、家の購入は彼らにとって人生の重大事でした。ところが家を選ぶ段になると、夫はこの件について妻には発言権などないと主張しました。家も家具調度も彼が一人で選ぶというのでした。彼女によると夫は今までもずっと専制的でしたが、家選びに自分の主張をすることは彼女にとって重要なことだったので、この問題に関しては手をこまねいてはいられないと感じたのでした。

このように提起された問題への治療的介入は、女性の無力感を扱うことから、夫と妻を来させて両者のコミュニケーションを明確にできるよう援助することに至るまで、何通りも考えられる。エリクソンは、目の前の具体的な

問題に焦点を当てて、最も効果的かつ効率的なやり方で解決しようとする。

　私は夫を面接に来させるように手配し、妻は入れずに彼とだけ会いました。私は家族の中で誰がボスであるべきかについて彼と話し合い、男こそボスであるべきだということで完全に意見の一致を見ました。私たちはまた家を買うなら、それがどんな家でどんな家具を備えつけるかについて、男こそが最終的な決断を下すべきだという点でも一致しました。それから私は、家族の中で真にボスたる男とはどういう男性かという議論に話を持っていきました。それはどういう男性かということに好奇心をかきたててから、真にボスたる男は、些細なことは下の奴らに意見を言わせておいてやるくらい強い男だろうと示唆しました。このようにして、私はこまごましたことは妻に任せてやり、夫自身はもっと上のレベルで監督するように説きつけました。私たちは、彼が家と家具のプランを20通りずつ作り、彼のプランの中から妻に選ばせてやることにしました。その結果に妻は満足し、夫も満足しました。なぜなら彼が本当にお膳立てして全体を監督していたからです。

　エリクソンはこのようにして問題と取り組み、夫婦が互いを好意的に扱う余地ができるように2人の関係を広げたのである。
　専制的な夫のもう一つのケースでは、夫はとても優しい人だったので問題は種類が違っていた。

　結婚して長い夫婦が、決して表面化することのない不断の戦いの中にありました。夫は裕福なニューイングランドの家庭に育ち、そこでは一切が夫のためになされていました。どんなこともきちんと正しく行なわなければ気がすまない極端に几帳面な男性で、彼の生活は正しいエチケットの掟のもとに厳格に管理されました。妻は農場で育ち、ピクニックやキャンプやのびのびとした活動の楽しみに満ちた、おおらかな生活になじんでいま

した。

　夫は2人の生活の全てを優しく保護的に取り仕切り、妻は激しい憤りをつのらせていましたが、彼のすることは常に正しく優しいので、表に表わすことができませんでした。憤りは不幸な性生活の形で現われました。彼女は不感症で彼は早漏でした。彼女がその気になると、彼は彼女を満足させないうちに射精してしまいます。彼が射精をこらえられたときは、彼女にその気が失せ、性交の間あくびをしながらしぶしぶ応じるのでした。

　私は2人の生活の別の領域を扱うことによって、問題に取り組みました。レストランでディナーを楽しむことや、妻にどんな花を贈るかということや、結婚記念日のお祝いでの問題点を取り上げたのです。

　妻はディナーに出掛けるのが好きで夫は喜んで妻を連れていきましたが、いざレストランへ出掛けると、いつもバカげた努力をしたあげく、しまいには2人ともうんざりしてしまうのでした。建前としては、例えば彼はどこでも彼女の行きたいところへ連れていくし、彼女の食べたいものを選ばせてやります。ところがどうした訳か、彼女は行きたいと思ったレストランに行くことも、好きなテーブルにつくことも、食べたい料理にありつくこともないという結果になるのが常でした。それでも、すてきなレストランだったし、すてきなディナーだったし、何もかもす素晴らしかった、と認めなければならないのでした。彼女は怒りでいっぱいになり、無力感を覚えながら家路につくのです。夫はいつでも妻に、彼の誤りを直させる機会を作りはするのですが、彼女にはとてもできっこないような形になっているのでした。

　問題は、2人との合同面接の場面であらわになりました。レストランで自分が望むものを選べなかったと妻がほのめかすと、夫は抗議しました。「信じてください、私はそんなつもりなどありませんでした。どんな形であれ、妻の権利を奪おうなんて夢にも思いませんでした」。それから彼は妻に向かって、実際の状況は彼女が述べたようではなかったと説明しました——ついに彼女が、夫はそんな振る舞いをしなかったことに私の面前で

同意するまで。

　私は彼に、奥さんをディナーに連れ出してもらえるか尋ねました。ただし驚いたことに奥さんがレストランを決めるというやり方で。彼は正しいことをしたいと思っているのですから、もちろん同意しました。そこで次に彼らが来たとき、私は一連の指示を用意しておきました。夫が運転し、妻が私の指示を読んで聞かせることになっていました。私は市街地図を調べて、走ってもらう通りを列挙しておきました。家を出発し、一本の通りを何ブロック、左に曲がって何ブロック、右に曲がって何ブロック、それから一定数のブロックを北へ……といった具合に行くのです。それから右手にある最初のレストランに乗り入れることになっていましたが、それはたまたまグリーンラグーンというレストランでした。妻は前に、ほかのたくさんのレストラン同様、そこへも行ったことがないともらしていました。実際のところ私が略図にしたルートは、市街を一周りして彼らの家から数ブロックの圏内に戻ってくるもので、レストランはそこにあったのです。

　私の指示にはレストランまでのドライブだけでなく、入ってからするべきことも含まれていました。最初のボックス席を通り過ぎ、右手にあるテーブルを通り過ぎ、壁際に並んだボックス席まで行き、もう一つテーブルを迂回して、最後にあるテーブルに着かなければなりませんでした。ウェイトレスがメニューを持ってきましたが、私は妻に入念な指示を与えてありました。ウェイトレスはまず彼女にメニューを渡し、次に夫に渡すだろうと私は言いました。夫がメニューを見ているとき——彼はいつも隅から隅まで読むのですが——彼女は「メニューを交換しましょう」と言うことになっていました。単純なことのようですが、それが彼の姿勢全体を変えました。彼女は彼のメニューで選んでいました。何にするか？と彼が尋ねると、彼女はミディアムレアのフィレミニヨン、ロックフォールドレッシングを添えたシェフサラダなどを注文してほしいと言いました。夫はなおもメニューを眺めていましたがそれを閉じると、何を注文したらいいだろう？と妻に尋ねました。この極度に几帳面な男性は、彼のメニューは妻の

§7　夫婦と家族の難局　277

手にあると感じ、従って彼女を通してそのメニューから注文することしか考えられなかったのです。

　ディナーはじつに楽しいものになりました。彼はこの指示が正確にグリーンラグーンへ導いてくれたことを愉快に思いました。非常に几帳面な男性だったので、これを芸術的な業として評価したのです。次にディナーに出掛けたとき、彼はあのバカバカしいやり方でドライブしてあんなに楽しかったんだからと、その設定を踏襲しました。「同じような道を走って、どういうレストランに行き着くかやってみよう」。かなりの距離を前回と同じように走ってから彼は言いました。「もう10ブロック走って、最初に目に入ったよさそうなレストランで止まろう」（私は前に行ったことのあるレストランではだめだと言ってありました）。妻が一つ見つけて良さそうよ、と言い、彼は車を乗り入れました。大きな店で、彼には何の心構えもできておらず、妻はすぐにグリーンラグーンのときと同じように、自分の望みをはっきり言いました。彼らはまたも楽しいディナーを体験しました。彼は自分が妻に対していかに専制的か分かっていませんでしたが、彼女が初めて彼とともに何かを心から楽しみ、口に出してそう言ったのだということはよく分かりました。彼はこんなふうに感謝されたことがなく、これに励まされて新しいやり方で彼女とのディナーを続けました。

　この夫婦に訪れた大きな変化の一つは、結婚記念日が近づいていたことから起こりました。以前はいつも夫が記念パーティーをお膳立てし、妻は気に入らなくても反対できませんでした。彼女は夫のすることを話してくれました。豪華なケーキを用意し、適切な人たちを招き、間違いのないヴィンテージ物のシャンパンで適切な祝杯が挙げられるように計らい……など。

　私は夫と会い、間近に迫ったこの結婚記念日で妻をびっくりさせたら愉快だろうと言いました。彼女が絶対忘れられなくなるような、思いがけない贈り物をするのです。その思いがけないもののあらましを話すと、彼は震え上がって私を見つめました。私は、小型トラックを借りて、寝袋その

ほかのキャンプ用品や、ベーコンと卵、ホットドッグとハンバーガーといった類の食料を買い求めるように言ったのです。彼は義妹から寸法を聞き出して、妻用のリーバイスのズボンとラフな靴を買うことになりました。記念日の午後、裏庭に車を乗り入れ、妻に「君の着るものがここにある。これを着なさい。君がびっくりすることがあるんだ」と言うように、私は指示しました。彼は指示どおりにし、夫婦は砂漠で小型トラックの荷台での一夜を過ごしたあと、たき火をたいて結婚記念日の朝食をとりました。私は、翌日はちょっと山登りをしてもう一度料理をし、それからトラックに乗って、途中道に迷うようにとも言ってありました。

　彼はそれもやりました。彼は、まっすぐ町へ戻らずに、どこへ行きつくか分からないけれど、行きあたりばったりに走ってみるつもりだと妻に言いました。2人は愉快なドライブをしました。そのとき以来、夫婦は夏中、週末はキャンプをしました。妻はその記念日を心行くまで楽しみました。彼女は昔したピクニックやキャンプを恋しく思っていたのでした。

　現在、夫は自分と妻それぞれの調整具合を振り返るために、年に3回ほど私に会いにきます。妻も年に2回くらい来ます。このようなひそかな怒りを抱えた夫婦は、それをとことん吐き出し合うべきだと勧める治療の流派があるのを知っています。私の考えでは、できることならそういう問題は避けて通るのが一番です。もしも、家がきれいにならないなら、無理して掃除しようなんて思わないことです。新しい家に引っ越せばいいのです。

エリクソンは、夫婦間の力争いのケースにおいて、危険を感じるとすばやく行動した。彼は人の人生に介入すべきではないとか、忠告さえもいけないなどとは考えない――とりわけ命にかかわる危険があるときは。例えば、ある母親が子どもを連れてやってきて夫の話をすると、エリクソンは荷造りしに家に戻ることさえせずに町を離れるように言った。彼女はそうしたが、あとから妻をどこかへやってしまったことでエリクソンに腹を立てて、夫が会いに来た。しかし、夫は彼女を殺すために銃を購入していたことを認めた。

のちにエリクソンは、問題を解決するために夫と妻を一緒に診察室へ来させた。

患者に取り組むときのエリクソンの自信の一部は、倫理的姿勢の確かさにある。彼は人はいかに振る舞うべきかについて明確な考えを持っている。だが同時に、この文化の中に存在する多様な生き方に対して寛容でもある。彼の倫理的立場はかたくなではない。かといって多くのリベラルで知的な治療者のように、絶えずそれを疑ったりもしない。

エリクソンの倫理的立場は、いつでも抽象的な観念ではなくて、何が人生を楽しくするかということに基づいている。配偶者の一方が他方を欺いているように見えることがあると、彼は変化を起こすために動く。

　私の患者の一人は14回の結婚歴がある妻を持っていました。彼は妻の結婚歴は2回だと思っていました。私はその男が好きでした。感じの良い強い性格の持ち主でした。彼は自分を強いと感じていたものの、かわいい、優しい、判断を誤った、神経質な妻——不幸な結婚を2回体験したからといって咎めることなどできない妻——に対して、その強さを発揮したくないと思っていました。
　私は妻だけと会いました。彼女はそれまでの14回の結婚について話そうとしませんでしたが、どういう訳か「何となく」そうしてしまったのでした。彼女は私に、夫には言わないようにと約束させました。私は、夫がこれまでずっと彼女に対してとても忍耐強く親切だったことを指摘しました。彼は小切手の偽造を見逃して補填してくれました。かんしゃくを起こして車を壊したときも支払いをしてくれました。彼女は何度もほかの男性を追いかけました。私は、彼は今彼女のもとに留まるべきかどうか心を決めようとしているところだと言いました。私は尋ねました。「まだ話していない残りの12回の結婚のことを、ご主人に話すべきだと思いませんか？」「いいえ！」と彼女は言いました。「なるほどそれがあなたの答えなんですね。だったらあくまでもそれで通すことですね」

もちろん彼女は夫に話しました。彼女が男性から指図を受けるはずはありませんでした。だから私は「決意を通しなさい」と命令したのです。彼女は夫に話すことで私に恥をかかせました。
　それまでの全ての結婚について知ると、男性は態度を変えました。彼は妻に尋ねました。「今までの結婚で君は何回小切手を偽造したんだ？」。彼女は白状しました。「何回ほかの男に走ったんだ？」。彼女は白状しました。彼は言いました。「よろしい、僕は君と結婚した、それにろくでもない奴だとしても君を愛している。これ以上偽造したり男に走ったりしたら、離婚するつもりだ。僕には君が重大な情報を隠していたという十分な根拠があるんだからね」
　妻はまともになりました。彼女は15番目の夫を失うことを恐れたのでした。

夫婦を取り扱うとき、エリクソンは通常どちらかだけの肩を持つことのないようにする。暴力や完全な非協力的態度が絡む場合を除いて、これを重要な一般的ルールと考えている。彼は時によって配偶者の一方と個別に会ったり、両方同時に会ったりする。この決定はしばしば待合室でくだされる。彼は言う――

　夫婦が到着すると私は会いに出ていき、大概こう尋ねます。「お二人のどちらが先に面接なさりたいですか、それとも一緒がいいですか？」。それから二人の表情と頭の動きをよく見ます。
　彼らが「一緒に入ってくれない？」と言うかのように見交わすのを見たら、そのときは二人とも招き入れます。夫が戦慄が走ったように私を見て、あっちが入室すべき人だという身振りで妻を指さしたら、彼女も同じように夫を指さしているかどうか見ます。もしそうだったら両方とも招き入れます。夫が妻を指さし妻の方は待ち受けているように見えたら、彼女を先に連れていきます。

時には夫が「妻とお会いになる前に私が先にお話ししたい」と言ったり、あるいは妻が夫より先にと同じことを言うかもしれません。いつでも彼らの望みどおりにするわけではありません。時々私は言います。「いいですとも、でも私がより良く理解できるように５、６分一緒にお会いしたらどうでしょう。そのあとでどちらかお一人とお話ししましょう」。私がそうするのは、どちらと先に会うかについて彼らが専断的に過ぎる場合、彼らは管理しようとしているからです——だから私が管理します。二人一緒に会うとき、時間を15分か20分まで延ばすこともありますが、大抵は５、６分にしておきます。そのあと夫婦の一方を外へ送り出し、「さて、おひとかたと５、６分お話ししましょう」と言うかもしれません。私はいつも制限を設けますが、そうすれば手はずを整え直す機会が持てることになります。

配偶者の一方が、夫婦の問題で診察に来るのを拒むことがある。これは妻より夫の方が多い。この問題の扱い方は治療者によってさまざまである。普通はしぶる配偶者に率直に要請すれば済むが、そうはいかない場合、エリクソンには配偶者を来させる独特なやり方がある。

ある夫が私に会わせるために妻を連れてきました。週３回５年間にわたって精神分析医に料金を払い続けるのにうんざりし、５年経っても妻の状態は治療が始まったときより悪くなっている、と言いました。彼は私と話をする気はなく、ただ妻を何とかしてもらいたいだけだと言いました。

彼を何とか来させるまでに私は妻と７時間面接しました。私はこういう場合によくやる手を使いました。妻と話し、セッションのたびごとに「ご主人がこの問題をどうお感じになるか分かりませんなあ」と言って、何かしら夫と意見が食い違いそうなことを持ち出しました。それはしばしば私がちゃんと理解していないと夫が感じそうな何かです。私との面接のあと、毎回夫はそのセッション中にあったことを妻から聞き出そうとし、そのた

びごとに彼女は何か些細な点について私が持ち出したこの疑問に触れるのでした。7回のセッションのあと、彼は自分のために予約を取るように妻に命じました。彼は私の考え違いを正すためにやって来ざるを得ず、かくして私は彼ら二人を扱うことができたのでした。

エリクソンは夫婦一緒に会うことが絶対に必要だと感じるときがあり、その状況をこのように述べている――

　互いに腹を立てているだけでなく、ひどく疑い合っている夫婦が来たときは、二人一緒に面接する必要があります。こちらは即座に自分の役割を決めます。夫が疑いを示す素材をどっさり吐き出したら――彼はそれを微妙な形でするかもしれませんが――私は妻の方を向いて言います。「いや全く、ご主人は本当にああ思い込んで大真面目に言っています、そうじゃありませんか？」。妻は「先生は私の味方だわ」と思い、夫も私が彼女の味方だと思います。そこで次に、私は夫に言います。「では礼儀上、奥さんの意見も少々伺うことにしましょう」。すると彼女の応酬からは疑いと非難が微妙に減ります。守勢に立たされたからです。それから、私は夫の方を向いて、彼女が真からああ思い込んで大真面目に言っていると正確に同じ意見を言います。すると妻は突然、私は彼女の味方だけれど夫の味方でもあることに気が付き、夫も同じように反応します。彼らが呑み込むまで待ってから私は言います。「さて、あなたがたは援助を求めて私のところへ来られました。我々が本当の真実に到達できるように、あなたがたはきっとことの両面を私に共感をもって見てほしいと思われたんですね。そして私はお二人ともきっと本当の真実を恐れていないと思うのです」。このようにして、私は本当の真実とはそれに対する私の観点なのだと定義します。彼らはそれぞれに私を自分の味方だと考え、やがて私が本当の真実に立っていると気付き、心からの協力が得られるのです。
　概して私は夫婦両方の側に立つべきだと思っていますが、全然違う態度

を取ることもあります。一方がやかましく苦情を言い立てだし、道理をわきまえるつもりがないのが分かったら、私はもう一人の方を向いて言います。「彼はあの全てを本当に心底信じ込んでいます。確信しています。ところであなたは、彼の言っていることのうちかなりたくさんか、もしかすると全部か、多分かなりたくさんのところは、確かな根拠がないと分かっていますよね。確かな根拠があるものは全部彼によく分かってもらいたいし、そうでないものは放棄してもらいたいと思っていますよね。ちょうど彼が本当に適切でないものは全部放棄したいと思っているように」

このようにして私はやかましい側を正当化し、もう一方の側には全く客観的な態度を求めます。でもやかましい側だって、適切でないものは全て排除するつもりだと言っているのです。だから彼は全面的に同意したのでした。ところでこう言うと、まるで私が意図的に導きコントロールしているかのように聞こえますね。実際に私がしているのは、その人が考え方やものの見方を変えられるようにすることだけです。私はただ、「旅をするのに、地図を見ても気が付かなかった別の道が何十だってあるんですよ」と指摘しているのです。

夫婦が、何かやましく感じていることについてなかなか話せないでいるとき、エリクソンは、やましい素材について話すことがふさわしくなるような形で、コミュニケーションを制限する。

夫婦一緒に会っているとき、私は時々妻から夫がよく見えないようにし、夫からは妻がよく見えないようにすることがあります。彼らはこの制限を非常に強力に感じます。彼らには、相手がどんなふうに受け取ったかを知ろうとお互いをちらちら盗み見る傾向があります。でも彼らの考えではそれはよくない行為なのです。それで彼らは持ち出すつもりでいた以上の素材を持ち出します。彼らはあることをする必要がある、それを完全にはやれない、でも何かしらすることができたわけです。盗み見ができないので、

言葉で伝達せざるを得ません。ちらちら盗み見ることをやましく感じるので、罪の負荷を帯びた観念や考えを表出します。それは罪悪感を生み出す状況です。だから彼らは罪悪感を伝達します。でも、この状況で彼らがそれを復讐や非難のお返しに使わないよう注意しなければなりません。「夫はディナーに連れ出してくれないんです」。そういうことを言ってもらいたいわけではありません。そんなのは、ただのあら探しです。

エリクソンは、面接室でのコミュニケーションをいろいろな形でかまわず制限するし、面接室の中であろうと外であろうと、目的達成のためには全く気楽に、穏当でない、おかしな行動を取らせる。時として彼のアプローチは「バカをやる治療」のようになることもある。彼は患者に、砂漠へ5、60km車を走らせて、そこにいる理由を見つけてきなさい、と言うかもしれない。結婚生活においても、彼はバカげた行動を勧めることがある。

あるとき私は、よくある問題が極端な形で現われている若い夫婦の問題を彼に示したことがあった。夫は自分から行動を起こすことができず、何をするにも妻にリードしてもらおうとした。一例を挙げると、土曜日に妻が家の掃除をするとき、夫は彼女が塵を払い、掃除機を掛けるのを見守りながら、部屋から部屋へと付いて回るのである。妻はいらいらしたが、どうしたらいいか分からなかった。家中行く先々で、夫はうろうろしながら彼女のすることを見ていた。夫は、彼女が働いているのを見るのが好きだと言うのだった。エリクソンは、彼ならこの問題をどう扱うか説明してくれた。彼は妻だけと会い、次の土曜日いつもどおりに仕事をするように指示する。彼女は夫を従えて一つの部屋に掃除機を掛け終えると、「さあ、済んだわ」と言って次の部屋に取りかかる。すっかり掃除が終わったら、掃除機の集塵袋を持って部屋に戻る。各部屋のきれいになった床のあちらこちらに塵の山を作る。全部の部屋に塵を積み上げたら、「やれやれこれでおしまい、次の土曜日までね」と言わなければならない。そのあと、これについて夫と話し合うのを拒むのである。エリクソンによると、夫は二度と彼女のあとを付いて回ることがで

きなくなり、彼らはその週の間、重要な夫婦間の問題を巡って争うことになるという。

うまくいき過ぎている夫婦に喧嘩を始めさせたいとき、エリクソンは問題にさりげなく接近するかもしれないし、何かばかばかしいことを導入するかもしれない。さりげなく扱うにはこう言うだろう。「もしあなたが、もう少し寛容でない女性で、あなたがもう少し寛容でない男性だったとしたら、どんなことで相手と意見が合わないだろうと思いますか？」。こうして夫婦は不一致を表明する方向へ一歩押しやられる。

もっとはなばなしい形で喧嘩を引き起こすにはどうすればいいかという議論の中で、エリクソンはこう言っている。「喧嘩は、何か訳の分からないことを持ち込むことによって引き起こせます。子どもに靴を磨いてほしいと頼んで、やってくれたらその靴にわざと水を跳ね掛けてごらんなさい。それからばかみたいに『汚しちゃったね？』と言います。するとその当惑した不愉快な感じが、行動を引き出します。さもなかったらボタンを縫いつけてほしいと頼んで、しぶしぶやってくれたら、引きちぎって言います『ちゃんと付けていたのかい？』。自分がしたことを台無しにして何か訳の分からないことを言われると、とても破壊的です」

時にはエリクソンは夫婦の喧嘩を煽り立てず、代わりにいつもどおりのやり方で喧嘩し続けるように仕向ける。強制されて喧嘩することは、喧嘩の性質を変えてしまう。いつもどおりの行動を奨励するというこの技法はエリクソン独特のもので、催眠誘導時に抵抗行動を奨励するやり方から発展してきたようだ。彼がいかにして夫婦がこれまでずっとしていたことをするように——しかし変化が起こるような形でするように仕向けたかの一例を、ある夫婦の飲酒問題の扱い方に見ることができる。彼は報告している——

ある夫婦が私に会いにきましたが、妻はかなり重度のアルコール依存でした。彼女は隠れて飲むタイプでした。夫がオフィスから帰宅すると彼女は酔っ払っており、彼は荒れ狂って家中酒瓶を探しまわるので毎晩戦いに

なりました。彼が探しまわると彼女は激怒しました。酒瓶探しは毎晩の戦い同様、手腕を要するゲームとなりました。

　夫の考えるいい週末とは、安楽椅子にもたれて「ビジネスウィーク」か「ウォールストリートジャーナル」か本を読むことだということが分かりました。妻の考える週末の楽しみは、庭に出て花の世話をし、誰も見ていないとき土の中に隠してあるウィスキーの瓶を口に運ぶことでした。彼女は庭いじりを心から楽しんでいましたが、ウィスキーもまた楽しんでいました。

　私は診察室で二人と会って、毎晩夫は苦労して隠された酒瓶を見つけ出そうとし、妻は隠すのを大いに楽しんでいると指摘しました。私はこの手順を厳密に続けるように言いました。彼は酒瓶を探し回り、彼女は隠さなければなりません。でももし彼が見つけられなかったら、彼女は翌日それを空にする権利を与えられるのです。

　しばらくの間、私はこのちょっとしたゲームをやらせておきました。それは面白いゲームではなく、彼は酒瓶探しが嫌でした。彼女は十分過ぎるほどの喜びを得ました。けれどもこうすることは、酒瓶をこっそり隠すという特権を彼女から奪ってしまいました。隠すことは目的のある行為になって、こそこそした、やましい恥ずかしい行為ではなくなってしまったのです。そのことは幾分喜びを取り去ってしまいました。妻が隠す酒瓶は賞品として、夫が見つけたら夫のものになり、見つけなかったら妻のものになると提案したとき、彼らはじつに驚いた顔をしました。でもいずれにせよ12年間というもの、彼らはそうしていたのです。

　次の段階は、夫にトレーラーを買わせ、妻をキャニオン湖へ連れていって魚釣りをさせる——ウィスキー抜きで——ことでした。彼女は湖沼地帯で育っていて、湖と釣りが大嫌いなのが分かっていたので、私はレクリエーションとしてボート遊びを選んだのです。彼もやはり釣りが大嫌いでした。

　ウィスキーなしで小さなボートに乗って湖上にいればしらふでいられる、

それは妻の健康にいいだろう、と私は指摘しました。怠惰に新聞に鼻をつっこんでいる代わりに、戸外で新鮮な空気を吸うのは夫のためにもなります。

予想にたがわず、彼らはトレーラーを使い始めましたが、ボートでの釣りには行きませんでした。週末はキャンプをしに行き、二人ともそれを楽しみました。妻はすっかりしらふになり、しらふのままでいました。そして夫婦は楽しく過ごし始めました。毎週末行ける圏内あらゆるところでキャンプをし、戦いをやめたのでした。

このケースは、エリクソン独特の追加技法を示している。この夫婦は、トレーラーを手に入れて湖に釣りに行くように求められた。エリクソンは、彼らの週末の行動パターンを変えさせたいと思った。お互いを避け、酒を飲みながら家にこもっている替わりに、戸外で今までとは違う週末を過ごさせたいと思ったのだ。しかし彼は湖での釣り──夫婦のどちらも好きでないもの──を選んだ。彼らはエリクソンが設けた枠組みの中からそれに代わるものを選んで週末キャンプに行くようになり、二人ともそれを楽しんだ。こうしてこの夫婦は、週末の過ごし方をどう変えるかについて「自発的な」選択をしたのである。

エリクソンは、いつもどおりの行動を奨励するだけではない。彼はまた、起こるはずの変化を先取りさせることによって、その人の変化を早める。変化は、もし起こったとしたらするはずの行動を実際にその人が取っているとき、一層起こりやすくなるのである。

飲酒問題を扱うもう一つの方法が、このアプローチを例証している。エリクソンは、飲酒のような深刻な問題には一人以上の人間が関与していると考えているので、そういうケースでは大抵家族と一緒に取り組む。一般にも知られていることだが、彼はアルコール依存者が飲酒をやめると、配偶者は逆に反応し、しばしば飲酒の継続を強いることに気付いていた。それを変化させる方法として、彼はこの反応を先取りする。彼は言っている──

アルコール依存者が飲むのをやめると、妻はもはや彼にガミガミ言うチャンスをなくしてしまいます。彼女は途方に暮れ、人生の目的をなくしたように感じます。私がこれを扱う方法の一つは、アルコール依存の夫と妻に一緒に会うことです。私は夫に問題になっている状況をどうとらえるか尋ねます。彼は「妻がしょっちゅうガミガミ言わなかったら、私はアルコール依存にならないと思うんです」というようなことを言います。私が妻に言うのはこうです。「あなたは本当にうるさく言っているんでしょうかね。ご主人が飲み過ぎて困るんだという当然の気持ちをちゃんと表わしてほしいものです。それに、あなたはこれまでそのことでうんとエネルギーを消耗してきました。もし彼が良くなったら、そのエネルギーは何に使うおつもりですか？」

　私はそのことを考えるように彼女を説得します。でもそういう言い方をすることによって、妻がほかの領域でエネルギーを使えるかどうかを見る機会を、夫に与えているのです。そして妻がほかの領域で使うそのエネルギーを持てるようにするためには、彼は飲むのをやめなければなりません。この２つを常に結びつけるのですが、そのことは彼らには決して言いません。妻に時間とエネルギーをほかのところで使うと誓わせるとき、夫には妻にそういう機会を与えると誓わせることになるのです。

　私はこう指摘するでしょう。「毎朝あなたはある割り前分のエネルギーを持って目を覚まします。日中にそれを使い切ってしまい、寝る時間には疲れています。あなたはベッドに入って備蓄エネルギーを補給したくなります。ご主人が飲むのをやめたら、そのエネルギーを日中どんなふうに消費するつもりですか？」

　アルコール依存者がよくなると必ず家族に反応があるので、時には家族全員にこのアプローチをとります。妻だけでなく娘にも尋ねるかもしれません。「もしお父さんがアルコール依存をやめてしまったら、今まで飲まないようにと祈ったり、お父さんを避けたり、行ないを改めさせようとして批判したりするのに費やしていた時間を、君はどう使うつもり？」。学

校に通っている子どもたちに、「そうだなあ、幾何学の勉強に使えるよ」と言わせたことがあります。ある妻は「じゃあ教会で何かの委員会活動をやれそうね」と言いました。

今日さまざまな薬物による幻覚状態にのめり込んでしまう若者は多い。だが若者ばかりでなく親たちもまた、彼らなりの薬物に病み付きになる。最もありふれたものの一つは精神安定剤である。薬物の使用を、人を沈静させ安定させる方法と考える多くの精神科医と違って、エリクソンはそれを不適切な生き方と見なす。彼は人を薬物から解放する課題を与えられることがある。彼は述べている——

　私は精神安定剤を処方しません。私にとってよく問題になるのは、むしろ精神安定剤をやめさせることです。精神安定剤の処方を求められたとき、ただ断るだけだったら、彼らはほかの医者のところへ行って手に入れるでしょう。ですから拒否はせず、でも何とかして与えないようにします。
　例えば、ある女性が私のところへ来て、ずっと服用してきた精神安定剤を続けたいので、処方箋を書いてくれないかとかなり必死に頼みました。私は「はい承知しました」と言い、机を探し始めました。「処方箋綴りをここに置いたんですがね」と言って1番上の引き出しを探しましたが見つからず、2番目の引き出しを探し、机の上を探しました。こうなると、私はやたらと動き回りますが結局、処方箋のありかはつきとめられません。そうこうするうちに私たちは話し始めます。どういう訳か面接が終わって彼女は出ていき、私たちはどちらも精神安定剤の処方のことは忘れてしまっています。もし彼女がいくらか溜め込んでいたら、その備蓄分を取り出さなければなりません。なぜなら、以後の面接でも私は忘れ続けるからです。
　私が忘れれば彼女も忘れます。そのあと、彼女は私に思い出させそびれたために、セッションとセッションの間、ほかの医者へ行く代わりに「先

生に思い出させなくちゃ」と考えます。でも私の側は明らかに悪気なく忘れ、彼女の側は何となく忘れてしまいます。そうやって彼女の要求を私に引き付けておきます。

　精神安定剤に病み付きになっていて、多少は与えなければならないという場合、私は製薬会社が送ってくるサンプルを提供します。これでとんでもなく高い値段の節約になると言います。そこで彼らは、私からだけ安定剤をもらうことになり、私は服用量と頻度をいかに抑えるかをコントロールできます。

エリクソンは時々、安定剤の常用者に彼のいわゆる普通治療法(ノーマルキュア)を用いる。次のケースで、彼はかなり深刻な問題に対してそういう治療法を用いた例を報告している。

　ある女性が精神安定剤のせいで肝障害になっていました。それに気付いた内科医が、その住む市からその女性を患者として引き受けてほしいと電話で依頼してきました。葉っぱ一枚木から落ちても、紙切れ一枚床に落ちても、彼女は安定剤を飲まずにいられなくなるのでした。夫とともに入ってきたときの様子は、彼女が正常な人と見られたがっていることが伺われました。もし神経症だなどと言ったら、たとえ協力してくれたとしても、よそよそしく敵対的になることが見て取れました。彼女は正常な人として扱われることを望んでいました。彼女はこれという理由もないまま、週に数回精神科の治療を受けていました。話していくうちに、彼女は音楽の学位を持っており、夫は——分別のある人に見えましたが——科学の博士号を持っていることが分かりました。彼女はおもに古典音楽(クラシック)に興味を持っていたので、安定剤問題の治療法はかなり古典的(クラシック)な性質を備えているべきだと私は言いました。長年にわたって持続してきた何かです。

　外見や、両足を絡めたり、両腕で自分の身体を抱き抱えている様子からみて、彼女は明らかに安定剤を乱用してきており、今その結果に苦しんで

いる、と私は指摘しました。私のところには、きっと彼女の気に入るし、夫も認めるようないろんな種類の安定剤がある、とても効きめのある薬だが服用に備えては相当な作業をしなければならないだろう、と言いました。それから、それがどういうものか話してやりました。安定剤を飲まずにいられないという欲求を感じるたびに、腰を下ろして、知っている限りの卑猥な言葉と罰当たりな言葉を思い切り大きな声で言わなければならない、と言いました。彼女はそれをいい考えだと思い、夫もそう思いました。私の指示を聞いたとき、彼女は体内の安定剤が排泄されてしまっても、消え去ることのないようなおかしなところはないのだと感じました。夫婦は幸せな気持ちで帰っていき、私はもう一度彼らとの面接の予約を設定しました。

　卑猥な言葉と罰当たりな言葉を提案したとき、彼女は子ども時代にそういう言葉をものすごくたくさん出さずに抑えていたのだし、子どもとしてもティーンエイジャーとしても、彼女にとって人生は生き地獄だったに違いない、と私は説明しました。彼女はそのとおりだったと言いました。結婚した最初の年、母親が余計な口出しをしたことや、母親の要求や期待や独断的なやり口について、いろいろ詳しく話してくれました。私は、古典的な罰当たりな言葉というのは穴居人の時代から存続していて、有効だと分かっているのだと指摘しました。彼女は私とのおしゃべりを楽しみ、この解決策を取り入れました。それは普通の問題に対する普通の解決策でした。

　次にこの夫婦が訪ねてきたとき、私は「まだ何かほかに話す必要のある問題がありますか？」と聞きました。私たちは、死せる過去は葬って知的に考える方がいいということで意見が一致しました。

集団としての家族と面接すること

　家族療法は家族全員を一緒に面接することと定義されるが、一般に1950年代の初め頃から始まったといわれている。当時多くの治療者がこの手法をと

り、エリクソンもその一人であった。だが彼は、家族治療の手法についてはほとんど公表していないので、家族を扱った仕事はあまり知られていない。彼の治療は精神病理を家族の問題としてとらえる傾向が強いが、いつも決まって家族集団全員を面接に参加させるわけではない。そうするときも独特のスタイルで行ない、そのスタイルは、ほかの家族療法家のアプローチとは全然違っている。例えば、母親が支配的防衛的でほかの家族に言うべきことを言わせないという場合に、家族全員が集められる。この問題を扱うのに、多くの家族療法家は、まずは不成功に終るものの、母親に口をつぐむように頼んだり、そのでしゃばりを問題として取り上げたり、ほかの家族メンバーが話を聞いてもらえるようにするため、家族を小集団に分けたりする。エリクソンはそんな問題に少々変わった方法で取り組む。

　ある父親が、家族と面接してもらえまいかと聞きに来ました。妻には内緒で来ました。彼は情けないほど不幸だと言いました。息子たちは法に触れるトラブルを起こしていました。あとで彼が家族を連れてきてみると、母親は明らかに、家族のほかの者はしゃべる必要などない、それは私が引き受ける、と考えている女性でした。
　私は母親に、あなたは全く尋常でない状況にも心構えができているに違いないと言いました。両手を膝に置かせ、その手の感覚に注意を集中し、両方の親指を5㎜ほど離しておいて、ずっと見つめているように頼みました。親指を一心に見つめてそれ以上近付けたり離したりしないようにしなければならない、と言いました。大変な努力が要ることだろうが、家族の誰が何を言っても口を閉じていなければならない、と言いました。彼女にはあとで最後の発言をしてもらいたいけれど——と安心させました——今は親指に集中して黙っていてもらいたいのです。それから夫の方を向いて口を閉じているように言い、また長男と次男にも口を閉じているように言いました。それから末っ子、つまり一番重要でない、一番意見が重視されていないメンバーに、ほかの各メンバーに対する意見をはっきり言うよう

促しました。みんなは寛容にその子の言葉に耳を傾けました——特に母親は唇を歪めてはいましたが。というのも、それはただ単にその末っ子が話をしたからです。それでも、母親はいったん受け入れてしまうと次男と長男の話す権利も認め、そしてもちろん夫の話す権利も認めました。最後に発言するためには、言われたことに答えなければならないので、彼女はよく注意して聞いていなければなりませんでした。時々私は「お母さん、ちゃんと聞いていますか？」と尋ねました。彼女は親指を動かさずにはしゃべることができませんでした。だからしゃべろうとするたびに私が親指を指さすと、口を閉じて再び耳を傾けました。親指をそういうふうにしておくのはさして重要なことではありませんが、彼女はそれをやめなければ何もできなかったし、やめる理由などなかったのです。

　こんなふうに、家族のコミュニケーションを制限して、もっと話したい気持ちを起こさせることができます。それはごく一時的な制限です。というのは、末っ子のジョニーの話を聞いてやり、次に真ん中のウィリーの話を、次に一番上のトムの話を聞いてやると、各自が権利を与えられるので、もっとうまく伝えたいという意欲をお互いにかきたて合うからです。母親の話す番が来ると、最後の発言だったので、彼女は文字どおり何もかも話さなければなりませんでした。ふだん彼女はぶっ続けで話すことができましたが、何もうまく言えませんでした。でもこの状況では、ほかのメンバーが触れたあらゆる点について、言うべきことをたくさん持っていなければなりませんでした。この単純な設定によって、驚くほど多くの情報をもたらすことができるのです。

　この手法は、相手を自分の土俵上の戦いに引き入れるのを好むエリクソンの特徴をよく表わしている。その母親はしゃべることにかけては熟練していたが、親指を一定の距離で離しておくことにかけてはそうでなかった。それができることをエリクソンに証明してみせようとしたあまりに、気が付いてみると家族に話をさせることに協力していたが、それがエリクソンのねらい

だったのである。

　エリクソンは家族集団全員と作業するとき、メンバー一人ひとりの席を決め、そのあとまた席を替えさせることを好む。

　エリクソンには、彼が生産的だと考える形で家族が話をするように仕向ける方法がほかにもある。

　　家族集団の中に話さない人がいて、その人が話すべきだと感じたら、私はその人を引っ張りだそうとします。そちらの方を向いて言います。「今までの話で、あなたがもっと違った言い方をした方がいいと思うことがどれくらいあったかしらね」。それからほかの人たちの方を向いて彼らに話をさせます。そのあとまたその人の方を向いて言います。「言い方を変える必要があると思うことがきっといくつかありますよね」。3度目には「最初の話のどれを言い直すか決まりましたか？」と言い、その人が答える前に私は、顔を背けてほかの人たちに話をさせ、その人の邪魔をします。

　　発言をくじくのは話すように仕向ける方法です。情緒的な問題があって話せない人の場合、私はこんなふうに尋ねることがあります。「お名前は？　おいくつですか？　どちらから来られたんですか？　どの野球チームを応援しているんですか？」。患者が何とか答えようとしてやっと口を動かしはじめると、そのたびに次の質問が来ます。彼らは衝動的に話そうとします。沈黙していたい患者の場合、質問をしてちょっと間を取りますが、答える隙は与えません。次の質問をして待ちますが、ちょっとしか待ちません。こちらはなにしろ熱心なので、何度も遮られたあげく、彼らはついに言います。「黙っててもらえませんか？　答えはですね……」。彼らは自分の流儀を捨てて新たな何かを手に入れたのです。その新たな何かとは、こちらが差し出しているものです。

　　初回面接では、時々その人が話せるように手を貸してあげる必要があります。人々は自分の問題について話すために来るのですが、にもかかわらず話し合うのをしぶります。これに対処するには、例えばこんなふうに言

います。「これは私との初めての面接ですね。あなたは何かとてもつらいことについて話したいとおっしゃいます。言い替えれば、むしろ話したくないことがあるということでしょう。とても話せないようなことは、お話しになるべきでないと思います。一番苦痛の少ない、話せることを話してください。とても話せないようなことは必ず差し控えてください」。その人は話し始め、時間が来たとき、「あれ、私ったらとても話せないと思ったことをみんな話してしまいましたよ」と言うでしょう。彼らがするのは選択です。彼らは考えます。「思い切ってこれを話せるだろうか、話せないだろうか？　差し控えるのは私の自由だ、でも言えそうな気がするな」。彼らは常に話す方を選びます。彼らは話すのを遅らせますが、それが差し控えるということなのです。

　夫婦の場合も、同じやり方でこの問題に取り組むことができます。私は言います。「さて、お二人のお話を伺いたいと思います。でもきっと差し控えようとしているものがあるはずです。あなたはご自分よりも奥さんに話をさせてあげたいので、ご自分は差し控えようとしているんですね」。このようにして、実際には「あなたから話す方がいいですか、それともほかの人から話してもらいたいですか？」と言っているのです。それは現実に直面させることです。時々、あまり話したくないことがあると言う人がいますが、私は聞き出そうとはしません。自発的に話してくれれば、探り出したと言って私を非難しないですむと答えます。普通その人は自発的に話すものです。

　差し控えさせることで話すように仕向ける方法の別のバリエーションは、その家族に簡単な指示を与えることである。

　　私は母親と父親と息子一緒に会い、ほかの人に知られたくないことは決して話さないようにと言います。つまり、彼ら一人ひとりに自分の発言を警戒させるのです。ところが、自分を警戒しているとお互い同士も極度に

警戒するようになります。母親は自分の発言に気を配りつつ、父親と息子がどんなふうにボロを出すか見てやろうとするでしょう。出てくるのは単なる反論ではなく鬱積した憤りです。こうして、どのみち彼らがしようとしていることをこちらが引き継いでさせるのですが、こちらの手の外でさせるのです。彼らを狩に送り出し、させたいと思うところで狩をさせるのです。またそれは、もしこちらで望まないなら、彼らがこちらに対して同盟を結ぶことも防ぎます。

　エリクソンはときによって、家族全体を一まとめにしたり、夫婦を一緒にして面接する。だが折々に家族のほかの者と会いながらも、一人の人と組んで家族の問題を変化させる道を選ぶことも多い。彼は問題が「うまく処理」されるようにする。だがそのとき、ことがどんなふうに運ぶかは、慎重にお膳立てされているのだ。そういうお膳立てが次のケースで述べられているが、それはまた理解することが変化とどれほど関係があるのかというエリクソンの考えを示してもいる。彼は「洞察」には関心がなく、それについてこのように述べている。「患者が自分を理解し自覚を深めるのを援助することは、変化させることとは何の関係もありません。大抵の精神科医は、患者の自己認識を増やしはしても、何をなし得るかに気付かせてはやりません。行為の根拠を知るなんてどうでもいいことです。うまく適応している幸福な人たちの生活を見てごらんなさい、彼らは自分の子ども時代や両親との関係をわざわざ分析したことなどありません。したこともないしするつもりもないのです」
　だがエリクソンも、ある種の理解は有益だと考える。彼はこう言っている。「今現在の情緒的にとらわれた状態から脱して、客観的に見ざるを得なくさせてあげれば、その人たちは今までとは違ったものの見方ができるようになります。そうなったとき、自分が築く新しい理解に対してはどうすることもできません。変化を受け入れるほかないのです」。次のケースはこの点を例証している。

私は次々と浮気をする妻と面接していました。夫はうわべは妻の浮気を知らないことになっていました。彼女は、いっそ夫婦関係を壊してしまうか、あるいはしっかりした基盤の上に立て直せるように、夫に気付かせたいと言いました。私は、土曜の午後1時に夫に会うけれど、彼女には日曜の朝まで町を離れていてもらいたいと言いました。

　夫──ジェラルドと呼びましょう──は入ってくると、妻がどんなに魅力的で優しいかと繰り返し述べました。彼には自分たちがなぜ衝突するのか、何が問題なのか全然理解できませんでした。

　彼は二人の生活について語りました。旅行で町を離れなければならないときは妻がひとりぼっちになってしまうので、彼の友人が立ち寄ってくれると言いました。妻をひとりぼっちにさせたくないので、友人の訪問はありがたいことでした。彼は、友人が洗面台に練り歯磨きを忘れていったことに触れました。自分のとは違う剃刀の刃が捨ててあるのに気が付いたこともありました。

　彼は友人たちがあたかも土曜日に来て夕食時に帰り、日曜日にまた来て夕食時に帰っていくかのように語りました。友人と妻は一緒にレコードを聴いたり語り合ったりしているのでした。

　彼は自分が妻に合わせていることや、喧嘩やいざこざが絶えないことについて話しました。それから、妻が町の貧しい地区で社会奉仕活動をしていて、毛ジラミを持ち帰ることに触れました。あるとき旅行から帰ってみると、ふだんとは違う朝食用の食品が家にあったことや、よく朝食の食べ残しの皿がまるで妻が2食分食べたみたいに見えることを語りました。

　彼は1時から話し始め、6時についにこう言いました。「ね、もし妻が別の女だったら、浮気してるんだと言うところですよ」

　私は尋ねました、「奥さんは別の女とどう違うんですか？」

　「何てことだ、妻は別の女なんだ！」。ここで彼はすっかり狼狽して大声をあげて腕を振りまわし、それからもう一度細部を検討し始めました。洗面台の練り歯磨き、剃刀の刃、朝食。彼は新たな脈絡の中で個々の細目を

全て見極めました。

　午後中ずっと私は、そういう質問をしてもかまわなくなるようなことを何かしら彼が言ってくれないものかと思っていました。ああいうとらわれた見方から彼を引きずり出すきっかけにできるような、ちょっとした発言を待ち受けていたのです。それが、同じ話を何回となく繰り返すがままにさせておいた理由でした。ひとたび自分の妻が「別の女」だと悟ってしまうと、この新たな理解に対して彼はどうすることもできませんでした。

　私は彼と妻の予約を翌日に入れ、二人一緒に会いました。私は妻に言いました。「さあ、あなたは黙っていてください。ご主人には言うべきことがおありです」。彼女は町を出ていたので二人は話し合っておらず、今は話し合わせたくありませんでした。彼女にはただ聞いてもらいたかったのです。

　夫は一部始終を事細かに語りました。冷静に、慎重に、練歯磨き、剃刀の刃、皿、彼女がボーイフレンドのために特別に料理したときの食料品店の請求書などが意味することをはっきりさせました。妻は見るからに動転し困り果て、無言で座っていました。彼女は夫の無意識の認識の鋭さにびっくりしました。ジェラルドは、こうだったに違いないと推測するとき、いくつかは間違いも冒しました。でも彼女は黙っていなければならなかったので、その間違いも受け入れざるを得ませんでした。私は弁解させたくありませんでした。さもないと彼女は状況を変えてしまったでしょう。彼女は弁解したいと思いましたが、その気持ちは、「どうせならあの不面目も受け入れたって同じことだわ」という考えに変わりました。彼女は夫が差し出した武器で自分を罰していたのです。

　夫が言うべきことを言い終えると、私は妻に言いました。「あなたはあちらの部屋へ行っていてください。私はご主人にこれからどうすべきか伺おうと思います」。私は彼だけと話しました。彼は妻の沈黙を消極的な自白と受け取り、全て真実であると知りました。「私はどうするべきでしょう？」と彼は言いました。「考えることがたくさんできましたね。結婚を

続けたいですか、離婚したいですか、それとも別居したいですか？」「私は妻をとても愛しているんです。全てを水に流したいです」「それはまた衝動的な発言ですね。1週間後にまたおいでになったらどうでしょう。それまでは奥さんと会わないようになさい。自分の問題なのだからひとりでよく考えることです」

　夫は家に戻り、妻は私の提案でホテルへ行きました。私は1週間のうちに彼女の予約を入れ、彼の予約も入れました。2つの予約を偶然に同じ時間に設定しましたが、彼らはそのことを知らず、それぞれが私とだけ会うつもりでいました。そこで彼らは身構えずにやってきました。

　彼らが入ってくると、私は妻に質問をしました。それはもし夫が思い及んでいたなら、したはずの質問でした。「あなたがたの今後を決める面接を始める前に、お尋ねしたいことが一つあります。あなたはこの1週間ホテルで暮らしましたね。あなたのベッドで寝たのはあなただけでしたか？」

　彼女は答えました。「何度かその気になりましたけど、夫は私に戻ってきてほしいんじゃないかと思ったんです。自分が戻りたいのは分かっていましたし、一時の楽しみのために、一か八かやってみたくはなかったんです」

　彼らは浮気についてほとんど話し合っていなかったので、私は個人的な質問をしなければなりませんでした。いくつかは夫に、いくつかは妻に質問しました。「あなたと仲の良いお友達のジャックのことはどうです？」「あいつはいい友達でした、でも次に会ったら無視してやります」。彼は言いました。妻に尋ねました、「ビルはどうです？」。彼女の浮気相手には6人の大学生がいましたが、私はそのうちの数人に夫がこだわっているのに気付いて、彼にはその人たちのことを尋ね、それ以外の人のことは彼女に尋ねました。これでその連中は片付きました。

　私は従来の行動パターンに戻ってしまう口論をしてほしくなかったので、私の前で対決させたいと思ったのです。「もし僕がこう言っていたら……」と彼が考え、「もし私がああ答えていたら……」と彼女が考える。そうし

たら過去のパターンの再確認になってしまいます。対決し、離れ、もう一度対決する形を取ったおかげで、このほとぼりが冷めるまでのあいだ口論になる恐れはありませんでした。彼らを過去に浸らせないでおくのはそれほど難しくありませんでした——私は過去ではなく、未来のことを知りたかったのです。「これはあなたがたの関係の終焉でしょうか、それとも新たな関係の始まりでしょうか？ 終焉なら——終止符です。新たな関係なら、あなたがたはそこに何を望むでしょうか？」

二人は一緒に帰っていき、浮気問題は二度と起こりませんでした。1年後に会ったとき、彼らはお金を貯めて子どもを作ろうとしており、それはのちに実現しました。何年もの間社交的な付き合いで彼らと会う機会がありました。何年かして夫と雑談していたあるとき、彼は結婚生活を回想しました。「あれは自分の妻が別の女だってことを発見した頃でした」と言ったとき、彼の声音にはいかにもおかしそうな調子がこもっていました。

夫婦問題のあるものは明らかに結婚生活における争いの一部であるが、あるものは個人の症状として現われる。個人の症状の多くは明らかに夫婦のありようの産物であり、エリクソンは、症状も夫婦の問題も共に解決されるような形でこれを扱った。彼の治療の進め方は往々にして微妙極まるものだったので、ここではあるケースを詳細にわたって示すのがよさそうだ。

ある患者が、呼吸困難の発作、喘ぎの発作、胸中の滅入るような気分、あと30分も生きていられまいという恐怖のためにやってきました。「この呼吸困難発作と喘ぎ発作が起こるのはいつですか？」。彼女は昼夜を問わないと言いました。しかしほどなく私は、就寝前に起こりがちなことに気付きました。また正午、晩、昼食どきに友人たちが訪ねてきて、卑猥な話が出ると起こることにも気付きました。そこで私は、患者に症状を隣人や社交仲間の気軽な訪問とも関連付けることによって寝室から切り離している、と考えさせました。でも隣人の猥談や社交的な集まりで出る猥談を、

常に多少は考えさせるようにしました。大抵はその話はさせませんでした。話をすることを抑制しましょう。目的は抑制を取り払って自由にすること、何かほかのものを抑制することです。彼女の呼吸を抑制するよりは、話を──話をすることを抑制しましょう。抑制を用いるパターンを取り上げようというのではありません。むしろ抑制を用いる機会をたくさんたくさん与えることです。だから彼女がその話をするのを抑制させたのですが、私が指示して抑制させたのです。どのみち彼女は話さなかったでしょうが、私はただそれを引き継いだのです。それから私は、ベッドに入る直前のこの呼吸困難や喘ぎは、寝る前の支度に困難を来たすに違いないと指摘しました。「シャワーの湯気で、呼吸困難や喘ぎは悪化しますか？」。彼女はそのことについて考えなければなりませんでした。でも彼女が知らなかったのは、裸の自分について考えていることでした。この質問によって、服を脱ぐプロセスをたどってもらわなくても、裸でいるときの自分について考えさせることができました。彼女は答えを検討しながら、そのことを考えてくれました。それから私は、シャワーから出てバスマットの上に立ったとき──シャワーの暖かく湿った空気からバスルームの相対的に冷たい空気へと、温度が急激に変化したとき──その急激な温度変化を肌に感じて息苦しくなるか、呼吸困難や喘ぎはひどくなるかと尋ねました。「もしそうであれば、タオルで水気を拭きとって身体をこすることでもっとひどくなるの、よくなるの、どうなるんですか？」。彼女はかなり幅を広げて、シャワーカーテンの陰でなく部屋の開けた場所に出て、裸でいる自分のことを考えます。しかもそのことを開けっぴろげに私と話し合っているのです。

　次に彼女とともにしたいと思ったのは、寝室にある何が、あの呼吸困難や喘ぎや胸の苦悶感を引き起こすのかを問題にすることでした。というのも、彼女が発作を起こすのは大抵就寝の１時間か１時間半前でした。ですから、それは寝室にある何かに対する心理的な予期でした。寝室にある何か！　寝室で起ころうとしている何かではなく、寝室にある何かです。

ドレスの裾を整え注意深く椅子の下に足を引き入れるときの、極端でぎこちないしぐさや、常に堅苦しく取り澄ましていることや、身に着けているハイネックのブラウスや、一部の隙もなく後ろに引き詰めにした髪型や、子どもが1人しかいないという事実から、彼女の問題は寝室に関係していると私はにらむのです。彼女の物腰全体が極端で、堅苦しく、慎み深い内気さそのものです。振る舞いの全てがそのことを示唆しています——事実そうかどうかは分かりません。でも彼女は堅苦しく潔癖なまでに慎み深くて、毎晩呼吸困難になって喘ぐのです。

　既に述べてきたように、彼女は部屋の真ん中に裸でいるという事実と向き合っており、見知らぬ男が彼女の剥き出しの肌を論じているところです。それはとても素早くとてもたやすくなされました、でも事実で、既になされたのです。こうして彼女は、自分が今まさに、特に寝室にあるたくさんの問題点に直面しようとしていることが分かってきます。ところで、ひょっとしたらですが、私は面接のどこかで、この症状は確かに彼女が母親や父親や友人を訪問中に出るのだと言いました——それはとりもなおさず、症状は必ずしも彼女の寝室にだけ関係しているのではない、という意味です。そして恐らくは夫と関係しているのですが、そのことに私が気付いている事実を隠しているのです。私は、彼女が症状が夫と関係している可能性に気付いているのを隠す手助けをしています。でも、私が隠すのを手伝っているのです。それでは、寝室にあるものとは何でしょう？　まあ、カーテンのかかった窓があり、椅子があり、化粧台がありますよね。私が大いに興味を持って尋ねたのは「そこにはホープチェスト[訳注1]がありますか？」でした。ホープチェストというものが、年頃の娘が結婚やセックスに対して抱く躊躇や疑念の全て、あらゆる戸惑い、あらゆる抑制を、いかに体現あるいは象徴しているか分かりますか？　幸運にも彼女はホープチェストを持っていました。私はそのことを知りませんでしたが、確実に知りたか

訳注1）若い女性が嫁入り支度の衣類などをしまっておく櫃のようなもの。

ったのです。

　患者がホープチェストに触れたとき、私は、無垢の杉材製なのか、きれいな杉材の内張りなのか、それとも内張りと外装が杉材の、合板とのコンビネーションなのかと尋ねました。どれだったかは忘れてしまいました。彼女はそれがどんなに美しいチェストか話してくれました。それから私は「結婚してどれくらいになるの？」と聞きました。「12年くらいです」「あなたのホープチェストにもいろいろ変化があったでしょうね、特に娘さんが生まれてからは」「ホープチェストのいろいろな変化」――それ以上の特定なし、分析なしです。けれどもとても長い、思いに耽る間があき、その間に彼女は、ホープチェストが現実のものとなって以来のあらゆる変化を、無意識のレベルだけでなく意識のレベルにおいても、とっくり思い巡らしました。そこには12年という結婚生活があったのでした。

　「寝室にはほかに何がありますか？　もちろん絨毯がありますよね」。「もちろん絨毯があります」――どういうことだか分かりますか？　それは明白なものに対するとても強い強調です。そこにはもちろん絨毯があり――ベッドがあるのは明白です。でも私は「もちろん絨毯がある」と言うことによって、うんと強調してそのベッドに触れたのです。ですから、そのベッドは名指しされ言葉で言われたも同然です。そして、もちろんそこにはほかの物も全部有ります――覚えているでしょう、私は化粧台やカーテンや椅子に触れましたよね。患者にはほかにどんな家具があるか分かっています。だから私は全部には触れませんでした。それは中断した不完全な作業で、患者はそれを知っています。患者は全くベッドに触れる気がありません。だから私は、ベッドには触れないという患者の要求に合わせました。でも触れる必要は依然としてあります、それが彼女が私のところへ来た理由だからです。さて、寝室の家具に触れる作業はまだやりかけでしたが、「もちろん絨毯がある」と言うことによって、私はついにやり遂げました。この「もちろん」は、「まあね、それは寝室です、あなたは寝室にあるもの全部の名前を挙げなくたっていいんですよ」という意味です。

今や、患者は私が寝室での行動を調べようとしているのを知っています。精神科医は何をしますか？　患者は大学を出ています。セックスが登場しなければなりません。私は寝室ですることを尋ねなければなりません。そこで尋ねました。「ねえ、夜の間、衣類は部屋の決まった側の椅子の背に掛けておくの？」。私が実際に言っているのは、彼女がベッドのどちら側で服を脱ぐのかということ——ベッドの右側か左側か足元かということです。でも私は現実にそのことを話してはいません。私が話しているのは、衣類をどこに掛けるかということです。「例えばブラウスは椅子の背に掛けるの、それとも腕に掛けるの？」。それがさも重要な質問であるかのように——実際重要な質問なのです。「背」という言葉、「腕」という言葉は質問の中に紛れ込んでいて、その微妙さゆえ、気が付くのは無意識だけです。それというのも、私はここにいる女性は、恐怖だか不安だか、性的な葛藤を抱えているとにらんでいるからです。だから私たちは、脱いだ服をどこに置くかというこの問題を検討するのです。それから私の質問はまたバスルームに戻ります。「本当のところ、あなたの新陳代謝がどうなのか私には分かりません。ある人たちは夜うんと暖かくして眠りたがります、その人たちはパジャマや毛布がいります。ある人たちは、最低限の寝間着を着て寝るのを好みます。極端に短いナイトガウンが好きな女性もいます、本当にそうなんですよ。うんと短いパジャマを好む人もいれば、長いパジャマや長いナイトガウンを好む人もいます。それは大抵、皮膚が温度変化にいかに反応するかという機能の問題なんです」。私たちはまだ、体温、皮膚感覚、肌を覆う程度との関連で、ベッドに入ることを話題にしています。それから私は、結婚生活でよく問題になるのは、生理的反応の相違、すなわち睡眠中の体温の問題であるという趣旨の話をすることができます。毛布を何枚も掛けたがる夫もいれば、全然いらないという夫もいます。夫婦の体質が生理的に一致している場合は、毛布を片側には1枚、片側には2枚置く必要はありません。でも、私が話してきたのは夫婦間の不一致と適合の難しさでした。彼女は、ジョーは裸で寝るのが好きで、自分はうん

と長いナイトガウンを着て寝るのが好きだと答えました。私は欲しかった情報をとてもとても楽に手に入れました——彼女の抑制の一つひとつを奨励していくことによって。

　次に私はさまざまな睡眠パターンについて話しました。「ぐっすり眠る人もいれば、浅い眠りの人も、安らかな眠りの人もいます。この呼吸困難や喘ぎが、あなたの睡眠パターンにどう影響するかは知りません。でもまず娘さんやご主人の睡眠パターンについて考え、次にあなた自身の睡眠パターンを推測してみてほしいんです」。彼女は、娘は地震が起きても目を覚まさないだろうと言いました。「家が焼け落ちても眠っているでしょうね」「もし、2人目3人目の子どもがいたとしたら、きっとその子たちの睡眠パターンが全部違うのに気付くでしょうね。ところで娘さんは計画出産だったの、そして子どもは1人しか欲しくないの、それとも本当はもっと大家族にしたいんですか？」。娘は計画的にもうけた子どもなのか、子どもは1人しかいらないのか、本当はもっと欲しいのかと尋ねるとき、実際には何を尋ねているのでしょう？　あなたたちはセックスの関係を厳密に計画したのか今も計画に従って関係を持っているのか？です。それでもなお、それは仲の良い友人からされそうな気軽な質問です。彼女の答えはこうでした、娘は計画的にもうけた子どもで、自分たちはもっと子どもが欲しいと切望している、でもうまくいっているとは思えない、と——「それはうまくいっているとは思えません」。彼女は全く直接的に性的関係に言及しているのです。それから私はすぐに、長いナイトガウンの問題に話を切り替えました。「あなたは夜、足が冷えますか？」。さて、私たちは誰でも冷たい足が意味することを知っています[訳注2]。「それから何か特に呼吸困難と喘ぎをひどくするものがありますか？　例えば、ご主人がおやすみのキスをするとき。そのとき呼吸困難と喘ぎはひどくなりますか？」「私たちはおやすみのキスはしないんです。だっておやすみのキスをすると、

訳注2）「冷たい足」には、怖気付くとか尻込みするという意味がある。

主人はいつも私を抱きしめたくなるんですけど、私はそうやって胸を圧迫されるのががまんできないんですの」。私は同情を示し、それはもちろん愛し合うのに妨げになるでしょうねと指摘しました。でもお分かりのように、それは脱線です。私たちが現実に話し合っているのはおやすみのキスをすることであって、私はちょっと脱線して、抱擁の難しさが性交の妨げになるだろうと言っただけです。そういう持ち出し方をすることで、私は彼女の面子をつぶさない説明をしてあげました。だから彼女はためらいなく容易に話せるのです。私は性的な困難を説明するときの防衛の仕方を教えたのです。性的な困難で自分を防衛する私の方法は、彼女が考え出せるどんなものよりずっといいと思います。状況を私の掌中に握らせてくれるからです。もし違う持ち出し方をしたら、彼女は性交には何の問題もないと言ったかもしれません。かくして私は性的関係での困難という問題を持ち出しました。そのとき私が言った肝要なところはこうです。「ねえ、遅かれ早かれ、私はどうしてもあなたとご主人の性的な適合の問題に立ち入らなければならないんです。どうせなら今そうしても同じじゃないでしょうか。どこまで詳しく話してもらう必要があるかは私にもよく分からないけど、あなたの心の中の何か特に普通でないものなら、何であれ話し合うに足ると言いたいんですよ。さて、あなたがセックスを楽しんでいるのか、それともオーガズムを得るのに困難があるのかは知りません。胸の問題はかなり満足を妨げているんじゃないでしょうか。でも何か、私が普通じゃないとか、変わっていると思うだろうとあなたが思うようなことが、特にあるんじゃないかな」「そうですわね、私がいつも暗がりで服を脱ぐと申し上げたら、あなたはお笑いになるんじゃないかしら」

　私はまず、彼女自身の考え方で考えるように求めました。次に私のところへ来た目的という見地から考えるように求めました。なるほど、彼女は自分流の考え方にはなじんでいるし、それなら完璧に安全です。だから彼女はそうした安全な見地から考え始めます。そのあとで私は、私のところへ来た目的という見地から考えるように求めます。私のところへやってき

たのは彼女だし、彼女が来ると決めたのですから、それは安全なことでした。だから彼女はそのことを話し、それから笑わないでほしいと言うのです。私は、結婚生活12年の長きにわたって一人の人間の行動を支配してきたものを笑えるだろうかと聞きました。いいえ、と彼女は言いました。私は「12年間の結婚生活を通じてあなたの行動を支配した」と言いました。12年間の結婚生活を通じてなされてきた行動とは何でしょう？　それは、12年間の性的関係の見事な要約です。そこで私は尋ねました。「ご主人は、あなたのこの極端な慎み深さを良いと思っているの？」。そうではありませんでした。「あなたの極端な慎み深さにいらいらするご主人が悪いと思いますか、それとも彼は男だと認めますか？　そして男らしく考えかつ振る舞おうとしているんだと」

　ここにおいて、私は彼女の行動について決定的なことを知りました。暗がりで服を脱がなければならない女性——このことは、夫は明かりをつけたいだろう、妻が脱ぐ様子を見たいだろうと私に物語ります。だから私は付け加えました。「もちろん、あなたはひとりで家にいるときでも同じようにするんですよね、そうでしょう？」。この言葉は何をしているのでしょう？　彼女はどうしても夫を恐れていると認めることができません。私は、いやいや結婚したと告白させて、彼女の自尊心を傷つけたくありません。彼女は自分が悪いと思っていて、もう既にひどく自分を責めているからです。だから私は、もちろんひとりで家にいるときもそうしている、と指摘したのです。

　私は前にカーテンに触れましたね、そして今や彼女の脱ぐという行動について、ここまで分かりました。それゆえ、前に戻ってカーテンのことを質問します。それはとても特殊なカーテンだということ、彼女は同じ窓に日除けとヴェネチアンブラインドとカーテンを取り付けており、バスルームの窓は曇りガラスですが、そこにも特殊な防水カーテンを付けていることを知ります。こうした材料をとても安全に聞き出したあとで、私は尋ねました。「ベッドに入る支度との関係で、あなたがやれそうな一番恐ろし

いことを考えてみてください。あなたがやれそうな一番恐ろしいことって何でしょう？　ただ考えるだけですよ、私には言わないで、ただ考えるんです。それが、あなたの問題に全く新しい観点を開いてくれるような気がするんだけど、確信があるわけじゃありません。でも、私には言わないでね。ベッドに入る支度との関係でやれそうな一番恐ろしいことを、自由に思い巡らしてほしいから」。彼女はじっと考え込み、赤くなり、青くなりましたが、赤くなったとき私は言いました。「本当に私には言いたくないんですよね？」。すると彼女は本当に言いたくないかどうか、はっきりさせなければなりませんが、それはまさに指示にほかなりません──「何であれその空想に磨きを掛けなさい、趣向を凝らしなさい、だってあなたは本当に私に言いたくないんだから」という。とうとう彼女は吹き出して言いました。「あんまりバカバカしいので、あなたに話してしまいたいくらいですわ」「そうね、本当に話したくて、私が知りたがるほど面白いことなのか確かめてくださいよ」「もし、私が裸で踊りながら寝室に入っていったら、ジョーはばったり倒れて死んでしまうでしょうよ」「我々は、彼に心臓麻痺を起こさせちゃいけませんね」。「我々は、彼に心臓麻痺を起こさせてはいけない」、この言葉が何をするか分かりますか？　私たちはジョーに何かを与えようとしていますが、心臓麻痺ではありません。私が素早く効果的に築いた基礎がそこにあります。私は、彼女が何かをしようとしている、と言ったのです。それから、もちろんあなたは、裸で踊りながら入っていっても、ジョーが本当に心臓麻痺で倒れて死ぬわけはないのは分かっているけれど、でも彼がしそうなほかのことならいくらでも思い付けるでしょう、と言います。彼女は狼狽しながら、「ええ」と言いました。「もちろん、そんなふうに寝室へ入っていく空想をすることだってできます。実際に何ができるか分かりますよね──あなたは暗がりで服を脱いで裸になれます。そしてご主人はいつも明かりを消してくれますよね？　だって彼は思いやりのある人ですから。そうでしょ？　あなたは、暗がりを裸で踊りながら寝室に入っていけるし、彼はそんなことは気付きもしない

§7 夫婦と家族の難局

でしょう」。これが彼女のセックスに対する姿勢をどうするか分かりますか？　私は文字どおり、このバカバカしい空想を実行に移すことが、あ・な・た・に・は・で・き・ま・す・と言っているのです。「その楽しさを味わうことがで・き・ま・す・よ。とてもとても安全に、自分の中に起こるいろいろな感情を体験することが・で・き・ま・す・よ・」。こうして私は彼女を、彼女自身の現実と感情を実際に扱うプロセスに入れました。そして次は、もちろんダブルバインドです——私は「あまりすぐに」やるべきではないと思う、と言いました。今晩や明晩ではいけない、来週でもいけないと厳重に注意しました。でもそれが起こったのは、その翌週のことでした——週の前半だったのか後半だったのかは知りません。

　そんな子どもじみたことをすることにどんな意味があるのか、と彼女は尋ねました。分かる方法は一つあると私は答えました。娘が保育園に行って家でひとりになったときに、家を暗くして丸裸の感覚の快さを実際に体験してみてはどうか、と。続いて私は、裸で泳ぐ気持ちよさを論じました。裸の体をじかに水が滑るのを実際に体験するまでは、水着がどんなにじゃまなものか分からないものです。泳ぐことがぐんと楽しくなりますよ。まさかと思うなら、水着を着て風呂に入ってみるべきです。衣類がどれほどじゃまか分かります。それから私は、どんな踊りが好きかと尋ねました。なんと彼女はワルツが好きで——スクエアダンスはしたことがありました——バレエもちょっとやります。彼女はダンスを楽しんでいます。ちなみに彼女は編み物、刺繍、かぎ針編み、洋裁が得意です。クリスマスプレゼントに鍋つかみやマフラーを作ります。縫い物が好きです。こうしたことが分かったとき私は、自分用にナイトガウンを作ったかと尋ねました。自分のナイトガウンを作るべきだ、せめて「大急ぎで仕上げた run up」のを、と言いました。私は同じ言い回しを、そのあとも何回か使いました。これは、ドレスを大急ぎで仕上げる run　up、ブラウスを大急ぎで仕上げる run up などのように、ドレスメーカーの用語です。私はそのあとの面接で、ナイトガウンを首までまくり上げて run up おくことを、もっとあとでは、

ベッドのヘッドボードのところまでたくし上げてしまう run up ことを話しました。彼女はあの裸踊りをやってのけ、楽しみました。彼女はそのことを話してくれました。そのとき、生まれて初めて、寝室に入っていくのが心から楽しかったそうです。くすくす笑いながら寝に行き、夫は彼女が何を笑っているのか知りたがったそうです。

　小さな子どもは、何か滑稽で大胆だと思うことをやってのけたとき、どんなふうに感じるでしょうか？　彼らは一人でくすくす笑います。特にそれが人には言えないような、何か滑稽で大胆なことだったら。彼らはくすくすくすくす笑います——それで彼女はくすくす笑いながら寝に行き、その理由(わけ)は夫に言いませんでした、そして呼吸困難になったり喘いだりしながら寝に行きませんでした。恐らく、滑稽で大胆できまりの悪いことをしでかしてしまったという思いでいっぱいで、呼吸困難になったり喘いだりしてベッドに行くなんて考えられなかったのです。彼女には夫に言えないことがたくさんあり、見せてやれないものがたくさんありました。たくさんの抑制がありましたが、みんな笑い飛ばしていいようなものでした。私は指摘しました。「ねえ、そんなふうに思い切りくすくす笑ったら、ご主人はさぞかし不思議がったでしょうね。あなたがたが、そこで愛し合わなかったのは本当に惜しかったね。だってあなたはそのとき、そのくすくす笑いのせいできっとそういう気分になっていたんだから」。彼女の目にはひどく考え込む色が浮かびました。私にしてみればほんの気軽なコメントだったのですが。それから、ほかにしたことを尋ねました。「身体的に解放された感覚を心から楽しんだの？　それに裸で踊りながら部屋に入っていったとき、ナイトガウンはどこにやっていたの？」。彼女は言いました、「私はそれをマフラーにしていました、そしてベッドに入るとき脱ぎ捨てたんですの」

　私はこう尋ねることで、直接的に彼女のセックスの問題を扱い始めました。「ご主人との性的関係について、あなたはどう感じているの？　ねえ、我々はどうしてもあなたがたの不適合という困難で冷厳な事実と取り組む

べきだよ。性的不適合について話し合えそうだと思ったら、すぐに私に教えてください。直接的に教えてくれてもいいし、間接的に教えてくれてもいいですよ。どっちでもかまわないし、もし私があんまり鈍くて間接的に言ったことが通じなかったら、必ず気付かせてね」。すぐ次の面接で彼女は言いました。「性的関係というものについて、すっかり教えていただきたいんです——男性はどう振る舞い女性はどう振る舞うべきか」。それから彼女は、自分の不感症や、恐怖や、不安や、あの呼吸困難と喘ぎについてよくよく話してくれました。貫かれるとか花を摘み取られるという思いで、どんなふうに息が詰まるか。彼女自身の呼吸困難と喘ぎ、ジョー自身のぎこちなさ、不器用さやおぼつかなさや不安。のちに彼女は、母親が授けたかたくなで愚かな教えや、高校・大学時代の自分の抑制的な態度——性について学ぶ自然な機会を避けていたことについて語りました。そうしたことについて真から考えることができなかったのでした。彼女はオーガズムとは何かを知りたがり、私に説明してもらいたがりました——女性のオーガズムとはどんな感じなのか？　私は、どんな女性もその人独自のオーガズムを体験すると言いました。「私にしてあげられるのは、いろんな女の人たちが私に話してくれたことを説明することだけです——大してないということです。それは体験するしかないし、開発していくしかないんです。さて、ご主人とのセックスを確かなものにするために、私にどんなことをしてほしいですか？　あなたは長年この呼吸困難と喘ぎを、セックスを避けるために使ってきました。では、私がこの呼吸困難と喘ぎを、何かほかの全く違うことのために使いなさいと言ったとしたらどうでしょう？」

　困難を取り去ってもらって怒る患者がいるでしょうか？　慢性虫垂の瓶詰めが家宝になっているなんていう話があるでしょうか？　「これが医者が取ってくれた虫垂なんだぞ。虫垂炎のおかげで、何度痛い思いをしたか分かるかね？」と誰かが言うのを聞いたことがありますか？　人は自分の問題を大切にしまっておきます。でも、安全にしまっておきたいと望みます。私が彼女に言っているのは「あなたの呼吸困難と喘ぎを標本瓶みたい

なものに入れましょう——そうすれば、あなたはそれを持っていられます、それはあなたのものですよ」ということです。彼女は、なにゆえに呼吸困難と喘ぎを必要としたかを話してくれました。「長いこと、私たちの友人だった夫婦がいます。私はその人たちが好きじゃありません。あの人たちは、しょっちゅうやってきては飲みたがり、しかもいつも飲み過ぎるんです。最高のウィスキーを出さないと、決まって文句を言います。ジョーはあの人たちが好きですが、私は好きじゃないんです。ジョーがいつも気付かない振りをすることがあります。その男性は奥さんが席を外した隙に、いつもきれいな金髪女性と最近会った話をするんですけど、夫はその事実に気付かない振りをします。私は、あの人が奥さんを裏切って浮気しているのを知っています。あの人たちを追い払いたいんです。友人でいてほしくないんですわ」。その夫婦が電話をかけてくるたびに、彼女は呼吸困難と喘ぎの発作を起こしたのでした。おかげで今では彼らを寄せ付けないですんでいます。

　今や、アンはとても自由にセックスを論じます。裸でベッドへ行き、セックスが終わってからナイトガウンを着ます。彼女はナイトガウンを着て寝るのが好きだし、裸で愛し合うのが好きです。セックスは週に３回、週に４回、時には土曜の夜に日曜の朝と夜。娘が友達の家に出掛けて夫婦だけになった日曜の午後も時々。完全な自由です。彼女は夫のいるところで母親に数枚のネグリジェ、つまり短いナイトガウンを着て見せました。母親は恐怖に凍りついて座り込んでいました。アンは言いました。「ねえ、私は母を気の毒に思いましたわ。だって母がどう感じているか、はっきり分かりましたし、そんな思いはしないでほしいと思いますもの」

このケースは、エリクソンが時に見せる入念な配慮を示している。彼はこうした配慮によって、準備が整わぬうちに問題を直視させられることから患者を守る。その人が耐えられない考えに直面させられることのないように、面接を注意深く管理する。反面柔軟でもあって、その患者にとってそれが一

番良いアプローチだと感じたときには、問題に直面させ無理にも受け取らせる。次に挙げるケースは直面化のアプローチの例である。それはまた彼が年を重ねるにつれて見せるようになった、経済的かつ効率的な扱い方を示している。これは数人のメンバーからなる家族のケースだが、メンバーのそれぞれが、それまでの治療では改善が見られなかった非常に深刻な問題を抱えている。エリクソンはそれぞれに対して直接的なアプローチを用い、全員を急速に変化させる。家族志向の治療ではよくあることだが、治療者は一人の家族メンバーまたは家族関係に変化をもたらすことができれば、次に焦点を当てるメンバーでも大概成功するものである。

　ある男性が入ってきて言いました。「私はひどい頭痛持ちです。この頭痛は７歳からあるんです。私は何とか頑張って小中学校、高校、大学を出たし、この頭痛にもかかわらず事業を築き上げました。とてもうまくやってはいますが、一日中頭痛がしているのです。何百人もの医者にかかり何百回もレントゲンを撮りました。何千ドルか分からないほどたくさんのお金を注ぎ込んできました。連中は、その頭痛はみんな私の頭の中でのことだと言おうとしました。それはそうですけど、連中が言うのはそういうことじゃないんです、私が気違いだと言っているんです。私はとうとうあなたに会いにくる決心をしました。あなたは家族カウンセラーだし、うちの家族は難題をいっぱい抱えているからです。私を蔑まないでください。ここへ来たもう一つの理由は、薬物中毒になっているのに気付いたことなんです。コカインとパーコダン^{訳注3}なしではやっていけないんです」

　私は彼にすっかり話をさせました。それからこんな具合に要約してびっくりさせました。「あなたは７歳からこの頭痛がありました。毎日ありました。夜、頭痛とともに床に就き、朝、頭痛とともに目覚めました。結婚した日にも頭痛がしました。６人の子どもそれぞれが生まれた日、頭痛が

訳注３）鎮痛剤の一種。

しました。それぞれの子どもが歩くのを覚えたとき、頭痛がしました。6人の子どもそれぞれが幼稚園に入ったとき、頭痛がしました。それであなたは誠実なビジネスマンなんですか？　倫理的で誠実なビジネスマンだと本当に思っているんですか？」

　彼はかなりびっくりしました。私は言いました。「誠実さにはいろんな種類があります。お金や物質的なものに限りません。なぜならあなたは、7歳の子どもの頭痛を何年も何年も持ち続けてきたという話をしました。一体どうしてあなたはその頭痛を、7歳の子どものものにしておかないんですか？　あなたのように大きくなった男が、30年間も小さな子どもの頭痛にしがみついて何をしているんですか？」

　彼は説明しようとしましたが、私に理解できたのはただ彼が7歳の子どもの頭痛を持ち続けているということだけで、私はそのことで彼をボロくそに言いました。

　彼は事業においては誠実でした。事業のことでは自分を弁護しなければなりませんでした。彼は私に同意するほかありませんでした。同時に同意しかつ反対するのはえらく難しいものです。

　彼は事業において誠実だということには同意するほかありませんでした。それは彼にとって重要なことでした。そして、事業における誠実さという話を小さな子どもの頭痛を持ち続けているという非難と同じレベルに置く——しかし同じレベルになんか置けません。だから彼には私に反論するすべがなかったのです。

　もしこんなふうに組み立てないで、事業の方を先に持ち出していたら、頭痛のことを言っても効果的にならなかったでしょう。相手に反撃するすべを与えないようなやり方で切り出さなければなりません。

　彼は私にひどく腹を立てて診察室を出ていきました。彼は夕食のとき、頭痛がしていないのに気付きました。でも寝るときには頭痛になると分かっていました。そして、薬をやりたくなるのが分かっていました。でも頭痛は起こらず、パーコダンは必要になりませんでした。でも目が覚めたら

頭痛がして、薬が欲しくてたまらなくなると分かっていました。そうならなかったとき、彼はかなりびっくりしました。

　彼が私に会いにきたのは2月26日でしたが、4月17日に入ってくると、とても恐縮してきまり悪そうに言いました。「申し上げにくいんですが、あなたは正しかったんじゃないかと思いますよ。私は小さな子どもの頭痛にしがみついていたんです。私は待って待ち受けてきたんです。あの最初の日以来、毎日待ち受けていたんです。でも今とうとう薬物中毒をやめよう、頭痛をやめようと決心がつきました」

　「やれやれ、頭痛をやめようと決心するのに長い時間がかかったものです——2月26日から4月17日までかかったんですからね。どちらかというとのんびり学習する人なんですね？　ほかのことがありますよね。あなたは家族があまり幸せではないと言いました。言ってごらんなさい、あなたは奥さんをどんなふうに苦しめて、惨めなガミガミ女にしてしまったんですか、そして6人の子のうち何人をだめにしたんですか？」

　「はあ、長男がとても扱いにくいのです。2番目は女の子ですが、大変な肥満です。次は男の子ですが、14歳なのにまだ1年生です。その子に読み方を教えようとして何千ドルも使いました。次の男の子は兎唇で、はっきり話せません。残る2人はまだとても小さいので、どれくらい害があったかまだ分かりません」

　「小さい子どもの頭痛にしがみついていたおかげで、みんなをだめにしたことがあなたにはよく分かっているんですから、奥さんを寄こされた方がいいでしょう。私が不誠実を正してあげられるのをご存知ですね。さあ奥さんを寄こして、あなたが彼女になした害を直させてください。奥さんに、太った娘と14歳なのに1年生の男の子を連れてこさせなさい」

　私は4時間かけて、その女性にとても無礼な言葉で、あなたは特別製のガミガミ女で恥じ入るべきだと話しました。彼女は唖然としました。弁解しようとしました。私は侮辱し続けました。娘と14歳の少年は母親をかばおうとしました。私は娘に言いました。「さあ、立ってぐるっと回ってご

らんなさい。君は何歳ですか？　何kgですか？　自分が、北を向いてる馬を南側から見たみたいに見えるのが分かってるんですか？」

　娘はかんかんになって診察室を出て行きました。私は14歳の少年に言いました。「さあ、君には家に帰ったら新聞を手に取って、そこから100語書き写してもらいたいんです。一つはここから、一つは次のページのそこからという具合にね。並んでいる言葉じゃなくて、100の別々のところからの言葉だよ」

　私は母親の方を向いて言いました。「あなたについて言えばですね、お母さん、あなたはかわいくて優しくて純真な若い娘だったのに、どうして口やかましい文句ったれのけたたましいガミガミ女になってしまったのか、考えてみなさい。本当に恥じ入るべきですよ。もっとよく分かっていていい年なんですからね」。4時間の糾弾のあげく、母親はとうとう「これ以上侮辱されるつもりはありません」と言って、診察室を飛び出していきました。彼女は25km先に住んでいました。彼女は車に乗り込みましたが、車止めから発進したときはさぞかし激しく排煙が噴き出すのが見えたことでしょう。25km行くほどの時間が経ってから、電話が鳴りました。彼女の声で、息を切らしていました。「電話しようとガレージから走ってきたんです。家に帰る途中で、あなたは真実を言ったんだと気が付いたんです。あなたの言ったことが全部真実だと腑に落ちるまで、私はぶっ飛ばしていました。さあ、いつ次の予約が取れますか？」

　私は翌日に予約を入れて言いました。「ご主人を連れておいでなさい、それから14歳の息子さんもね。あの子に100語写させておくようにしてくださいよ」

　両親が到着し、私は言いました。「さて、読書矯正法や何かのために、私立学校や心理学者や専門の教師に何千ドル支払ったか、大体分かりますか？」「そうですね、学校評議会は子どもに読むことを覚えさせる義務があると思っているので、郡が一部支払ってくれています。つまり郡が費用の3分の2を負担しています。私たちには月に100ドルあまりかかります」

と父親は言いました。

「まあ、その子が写したものを見てみましょう。驚くじゃありませんか、彼は大文字と小文字の見分けがついていますよ。文章の始まりが分かっているし、文章の最後の言葉のあとにはピリオドもつけていますよ。ねえ、お子さんは読めるんだけど、その事実をあなたがたにも自分にも隠しているんだと思いますね。お子さんを任せてくれれば、8年生を終えさせてあげますよ。今は4月です、5月末で学校は終ります。6月には読めるようにしてあげましょう。7月1日にまだ8年生の読本を読めなかったら、私が教育を引き継ぎましょう。専門学校との契約をキャンセルなさい。そして小学校の校長先生に、8年生の履修証書を出すように頼みなさい。彼らは喜んで手を引くでしょう。お子さんと面接しましょう」。私は少年一人だけと会う日を設定しました。

彼が入ってきたとき私は言いました。「ビル、そこからそこまで歩いてごらん。今度は後ろ向きにそこからそこまで歩いてごらん。今度は横向きに右の方へ、横向きに左の方へ。私の方へ前向きに歩いておいで、今度は後ろ向きに歩いておいで。ここから向こうへ前向きに歩いていってごらん、後ろ向きに歩いていってごらん」。彼がやってみせると、私は言いました。「君はもう8年生を卒業できるよ。君は歩くことができる。歩けるという事実には逆らえないよね。さて、君はここから25kmのところに住んでいるね。明日になったら、君は右足を持ち上げて左足の前に出す、それから左足を持ち上げて右足の前に出す、家から25kmずっと、9時にここにたどり着くまでね。着いたらどこかの部屋に座っていいし、水を一杯飲んでもいい。サンドイッチを持っておいで。そして4時まで読書していいんだよ。その時間を過ごすのに何を持ってきてもかまわない。だけど遊ぶものはだめだよ」

ある日彼は、4時に私のところへやってきて、「もう1時間いてもいい？ 分数はとても面白いよ」と言いました。私が戦いに勝利を収めたことを証明しました。彼は教科書を持って、私の診察室に通っていたのでした。彼

は高校へ入りました。

　最初に来たとき、彼はボールを投げることができませんでした。投げ方を知らなかったのです。ほかの子どもたちと遊んだことがなく、ただ立って見ていました。彼はその９月に高校へ入学しました。それというのも私がこう説明したからです。「いいかい、ビル、君は毎朝ここまで25km歩いて９時にたどり着くのをずっとやっていてもいいんだよ。家までまた25km歩いて帰ると、ベッドにへたりこむほど疲れているだろうね。お母さんはたっぷり夕食を出してくれて、君はお腹ぺこぺこになって食べ、疲れ果ててすぐにもベッドに行くだろうね。それを９月、10月、11月、12月——つまり感謝祭も、クリスマスも、毎日曜日もということだけど——１月、２月、３月、４月、５月、６月、７月、８月、９月、10月、11月、12月……ずっとやってもいいんだよ。君がしたいだけ、何年でもね。さもなかったら、高校に入学して、全部の試験にパスしますようにとお祈りすることもできるよ」

　彼は高校へ入学し、Ｃ級ないしＢ級で合格し、人を集めて秋学期にテニスチームを作りました。彼は今、高校２年生です。

　父親は５月に事業上の計画がうまくいかなかったとき、一度頭痛がぶり返しました。妻が電話してきて、夫がまた頭痛がしていると言いました。「ご主人が帰宅したら、私に電話させなさい」と、私は言いました。彼が電話してくるとこう尋ねました。「オフィスまでどれくらいありますか？」「18kmです」「朝、オフィスまで歩いて行けるように、十分ゆとりを持ってお出掛けなさい。新鮮な空気が頭痛を治してくれますよ」

　太った娘は結婚しました。彼女は最初の６カ月の間に２回、夫のところから逃げ出しました。彼をアパートから締め出しました。一度は彼が力まかせにドアを破りました。それから彼女は夫の留守中に母親のところへ帰ってしまいました。「たった６カ月の結婚、２回の家出、締め出しが１回、ドア破りが１回、３度目の家出で出戻り。この結婚はよくないわね」。母親は言いました。彼女は娘をアパートへ連れて戻り、何もかも荷造りさせ

§7 夫婦と家族の難局

ました。夫には、二度と会わないつもりだとメモを書きました。母親は娘を私のところへ連れてきて言いました。「あなたは、私たちをまともにしてくれました。娘はどうでしょう？」

「お母さんは、隣の部屋へ行って座っていてください。ドアはあまりぴったり閉めないでね」。私は言いました。そして娘の方を向いて言いました。「ご主人のことを話してください」。私は45分間にわたって、夫がいかにすばらしく、彼女はいかに彼を愛しているか、二人の喧嘩はみんな一瞬の癇癪にすぎず、全てはお砂糖と蜜なのだと彼女が話すのに耳を傾けました。

45分経った時、母親が入ってきて「娘があなたに、夫がどんなに素晴らしいか話しているのを聞いていました」と言い、娘の方を向いて言いました。「そしておまえは、私には彼のことを何て言ったか分かっているわよね。私は世界一のとんでもないばか者だったわ。鼻を突っ込む必要なんかないところに突っ込んだんだわ。おまえを家に連れて帰ります。おまえは結婚のことをお父さんや私と話し合う気なんかないのよ。電話して舅と話し合うつもりもないのよ。居たいだけ家に居ていいけれど、結婚のことは全部自分で解決するのね。このまま結婚していようと、離婚しようとね。お父さんと私は何も干渉しないわ。寝食はさせてあげるけど、それ以外に要るお金は自分で何とかするのね」

娘は自分の考えごとに夢中になっていたので、私が母親にドアの閉め方のことを言うとき、「あまりぴったりでなく」と言ったことに気付かなかったのでした。

しかし、この家族に対する私の独断的な行動はどうだったのだろうか。母親は尋ねた。「あなたが私にやらせたことを、どうして私がうまくやり通せると思ったの？」「あなたは困っていました。そして、それを知っていました。私がそれを知っているということも知っていました。あなたは自分の陥っている苦難に対して、言い訳できませんでした。そこから抜け出すべきだと分かっていました。あなたは薬を飲みますよね。どんな薬か

知らなくても、医者が処方してくれたんだから飲みます。それが、あなたが私の言ったことをあなたがした理由ですよ」

§8　親の子離れ

　人生の慰めの一つは、人間が抱える問題はいつの世も変わりがなく連綿と受け継がれており、それゆえ私たちには連続性の感覚がある、という事実である。けれども私たちは新しい考え方によって古くからある問題に取り組むことを学び、変化をもたらす機会に巡り合っている。今世紀になって新しい考え方が生まれ、この本の、特にこの章に登場した新しい考え方は、昔ながらの問題を解決するための新しい可能性を伝える試みである。

　150年前の偉大な催眠家アントン・メスメルが、問題をどのようにとらえ、どのように治療しようとしたかを検討してみよう。そしてそれを現代の催眠家ミルトン・エリクソンのアプローチと比較してみよう。

　18世紀にメスメルは書き記している——

　　私は18歳のパラディ嬢の治療を引き受けた……彼女は4歳から全くの盲目だったので年金を受けていた。それは眼球痙攣を伴う完全な黒内障であった。そのうえ、メランコリアの餌食となっており、脾臓と肝臓の機能障害もあったことから、しばしば譫妄状態と憤怒の発作が起こるので、自分は狂っていると思い込んでいた。

　メスメルは、その娘をほかの患者たちと一緒に自宅に連れてきて、妻たちの手を借りて治療した。

　　パラディ嬢の両親は、娘の状態がよくなり視力も次第に回復してきたのを見ると、この出来事を急いで人々に知らせ、また喜んだ。しかし……パ

ラディ氏は……娘の年金とそのほかにも彼が得ている特権が打ち切られるのではないかと心配し始めた。彼はその結果、娘に家に帰るように言った。娘はまだ治りきっていないのではないかと恐れて帰るのを嫌がり、母親も娘を支持した。父親は譲らなかった。この言い争いが再び発作を引き起こし、不運にも再発へと追いやった。しかし、目には影響がなく、視力は回復し続けた。父親は娘がよくなっているのを知ると……怒って娘に迫り、妻にも同じ態度を取るように強いた。娘は抵抗した……母親は腹を立てて、援助者の手から娘を乱暴に、もぎ離した。「恥知らずな娘ね、あんたはこの家の人たちにそそのかされているのよ！」と罵りながら、怒りにまかせて娘の頭を壁に叩きつけた。

あとで父親は、娘を休養のため郷里の自宅に連れ帰らせてほしいと礼儀正しく申し出た。メスメルは報告している――

> 翌日、家族は私に、娘は未だに盲目で発作に支配されていると主張した。彼らはかように彼女に教え込み、発作と盲目を装うことを強いたのであった。[原注1]

メスメルは彼の時代のもののとらえ方で考察し、問題はパラディス嬢であると考えた。メスメルの観察の枠組みは個人であったから、娘の問題にとって家族は周辺的なものでしかないと見なしたのである。家族は治療を妨害するものであり、彼を困らせるものだった。なぜなら、彼が首尾よく娘を変化させるのを歓迎しなかったからである。

それから100年後、私たちは同じ問題に対して同じ考え方をしているフロイトを見いだす――

原注1）J. Ehrenwald, *From Medicine Man To Freud* (New York: Dell, 1956)

§8 親の子離れ

　何年も前のことだが、私はある娘の分析治療を引き受けた。かなり以前から彼女は恐怖のために外出できず、家にひとりでいることもできなかった。非常にためらったのちに患者は、母親が一家の友人である裕福な男性と愛し合っている兆候にたまたま気付き、そのことで頭がいっぱいだと告白した。えらく気が利かないことに——あるいは非常に如才なくも——彼女は分析中に話したことを母親にほのめかした。つまり、母親に対する態度を変えることによって、ひとりでいる恐怖から守ることができるのは母親だけだと主張したり、母親が家を出ようとするとドアを閉めて出られなくすることによって。母親自身、かつて非常に神経症的であったが、数年前に水治療法の施設に行って治っていた——言い替えれば、そこで彼女は件の男性と知り合い、結果的に一方的ではなくお互いが満足のいくものとなった関係を結んだともいえよう。娘の激しい要求に疑いを抱き始めた母親は突然、娘の恐怖が意味するものを悟った。母親を囚人にし、恋人との関係を保っていくのに必要な自由を奪うために、彼女は病気になったのだ。母親は直ちに断を下した。その有害な治療を中断したのである。娘は神経症患者のための療養所へやられ、そこで長年の間「精神分析の不幸な犠牲者」と指さされた。その間、私も治療の不幸な結末をめぐる不利な噂につきまとわれた。私には守秘義務があると考えたので沈黙を守った。何年も経ってから、療養所を訪れてその広場恐怖症の娘と会った同僚から、母親と裕福な男性との親密な関係は周知のこととなっており、どう見ても夫である父親は見て見ぬ振りをしていると教えられた。この「秘め事」のために娘の治療は犠牲にされたのであった。

　メスメルのようにフロイトは、問題は娘であり恐らくは父親ぐるみで、母親が自分の都合のために治療を妨害していると考えた。同じ議論の中でフロイトは家族について語っている——

　　精神分析治療において、近親者による妨害は明確な脅威であり、しかも

どう対処したらいいか分からない脅威である。我々は患者内部の抵抗は必要悪と認め、対処のすべも知っている。しかし、この外部からの抵抗に対してはどう防御できるだろう？ いかなる説明をもってしても近親者を納得させることはできず、状況全体から遠ざけておくこともできない。彼らを内密の話に参与させるわけにもいかない。そんなことをすれば患者の信頼を失う危険を冒すことになる。患者は──むろん全く正当にも──自分の信頼する男がその本分を果たすことを要求するからである。家族生活を分裂させてしまうほどの意見の衝突について多少知っていれば、患者の最も身近な人々が患者の回復に、現状のままに留めておくことにほど関心を示さないのが分かっても、分析家として驚くには当たらない。……近親者は……専門家の尽力に敵対すべきではない。しかし、こちらに寄りつかない人々に、一体どうしたら協調してもらえるだろう？ それにまた、患者を取り巻く環境の社会的雰囲気や教養の程度が、治療の見通しに少なからぬ影響を及ぼすという結論に行きつくのも、もっともなことであろう。

　たとえ、こうした治療の妨げになる外的要因を考慮に入れることによって、我々の失敗例の圧倒的多数は説明がつくとしても、これは治療法としての精神分析の有用性にとって暗い展望を示している！ ^{原注2)}

　メスメルもフロイトも個々の患者をどう扱うべきかは分かっていると思っていた。しかし、家族にうまく対処しなければ治療は失敗し得るとフロイトが認めるときですら、患者の近親者をどう扱ったらいいかは分からなかった。彼らはどちらも若い女性と取り組み、どちらの場合も、治療者が改善をもた

原注2) Sigmund Freud, *Introductory Lectures on Psycho-Analysis* (New York: Norton, 1929), pp.385-6. 家族をうまく扱えないことに対するフロイト自身の解決法は奇妙だ。彼は言う。「戦前、多くの国々から押し寄せてきた患者のおかげで、私は自分の生まれた都市に対する好感や不評にとらわれなくなった。そのとき私は自権者（*sui juris*）、つまり人生の本質的な人間関係において自立している人でなければ、治療を引き受けないという規定を作った。すべての精神分析家がこのような規定を設けられるわけではない」(p. 386)。そんな規定は本質的に、何らかのかたちで他者とかかわる人をみんな排除してしまう。

らすと親が反発して治療をやめさせてしまった。親のこの困った行動についてそれぞれの治療者は、自分の関心に即した説明をしようとした。メスメルは、パラディ嬢の両親が年金を失うことを恐れたと感じ、また自分に対する政治的な策略があるのではないかと疑った。フロイトは、不道徳な性的素行を隠そうとする母親の企てに説明を求めた。同じ問題に直面したとき、別の治療者ならまた別の根拠で状況を説明するだろう。しかし、今世紀になって何百ものケースで分かったことは、深刻な問題を抱えた青少年が改善を見せたときの親のこういった反応は、いつもあることだという事実である。ケースによって、金銭で説明がついたり不道徳で説明がついたりするわけではない。そこにはもっと一般的な要因が働いている。子どもが家を離れるのが適切な年齢に達したとき、「問題」は子どもではなく家族自体が迎えた危機の段階なのである。患者の家族を扱うことは治療に欠かせない。彼らこそ当の問題だからだ。多くの家族療法家は、ここで取り上げたメスメルとフロイトのケースは、どちらも成長した子どもが家を離れ始めるとき、家族生活が迎える段階の典型的な問題と考えるだろう。そのとき新たな問題が起こり、以前からあった問題は一層極端になる。そして、その状況に介入する治療者は個人ではなく家族生活の一段階を扱うのであり、そこでの困難はさまざまな形を取り得るのである。

　この研究の初期には、親から離れて自分自身の生活を確立しようとする若者の苦難に強調点があった。だがそうなるにはまず、親が子どもから離れなければならない。そこで、問題のこちらの側面が強調されることになる。人間は姻戚関係を持つ唯一の動物であるのみならず、子の世話をすることから仲間として対等に扱うことへの大きな転換を成し遂げねばならない唯一の動物でもある。子どもが成長し独立していくとき、家族には大きな変化が起こるに違いない。

　メスメルとフロイトに欠けていたのは、「症状」とは保護を含む多様な役割を担う人々の間の契約である、という考え方であった。親が不安定になった思春期の子の回復に抵抗するばかりではない。家族に関して何かがなされ

なければ、子の側もまた抵抗する。子どもの問題行動が度外れていればいるほど、その子の変化に伴って家族の破局が起こりやすくなる。ひとたびこの観点を把握すれば、状況を解決するためにどんなアプローチをとれるかが明らかになる。治療者は危機対策を引き受けて、この混乱の時期にある家族全体をまとめるかもしれない。あるいは、母親か父親か子どもかそのほかの親戚を通して、または同時にこの人たち全部を通して介入するかもしれない。入院や薬で状況を安定させようとすれば、失敗に終わる可能性は高くなる。終始家族全体に焦点を当て、子どもと家族のかかわり合いを保ちつつ、その子を家から出して普通の生活を送れるようにしてやるなら、うまくいく可能性は高くなる。

　エリクソンは、家族生活のこの段階における危機をさまざまな方法で扱う。ある若い女性とその両親を治療した方法は、メスメルやフロイトのアプローチと対照的である。エリクソンはその問題をどう扱ったかを述べている――

　　ある若い女性が、父親に連れられて私のところへやってきました。彼女は急性の精神分裂病でした。父親は最初の１週間残って、妻が娘を家に連れ戻しに来ないことを見届けました。そのあと、私は母親と会いました。私は娘だけこの町に残して両親はコースト[訳注1]へ帰るように手配しました。
　　娘は太り過ぎており、腿やお尻の肥満は相当なものでした。また、漠然とした白昼夢に耽り、世間から引きこもっていました。彼女には触覚と視覚の協応がありませんでした。椅子の腕に触れれば分かるのですが、視覚でとらえることは全然できないのでした。
　　娘によると、ごく幼い頃から母親は彼女を嫌っていました。父親の留守を見澄ましては、幼い彼女を叩きました。彼女は母親から、おまえはひどいブスで不細工で未来に何の希望もない、おまえの父親は役立たずで自分勝手だと言われました。母親は、もとは美人だったのに、惨めったらしい

訳注１）太平洋沿岸地方を指す。

赤ん坊を生んだせいで美貌が台無しになったと罵るのでした。私の課題は、彼女が自分はすてきな娘だという事実を認められるようにしてやることでした。そして、食べ過ぎる必要なんかないということも。私は脂肪の覆いの下に隠れている美しい腿に関心を示して見せました。

　私は母親と、娘のことについて話しました。彼女は赤ん坊を欲しいと思ったことなどなく、妊娠を喜ばなかったし、夫もそうでした。母親は、望まない子どもであったことを娘に思い知らせました。小さな娘に湯を使わせながら、デブでみっともない子とあざ笑いさえしました。娘と、母親のことについて話し合ったとき、私は母親をデブののろまと呼びました。一体全体どうしてお父さんは、キーキー叫び立て、幸せであったはずの性的関係の所産である子どもをひどい目に合わせるような、ああいうデブでのろまの妻の首をひねってしまおうとしなかったのか、と私は尋ねました。私がそういうことを言うと、娘は緊張しました。私は思いきり緊張させてから、彼女の気をそらしました。「君の肘はその椅子の腕にゆったり乗っているかい？」。すると手探りが始まります。「そう、君は椅子の腕を見られない――肘でじゃないとね。肘で分かるんだが、それも楽しいね。君の腕が椅子の腕を見つけ、君は君の腕を見つけられるよね」。こうして私は娘の感覚の能力をどんどん伸ばしていきました。

　母親への非難が娘の感情をかきたて、娘が緊張すると娘の気をそらせるようにしました。情動をかき立てておいて、自分で何とか解消させるなどということにはしたくなかったのです。私は情動をかきたて、それから気をそらすことができました。彼女の情動はまさしく私が望んだようになりました。それから私は母親についてまた違う非難をして情動を強め、再び気をそらしました。父親が妻にセックスを拒まれて愛人を求めたとしても、なぜそれがいけないのか分からない、と言いました。情動は頂点にまで高まり、彼女はそれを父親の欲求と権利に結びつけることができました。情動の全ての力を傾けて、父親が自分で選ぶ女性――母親も含めて――と性交をする権利を支持しました。もちろん父親は実際に道を踏みはずしたこ

となどありませんでしたが、母親はそうしたと彼女に信じ込ませていました。情動を築き上げ、次いで父親の権利に言及することによって、私は彼女が父親をかばい、父親の権利に肩入れするように導いていったのです。私は父親の権利を父親と同一視させたいと思いました。彼女にとって、肥満やあらゆる悪い事柄以外で母親に同一視するのは困難でした。けれど父親は善良な男性だったので、娘は父親の権利を擁護しだすと、父親に関するあらゆるよい事柄に同一視し始めました。あなたが私の権利を擁護し始めたらどうなるでしょう？　あなたは私の盟友となり、私の一部になるのです。

これを聞くと、エリクソンは家族としてとらえる観点を知らない治療者のように、娘にだけ焦点を合わせているように見える。娘は両親と三角関係にある限り、親の生活を分裂させることなしには自立を成し遂げられない。このようなケースで改善がみられると、通常、親は子どもの治療をやめさせ、問題を進行させ、離婚に至ることも多い。それは娘が親をどう見るかという問題ではなく、娘が変化し、もはや両親の間のコミュニケーションの道具でなくなってしまったとき、現実に起きる親の必死の反応なのだ。だが、エリクソンはただ娘を扱っているだけではない。娘の治療をしながら両親とも関係を保ち、彼らが娘の回復を切り抜けるのに手を貸しているのである。彼が続けて述べているように――

　私は父親に妻と別居するように言いました。妻の人当たりがよくなったときは、家に戻って性的関係を持つのです。気持ちよく過ごせるようなら、１週間か２週間、彼女の元に滞在します。母親は優秀なゴルファーで、多くの面で素晴らしい伴侶でした。私は娘の治療期間中、母親から定期的に電話してもらうようにしました。彼女は私を、厳しいけれど私情を交えずに話し合える、一種の父親的存在として利用しました。何か間違ったことをしたら電話してきてそれを話し、私が叱るのです。こうして私は娘と会

う間、両親との接触を保ちました。

　私は娘と、脂肪の覆いの下に隠れている身体の美しさを教えてあげる作業をたくさんしました。彼女の身体を褒め、いかに魅力的か話してやりました。それは今のところ服だけでなく脂肪の層に覆われて、すっかり隠れていましたが。彼女はまだ、自分の身体の美しさを目にしたことがなく、私はそれについて話しました——かなり距離のある事柄だからこそ、自由に話すことができたのです。その脂肪の層の下にあるお乳や、お腹や、腿や、恥丘や、陰唇や、腿の内側の柔らかい肌に対して、彼女が自らすてきと思えるような評価を与えました。私は脂肪の覆いの下に、どんな魅力的な娘が隠れているかを見いだそうとしたのです。彼女は今とても幸せな結婚をしています。そしてこの夏、赤ちゃんが産まれます。彼女は私も賛成した感じの良い若い男性と結婚しました。娘は「私は母を結婚式に招待しなくてはいけないかしら？」と尋ねました。母親がやってきて、泣いたり喚いたりの場面を演じるのではないか、娘や新郎や新郎の両親や父親を非難するのではないかと心配していました。それでも母親を招待するべきだと感じていたのです。私は言いました。「この際、お母さんにはっきり言いなさい。座って、口を閉じて、君の言うことをちゃんと聞くようにとね。それからきっぱり説明するんだ、お母さんは結婚式に喜んで迎えられて、君の言う意味でのいいお母さん——きちんとして、しっかり落ち着いた、礼儀正しいお母さんでいてもらうことになっているんだとね」。娘は本当にきっぱり言い渡しました。母親は震え上がり、立派に振る舞いました。

　このケースに対してエリクソンがとったのは、明らかに、家族に発展段階を乗り切らせるアプローチである。彼は、娘にだけ焦点を当てて娘の回復とともに両親に治療を中断させてしまう代わりに、両親の状況にも焦点を当てた。娘の欠陥を扱うと同時に、両親との間にも継続的な関係を築いて彼らを支え、また父親に自分の判断で家を出たり戻ったりさせることによって、結婚生活を立て直した。多くのケースで見られるように、娘の回復につれて両

親がいつのまにか離婚してしまう事態を招く代わりに、エリクソンは別居をお膳立てし、娘を結婚させて家から出した。そのあとで両親を新しい基盤の上に再び結び合わせたのである。

多くの家族療法家と違って、エリクソンはこの家族の治療を決まって一緒に来させるという形では行なわなかった。彼は状況に応じてそうすることも、しないこともある。初期の頃、家族療法家は親子間のコミュニケーションを明確化することや、相互理解への到達を援助することに治療の焦点を当てながら、その間親子はずっと一緒に生活するべきだと考えがちであった。このアプローチが失敗したとき、療法家の多くは家族療法のセッションの継続中、子どもを家庭から出してアパートや下宿といった普通の環境（精神病院よりも）に移す戦略に切り替えた。子どもを家庭に留めておいてただ家族で話し合いをさせても、子どもの出立という危機は決して解決しない。エリクソンは、この状況で連帯感を引き出すことには焦点を当てないアプローチをとるようになった。1958年の対話の中で、「今までと違った親の扱い方を学べるように」子どもを家族の中に置いておくという考えに彼は異議を唱えた。彼は言った。「若者はそんな家族の中で暮らして、本当に違う扱い方など学べるものでしょうか？　彼は、いかにうまく扱えないかを学びながら生きてきたのです。親を上手に扱わない方法を豊富に学び、上手に扱わないちょっとしたこつをたくさん身につけてきたのです。私はいつも親にかかっている間、若者を離しておきます」

エリクソンは家族と個別に面接する方が多く、全員同時の面接はたまにしかしないが、時には全員一緒に会って親子のお互いに対する接し方を変えていく。比較的軽い問題を、家族全員一緒に面接して扱った例がある。そのケースは、彼がいかに手早く、親と思春期後期の子どもを、お互いをもっと成熟したやり方で敬意をもって接するように変えたかを示している。

　　ある両親と娘が私に会いにきました。私は診察室で全員一緒に会いました。ほかの子どもたちはもう大人といってよく、既に家を離れていました。

この末娘はあらん限りに不安定で苛立っていました。両親も同じように苛立っていて、三人ともお互いに聞く耳を持っていませんでした。

　状況を見て取ると私は彼らに座るように勧め、一度に一人ずつ話してもらいたいと言いました。一人が話しているときは、残りの二人は口を閉じているように言い、父親・母親・娘それぞれに、状況について各人の一方的な見解を存分にしゃべらせるようにしました。順番は思い出せません——私は時々変えますから。でもこのケースでは、娘に最後に話してもらいました。

　それぞれが自分の感じていることを述べ、その間ほかの二人は聞いていました。それから私は言いました、「結構です、考えさせてください」。数分して私は娘の方を向いて言いました。「君に5分か10分、時間を取ってもらいたいんだ。あそこにある時計の秒針を見ていられるね。心の中で、君がご両親に言いたいことを何もかも——愉快なことも、不愉快なことも、どうでもいいことも——思い巡らして、それからそれを言う順番を考えるんだ。率直に、きっぱりと、正直にやるんだよ。さあ、私も時計を見ていよう。10分くらいかかるだろうね。それだけあれば、君は全部考え終わると思う。そうしたら君には、その次の10分間をどう使ったらいいか分かるよ」

　思うに、私は娘にこれから言うことを考えさせながらその実、状況を変えていたのです。「10分経ったら、君は次の10分間に何をするつもりか、どんなふうにするつもりか分かるだろう」と私は言いました。そんなふうにして娘は変わりました。

　10分経つと彼女は言いました。「言いたいことは全部言いました、あの人たちには聞こえなかったけど。でも私が何を言ったかあの人たちには分かっているし、私も分かってる。繰り返して言うなんて意味がないわ」「別の部屋で待っていてもらえるかい？」と私は娘に言いました。彼女は出ていき、私は両親の方を向きました。「娘さんの言ったことと、あなたがたのお考えはどのくらい一致しますか？　彼女は言うべきことはみんな

言った、あなたがたは聞かなかった、そして繰り返すのは意味がない、と言っていますが」。それから私は言いました、「さあ、お二人とも黙ってそのことを考えてみてください。5分経ったら、あなたがたは次の5分間をどう使えばいいかお分かりになるでしょう」。私は娘には10分あげましたが、両親は大人なので譲歩して5分としました。

　5分後、両親はおよそ次のように述べました。「いったん立ち止まって、私たちがずっと口にしていた愚かしいことや、人が抱き得る愚にもつかない感情のことをよくよく考えてみるならば、誰も人に敬意を抱いていないことに気付くでしょう。確かにこの診察室で、私たちは全員お互いに全く敬意を払っていませんでした。何らかの敬意を抱いているように見えたのはあなただけでした」

　「あなたがたのお考えを、私たちは娘さんに話す必要があるかしら？」。両親は自分たちが分かっているように娘も分かっていると思うと言いました。

　私は娘を呼び戻して言いました。「ご両親は、君も家に帰った方がいいというお考えだ。ご両親にはどうすべきか分かっているし、君も自分がどうすべきか分かっていると思うと言っておられるよ。君は自分たちと同じくらいものが分かるはずだとね」

　この家族とはこのとき一回きりしか会いませんでした。でも娘がちゃんとやっていることはほかから聞いて知っています。

　子離れさせる上で問題になるのは、親子の関係が対等になっていくのを妨げる親の関心や情愛や過保護である。最も破壊的な親とは、子どもにひどい扱いをする親ではなく、甘やかし保護し過ぎて、自立に向かえなくさせてしまう親である。人生のこの段階では、情愛が深く世話好きの親であればあるほど、親離れ子離れをさせる治療的作業は難しくなる。次のケースはうまくいかなかった例であるが、典型的な問題を示している。

ある内科医が私に電話してきて、息子に会ってもらえないか、と尋ねました。息子というのは、どんどん扱いにくくなってきている高校生でした。両親は車やステレオやカラーテレビを買ってやり、気前よく小遣いを与えてきました。少年の要求は止まるところを知らず、ますますわがままになり、家族を脅かすようになっていました。

　私は取りあえず、両親の前で少年と面接してみようと言いました。彼らは息子を連れてきました。私は少年に、座って口を閉じているように言いました。少年に関する最悪の事柄を、両親の口から洗いざらい聞きたかったのです。両親は息子の問題行動について、しぶしぶ話しました。両親が話している間、その子は喜色を浮かべて彼らを眺めていました。私は少年に「今のは大体正確な話かい？」と尋ねました。

　少年は言いました。「くそ、違うさ、あいつらが抜かしたことがいっぱいあるよ。恥ずかしくて言えないんだ。俺はおふくろのパンティをひっちゃぶいてやったし、あいつらの前でマスをかいてやったし、思いつく限りの汚い言葉を言ってやったし、晩飯の上に小便をぶちまけてやった。そのたびに親父はどうしたと思う？　あいつは５ドルか10ドルよこすんだ、そしておふくろは泣き喚くんだぜ」

　私は言いました。「やれやれ、ご両親は君を患者として引き受けてほしいと言っている。私は君のお父さんじゃないし、お母さんでもない、それに君と同じ人間でもない。でも、いずれ君にも分かるだろうけど、私の頭脳は君のよりずっと強靭で回転が速いんだ。さて、君が私の患者になりたいんなら、同意してもらわなければならないことがある。私はほんのこれっぽっちも、君のお父さんやお母さんのようになるつもりはないよ。ご両親は休暇旅行に行きたいそうだ。２週間行っているだろうけどその間、君はここに残って私の患者になってもいいよ。この近くの感じのいいモーテルに滞在できるよ。料金は１カ月145ドル、何でも好きな食事を注文できる。君は快適に過ごせるよ。ただし、毎日１時間か２時間私と会うんだ。私の言ういろんなことに君が耐え抜けるかどうか、私たちで冷静に客観的

に見てみようじゃないか。私が言うことは、どれ一つとして君の気に入るとは思わないけどね。さあ、ご両親が休暇を取る２週間の間、私に我慢できるかどうかやってみたいかい？」

「やってやろうじゃない。だけど宿泊や食事以外の小遣いはどうなのさ？」少年は言いました。

「合理的にいこう。君の小遣いをいくらにするか言うよ、君がもらうのはそれだけだ。お父さんは気に入らないだろうし、君もだろうけどね。君は１週間に25ドル使っていい。それ以上は１セントだってだめだし、クレジットカードも借金もだめだ」

「まあいいや、面白そうじゃん、あんたに何ができるか見てやるよ」

私は両親の方を向いて言いました。「息子さんは同意してくれました。それではあなたがたは休暇旅行に出掛けて、終わったら、息子さんがどんなふうにやっているか見に立ち寄ってください」。そこで両親は出掛けました。

最初の数日、少年は良い読書をたくさんしました。少年は本の話をし、私たちは彼が人生に何を望むかについて話し合いました。両親を惨めにさせて楽しむのもいいけれど、彼らが死んでしまったあとは一体何をすればいいでしょう？　何を目指していくのでしょう？　父親が多少お金を遺してくれるにしても、いくら遺してくれるでしょう？

数日後、少年は言いました。「あのさ、ベッドが一つあるきりの部屋にあんなにお金を使うなんて理屈に合わないよ。俺、アパートを探して働くよ」。彼の見つけたアパートは２人の若者がルームメートになっていました。２人とも10代後半で、就職していて、大学へ行く費用を稼ぐために懸命に働いていました。彼らは酒も薬物もやりませんでした。少年は彼らのところへ引越し、仕事を探す決心をし、職に就きました。

両親が戻ってくる予定の３日ばかり前になると、少年は私に言いました。「ちくしょう。親にあんなひどいことしといて、いまさらまともになんかなれないよ。もう、あんたに会いにくるのはやめるよ」

次の2日間、私は少年を来させるのに苦労しました。彼は嫌々やってきました。それから私は、翌日両親の戻ってくる時間に彼が着くように手配しました。両親が入ってくると私は少年に言いました。「さあ、ご両親にきちんと挨拶しなさい」。少年は汚い言葉を使いました。私は言いました。「靴と靴下を脱いで、隣の部屋へ行って、床に座ってこの状況をよく考えなさい」

私は両親と手短に話し、「あなたがたは競技でもするように、あの子を扱ってしまったんです」と言いました。私は少年がした良いことをみんな報告し、読んだ本の書名を挙げ、彼が実際に仕事に就いて2、3日働いたことも話しました。それから、少年は両親が間もなく戻ってくることに気付き、以前からのナンセンスをまたもや突きつけられたのでしょう。彼は反抗し、私は無理やりセッションに来させなければなりませんでした。私はもう少年から手を引きたいと言いました。

両親は根は良い子なのだと言おうとしました。多分彼らは今まで甘過ぎ、寛大過ぎたのです。私は言いました。「いやはや、あの子はもう私の手には負えません。そしてあなたがたがどんなに愚かしい扱い方をしてきたか、今まさに最悪の形でお見せしようとしているんです」

私は部屋の向こうに靴と靴下、こちらに少年を座らせて言いました。「君はご両親と家に帰るんだ。さあ、あっちへ行って靴と靴下を拾いたまえ。椅子に戻って履きなさい」。少年はそこに座ったまま喧嘩腰でにらみつけました。

部屋はしんと静まりかえりました。私は待って、待って、待って、待ちました。ついに父親が歩いていき、靴と靴下を拾い上げ、少年に渡しました。「あらだめよ、それはだめ！」。母親が言いました。父親がどういう意味かと尋ねると彼女は言いました。「何にでもあなたはいつも降参してしまうのよ。負けてしまうのよ。あなたがやってあげてしまうのよ」

私は少年に言いました。「さて君はどうしたい？　私はわざと無作法に振る舞う、利口ぶったやつを背負い込むのはごめんだね。もし君に協力す

る気があるなら、私も君に協力する。さもなかったらご両親と家に帰って、空虚な将来のことをとっくり考えるんだね。君の将来は少年職業訓練所か刑務所か精神病院だと思うし、それはそう先のことじゃないがね」

「うーん、俺、親と家に帰って、もっと自立するよ。家の車は使わないで歩くよ。仕事に就いて、持ち物をいっぱい売り払って自分の金を作るよ」

「よし、モーテルに戻って荷造りしたらどうだね。私はご両親とちょっと話がある」。少年が出ていったあと私は言いました。「息子さんの話をお聞きになりましたね」「すばらしいと思います」。父親が言いました。「あの子は本当にそうするつもりでしょうか？」。母親が言いました。「息子さんは、あなたがたにおいしいことずくめの約束をする気でいるし、熱をこめて毎度毎度約束を繰り返すでしょう。でも、どれ一つやろうとはしないでしょう。麻薬中毒の友達や盗人の友達ができるだろうし、仲間に入ってしまうかもしれませんね」。母親は言いました。「それほどひどいことにはならないと思いますわ。あの子は約束を守るでしょう」

少年はどの約束もやり遂げませんでした。一層親を困らせるようになり、とうとう両親は彼を州立精神病院に引き渡しました。少年は病院から私に電話をかけてきて、患者として引き受けてもらえないかと尋ねました。私は、喜んで引き受けるが、私と同じくらい本気でなければならないと言いました。少年は、こんなあさましい場所であさましい人たちとあさましい物を食べて数週間過ごしてみて、今度こそ本当に治療を受ける気になったと言いました。

両親は私に会いにきて、息子をだめにしてしまったと言いました。私は、彼らにはまだ2人の子どもがいるが、その子たちも甘やかすつもりかと聞きました。両親はそんなことはしないと言いました。

後日父親から、私が両親のためにしたことと、少年のためにしようとしたこと全てに感謝したいという電話をもらいました。彼らは残る2人の子は間違いのないように扱うつもりだと言いました。父親はほかの患者を紹介して寄こしました。

少年は数週間後電話してきて、あと数日で退院だが、患者として引き受けてもらえるかと尋ねました。私はそのつもりだと言いましたが、彼にはその条件が分かっていました。彼は、私に再会の期待を抱かせただけで満足し、それきり便りを聞くことはありませんでした。

　少年には希望を見いだせませんでしたが、両親にはある意味で希望がありました。少年にすっかり見切りをつけてしまったなら、両親は残る2人の子を正しいやり方で扱わざるを得なくなるでしょう。事実そうなっていると彼らを知る人々から聞いています。

　このケースでは、エリクソンは少年に焦点を当て、両親の問題についてはいつもほどのことはしなかった。直接的に少年を親から離して正常で生産的な生活へ向けてやろうとし、失敗した。ほかのケースでは、親のどちらか、または両方を通して子どもの出立に取り組むだろうに、このケースではそうしなかったのである。少年の問題行動が親の夫婦関係や家族状況においてどのような役割を担っていたにせよ、それは取り上げなかった。エリクソンはフロイトやメスメルと同じ立場に立ってしまっていた。家族は取り上げるべき本来の問題というより、子どもの治療の障害に過ぎないと見なしたのである。

　このケースの特殊な側面は、少年と父親との緊密な関係である。一般に子どもが荒れているときは、親のどちらかが過保護になって、その子と固く組んでいる。もう一方の親は、もっと周辺にいる。治療においては、普通一方の親との緊密過ぎる関係を断ち切るために、周辺にいる方の親を中心的な位置に移行させる。大部分のケースでは、子どもに対して過保護で過干渉なのは母親で、周辺的なのは父親である。このケースでは、子どもと緊密にかかわり過ぎていたのは内科医の父親であった。父親の過保護に呼応して、少年は離れまいとすることで、逆に父親を保護しようとしていたとも言えよう。エリクソンはその関係を変えるような形で介入しなかったのである。

　しばしば、エリクソンは直接子どもと取り組んで、うまく家族から離して

やる。思春期後期の若者に、両親を批判の目で眺めさせ、何を人生の目標にするかを、自分で考えさせるというアプローチを用いることもある。親を無視するわけではないが、子ども自身の問題にとっては周辺的なものとして扱う。次のケースではそのアプローチがとられた――

　ニューイングランドの一家の娘が、母親に連れられて私と会うためにフェニックスにやってきました。娘は不運な体験をしてきました。自動車事故に遭ったのですが、そのとき友人が一人一緒でした。この事故で彼女はいくつか軽傷を負っただけでしたが、4家族が互いを告訴するはめになってしまいました。娘は2回手術を受けましたが、その手術は私から見て必要があったとは思えないもので、私はそう彼女に言いました。また、彼女は数カ月を費やして精神科医に自分の子ども時代の話をしましたが、これまた必要とは思えませんでした。精神科医は変化が見られないと感じたのと、彼女が身体的な原因はないのに痛みを訴えており、催眠療法も効果がなかったために、私に紹介してきたのでした。

　娘は左腕を吊って、悲しみに沈んでしょげかえり、見るからに生きる気力を失った様子で、私の診察室にやってきました。彼女は親の元を離れられない障害者として暮らしていましたが、それでいて実際は身体はどこにも悪いところがないのでした。

　治療は大体肩のこらない社交的訪問の形をとって行なわれました。私は両親や妹について、大学に行く前に通った金のかかる私立学校で、本当に身になるものを学べたのかについて、娘が批判的に考えるように持っていきました。自分のそれまでの人生、あるいはこれからどう生きていきたいかについて、彼女は本当に真剣に考えてみたことがありませんでした。なるほど、自動車事故はいくつかの傷痕と無意味な手術を置き土産にしたわけだけど、本当のところ君は何を望んでいるのか、と私は指摘しました。いつまでも過去の記憶にとらわれていることですか、それとも今後の50年とそこから何を収穫したいかを考えることですか？　私は、未来は彼女に

いろんなものをたくさん——親との諍いや訴訟なんかでなく——もたらしてくれるはずだ、と言いました。自分が楽しめるもののことを考えるべきです。娘は結婚について語り始め、妹は親の願いにそむいてある若い男性と結婚し、もうじき赤ちゃんが生まれるところだと言いました。両親はこのことをあきらめかけていると言いました。自分の娘が大人になって結婚することを、お父さんやお母さんはなぜあきらめなければならないのか、と私は尋ねました。

あるセッションの終わりに——それはイースターの時期でした——私は、ニューイングランド人は冬に水泳を楽しむというのを聞いたことがあるか、と尋ねました。モーテルに戻ったらプールで泳いでみるように言いました。

母親が入ってきて言いました。「あなたはうちの娘に何をなさったんでしょう。あの子は泳いでいます。飛び込みをしています。楽しんでいます。あれは私が育てた娘じゃありませんわ」。そのとおりだと私は言いました。

19時間の治療のあと、その何回かは2時間のセッションでしたが、母娘は家に帰りました。出発の前に、私は母親に夫と話し合って事故の無意味な訴訟をやめるように言いました。法廷外で解決するか、やめるべきです。

娘は大学へ戻り、母親は私に手紙を寄こして、ほかの家族も治療してもらえるかと尋ねてきました。私は、その人たちが娘さんほどの才覚の持ち主であると分かれば喜んでそうしましょうと書き送りました。

そのあと母親は6回私を訪ねてきて、妹娘のことを話し合いました。彼女は娘の結婚をあきらめて受け入れようとしていました。そこから気を取り直すために思いきり無作法に振る舞ったかと尋ねると、そうしたと言いました。私は、これまでの人生でしてきた愚かしいことを全部書き出してみるように勧めました。彼女は書き、私たちはそれを読んで笑い、特に楽しめばよかったのに、そうしなかった例では大笑いしました。彼女は結婚した娘を訪ねていき、楽しく過ごしました。

このケースにおいてエリクソンは、親は子に自分自身の人生を送らせるべ

きであるという考え方と、社会的状況のために避け難くなった問題への取り組み方を示している。娘は身体障害者になってまで、両親や親同士の争いに利用されるがままになっていた。状況を批判の目で見ることによってそこから抜け出し、自分自身の人生へ歩み出していかなかった。治療は親を娘から遠ざけ、その間に娘が自分の望む人生へ踏み出すように仕向けたのだった。

　若者の親離れのケースで、エリクソンはもっぱら親を通して治療し、子の方はほとんど扱わないこともある。親が過保護で甘いという状況を、エリクソンは非常に独特なやり方で扱った。彼は報告している——

　ある若い女性が、両親のことでとてもうろたえて私のところへやってきました。彼女には独占欲の強い、案じ過ぎる両親がいました。娘が大学へ行くと、母親は洗濯物から縫い物から全部してやり、週末の過ごし方まで指図しました。娘が一番あわてたのは、高校の卒業祝いに、結婚後住めるようにと自宅の上に部屋を増築してくれたことでした。娘はこの増築に対してどうしたらいいか分からないと言いました。というのは両親は将来も同居を望んでいましたが、彼女はそうしたくなかったからです。とはいえ両親は費用を出してくれたのですし、まことに親切ではありました。娘は親の罠にはまって、結婚しても独立できないような気がしました。

治療者がこの問題をどう見るか、どんな介入法を選ぶかはさまざまだろう。娘を通して介入し、家族の混乱を招く恐れはあっても親に反逆するように仕向けるかもしれない。そうしたとき、増築された部屋は親子の間の悪感情の象徴として残るだろう。あるいは親を通して介入し、彼らが娘を権利も人権もない無力な所有物として扱い、将来全般まで指図している、と忠告するかもしれない。これによって娘は自由になるかもしれないし、ならないかもしれないがどちらにしても、増築された部屋は悪い親の記念碑として残ることになる。エリクソンは親を通して、だが特殊なやり方で、この問題に取り組んだ。彼はまず最初に、娘に成り行きに従い親のことは任せなさいと助言し

た。このことは問題に対する責任を進んで引き受けようとする彼の姿勢をよく現わしている。

　私は両親と何度か会って、楽しいおしゃべりをしました。私は、彼らが娘の幸福を願っているのは喜ばしいことだと言いました。彼らは娘の将来を先取りしていました。だから私は、彼女が恋に落ち、婚約し、結婚し、妊娠し、出産する将来を想定して話しました。この話し合いの中で、私はこうした将来の出来事に対して、彼らがよその親に較べていかに進んで責任を引き受けようとしているかを強調しました。娘が大きくなると、大部分の親は自分たちの仕事は終わったと感じますが、この両親は苦労が続いていくのを楽しみにできるのです。娘が自宅の増築した部屋に住んでいれば、出産後の手助けを楽しみにできます。そういう負担を嫌がる世の親たちと違って、彼らはいつでも赤ちゃんのお守りをしてやれます。彼らは赤ちゃんが夜中に泣くのを楽しみにできます、でももちろん増築した部屋には防音壁をつけたでしょうけど？と聞くと、たまたま彼らはそうしていませんでした。そこで、彼らがまだ若く娘が赤ん坊だった頃に体験した、生まれてまもない赤ちゃんにつきものの苦労を忍ぶことも辞さないなんて、大したものだと褒めました。それから、私たちは未来の孫が歩き出してからのことについて話し合いました。すぐ上に住んでいるのですから、孫はもちろん彼らの家にしょっちゅう出入りすることでしょう。私たちは、よちよち歩きの子に何にでも首を突っ込ませたらどうなるかや、壊れやすい物を全部高いところに上げて、家中模様替えをせざるを得なかったことを思い出しました。よそのおじいちゃんおばあちゃんだったら、そんなふうに喜んで自分たちの暮らし方を犠牲にしようとはしないでしょう。
　両親は本当に娘に同居してもらいたいのかどうか、幾分迷い始めました。
　このプロセスを後押しするために、私は母親と、未来の孫息子に対する夫の無理解に対して、彼女が先々どう処していかなければならないかを話し合いました。父親とは、妻は祖母になったら孫を理解できないだろうと

話し合いました。娘をめぐる意見の相違は一転し、彼らは孫をめぐる意見の相違を先取りすることになりました。娘が同居していたら延々と対処していかねばならない問題になるでしょう。彼らはそれぞれ、連れ合いは思ったほどいい祖父いい祖母になれそうもないという私の見解に賛成しました。

　この話し合いのあと、彼らは本当は娘や娘の家族に同居してもらいたくないという結論に達しました。でも、まだ難問が残っていました。建て増しにかかった費用を考えると、娘に住んでもらうしかないかもしれません。話し合ううちに「自然と」よい考えが出てきました。増築した部屋は分別のある静かな人に貸してもいいし、その部屋代は未来の孫の教育資金として銀行に積んでおけばいいのです。

　のちに娘は両親に心から賛成されて結婚し、かなり離れた都市に住むようになりました。娘に赤ちゃんが生まれると、両親は相談しにやってきて、それぞれに連れ合いはどれくらい頻繁に孫を訪問する資格があるかと尋ねました。私はおじいちゃんに、おばあちゃんは６週間か２カ月に１度の午後の訪問程度にして、それ以上になるべきではない、と言いました。おかしなことに、偶然にもおじいちゃんの場合も同じ訪問回数が適切だろうと私は思ったのでした。

　この両親は娘の扱い方について何らかの「洞察」を得て、それに助けられたのかと質問されたとき、エリクソンは増築問題を指摘した。「あなたにしろ私にしろ、増築された部屋を目で見ることができます。それを目の当たりにすれば、娘をあんなふうに将来のことまで指図してもいい対象と考えるなんて、何と恐ろしいことかと思います。あの建て増しは、そうした指図の目に見える証拠なのです。でも両親はそんなふうにはとりません。孫息子のためのいい収入源だと考えます。どっちがいいでしょう？　どうしても罪悪感を抱かなくてはならないものでしょうか？　苦痛や苦悩を通してしか得られない救済があるなんて私は信じません」

エリクソンは発展の諸段階という観点から家族をとらえるので、親にとっての大きな変化は、次の一歩を踏み出して祖父母になることだと考える。彼はしばしば、独立する時期の子どもを自由にしてやるために、この変化を利用する。

　独占欲の強過ぎる親を扱うとき、私は脅しを使うことがあります――「息子さんがあなたがたの年齢になったとき、自分の子どもとの間で、また同じトラブルで悩むんでしょうかね？」。実際には私は、あなたたちは将来祖父母になるんだぞと言って彼らを非難したのです。これが適切になされると、両親は祖父母という立場まで踏まえて、息子の窮境を全面的に解決しなければならなくなります。

　祖父母という立場について考えさせると、夫は「妻はどんな祖母になるだろう？」と考えることができます。妻は夫について同じことを考え始めます。彼らはそんな日が来るなんて想像したこともなかったのですが、これによって、親自身が変化するという考えを受け入れさせ、お互いを批判的に眺めさせることができます。祖父母という段階での競争と葛藤を扱うためには、彼らは息子に孫を作らせなければなりません。そうなれば母親は夫の祖父としての不完全さを、父親は妻の祖母としての不完全さを問題にすることができます。彼らはその戦いを先取りしながら、子どもが家を出て独立していく時期を乗り越えていけるのです。

　エリクソンは、人に今しているような言動を取るべきではないとただ指摘したところで、助けになることなどめったにないと信じている。だから、普通は親にやり方を変えなさいなどと助言しないが、結果的に変えてしまうようにお膳立てする。時にはこれを、争いのもとを変えてしまうことによってする。被験者を催眠に入れるとき、彼は「今トランスに入りますか、それとももっとあとからにしますか」と言うことがあるが、それはトランスに入るかどうかでなく、いつ入るかを問題にするという方法である。これは、両親

の葛藤をよい両親であったかどうかという問題から、よい祖父母になるかどうかという問題に変えてしまうのと同じである。次のケースでは、彼は母親をよい祖母になるという問題に専念させている。

　私が治療している家族には、23歳、19歳、17歳の3人の息子がいます。治療の中心は、最年長の息子を家から出し、3番目の息子は学校へ通う間、この兄と一緒に生活させ、2番目の息子は単独で出すことにありました。この家族は、父親と一切合財を取り仕切る母親との間に、非常に不幸な争いがありました。父親は芸術家でしたが、することなすこと妻が世話をやいてしまうので、どんな芸術を生業とするかすら自分で選択できなかったと感じていました。

　私がどうにか息子たちを家から出して学校へやってしまうと、父親は母親の心配をするようになりました。私は母親に専念しました。彼女は人生の重要な移行段階——過去のよき妻よき母から、未来のよき祖母への移行段階を歩んでいるのだ、と指摘しました。彼女は目下、祖母になる見込みという立場にあって、妻や母ではなく、息子たちが結婚し子どもが生まれる日に備えている人物なのだと強調しました。彼女は見込みの祖母という立場で動き始め、物事をきちんとするのが好きな女性だったので、これにも最善を尽くそうとしました。とはいえ見込みの祖母とは、もっともらしくもあり事実そのままでもありますが、定義は曖昧です。彼女はもはや母親ではなく見込みの祖母だったので、以前ほどやたらに息子たちの世話を焼かなくなり、また励みになるこの重要な任務を帯びているおかげで、夫とも以前ほどもめなくなりました。

母親があまりにも子どもに夢中で手放すことができずにいる場合、エリクソンはこれを母親が理屈で扱うことのできる合理的な問題とは考えない。この問題を解決するのに彼がとるアプローチはさまざまだろう。じかに母親を扱うときには、家族全体を扱うときより独特な方法をとりがちである。ある

とき彼は、娘にしがみついていながら自分ではそう思っていない母親の問題を相談された。母親は娘を自分に引き付けておくように振る舞い、それでいて娘がいつまでもお荷物で困るとこぼすのだった。娘が18歳のとき大学へ行くことになって、現実に自立へ向けて動き出そうとすると、母親は娘にそそのかされて自分も大学へ行くことにし、そこで娘と一緒になった。娘は分裂病の症状を呈して入院した。娘が何年にもわたって入退院を繰り返すうちに、母親には、娘と一緒にはなれないし逃れることもできないということが分かった。だが何人もの精神科医に指摘されてきたにもかかわらず、彼女自身が自分を娘から切り離すことができないのだということには気付いていないようにみえた。エリクソンはこの問題について、自分なら母親が子離れできずにいるのだということを彼女自身に悟らせようとはしないと言った。彼は別の方法を提案した。

　私の使う手法の一つは、独占欲の強過ぎる母親に娘の成長と発育について質問をすることです。私は母親に言います。「あなたは娘さんを自立した人間になさりたいんですね。そう思われるのは全く当然ですよね。でも娘さんは進んで家を出て行こうとしないようにみえます。何が問題でそうなっているのか理解するためには、あなたに大いに手を貸してもらわなければなりません。さて、娘さんが小さな女の子から大きくなって思春期に入ったとき、一番最初にあなたの注意を引いた変化は何でしたか？　乳房がふくらんできて、胸の動かし方が変わったことですか？　骨盤に注意を引かれましたか？　入浴のときタオルを持ってきてと頼んで、陰毛が生えてきたことをうまく知らせましたか？　口紅についてはどんな態度でしたか？　くちびるの輪郭を精一杯生かすこつを、あなたから教わろうとしましたか？」

　こうして、常に娘が母親と別個の人間であることを強調しながら、娘の思春期の成長と発育に伴う変化を段階を追ってたどらせます。こうして、母親は自分が娘の世代や大学のクラスには属していないという感覚を伸ば

していきます。娘の成長を強調することによって、母親は大人、成熟した女性としての立場を得るのです。彼女は、父親でなくほかの男性にとって意味あるものになろうとしている、娘の陰毛や乳房の発育のことを考えるのです。

　独占欲の強い母親にとって、娘が思春期に入ることは衝撃的な体験です。私は、母親には娘の成長に見合った自由を与えてやれないということを、本人に自覚させようとはしません。娘が初めは15歳の男の子の、それから16歳の、17歳の、18歳の男の子の興味をいかにそそるかを強調します。娘は母親のように、成熟した男性──父親のような──の興味を真からそそるものではない、と定義されるのです。娘というものは未成熟な少年たちにとってこそ魅力があるのです。このことは母親が成熟度において勝っていることを強調します。だから母親は自分自身を区別できます。彼女は、娘は魚かもしれないが彼女自身は鳥なのだという結論に行きつかざるを得なくなります。本当は鳥だというのに、魚にしがみついていたがる人がいるでしょうか？

　独占欲の強過ぎる母親の子が息子である場合、私はどうにかして息子を家族から離れさせることがあります。母親がそれに気が付いても、手出しができないようにします。彼女は心底から息子を自分の元に取り戻したいのです。私は彼女と会い続けますが、息子の生活状況について話し合うことは一切、頑として拒み、彼女の意図をくじきます。彼女はまず私と話し合って私の考えが誤っていることを認めさせない限り、息子を連れ戻すことに手が出せません。

　実際には息子は10代に入ると母親から離れ始めます。この時点までは息子は母親の赤ちゃんで、まだ個体化した人間ではありませんが、思春期にきて初めて男性に──ほかの女性のために運命付けられた男性になるのです。

子離れするように仕向ける別の手法として、エリクソンは次のようなやり

方で母親を引き離す——

　時として、家を出て独立する年齢になったのに、そうできない子どもがいます。彼は親から逃れることも、親と一緒になることもできないのです。子どもが近寄っていくと親は押しやり、向こうへ行こうとすると引き寄せます。こういうケースで時々私がするのは、親を混乱させて、子どもが離れようとしたときに押しやってしまうようにすることです。

　ある家族で、私は息子を親の家から出て行かせ、兄と一緒に生活させようとしていました。私は独占欲の強過ぎる母親に、特別なやり方で話をしました。母親はしばしば、私が彼女を理解していないと言います。彼女が「でもあなたには理解できないんですよ」と言うと、私はすぐに、息子が家で暮らしているのがあなたにとっては彼を理解するには最適の状況だろう、と言います。私はそれを何度もやりました——彼女があなたは私を理解していないと言うと、私は息子が家で暮らすことについて何か言いました。何らかの点であなたは私を理解していると言ったときは、「息子さんが兄さんと一緒に暮らすというこの案ですがね。私はまだ決心がつかないんですよ」と言います。だから私は、彼女を理解しているときは息子が出ていくことについて話しているのでした。最終的に、息子は出ていって兄と暮らすべきだと主張したのは母親自身でした。彼女は自分が考えついたことをうれしく思いました。

　両親ともに子に愛着を持つ。だが子もまた、親の夫婦関係においてある役割を担っている。だから、子が親から離れて独立した生活をすることになれば、夫婦関係は変化を余儀なくされる。普通、親は自分たち自身や結婚生活とは無関係なものとして問題を持ち出す。おかしな振る舞いをしている息子を除けば、何もかも結構というわけだ。「サムさえ病気でなかったら、私たちはとても幸せなんです」。しばしば子は、親の人生で唯一思いどおりにならないものとして、また夫婦の諍いの唯一の種として持ち出される。両親は

この問題で共同戦線を張ることによって、もめごと一切合財に対する言い訳を手に入れる。エリクソンは問題点を両親の夫婦関係に移すことがよくある。例えば両親の偽同盟関係を変えるという方法で——

　夫婦が明らかにお互い同士の問題を抱えてきているのに、子どもの問題だけを強調する場合、両親の共同戦線を扱う必要があります。そうは見えないようにして、うまくそれを崩さなければなりません。例えば、夫には自己満足の一人笑いをさせておいて、妻にこう言います。「ねえ、私に物事を説明するときは、相当単純に言ってくださらないとだめですよ。なにぶん私は男ですから、あなたのような微妙な言い回しが理解できないんですよ」。その女性はどうするでしょう？　彼女は即座に塀の向こう側へ行きます。我々哀れで惨めな男性に対比して、自分を女性として夫や私から区別しようとします。夫の方は、私は聡明な男で本当は男性側を理解しているのだと思います。彼はこちら側に来て、私に与みします。私は彼らの共同戦線を解体したのです。
　妻を私の側につけるために、ある時点で私は自分をもはや惨めで愚かな男性ではないと定義します。私は彼らの争いに巻き込まれていない、第三の関係者になるのです。このとき、私は塀の両側にいます。私は彼の味方です。でも彼女の味方でもあります。客観性を備えた第三の関係者ですから、私は本当に女性の側を理解できます。このことは、私をいかようにも受け取る格好の状況を女性に与えます。もし私を愚かな男性と見なそうと思えば、彼女は私に知性を付与することによってそれを補償します。なぜなら、完全に愚かな男性に時間を浪費するつもりなんかないからです。私が聡明で客観的な人間だからこそ、彼女は私のところへ来たのです。私が愚かだということは拒絶するのにもってこいの理由になりますが、同様に彼女は受け入れる義務も負うのです。

　家族の状況が悪くなると、家族の一員が精神病院へ追いやられることがよ

くある。時には一時的なものですむが、短い入院がたびたびあり、それからもっと長い入院になり、ついには慢性入院患者という経歴ができあがってしまうまで、このプロセスが繰り返される。ほとんどの精神科医と同様、エリクソンは精神病院という環境で訓練を受けたが、彼らとは違って慢性患者を効果的に扱う方法を開発した。ロードアイランド州立病院とウスター州立病院での経験において、またウェイン郡立総合病院及び診療所の精神医学研究と訓練の指導教官であったときに、エリクソンは「精神病患者」に働きかける方法を多数導入した。彼の目標は、時には何とかして患者を病院内でもっと活動的にすることだったし、時には社会に復帰させることだった。

　精神病院という場では患者と職員が力争いに陥り、患者が人間としての自己を落としめ、あるいは崩壊させるという結末に終わることがよくある。エリクソンのアプローチもしばしば力争いに入る。しかし、患者が生産的な人間にならざるを得ないような形で、その争いを利用するのである。「相手の望むところについて行きながら、共同作業の形をとって、常にこちらが監督するのです」と彼が言っているように。次のケースでは、エリクソンは患者と四つに組んで、本質において生死がかかっていた闘いに勝利を収めた。その話に入る前に、思いやりの誤用について彼が語ったことを取り上げるのがいいだろう。彼はかつて語った——

　精神科医のみならず一般に医者はしばしば、自分たちは何が患者のためになるかを知っていると思っています。私はロサンゼルスのある億万長者を思い出します。その人は私に言いました。「お目にかかって、ぜひともディナーにご招待したいと長らく思っていました。何なりとあなたのお好きなディナーに金を払いたい。制限なしですぞ」。レストランで席に着きメニューを見ると、たまたまコンビーフとキャベツの煮込みがありました。それは、たった1ドル65セントでした。私はそれを注文しました。男性はショックを受けて言いました。「まさかそんなものをお望みじゃないでしょう」。彼はウエーターにその注文を取り消して、12ドルのステーキを2

人前持ってくるように言い付けました。ウエーターが運んできたとき私は言いました。「それはこちらの方に。この方が注文したんだからね。さあ、行って私のコンビーフとキャベツの煮込みを持ってきてくれたまえ」「こんなにたまげたことはありませんよ」。奴さんはのけぞって言いました。「でも、あなたは本当に好きなものを注文なさいと言われたんだし、私はコンビーフとキャベツの煮込みが好きなんですよ。私はあなたがステーキ２人前を楽しむよりもっとそいつを楽しむと思いますよ」

人が自分自身のやり方——そして自分の食べるもの——を選択することに対するエリクソンのこの関心は、次のケースで実証されている。このケースは、人が食べないことによって自滅しつつあるとき何ができるかを示している。

　ある若い男性——ハーバートと呼びましょう——が急性のうつ状態になって入院しました。働いていたときは体重は110kgありましたが、次第に食事をとらなくなり、入院後６カ月経った頃には30kgになっていました。彼は片隅に直立したまま、身動きせずに時を過ごしていました。話しはするものの、何事につけても冷笑的で拒絶的な話し方をするのでした。
　ハーバートは食べようとしないので経管栄養管理をする必要がありましたが、経管栄養に対しても皮肉な見方を示しました。自分にはお腹がない、胃がないと主張していました。だから経管栄養をされるとき、彼はお腹がないんだから管の中の食餌がどこへ行ってしまうのか分からないと言うのでした。管が空になると「奇術」だと決めつけました。食餌はもう部屋の中にはありません、でも胃がない以上彼の中にだってないのでした。
　１週間の間、私はハーバートに経管栄養をするたびに、胃があるということを彼から私に証明させるつもりだと説明しました。経管栄養を理解していることも自分自身に証明するだろう、証拠は全て彼から出てくるだろう、と言いました。経管栄養のたびに私はこれを繰り返しました。彼はま

ず、自分自身に対して胃があると証明し、しかるのちにその証拠を私に知らせてくれるだろう、と言いました。証拠はそっくり彼から出てくるでしょう。これに対してハーバートはやや嫌味な見解を述べました。あんたみたいなしゃべり方をするやつは訳が分からない、と。

　1週間経ったとき、私は経管栄養の装置に特別な混合物を入れました。エッグノッグと、生の鱈肝油と、重曹と酢を入れたのです。普通経管栄養を施すときは空気が入らないようにしますから、最初から管の中にあった空気だけが胃に押し込まれます。しかし、私はその混合物を小さなカップで一杯ずつ注ぎ入れ、そうすることによって彼の胃にもっともっと空気を押し込みました。

　私は管を抜きました。「ゲップ！」とハーバートはやりました。私も看護者もにおいを嗅ぐことができました。ハーバートは、経管栄養が胃に届いていることを証明しました。しかもまず、自分自身に対して証明したのです。それからは胃の存在については決して議論しませんでした。でも、飲み込む手段がないからと言って、自分で食べようとはしないのでした。

　彼は体重が増え、私は飲み込むという問題に焦点を絞りました。1週間の間、経管栄養のたびに私は、彼が次の月曜日に何か液体を飲み込むだろうと言いました。次の月曜日の朝、食堂のテーブルには水のグラスとミルクのグラスが置いてある、ドアが開いたとき、彼は食堂へ入る列の先頭にいて、液体の入ったグラスのどちらか、あるいは両方を飲み干すことができるだろうと言いました。彼は私にはあまり常識がないとし、自分には飲み込む手段がないのだと言いました。でも私は既に一度、証拠が彼自身の中から出てくるという体験をさせていました。そして、もう一度させてやったのでした。

　日曜日の夜、私は食塩をたっぷり入れた、濃厚な大量の経管栄養を与えました。そして、一晩中彼を一室に閉じ込めておきました。翌朝5時、彼は夜の間ずっと喉が渇いていたので、水を飲むため浴室に駆け込もうとしました。でも、私はどの浴室のドアにも鍵を掛けさせてありました。彼は

食堂にある液体の入った２つのグラスのことを思い出し、食堂のドアの前の列の先頭に並びました。ドアが開いたとき、真っ先に中に入った患者はハーバートで、彼はその水を飲みました。彼は私に言いました。「自分を気の利いたやつだと思ってるだろう」

私はハーバートに言いました。「君には胃がある、そして飲み込める。だから食卓について食べられると思うね」。彼は「固形物は食えないよ」と抗議しました。「少なくともスープは飲めるさ。スープに入っている具なら何だって、スープの汁と一緒に喉を通っていくよ」

私はハーバートをテーブルにつかせ、スープ皿が空になるまで席を立たせませんでした。彼はそこに座っているのが嫌なので食べようとしました。速く食べるよう仕向けるために、私はさらにあることをしました。彼の横に、自分の皿からは食べないで、いつも両隣の人から掠め取って食べる患者を座らせたのです。その患者はさっそく手を伸ばして、ハーバートのスープに汚い指を突っ込んで、具をつまみ出して食べようとしました。そいつに汚い指を突っ込ませないでおくには、ハーバートは急いで食べなければなりません。速く飲み込むほど汚れが少なくてすみました。私はただ、スープの具を増やしていきました。

次は、ハーバートを病院付属の農場へ作業に出しました。私は堅木の太い丸太を鋸で挽かせました。鋸がそんなにひどくなまくらなのは、あいにくなことだと彼に言いました。彼は相棒と組んで作業しました。そいつきたらただ鋸の上に乗っかっているだけで、ハーバートにばかりやらせようとするのでした。寒い日でした。寒い戸外で、自分はいっこうに挽こうとしないやつと組んで、なまくら鋸で堅木を挽こうとしていれば、やたら腹が減るものです。私はハーバートに、お昼には特別のごちそうがあると説明しました。「今度は、どんな地獄の拷問を料理してくれようってんだ？」。彼は言いました。私は、拷問どころかコックの誕生日のお祝いで、彼は彼女と同席できるのだと言いました。

私はコックに彼女の好みの料理を全部、それもたっぷりと用意させまし

た。そのコックの体重は135kgもあり、食べることが大好きでした。私は小さなテーブルに2人分の席を用意してもらい、ハーバートを座らせて彼女が食べるところを見せました。戸外での作業で腹ぺこになり、その固形物ばかりの食物を前にして、彼は「こいつは悪魔の拷問だ」と言いました。コックは気にも留めず、この上なく楽しみながら食べていました。ついにハーバートは言いました。「少し頂いてもいいですか？」。彼女は言いました、「どうぞ、好きなだけ食べてね」。ハーバートはその固形の食物を食べました。肉、グレイヴィー、ポテト。彼女は腕のいいコックでした。かくて、ハーバートの食べるという問題は決着がつきました。このアプローチは、人が食べているのを見て、「ああ、あれはうまそうだな、私もちょっと食べられたらなあ」と思った経験が誰にでもある、という単純な思い付きに基づいていました。

　ハーバートは自分は移動できないと決め込んでいました。おかげで、私はどこでも好きなところに彼を配置でき、彼はそこにじっとしていました。私はあとになるまでそれを変えないでおくように気を配りました。トランプ遊びを観戦させるのにそれを利用したのです。

　入院する前、ハーバートはしょっちゅう賭け事をしていました。別に金儲けのためでなくトランプで遊ぶのが好きだったのです。彼はありとあらゆるトランプ遊びを知っており、専門家を自認していました。ハーバートは動こうとしないので、隅に立たせておいて、彼の前にカードテーブルを置きました。そのテーブルに、不全麻痺がかなり悪化した患者を4人座らせました。彼らは何がなんだか全然分かっていませんでした。一人はポーカーを、もう一人はブリッジを、もう一人はピノクルをしているのでした。一人が「鬼札は何だ？」と言うと、別の一人が「君にツートランプだ」と答えます。彼らは、場に出ているカードの上に何の脈絡もなく別のカードを出しました。私はハーバートに言いました。「ねえ、君は本当に何かレクリエーションをすべきだよ。そこに突っ立ったまま向きも変えられなくて、トランプができないなんて残念だね。このゲームを見ているだけなら

できるけどね」「あんたはいつも悪魔じみた拷問ばかり思いつくんだな」。彼は言いました。彼らのゲームを検討できるように、私は彼を各プレイヤーの後ろに立たせてやりました。「トランプをするにもいろんな観点があるもんだね」と言いながら。

ハーバートは幾晩か、そのむちゃくちゃなトランプ遊びを我慢しましたが、とうとう降参しました。「自分が何を言ってるのか分かるまともなプレイヤーを3人連れてきてくれたら、トランプをするよ」。彼はばかばかしいゲームばかり見せられ、まともなプレイヤーに対するこの侮辱に耐えられなくなったのでした。

ハーバートと私はそういう戦いをたくさんやり、戦いに負けるたびに、彼は私が自分の言っていることをはっきり知っているのだという認識を深めていきました。彼は退院して自力でやっていくことに同意する気になるほど、たびたび負けたのでした。

エリクソンは1940年代の後半に病院勤務を退くと個人開業し、自分の診察室で同じやり方で精神病患者を扱った。彼は一層家族にかかわるようになったが、異常な行動に対するアプローチは、依然として、その行動が変化するような形で受け入れるというものであった。最近の対話において、彼は一般的なアプローチについて尋ねられた。(Int. はインタビュアー)

Int. 思春期の分裂病に戻りましょう。誰かが電話してきて、19歳か20歳の子がいて、とてもいい少年だったんだけれど、今週になって突然大きな十字架を抱えて近所をうろつくようになった、と言ったとします。近所の人はあわてます、家族もあわてますね。そういうとき、あなただったらどうなさるのでしょうか。どういう問題だとお考えになりますか？そんなような奇妙な行動をです。

エリクソン　そうですね、もしその子が会いにきたら、まっさきにその十字架を調べたいと思うでしょうね。そして、ほんの少しだけ手を加えた

いと思うでしょう。それをほんのちょっと変えることができれば、もっと大きな変化への道が開かれます。そしてほどなく、別の十字架という手を使えるようになります——その子は最低2つは持つべきです。いや、最低3つ持っているべきですね、日によって選べるようにね。十字架の数が増えていくのに精神病的なパターンを保持するのはなかなか難しいですよ。

Int. これは、何かある種の家族の異常を象徴する表現だとお考えになりますか？

エリクソン 私は「家族は私を狂わせている、彼らは私には耐えがたい十字架だ」という、なすすべのない告白と受け取るでしょうね。

Int. しかし、そう仮定はしても、あなたはまっすぐ十字架に行かれるんですね——直接家族に行くのではなく。

エリクソン ええ、というのは家族はうちの子はおかしくないと主張するだろうし、一層彼に圧力をかけるでしょうから。その子は既に十分寂しいのです。耐えがたい十字架を背負わされています。彼には十字架しかなく、そのことをあまねく知らせているのです。近所中も彼を拒絶しています。とても孤独です。彼に必要なのは十字架に手を加えることですね。

Int. あなたは彼と会うことから始めるんですね、両親からではなくて。

エリクソン もっとあとになって両親を来させるかもしれません。

Int. でも、両親は十字架の数が増えればそれに反応しますよね？

エリクソン ああ、はい、するでしょうね。でも、私の診察室は十字架をしまっておくには最適ですからね。

Int. こういう、少年は狂った家族を体現していると考える人たちは、大抵直接家族に行くでしょう。そして、何であれ家族の中で進行していることが変われば少年も変わると考えます。

エリクソン こんなたとえはどうです。誰かが助けを求めて、あなたを呼び出します。ハイウエーを行くと、大きな石がごろごろ転がって山を成

しています。あなたは石が一つだけ転がっている回り道を見つけます。そこで回り道を行きます、社会から要請を受けていて、急いで何かをしなければならないからです。大石の山は家族で、一つだけ石が転がっている回り道が精神病の子です。あなたは、彼が自由にありのままの自分でいられる空間、そして彼の異常性が拒絶されずに敬意をもって扱われる空間を与えるのです。こういう子たちは、破壊的でない、好意的な注意を向けられるべきで、まずそれを与え、そのあと家族を扱うのです。

家族からの分離が失敗すると、子どもは年を重ねながらなおも親と緊密な関係を保ち続けることがある。分離のプロセスがうまくいかなかった場合、40代50代にもなった男女が、10代の少年少女と同じくらいに、親との関係がごたついていることだってある。ときとして、こういう人たちは間欠的に家族を避け、奇妙な考えを持つ社会的に孤立した人間として生きる。さもなければ、文字どおり親と絡まり合ったまま、親も子もお互いから自由になれない。

ひとたび分離のプロセスを相互的なものと見れば、ただ親の側が情愛や手助けしてやりたい気持ちから子どもを手放さないばかりでなく、子どもの側もまた親にしがみつくことは明らかである。この仕組みは、あたかも分離が破滅的であるかのように働く。こうした感傷的な関係は、関係者全員がすっかりいい年齢になっても持続し得る。母親と終生の問題児とを部分的になりとも分離させるために、エリクソンがどのように介入したかを次の例が示している。

　私は、70歳の母親と50歳になる分裂病の息子にかかわってきました。彼女は力強い女性で、息子を私に会わせるために文字どおり引きずってきました。彼女と息子は独自に何かをするということができず、いつも一緒にいました。母親は、図書館で一日読書して過ごしたいと言いました。でも息子に付いていなければならないので、できないのでした。彼は母親がち

ょっとでも離れると、うめいたりうなったりして文句を言いました。

　私は息子の面前で、母親に図書館で本を借りてから息子と一緒に砂漠へドライブに行くように言いました。彼女は息子を車から放り出し、人通りのない道を5㎞走らなければなりません。それからそこに腰を据えて、息子が歩いて追いつくまで読書を楽しむのです。私がこの計画を提案すると母親は反対しました。そんな暑い太陽が照りつける砂漠を歩くなんて、息子には厳し過ぎると考えたのでした。私はやってみるように説得しました。「まあお聞きなさい、息子さんは倒れるでしょう、四つんばいになって這うでしょう、あなたの同情をかき立てようとして、力なく待ちつくすでしょう。でも、道を通り掛かる人なんかありません。あなたのところまでたどりつくには歩くしかないんです。息子さんはあなたをそこに座らせたまま5時間も待たせて、懲らしめようとするかもしれません。でも忘れないで、あなたには面白い本があるんだし、彼だってその間ずっとそうしていなければならないんです。きっと腹が減ってくるでしょう」

　母親は私の指示に従いました。息子はあらゆることを試みたあげく、結局5㎞を歩くほかありませんでした。「ねえ、私はこの戸外の読書というのが好きになってきましたよ」。母親は言いました。息子がますます元気よく歩くようになったので、彼女はもうあまり長いこと読書していられませんでした。私は、息子が自発的に歩いたときは距離を2㎞に縮めてもいいと示唆しました。彼は自発的になり、5㎞の替わりにたった2㎞歩けばよくなりました。

　母親は彼の進歩に驚きました。彼女は入院を考えていたのですが、させなくてもすむかどうか確かめるために私に会いにきたのです。今や、彼女は息子に希望を持つようになりました。次には、息子がボーリングを始められないものかと思いました。彼女は息子を援助しようと考え始めたのですが、もう以前のような優しく母性的な形ででではありませんでした。

　息子は運動をすべきだということが、私には分かっていました。歩かせ始めてすぐに、彼がいずれ自分の好きな、何かほかの運動を見つけること

が分かりました。彼はボーリングという案が気に入って、それをやりだしました。ウォーキングでもボーリングでも構わないのですが、私は彼がしたいことをするように導いているのです。こういう命令によって、ある人がなすべき物事のクラス、例えば「運動すること」というクラスを確立します。それから、暑い砂漠を歩くというような、そのクラスに含まれる一つのアイテムを与えるのですが、そのアイテムはその人があまりして楽しいとは思わないものです。そのクラスの中の別のアイテムを、その人に「自発的に」見つけてもらいたいのです。患者と呼ばれる人たちは、大体において、自分にとって好ましいこと、して楽しく上手にやれることをしないものです。彼らはその種の物事には激しく抵抗します。だからこちらがやる気にさせるのです。

親離れ子離れの問題をエリクソンがどう扱ったかを吟味してみると、彼はこの段階での治療を「通過儀礼」と見なしているように見える。大抵の文化にはそのような儀礼があり、それは若者から大人への身分の移行を可能にするばかりでなく、わが子を大人として扱うことを親に要請する役割も担っている。家族がこの段階を通過するのを助けるすべを、文化が与えてくれるのである。そのような儀礼が文化に備わっていない場合——アメリカはそのようだが——そのときは治療者による介入が、親から子を引き離す儀式になる。家族生活のこの段階を扱うためのエリクソンのモデルは、単純なものではない。彼は親の子離れという問題を、単に切り離すというプロセスでなく、新たな形で再結合させるプロセスと見なしている。親は子を断念しつつあるのではなく孫を獲得しつつあるのであり、子は親を失いつつあるのではなく、今までとは違った形でかかわり続けるのである。それは依存対自立というような単純な問題ではなく、避けられない家族生活のある段階を通過させるということなのだ。エリクソンは親と子、双方の難題を視野に入れることによって、メスメルやフロイトや問題を親子陣営の対立と見なす人々の轍を踏むのを避ける。対立する陣営の問題と見なすなら、治療者は子が「自立」を成

し遂げるのを援助しようとするとき、どちらの側の味方をするか決めなくてはならない。この段階において子の側について親と敵対すれば、家族とのつながりを失なった異常で奇妙な若者たちを作りだしてしまうかもしれない。そのとき親もまた子を通して彼らの存在を不滅にする連続性を失なう。

　思春期後期の子と親がうまく分離し、再び結び合うのを援助することの重要性を示すのに、インドのしきたりが良い例になるかもしれない。インドでは、この問題はとても重大に受け取られているので、準備に何年もの時間をかける。

　母子のこの強力な絆は自然で誠実なものである。しかし、宗教的な理由から母親の存在基盤がもっぱらこの絆にだけ置かれていて、それ以外にはほとんどない国では、この絆は息子と同様母親にとっても、深刻で解決不能とも思える危機を孕んでいる。危機の脅威は、母子の関係や息子の人生全体を蝕む可能性さえある。しかし、母親からの、自然でつらく、不可避である息子の解放、つまり母親が自分の果物（*phala*）を世界に対して贈り物（*dana*）として捧げることは、果物を捧げる儀式（*vrata*、全体で *phala–dana–vrata*）によって可能となる。

　母親は非常に大きな犠牲を捧げることになるのだが、まず小さなものから始め、それを通して大きな犠牲に備えなければならない。儀式の開始時期は一定していないが、息子が５歳になったあたりか、もう少しあとかもしれない。儀式の継続年数は決まっていないが、毎年１カ月ずつかかる。その家の僧侶(バラモン)で家族の精神的指導者（*guru*(グル)）が監督して進行を決定する。母親に終結の準備ができたか――すなわちどの時点、どの予備的犠牲を捧げたところで、息子自体を捧げる準備が整ったかを判断するのはグルである。女性は好物の小さな果物を捧げることから始める……グルは訪問のたびに、母親に神話的な物語を話して聞かせるが、それは全てを犠牲にし、そのときからあらゆる物事を成し遂げる力を得た女性の物語である。女性は静かに注意深く、組み合わせた両手に聖なる草を握って耳を傾け、グル

の言葉を受け入れ心に納める。

　年ごとに新たなそしてさらに貴重な果物が、この儀式の中心で象徴の役目を果たす。捧げ物は果物から金属に、鉄から銅、青銅になり、最後は金になる。これらは女性の装身具の材料となる金属である……犠牲の最終段階は完全な断食である……僧侶たち、親戚、その家に住む者全員がこの儀式に参列するが、彼らは息子が捧げられねばならぬ世界の側を代表している……母親が息子を犠牲にすることと密接に絡んでいる世界の側を代表するために、男系の親族も1人参列しなければならない……このしきたりでは神話と儀式が結びついて母親に変容をもたらすが、それは愛する息子から母親を解き放つために、起こらなければならない変容なのである。母親は息子との絆を鋭く意識し、永久につなぎとめておきたいと願うのであるが。[原注3]

　アメリカの母親と息子は、このインドの例に見られるほど密着した関係にはないかもしれないが、とは言えその絆は深く、分離は決して生やさしいプロセスではない。エリクソンは長年、家族がこの発展の段階を通過するのを援助するためのさまざまな手法を試してきた。概して彼は、親と子双方を扱いながらことを進める。彼は自らを2つの世代の架け橋として用い、思春期後期の子の成長を必然のこととして親に受け入れさせ、子どもが家族外の仲間とかかわっていくのを手助けしてやる。

　エリクソンによれば、ケースによっては、ただ子どもを親の家から出ていかせ、親の困難を解決するだけでは不十分である。時が経つうちに、ことにその家族に外部の人間との親密さに抵抗する習慣がある場合、子どもは家族外の対人関係の網の目になかなか入り込めなくなることもある。そのようなケースでは、若者はたとえ一人暮らしができていたとしても、主観的には真

[原注3] Heinrich Zimmer, "On the Significance of Indian Tantric Yoga," in *Spiritual Disciplines*, edited by Joseph Campbell, Vol. IV, Bollingen series (New Brunswick, N. J.: Princeton University Press, 1960), pp.4–5.

の意味での自立には至っていないのである──「私はこれで72日と23時間、家から離れているんだ」という具合に。大抵は求愛のプロセスが若者を仲間とかかわらせてくれる。時には、子どもがまず親以外の人に反応し始める前求愛段階がある。エリクソンは、子どもに今までと違う生き方を始めさせる手立てを教えてくれる。

　子の親離れを手助けするときは、その子どもに新しい環境の中の人々を明確に見極めさせるプロセスにも着手します。例えば、私はずっとかかわってきたある家族の娘をやっと親の家から出て行かせ、アパートに一人住まいさせました。しかし、彼女はアパートにいても、まだ元の家にいてパパとママが隣室で眠っていると想像しながら眠りにつくのでした。その感覚は確かに現実離れしているけれど真に迫っているのだと彼女は言いました。両親がいびきをかいたり寝返りを打ったりするのが聞こえるような気がするのでした。彼女は真の意味で親から離れてはいなかったのです。

　私は娘に課題を出しました。アパートの家主夫婦と父親・母親の違いを、何通り見つけられるかという課題です。最初の報告は、家主夫婦は粗野な人たちで品のない英語をしゃべるというものでした。彼らは欲深でけちです。「あの人たちは親切じゃないわ」。まもなく彼女は、「でもあの人たちは私を放っておいてくれる」という考えを持ってきました。その瞬間、私は扉を開けるくさびを差し込み、娘はほかの人々を見分け始めたのです。それは2通りの人間の見本を見分けるという単純な問題です。女主人はとても背が高くてでっぷり太っており、亭主には口ひげがありました。やがて娘は、この人たちをただの物体ではなく生きている人間として見始めました。そのとき、彼女のような若者たちは、世間の人々との関係を多少なりとも築けたことが分かるのです。若者が世間の人々との間に多くの関係を築き上げていけばいくほど、父親母親との関係は薄まっていきます。そのとき、親の側も自分の関心事に専念しているなら、両者のかかわり合いの緊密さは一層緩んでいくのです。

§9 老年の苦悩

　多くの人は品位をもって老いに対処し、尊厳をもって死を迎える。けれども、常にそうとは限らない。この段階で生じる問題は、治療者にとって最も困難なものともなり得る。人は、もはや変化を起こすためのことなる未来への希望を産み出し得なくとも、避けられぬものを受け入れる努力はしなければならない。文化がもっぱら若さのみを重視し、老いには価値を置かないならば、老人の問題は増大する。長い人生で蓄えてきた知恵が評価されるどころか、老人はこのめまぐるしく変化する時代にあって、自分を時代遅れの余計者に過ぎないと感じるかもしれない。それまではどうにか耐えてこられた家族の問題や症状が、年を取るにつれて一層耐えがたくなることもよくある。

　苦痛と死という厳然たる問題を扱うエリクソンの方法をいくつか紹介したいと思うが、その前に、長年の悩みだったが老いるにつれて深刻になってきたある症状から回復した、ほほ笑ましいケースを検討してみよう。ある熟年紳士が、それまでずっと抱えてきたエレベーター恐怖を治すためにエリクソンを訪れた。彼は長年、あるビルの最上階で働いてきたが、いつも階段を使っていた。老齢のため、今や歩いて昇ることがひどく困難になったので、彼はこの恐怖症を治したいと思ったのである。

　このような症状に対しては、エリクソンは主として催眠を用いる。一度、恐怖感なくエレベーターに乗る体験ができると症状が消え、それからは平気で乗れるようになることがしばしばある。催眠を用いる場合、エリクソンがいつもとる手法は、エレベーターの中で感じる恐怖から患者の気をそらす後催眠暗示を与えることである。例えば、目的地へ行く途中、踵の強烈な感覚

に支配されるという暗示を与える。その目的地は高いビルの中のオフィスなので、そこへ行くにはエレベーターに乗らなければならない。エレベーターが上がっていくにつれて、その人は足の感覚に注意を奪われる。そのため気がそれて、恐怖を忘れてエレベーターに乗る。こうしてひとたび無事に乗る体験をすると、それからはいつも乗れるようになるのである。

　この熟年紳士の場合、エリクソンは催眠を使わなかった。その代わり彼の気をそらすのに、催眠であれば後催眠暗示を用いるところで、社会的場面を利用した。その老紳士は大変礼儀正しく慎み深い男性で、礼儀正しく慎み深い女性と結婚していた。エリクソンの戦略を決定したのはこの男性の作法に対するこだわりであった。エリクソンは報告している──

　　老紳士が、エレベーター恐怖を治してもらえるかと尋ねたとき、私は多分別のことで彼を怖がらせることができるだろうと言いました。彼はエレベーター恐怖よりひどいものなんか何もないはずだと言いました。
　　そのビルのエレベーターは若い娘たちが運転していましたが、私はその一人と前もって特別な申し合わせをしました。彼女は面白がって協力を承知してくれました。私はその紳士と一緒にエレベーターのところへ行きました。彼はエレベーターに乗り込むだけなら平気でしたが、動き始めるやどうにも耐えがたくなるのでした。そこで、私は空いた時間帯を選んで、彼にエレベーターに入ったり出たり、入ったり出たりさせました。何度目かに乗り込んだところで、私は娘にドアを閉じるように言い、そして「さあ上がろう」と言いました。彼女は一階上へ動かし、階と階の途中で止めました。紳士は喚き出しました。「どうしたんだ！」「エレベーター係はあなたにキスしたいんですよ」。私は言いました。紳士はショックを受けて言いました。「でも私は結婚している身ですよ！」「あたしは気にしませんわ」。彼女が歩み寄ると、彼はあとずさりして言いました。「エレベーターを動かしてくれ」。そこで娘は動かしました。4階あたりまで上がるとまた階と階の途中で止めました。「あたし、どうしてもキスしたいわ」「君は

自分のすべきことをしたまえ」。彼は言いました。彼はエレベーターが停止しないで動いてほしかったのです。彼女は「じゃあ、下へ降りてもう一度初めからやり直しましょう」と答え、エレベーターを下ろし始めました。彼はそ̇う̇い̇う̇こ̇と̇をまたやり直したくなかったので、「下ろすな、上がってくれ！」と言いました。彼女はエレベーターを上げ、階と階の途中で止めると言いました。「お仕事がおすみになったら、私のエレベーターで下りると約束してくださいます？」「何でも約束するよ、君がキスしないと約束してくれるならね」。彼はエレベーターで上に上がりました、ほっとして、恐怖——エレベーターの——を覚えずに。そしてそれからは平気で乗れるようになったのでした。

　エリクソンの特殊技能の一つは、催眠を用いて痛みを和らげることである。彼はしばしば、不治の病の終末期にある人の苦痛を軽減させてほしいと頼まれる。そのようなケースでは、人は恐ろしい苦痛のうちに死を迎えるか、さもなければ痛みをなくすため薬を大量に投与されてその結果、死に至るまでの長い時間、人生との接点を失ってしまうこともある。次のケースでは、この困難な問題と取り組むときにエリクソンがいつも用いる方法が語られている。

　ある女性が子宮がんで死にかけており、眠ったり吐き気や嘔吐なしに食事したりできるようにするために、痛みを抑える方法として麻酔による亜混迷状態が保たれていた。彼女は人生の残された数週間を家族と過ごすことができないと憤慨していたので、かかりつけの内科医は催眠療法を試してみることにした。エリクソンが呼ばれ、彼は彼女と会う日には麻酔薬が使用されないように手配した。薬によって作業が妨げられないようにするためと、患者に強い動機を持たせてよく反応させるためであった。

　　私は患者と４時間ぶっ続けで作業しました。痛みの発作にもかかわらず、トランスに入ること、身体感覚を麻痺させること、痛みがあっても自然に

眠れるように深い疲労状態に没入すること、胃が痛くならずに食事を楽しむことを順序だてて教えていったのです。絶望的な状況にあった彼女は、疑うことなくすぐに暗示を受け入れる態勢にありました。私はまた、彼女が夫や長女やかかりつけの医師に催眠で反応するように訓練しました。何か新たな事態が生じたとき、私がそこにいなくても催眠を強化できるようにするためでした。この長い催眠のセッション1回だけで十分でした。薬物療法は、火曜日の夜遅くに一度大量の皮下注射をしたあと中止されました。注射のおかげで彼女はさらに楽になり、その週末を安らかな状態で心行くまで家族と過ごすことができました。また、その週のあいだ家族と夜の団欒をともにしました。最初のトランスから6週間後、娘と話しているとき、彼女は突然昏睡状態に陥りました。2日後、意識を回復しないまま亡くなりました。

エリクソンはこの種のアプローチを、時にはちょっと形を変えたものも含めて、しばしば報告している。彼は被験者に身体の感覚麻痺をどのように増強していくかを教える。あるいはこれに加えて、身体から分離していると感じるという暗示を与える。さらにその人の時間の観念を変えることもある。次の例は、もっと年長のがんの終末期の男性にこの方法を用いたケースである。

　患者は10分おきに襲ってくる鋭い苦しい痛みばかりか、強く鈍く脈打つような痛みが常にあると訴えていました。私は、彼が身体を鈍い鉛の重石のようにとてつもなく重く感じるだろう、と暗示しました。「あたかも眠気にどっぷり漬かったかのように重く、深い疲労感以外の感覚は何もないと感じるでしょう。この身体のだるく深い疲労感を体験するうちに、頭は目覚めたままで身体は眠りに落ちていくでしょう」。周期的な鋭い痛みに対処するために、時計を凝視させ、次に来る鋭い痛みを待ち構えさせました。患者にとって、恐怖のうちに待つ数分間は数時間にも思えましたが、

いざ次の鋭い痛みが来ると、恐怖のうちに待つことからは解放されました。このようにして、予期と痛みは別々の体験として区別されました。次に私は、催眠による時間歪曲を教えました。時計の上で現実に経過した時間よりも長い時間が過ぎたと感じることによって、時間を主観的に長くすることを体得してもらうためです。彼は痛みと痛みの間を長く感じて痛みのない期間を引き延ばすことで、実際に痛みを感じている時間を短くできました。同時に私は痛みの健忘を教え、前の痛みをつらい思いで反芻したり、次に来る痛みを恐怖と不安のうちに持ち構えたりしないようにしました。鋭い痛みを体験してもそのたびにたちまち忘れてしまい、その結果次の痛みは常に予期せぬ体験になりました。予期も想起もされないので、痛みは感覚のひらめきのような瞬間的な体験になりました。患者は、催眠のおかげで痛みがほとんどなくなり、身体は重く弱くだるく感じられ、どんな痛みも1日に2回以上は「押し入って」こないと報告しました。数週間後、彼は昏睡状態に陥り亡くなりました。

ジョーと呼ばれる男のケースは、同じ問題に対するユニークなアプローチである。彼は自ら花を栽培して売る花屋で、家族や友人から尊敬されている熱烈なビジネスマンであった。顔の側面が腫れてきたので外科医が切除したところ、悪性腫瘍であることが分かった。ジョーは余命1カ月と告げられた。惨めになって落ち込み、激痛にさいなまれるようになった。麻酔がほとんど効かないので、ある親戚がエリクソンに催眠療法を試してほしいと頼んだ。エリクソンは、こんな状況では大したこともできまいと危ぶみながらも、しぶしぶ彼と会うのを承知した。薬物の過度の使用からくる中毒性の反応があり、その上ジョーは催眠という言葉を聞くのさえ嫌っていた。加えてジョーの子どもの一人は精神科の研修医で、催眠療法など何の価値もないと教育されてきたのである。

私がジョーに紹介されると、彼は礼儀正しく気さくに応えてくれました。

私がここにいる理由が分かっているのか疑わしく思えました。よく見ると、顔の片側と首のかなりの部分が、手術や潰瘍形成ややつれや壊死のためになくなっていました。彼は気管切開術を受けていたので話すことができず、紙と鉛筆で意思を伝えました。ほとんど眠らず、専任の看護婦が常時付いていたにもかかわらず、始終ベッドから飛び出しては、商売や家族について無数のメモを書き散らしていました。絶え間なく激痛に悩まされており、彼には花屋の仕事で彼がしたように、医師たちがなぜ自分の仕事を完璧に処理できないのか理解できませんでした。

　紹介がすむとジョーは書きました。「何が望みだ？」。力になれるかどうか疑問に思っていたにもかかわらず、もし私が心からの関心を傾けて彼を助けたいと願うなら、彼にとっても、話の聞こえる隣室にいる家族にとっても、いくばくか慰めになるだろうと感じました。私は散りばめ技法と呼んでいる催眠アプローチを始めました。それはくだけた会話のような話し方ですが、ある言葉なり語句なりを特に強調して効果的な暗示にするというものです（強調部分は以下の会話の中で傍点で示されている）。「ジョー、私は君と話したいんです。私は君が花屋で、花を育てているのを知っています。私もウィスコンシンの農場で育って、花を育てるのが好きでした。今でもやっていますよ。ですから私が話すとき、君にはその安楽椅子に座っていてほしいんです。私はいろんなことを話すつもりだけど、花のことじゃありません。だって花のことなら君の方がよく知っているんだから。それは君が望んでいることじゃないでしょう。さて、私が話すにつれて——私は気楽にやれますけど——トマトの苗のことを話すにつれて、君も気を楽にして耳を傾けてくれるといいですね。トマトなんて話題にするにはおかしなものです。好奇心をそそられますよね。どうしてトマトの苗のことなんか話すんでしょう？　人はトマトの種を土に播きます。やがて苗に育って、その実で満足をもたらしてくれるだろうと、希望を感じられます。種は水を吸い上げますが、雨が花やトマトに育つ喜びと平和と慰めを運んできてくれるおかげで、それはそんなに難しくありません。その小さな種

はね、ジョー、ゆっくりとふくらんで細毛に覆われた根を伸ばしていきます。ところで君は細毛が何か知らないかもしれないけど、細毛はトマトの種が育つのを助けて、苗になって芽生えるように地表に押し上げる働きをするものです——そして君は私の言っていることが聞こえますよね、ジョー、だから私はずっと話し続けるし君はずっと聞いていられますよ——いぶかりながら、本当は何を学べるんだろうといぶかりながら——そしてここに君の鉛筆とメモ帳がありますよ——でもトマトの苗はと言えば、それはとてもゆっくり育っていきます。育つところは君には見えないし聞こえないけれど、茎に最初の小さな葉っぱみたいなものが、葉柄には細い短い毛が生えてきます。根の細毛のように、毛は葉っぱも覆っていて、そのおかげで苗はきっととても具合よく、とても良い気持ちがしているんです、もしトマトの苗の気持ちが分かるならね——それから育つところは君には見えないし感じることもできないけれど、その小さなトマトの茎にはもう1枚葉っぱが出てきて、それからまたもう1枚出てきます。多分——これって子どもっぽい言い方だけど——多分トマトの苗は育っていくとき、きっと心地よい穏やかな気持ちがしているんじゃないかな。日ごとに育って、育って、育っていって、苗が育つのを見ているのはとても気持ちがいいものだね、ジョー、生長を見るんじゃなくて感じるんじゃなくて、でもその小さなトマトの苗にとって全てが良くなっていくのが分かるんです——苗はまたもう1枚葉っぱを付けて、そしてさらにもう1枚付けて、そして枝を出して、そしてあっちにもこっちにもすくすくと伸びていきます」。(以上の大部分は、ここまでに何回も、時には語句だけで、時には文で、繰り返されました。言い回しをいろいろに変え、また催眠暗示を繰り返すように配慮しました。大分時間が経ってから、ジョーの妻がメモを手にそっと部屋に入ってきました。それには質問が書いてありました。『いつになったら催眠を始めるのですか?』。私がちょっとそのメモを見られなかったので、彼女は紙を私の前に——従ってジョーの前に——押して寄こしました。私は途切らすことなくトマトの苗の話を続けていました。妻がジョー

を見ると、彼は妻を見ておらず、彼女がそこにいることさえ分かっておらず、夢遊状のトランスに入っているのが分かりました。彼女はすぐに引き下がりました)。「そしてすぐにトマトはどこかにつぼみをつけます、その枝かほかの枝か、でもどこからだっていいんです、どうせすぐに全部の枝が、トマトの苗全体が、すてきな小さいつぼみをつけるんだから。トマトの苗は、ジョー、一種の慰めを感じられる、本当に感じられるだろうか。ねえジョー、苗ってすばらしいものだね、苗を人間みたいに思えるなんてとてもすてきでとても愉快だね。そんな苗は、ちっぽけなちっちゃなトマトが実を結び始めると、いい気分を、慰めを感じるだろうか──太陽のもとで熟れたおいしいトマトは本当にちっぽけだけど、君をきっと食べる気にさせてくれるよ──胃に食べ物をおさめるのは快いものだよ──そのすばらしい感覚を、子どもは、喉が渇いた子どもは感じて、飲み物が欲しいと思えるんだね。ジョー、雨が降って、何もかもが爽やかになるようにものみなを洗い清めるとき、トマトの苗はそんなふうに感じるんでしょう？」(間)「ねえジョー、トマトの苗は一日ごとに成長するんだよ。トマトの苗がその日その日に無量の喜びを得ていると考えるだけで私は楽しい。ねえジョー、トマトの苗にとっては一日一日なんだよ。それが全てのトマトの道なんだよ」。(ジョーは突然トランスから覚め、まごついたようにみえ、ベッドの上で飛び上がって両腕を振り回しました。この行動は、精神安定剤への不適合反応を起こした患者に見られる毒性の急上昇を強く示唆していました。ジョーはベッドから飛び降りて私の方へ歩いてきたとき、初めて私の声が耳に入り姿が目に入ったようでした。私はジョーの腕をしっかりつかみ、すぐに力を緩めました。看護婦が呼ばれました。彼女は彼の額の汗を拭き、病衣を取り替え、チューブで氷水を飲ませました。それからジョーは私が椅子に連れ戻すにまかせました。私がジョーの前腕を詮索する振りをすると、ジョーは紙と鉛筆を取って書きました、『話して、話して』)。「いいともジョー、私は農場で育って、トマトの種ってすばらしいものだと思うんだけど、考えるんだ、ジョー、考えるんだ、あの小さな種

の中に、これから育ってあんなに興味深い葉っぱや枝を付けるすてきな苗が、とても安らかにとても心地よく眠っているんだよ。葉っぱや枝はとてもきれいで、みごとな豊かな色をしていて、トマトの種を見ていると、その中にジョー、ゆったり心地よく眠っているすてきな苗のことを考えると、君は本当に幸せな気持ちになれるよね、ジョー。私はこれから昼飯に行くけど、また戻ってきてもっと話をするからね」

　発作的に現われる中毒症状にもかかわらず、ジョーは確実に疎通可能でした。そればかりか、トマトの種と苗に関するばかばかしい素人じみた私の狂詩曲(ラプソディー)にもかかわらず、急速に学習しました。ジョーの真の関心事は、トマトの苗についての的外れな見解なんかではありませんでした。痛みから解放されたいと欲し、楽になりたい、眠りたいと望んでいたのです。ジョーの心の中で最も重要で、情緒的欲求の中で最優先なのは何かということでした。彼は、私のおしゃべりの中から何かしら自分にとって価値あるものを見いだしたいという、やむにやまれぬ欲求を抱いていたのでしょう。ジョーが求めたものは、それと気付かなくてもそのまま受け取れるように語られて、そこにありました。私が何気なさを装って、「飲み物はどうだね、ジョー？」と言ったあとの数分間だけ、ジョーはトランスから覚めました。トランスへの再誘導も難しくはなく、頭に浮かぶ考えをさしたる意味もなくつなげた中に、「考えるんだ、ジョー、考えるんだ」と「安らかに気持ちよく眠りなさい」という2つの短い語句をはめ込むだけでできました。ジョーが望み、必要としていたものは、その意味のない語りの中にこそあったので、彼はためらいなくそれを受け入れたのでした。

　昼食のとき、ジョーは初めは落ち着いていましたが、それから徐々に落ち着きをなくしました。看護婦によると、中毒性の発作がまた起ったということでした。ジョーは私が戻るまでいらいらしながら待っていました。メモを書いて意思を伝えようとしました。ひどくせっかちに書いたので判読しにくいところがありました。彼はじれったがって書き直そうとしました。親戚の人が読み取るのを助けてくれました。メモにはジョーに関する

事柄が、彼の経歴や商売や家族や「つらかった先週」「つらかった昨日」と結びつけられていました。そこには何の訴えも要求もありませんでしたが、私について知りたいという要望がいくつかありました。曲がりなりにも満足のいく会話を交わせたことは、落ち着きのなさがどんどん消えていったことで分かりました。歩き回るのをやめて、さっきの椅子に座ったらどうかと提案すると、彼は素直に従い、期待を込めて私を見つめました。

「ねえジョー、もっとトマトの苗の話をしてもいいけれど、そうしたら君は多分眠りに落ちてしまうだろうね——それも気持ちのいい深い眠りに」（この切り出し方には、気軽で何ということもない発言に過ぎないという特徴が全て備わっています。もし患者が、ジョーが即座にしたように催眠で反応したら文句なしに結構。反応しなくても、こちらが言ったことは全然気に留めなくてもいい、何でもない言葉です。ジョーがすぐにトランスに入らなかったとしたら、こんな言い方もできたでしょう。『でも代わりにトマトの花のことを話しましょう。君は映画で花が開くところを見たことがあるでしょう——花はゆっくりゆっくり開いて、開いていくのをじっと見ていると、平安の感じや慰めの感じを与えてくれます。見ていると本当にきれいで本当に心が休まります。そういう映画を見ていると、そんな無上の慰めを感じることができますよね』）

中毒性の発作が起きて何度か中断されたし、ジョーの習得の度合と量をより的確に見極めるため、私も何度か故意に作業を中断しました。それにもかかわらず、その午後のジョーの反応ぶりはめざましいものでした。

夕方辞去するとき、ジョーは心を込めて握手してくれました。中毒症状は大分軽くなりました。何の訴えもなく、ひどい苦痛はなくなって、満ち足りて幸福そうに見えました。

親戚の人たちは後催眠暗示のことを気にしましたが、もうしてあると言われて安心しました。それは、トマトの苗の生長を事細かに繰り返し描写し、そのあと「ジョー、一日ごとに無量の喜びを得られるんだよ」「ねえジョー、一日一日だよ」と注意深く強調する中で、さりげなくしてありま

した。

　およそ1カ月後、11月の中頃でしたが、私はもう一度ジョーに会わせてほしいと頼みました。ジョーの家に着くと、やや残念ではあるものの、実際には不幸とも言えない物語を聞かされました。前回私が立ち去ったあと、ジョーはめざましい反応ぶりを維持していましたが、ジョーの催眠のうわさは病院中に広まり、インターンや研修医や職員が、ジョーの催眠被験者としての優れた能力を試しにやってきました。彼らは、催眠について迷信的な間違った考えを持つ素人がやりそうな誤りを、ことごとくしでかしました。ジョーは彼らの振る舞いに激怒しました。彼らがしているような無礼なことを、私は何一つしなかったのを知っていました。それは幸運な認識でした。そのおかげで、ジョーは催眠に対する反感にじゃまされずに、私から習得した好ましいことを全部取っておくことができたからです。数日間悩まされたのちジョーは退院し、付き添い看護婦を一人伴って自宅に戻りましたが、看護婦の務めは割り合いにわずかなものでした。

　彼は自宅に戻るとその月の間に体重が増え、体力も付きました。痛みが襲ってくることはめったになく、たまにあってもアスピリンか25mgのデメロールで抑えることができました。ジョーは家族と居られてとても幸福でした。

　2度目に訪ねた私に対するジョーの挨拶は、明らかに喜びの挨拶でした。けれども、私は彼が用心深い目つきで私を見ているのに気付き、それゆえ細心の注意を払って完全にさりげなく振る舞い、病院の職員が使ったみたいな「催眠術ふうの手の動き」とわずかでも誤解されそうな手の動きは、決して見せないようにしました。

　画才豊かな家族の一人が描いた絵が、誇らしげに額に飾られていました。ジョーの回復や体重の増加について、気のおけない会話がたくさん交わされました。その間にも、私はどうすれば気取られずに的を得た暗示を与えられるか、ひたすら単純な答を見つけようとしていました。ジョーは自発的に座って私に話をさせてくれていました。私は全くさりげなく振る舞っ

ていたものの、ジョーに疑いを起こさせずに扱うには難しい状況に思えました。考え過ぎだったのかもしれませんが、できる限り慎重でありたかったのです。とうとう私は「この前の10月の訪問」の思い出を語り始めました。「あのとき私はトマトの苗の話をしたんだったね、そしてまるで今もトマトの苗の話をしていていいみたいな気がするね。種や苗のことを話すのはとても楽しいものだね」。ただこんなふうに言っただけで、やすやすと前回の訪問を楽しく蘇らせることができたことに、ジョーは気付きませんでした。かくして、臨床的に言えば、最初の面接の好ましい面が全てここに再現されたのでした。

　ジョーはその日、私の昼食を監督すると言って利きませんでした。昼食はプール脇の裏庭でジョーに見守られて直火焼きされたステーキでした。ともに過ごすことを心行くまで楽しんでいる4人の人々の幸せな集まりにあって、ジョーは明らかにとても幸福でした。

　昼食のあと、ジョーは数えきれないほどの植物を自慢そうに見せてくれました。多くは珍しいもので、広い裏庭に彼が手ずから植えたものでした。ジョーの妻はラタンの家具を備え付けており、ありふれた植物の名前を挙げました。私が珍しい植物をいくつか見分けて口にすると、ジョーはことのほか喜びました。私は今でも植物を育てることに関心があるので、装ったわけではありませんでした。ジョーはこの共通の関心を友情の絆と見なしました。

　午後中、ジョーは自発的に座っていて、その様子はまさしく、私が望むまま何をしても構わないことを示していました。私は長い一人語りを始めましたが、そこには妨げられることのない安心感、気楽さ、痛みからの解放、家族の恵み、進む食欲、身の周りのあらゆるものに対するいつも変わらぬ肯定的な関心、といった治療的な暗示が含まれていました。これらを含めてほかにも同様の暗示がいろんな話の中にこっそり散りばめてあり、暗示が散りばめてあることにジョーが気付いたり分析したりできないよう、話題は多岐にわたっていました。うまくごまかすためにも、私には多様な

話題が必要でした。よい関係(ラポール)を保つという観点からそういう配慮が必要だったか否かは議論の余地のあるところですが、危険は冒したくなかったのです。

　医学的には悪性腫瘍は増殖し続けていました。この事実にもかかわらず、ジョーの体調は1カ月前よりずっと良好でした。辞去するとき、ジョーはまた来てほしいと言ってくれました。

　ジョーは、私が11月末から12月初めにかけて講演旅行に出掛けるのを知っていました。出発の直前、思いがけなく遠距離電話がかかってきました。電話はジョーの妻からで、彼女は「ジョーが内線に出ていてあなたに『ハロー』を言いたがっています、だから聞いてやってください」と言いました。短い喘ぎが2つ聞こえました。ジョーは気管切開チューブに電話用のマウスピースをかぶせて、「ハロー」に似せて力をこめて2回息を吐き出したのでした。ジョーの妻は彼女もジョーも実りある旅行を願っていると言い、彼の書いたメモを読み上げて、私たちは気軽な親しみのこもった会話を交わしました。

　私はジョーとその家族からクリスマスカードをもらいました。別便で、ジョーの妻は「催眠はよく効いていますが、ジョーの具合は思わしくありません」と述べていました。1月の初め、ジョーは衰弱してはいましたが気持ちよく過ごしていました。ついに、妻の言葉によると「1月21日にジョーは静かに息を引き取りました」。彼の状態が回復してから4カ月あとのことでした。

このエリクソンの「トマトの苗誘導法」は、もっと直接的な暗示だったら抵抗しそうな人を相手に、間接的に誘導する彼独特の方法である。
　次のケースはもっとずっと積極的な間接的アプローチを示している。ほとんどの催眠は二者間で行なわれるが、これは三者での誘導という状況であった。

　メサの町の医者がある女性を紹介してきました。英文学の修士の学位を

持つ知的な女性で、詩の本を数冊出版していました。彼女は子宮がんでしたが、骨への転移がひどいため手術ができず、コバルト療法も効果がありませんでした。激しい痛みがあり、麻酔薬でも和らげることができませんでした。彼女は催眠で苦痛を緩和できると信じてはいませんでしたが、主治医は何とかならないかやってみようというので私に紹介してきたのでした。

　私は彼女の家を訪ね、自己紹介をしました。女性はベッドに寝ており、娘が付き添っていました。娘は優しく可憐な18歳の少女で、母親のことを大変心配していました。それは10月のことで、女性はあと数カ月の命しかないと言われていました。本当の望みはただ2つだと彼女は言いました。今度の6月に娘が結婚するのを見届けることと、6月に息子が大学を卒業するのを見届けることでした。「催眠に入れていただくといっても、どうやったらあなたに協力できるのか分かりません。正直に申し上げて、私が今味わっているような痛みを催眠でなくせるなんて信じられないんです」

　私は言いました。「あなたは催眠に入れるなんて信じない、そしてがんの痛みを和らげることができるなんて、とうてい考えられないんですね。でもね、『見ることは信じることだ』[訳注1]とよく言うじゃありませんか。娘さんにこの椅子に座ってもらって、あなたはそれをよく見ていることにしたらどうでしょう。何も見逃さないでくださいよ、何もかも見て気付いていただきたいんです。あなたは目に入るものが全然気に入らないでしょう、そして気に入らないから信じる気になるでしょう。大いに気に入らなければこそ、それがまさしく現実なんだと分かるでしょう。見ることは信じることだし、この状況を見ることは間違いなく信じることになるでしょう」

　娘の方を向いて私は言いました。「君はお母さんの力になりたいと思っていますね。ところで、今までに催眠に入ったことはないでしょうね。好きなだけ手間取ってかまいませんよ。でもきっと速やかに入るところをお

訳注1）文字どおりには「見ることは信じること」だが、「百聞は一見に如かず」の意。

母さんに見せてあげたいという気になってくれるんじゃないかな。私の暗示に、注意深く完全に応えてくださいね。そしてもし、うまくいってないと思ったら、ペースを落としてゆっくりやってくれればいいですよ。さあ、向こう側の壁に掛かっているあの絵の一点を、まっすぐに見てください。ただじっと見つめて、そして視線を動かさずにじっと見つめているうちに、呼吸のリズムが変わったことや、瞼がいつもと違ったふうに瞬きしていることに気が付くでしょう。君の足首の脈から心拍数が減ってきたのが分かりますよ。瞼がゆっくり下がっていきます、まもなく閉じて、そして閉じたままになります。分かりますね、瞼は閉じてしまいました、そして閉じたままでいます——君はどうしても深く息をせずにいられなくなって、そしてぐっすり眠ります。それから深い眠りを楽しむために、もう一つ深く息をします。それからまた一つ深い息をして、君と私だけがここに居ることや、心地よくくつろいでいるのが分かって、それを楽しみます。でも君は動けないような気がします、ただ慎重にゆっくり呼吸したり、多分心臓の鼓動に気付いたり、唾が飲み込めないのに気付くことができるだけです。さあ、身体中の感じがなくなり始めています。身体全体の感覚がなくなっていって、そして君は刺激を——ちょうど夜のふとんの感覚や昼間の服の感覚のような物理的な刺激を、身体に全く感じなくなります。それから感覚が全て完全に消えてしまって、大理石の彫像ほどにも感じなくなります。私たちだけがこの部屋にいると言いましたけど、もし私が君から顔を背けてよそを向いて話したら、君には聞こえないでしょう。『さあいいですか、お母さん——よく注意して見ていてくださいよ』」。私は娘のスカートを腿の上から３分の１のところまでめくり上げました。母親はふいに私が娘に手を出そうとしていると思い、そしてそれが気に入りませんでした。彼女はそれを見ることができるだろうし、信じるだろうし、気に入らないだろう、と私は言ってありました。それから私は手を上げて、娘の腿を力いっぱいピシャッと叩きました。母親は娘の顔をまじまじと見つめましたが、そこには毛ほどの反応もありませんでした。私は母親に言いました。「ち

ょっと信じられないでしょうね？　腕で試してみましょう」。私は腕を叩きました。母親は「感じなかったの？」と尋ねましたが、娘は答えませんでした。「お母さん、私があなたに向かって話しているときは、娘さんには私の声さえ聞こえないんです」

　私は娘の方を向いて言いました。「この寝室にいるのは私たちだけですね。うなずいて返事をしてください」。彼女はうなずきました。私は母親に向き直って言いました。「あなたが本当に確かに見ているものを信じるまで、これを繰り返してもいいですよ。それが分かれば、見ることは信じることだと納得がいくでしょう」。私はもう一度娘の腿を強く叩きました。母親は娘の顔を見守りました。そのピシャリはひどい音でした。猛烈でした。私は娘に言いました。「目を開けると何が見えますか？」。彼女は目を開けて「あなたです」と言いました。「私たちだけですか？」「はい」「ところで自分の手が見えますね？」「はい」「いいですよ、さあ君の手を見てください。下の方を見て、目で追っていくにつれて何が見えるか教えてください」「ブラウス、スカート、それから腿、それから膝、それから足です」

　「何か面白いものを見たいと思いますか？」。私がもう一度腿を強く叩くと彼女は言いました。「何も感じません、私どこかおかしいのかしら？」「いいや、でも君は私がしたことを目で見たんだよ。それを信じますか？　何も感じなかったのが君には分かってますね、だから目が覚めたら、お母さんに、君は気分が良いしいつでもトランスに入れると説明してほしいんです。それから君の腿に気付いてほしいんです。そこを見ると何か困ったことに気付くだろうけど、自分ではどうすることもできないでしょう。私に頼むほかないのに気付くでしょう」

　私は娘を覚醒させました。彼女は母親に自分はいつでもトランスに入れると告げ、それから言いました。「スカートがめくれているわ、私には引き下ろせません、どうやったらいいのか分かりません。下ろしてくれますか？　足が剥き出しなのは嫌です」

「君のお母さんは驚くべきものを見たんだよ、だって見ることは信じることだからね。ねえ、君の腿には何の感じもないと思うんだけど」「スカートはどうやってめくれたんですの？ あなたは私を催眠に入れて足を麻痺させたんでしょう。手を動かせません。さっぱり分かりません」「私が腿を叩いても君は感じないね、お母さんに教えてあげなさい」「どうしてそうなったか分かりませんけど、確かにあなたは腿を強く叩いたのに私は感じませんでした。それでお母さん、どうか信じると言ってちょうだい、だって私スカートを下ろしたいんですもの」。母親は言いました。「ちゃんと信じているわよ！」。そこで私はスカートを引き下ろして言いました。「ちょっと目を閉じてください。目を開いたら、君は何があったか思い出せないでしょう。お母さんは君に何か言おうとするだろうけど、君は信じないでしょう。2つか3つ深く息をして、目を覚ましてください」「あの人からあんなふうに叩かれたのに、剥き出しの腿を何度も叩かれて、どうしたら何も感じないでいられたの？」。母親は言いました。「あの人は私の剥き出しの腿を叩いたりしなかったわ」。母親は娘の顔が赤らむのを見、その口調を聞きました。聞くこともまた信じることです、ちょうど感じることが信じることであるように。

　その最初の訪問は4時間足らずしかかかりませんでした。次の段階は、娘にまず部屋の向こう側の椅子に座っている彼女自身を見せ、次いで実際に自分がそこにいると体験してもらうことでした。それから、私は彼女に背を向けてそちらに向かって話し掛けます。すると、彼女には私の言っていることが聞こえます。でも、現実に彼女が座っている方を向いて話し掛けても聞こえません。母親はそれを見て取ることができました。それから、私は娘に足をピシャッと叩く音の幻覚を聞かせました。彼女の身に起こったことについて質問してもよいと説明しました。「あなたが私に話しているのが聞こえました。あなたが私の腿をピシャッと叩く音が聞こえました。でも痛みは全然感じなかったわ」。彼女は言いました。「それでいいんだよ。君の身体から感覚を取り上げて部屋の向こう側に置きたいと思ったら、い

つでもそうしてかまわないかな？ お母さんに教えてあげられるならね？ よし、今すぐ君の背中から感覚を取り上げて、部屋の向こう側に置くとしましょう」。彼女は椅子に背中を押し付けようとしましたが、動かすことができませんでした。「では、君の後ろに手をやって試してみるべきかな、それともただ君の関節に緩みなさいと言って、君が椅子の背に寄りかかれるようにするべきかな？」。無垢で、賢くて、純真な娘。かくして私は彼女の背中から感覚を取り上げたのでした。私は言いました。「目が覚めていてもトランスに入っていてもその体験を理解できるように、感覚を君の身体に戻して、君はすっかり目が覚めていると思ってみましょうか。トランスに入っているときは一番良く理解できるよ。それでは、君は目が覚めたら思い出すことができるし、私に話し掛けて質問することもできるよ。今度は、君の頭と首と肩と腕以外の身体を全部取り上げて、身体の下の方をそっくり部屋の向こう側のベッドの上に置くとしましょう。頭と肩は車椅子に乗せて、君が車椅子を居間の方へ転がしていけるようにしましょう」。そこで私たちは、彼女の肩と腕を車椅子に乗せ、残った身体はベッドに置きました。「お母さんはじっと見ていた。そして理解しておられるよ。分かっているかどうかお母さんに聞いてごらん」「分かっています」。母親は言いました。

　母親は、身体をベッドに置けば、痛みの感覚は全て身体の側に残しておけることを知りました。そうしておいて頭と肩と首だけで車椅子に乗って居間へ行き、テレビ番組を見ることができたのでした。

　ある朝、私が行くと新任の夜勤看護婦がいて、女性は夜間よく眠っていると教えてくれました。「でも」と看護婦は言いました。「彼女はテレビを見に行こうとするんです、そして私が話し掛けようとすると『しいっ！』と言うんですよ」

　私は女性に言いました。「あなたが医師の指示で身体をベッドに残しておくこと、頭と肩だけ車椅子に乗せてテレビを見に居間に行くのだということを、看護婦さんに教えてあげるのはいやですか？　私が出した医学的

な指示に従っているのだと教えてあげなさい」。女性はそのとおり言いました。看護婦は私を見て言いました。「どういうことなんです？」「それはね、彼女は深い催眠トランスに入っていて、痛みがなくなったと感じていて、テレビを楽しんでいるっていうことなんだよ——それもコマーシャルは飛ばしてね」

　7月のある日、彼女は（彼女としては）友人たちと居間にいて、会話を楽しんでいました。実際には、友人たちは彼女の寝ているベッドのそばにいたのです。彼女は突然昏睡に陥り、2時間後に亡くなりました。彼女は6月にあの2つの願いをかなえていました。息子の卒業を目にしていました——卒業式の場面を幻覚で見ることによって。娘は彼女の前で、その寝室で結婚式を挙げていました。

エリクソンは尊厳をもって死を迎える手助けをするだけではない。残された日々を力の限り生き抜くことができるよう手を差し伸べることもまた、自分の務めと見なしている。彼は、あるときはこの目標を催眠によって穏やかに成し遂げ、またあるときは力強く問題に立ち向かう。次に紹介するケースでのアプローチをエリクソンは正統的ではないと考えており、普通でない(アンコモン)治療的戦略を記述するというこの作業の最後を飾るにふさわしく思われる。彼は報告している——

　カリフォルニアに住むある女性が、夫が脳卒中の後遺症で全身が麻痺し、話すこともできないと手紙に書いてきました。彼女は夫を私のところへ連れていってもいいかと尋ねていました。とても気の毒な手紙だったので、せめてその大変な状況を受け入れられるように彼女を慰めてあげられるかもしれないと思って、私は承知しました。

　彼女はフェニックスに夫を連れてきて、モーテルに宿を取り、彼と一緒に私に会いにきました。私は息子2人に彼を家に運び込ませ、女性を診察室に連れていって彼女とだけ会いました。彼女によると、夫は50代でした

が1年前に発作を起こし、その年は大学病院のベッドになすすべもなく寝ていたということでした。職員は学生たちに向かって、彼は末期患者で完全に麻痺していて話すこともできず、やがて来る死の時までの健康管理しかできることはない、と彼の面前で指摘するのでした。

女性は言いました。「ところで夫はプロシア系のドイツ人で、とても誇り高い男性なんです。あの人は独力で事業を起こしました。いつだって活動的で乱読家でした。これまでの生涯、ずっとものすごく横暴な人でした。それなのにこの1年というもの、私はあの人がなすすべもなく横たわり、物を食べさせてもらい、身体を洗ってもらい、子どもみたいに話し掛けられるのを見てこなければなりませんでした。病院を訪ねるたびに、あの人の目には傷つき怒り狂っている様子が見えました。病院の人たちは夫は末期患者だと言いました。夫にあの人たちはあなたにもそう言ったのと聞きましたら、あの人は瞬きでそうだと答えました。それだけがあの人の意思を伝える手段なんです」

女性が話すにつれて、彼女をただ慰めても仕方がない、その男性に何かをしてあげなければならないのかもしれない、と私は悟りました。思うに、そこにいるのは短気で、横暴で、高い知性を持つ、競争心旺盛なプロシア人なのでした。彼は1年間というもの激怒を胸に生きていました。彼の妻はさんざん苦労してどうにか彼を車に押し込み、カリフォルニアからずっと運転してきました。彼を車から引きずり出してモーテルに運び込み、そこから私の家まで来るためにまた彼を連れ出して車に乗せました。私の息子たちは2人掛かりでやっとのこと彼を家に運び入れましたが、この女性は独力で州境を越えて彼を連れてきたのでした。

そこで私は女性に言いました。「あなたは私の助力を求めてご主人を連れてこられました。彼のために最善を尽くすつもりです。ご主人とお話ししようと思いますが、あなたにもいていただきたい。でも、あなたに邪魔させるわけにはいかないんです。私がしようとしていることが何なの・か、そしてなぜ・・しているのか、あなたにはお分かりにならないでしょう。でも、

一切口を出さず手も出さず、ただ真面目な顔をして静かにそこに座っていてほしい。申し上げていることは分っていただけるでしょう」。彼女はどうにかこれを受け入れました。あとで彼女は邪魔したくなりましたが、目顔で制されて思いとどまりました。

　私は、瞼のほかどこも動かすことができずに、なすすべもなく椅子に座っている男性と向かい合って座りました。私はざっと次のように話し始めました。「では、君はプロシア系のドイツ人なんですね。愚かな呪わしいナチ野郎ども！　プロシア系のドイツ人ときたら、何と愚かで、思い上がった、無知な、獣じみた連中だろう。あいつらは自分たちが世界を支配していると思い込んで、自分の国を滅ぼしたんだ！　ああいうそら恐ろしい野獣どもを何て表現したらいいんだろうな。本当に生きるに値しないやつらさ！　あいつらを肥やしにしてしまえば、世の中はもっと暮しやすくなるだろうに」

　彼の目には見るからに強烈な怒りがみなぎりました。私は続けました。「君ときたら慈善にすがってごろごろして、食べさせてもらい、着せてもらい、面倒を見てもらい、風呂に入れてもらい、足の爪を切ってもらってきたんだ。君に何か取り柄でもあるのかね？　君は知恵の足りない罪人のユダヤ野郎と同じだよ！」

　私は「呪わしい怠け者だから、慈善用のベッドに平気で寝ていられるんだ」などと付け足しながら、思いつく限りの意地の悪いことを言い続けました。しばらくして私は言いました。「やれやれ、時間も足りないんで君に値する侮辱を全部は思い付けなかったよ。明日もう一度来ることだね。今日これからたっぷり時間をかけて、言ってやりたいことを残らず考えておくからね。だから明日また来るんだ、いいね！」。すると彼はすぐさま張り裂けんばかりの「いやだ！」で言い返しました。

　「なんだ、君は1年間しゃべらなかったのに。私がナチの豚野郎呼ばわりしただけで、口を利き始めたじゃないか。明日またここに来て、君がどういう人間か本当のところを聞きたまえ」

彼は言いました、「いやだ！　いやだ！　いやだ！」

どうやってのけたものか、彼はどうにか自分の足で立ち上がりました。妻を脇へ突きのけ、診察室からよろめき出ていきました。妻はあとから駆け寄ろうとしましたが、私は止めました。「お掛けなさい、最悪でもせいぜい床に転ぶくらいのことです。もし、車のところまでよろけて行けるなら、それこそあなたには願ったりでしょう」

彼はよろめきながら家から出ていき、階段さえ降り、這うようにして何とか自力で車に乗り込みました。私の息子たちはいざとなったら助けに駆け付けようと見守っていました。

そこにはプロシア人らしいところは微塵もありませんでした。彼らは威張りくさっていて、尊大で、侮辱と見なすものには信じられないほど感じやすいところがあります。私はプロシア人と一緒に働いたことがあります。敬意を払われることに対する彼らの要求は甚大で、自己イメージは自己満足で膨れ上がっています。まる１年というもの、病院で忍耐しきれぬ侮辱を浴びせられた男がここにいました——そして今度は私が、真の侮辱とはいかなるものか示して見せました。それで彼は反発したのでした。

私は妻に言いました。「明日の朝11時にまた彼を連れておいでなさい。今は彼を乗せてモーテルに帰り、部屋に引きずっていきなさい。今までどおりに世話をしてベッドに入れてやりなさい。寝る時間になって彼の寝室を出てあなたの部屋に行くときに、明日の11時に私との予約があると言いなさい。それから振り返らずにまっすぐ出ていきなさい。

明日の朝は朝食を食べさせ、服を着せてやりなさい。10時半になったら、『エリクソン先生の診察室へ出掛けるのよ』と言いなさい。出ていって車を取ってきて、ドアの正面に乗り着け、空ぶかししなさい。ドアノブが回るのを見届けるまでお待ちなさい。そのあとなら、ご主人が外に出て車に乗り込むのに手を貸してあげてもいいですよ」

次の朝、彼らが到着しました。彼は妻に支えられただけで、自力で歩いて診察室に入ってきました。私たちは彼を椅子に掛けさせました。私はあ

っさり言いました。「ねえ、この診察室から歩いて出ていけるためだったら、昨日みたいな修羅場を経験するだけの価値はあったでしょう。一言でも発することができるためだったらね。ところで問題は、どうやってあなたを話したり、歩いたり、人生を楽しんだり、本を読んだりできるようにさせるかです。私としては、またまた凄まじいことにならない方がいいですね。でもあなたは全然自分を信頼していませんでした。反発以外に頼る道を残してあげないほど私は意地悪でした。今は友達になれたらと思っています。せめて多少は普通の活動ができる状態に戻す作業に取り掛かりましょうよ」

　彼はとても心配そうな顔をしていました。私は言いました。「侮辱すればあなたに口を利かせられることは、もうあなたにも分かっていますよね。でも、気持ちのいい問い掛けには『そうだ』と言えると思うんです。あの恐ろしいほど無力な１年のあとで私たちがやり遂げたことに照らしてみれば、引き続き力を貸してほしいとお望みだろうと思います。『はい』と答えてもいいし『いいえ』と答えてもいいんですよ」。彼は苦労してやっとのことで「はい」を搾り出しました。

　およそ２カ月後、彼はカリフォルニアに帰る準備ができました。片足をひどく引きずって歩き、腕の動きには制限があり、失語がいくらかあり、本は横に離して持てば読むことができました。私は何が助けになったと思うか聞いてみました。彼は言いました。「妻は催眠療法を受けさせようとして、私をあなたのところへ連れてきたんです。私を怒らせたあの最初の日以来、いつもあなたが私に催眠をかけて、一つひとつのことをうまくやらせているんだという感じを抱いていました。でもある日、タクソン動物園を25km歩いたことは、私自身の手柄にするつもりです。そのあと、ひどく疲れましたが、でも私は自分でやってのけたんです」

　彼はパートタイムでなら仕事に復帰できるかと尋ねました。私は、彼の事務所で一番簡単なことだけを選んで、それをこなすことで満足する必要があるだろうと答えました。彼は納得しました。

7年近くの間、私は彼らから定期的に手紙をもらいました。それは幸福な年月でした。便りは次第に間遠になり、ついに途絶えました。あの訪問から10年ほど経って、妻は彼が再び発作を起こしてひどい障害が残ったと書いてきました。また彼と会って健康を取り戻してやってもらえないだろうか、と。

　彼の年齢を考えると、とても引き受けられるとは思えませんでした。私は彼女に手紙を書き、彼が60歳を越えていること、最初の発作で既にひどい損傷を受けていることを指摘しました。この2度目の発作のあと、彼は数日間意識がありませんでした。前回と同じくらい手の施しようのない状態でした。私は、もはや私にできることは何もないと思うと伝えました。

監訳者解説

　筆者が1965年在米中、とても感銘を受けたヘイリー著 "Strategy of Psychotherapy"(Haley, J., 1963)を邦訳初版(高石 昇訳, 1973)して間もない1973年3月のある日、エリクソン博士から独特のサイン入りの本書が届けられた。

　前書がコミュニケーション理論をエリクソン療法に当てはめて、治療的パラドックスという鍵概念を抽出し、これを精神分析を含む各派の心理療法に共通する治療メカニズムとして提案する解説書であったのに対し、本書はエリクソン療法を専らの対象として詳述し解説したものである。さまざまな技法が紹介されエリクソン自身の語りによる症例報告もより詳細で理解しやすいものとなっている。従って、この2冊の本はヘイリーによるエリクソン解説書の総論と各論の関係にあるとも言えるであろう。エリクソン学習には必須の教科書である。にもかかわらず何らかの理由で本書の邦訳が実現するまでにいたずらに20数年の歳月が流れたことはわが国のエリクソン研究にとって残念なことであった。

　本書はそれ自身がエリクソン療法の解説書であり、第1章にその要約が的確に述べられていて、屋上屋を架する解説は不要とも思われるのだが、出版後20数年を経てエリクソン理解もさらに進み、また後継者によるいろいろな派生療法の発展が見られる現況において、その後の論説も参考にしながらエリクソン療法の本質について筆者なりにまとめてみたいと思う。

エリクソンから筆者へ贈られた本書原著のサイン

反精神分析療法

　エリクソンが最も活発に働いた1940年及び50年代は、まさに精神分析一辺倒の時代であった。米国精神医学界でこの伝統的治療に異を唱えることは天に唾するに等しかった。エリクソンも初期の研究では精神分析を取り上げ、無意識の抑圧や記憶、夢などについて催眠を利用しながら広範な実験を行なっている。しかし1940年代までには分析療法は明らかに有効にあらずという結論に達したようである。効果がないばかりか心的力動を解釈することは真の治療的変化を妨げるものであるとも暗に示唆している。エリクソンがヘイリーなどの後継者のようにあからさまに精神分析を批判した論文は見当たらないし、自らの治療を説くにあたって分析技法を戒める言動もあまり見られない。しかし、彼が進める治療の基本姿勢も技法も以下にちょっと列挙するだけで精神分析とはことごとに対極をなしていることが分かる。例えば、ⅰ）"無意識"を賢明で肯定的な力を持つものとしてとらえ、治療は患者の肯定的な面に目を向けることにあるとする。ⅱ）患者の問題は限りなく多様であり、従ってそれに対する治療的技法も限りなく柔軟でなければならない。ⅲ）治療で生ずることは全て治療者の責任と考える。ⅳ）治療は症状や問題そのものを対象とし、これに指示的にアプローチし変化をもたらすことにある。その際に催眠を用いることが多い。ⅴ）治療は治療所の外でも行なわれ、患者の生活に積極的に参加し、家族にも地域の人々にも協力を求めることがある。ⅵ）治療時間は必要に応じて柔軟で1セッションが11時間続くこともありうる。通常、治療は短期に終結する。ⅶ）治療費も柔軟に変化し成功報酬のこともある。

　このように反精神分析療法の側面から眺めることも、エリクソン療法の理解に役立つのではないかと筆者には思われる。

行動療法との違い

　エリクソンは行動療法が出現した1950年代以後は自らの治療を時には行動療法の言葉を使って説明することもあった。しかし、共に指示療法に属する

この両者は互いに似て非なるものであると筆者は考えている。行動療法が治療的指示として患者の意図的な努力を求めるのに対し、エリクソン療法では催眠暗示によって患者の行動変化が"自発的に"（不随意に）起きると指示をする。行動療法では患者に意図的な努力をストレートに指示するため、患者からの抵抗に合いやすいが、エリクソン療法はこの抵抗に対してソフィスティケートな対処法を有するところにその本質がある。

　行動の強化についてもエリクソンは周到な注意を払う。今日、学習は正の強化によると一般に考えられており、親も治療者も望むべき行動には正の強化を図ろうとするが、エリクソンは当然と思える行動は褒めてはならないと説いている。そのような強化をすると強化をする者が力を得ることになると考えるからである。彼が強化を努めて行なったのは、トランス下で望むべき反応が得られたときに限られていた。通常の彼の強化のしかたの特徴は成し遂げたこと全体を褒めるのではなく、その中の部分について比較しながら褒めた。例えば、子供が習字をうまく書けたと見せに来ると、その成績全体をよくやったと褒めるのではなく、この字はあの字よりはうまく書けているねと言った褒め方をしたのである。彼が弟子たちの行動を褒めたことは滅多になく、弟子たちは言葉ではなく彼の行動によってそれを判断した。例えば、ヘイリーが本書の原稿を書きあげてエリクソンに見せたとき、彼は一言も褒めなかったがこれを何冊も購入しては知人の学者たちに送っていたという。

常識的心理療法

　本書の再版の序文にヘイリーは本の表題を「魔法と常識」にしようかと思ったと述懐しているが言い得て妙である。エリクソンの治療には、人間の日常心理・生理の働きや社会的な営みに関する現実的な事柄に基づく指導がしばしば見られる。エリクソンは常にこれらに関する観察力を磨くことを治療者に勧めていた。医学知識について長々と話すことも多かったが、これらは客観的な事実であり、少なくとも専門家にとっては理解しやすい常識である。ヘイリーによって着目され本書に取り入れられたライフサイクルという視点

もまさに人生の常識である。

　患者の個別性を重んじ受容的にアプローチすることも彼が日常心理の機微に鋭い感性を持ち、これを治療関係において重視したものといえるであろう。患者にはそれぞれの価値観、自主性、プライドなどがあり巷や家庭の人間関係と同様に治療関係でもこれを尊重しなければ患者は面目を失うことになり、これが治療抵抗を生み出すと考えるのである。利用法も間接法も後年になってよく用いた逸話やメタファーもこの文脈からよく理解できる。

非日常性と催眠

　ところがエリクソン療法には、近代医学や心理学のパラダイムを一歩踏み出す難解さがある。この難解さの要因はやはり彼の生涯にわたる催眠経験に由来するのではないかと考える。例えば現実的な教育的指示のあと、しばしば行なわれる後催眠暗示による長い一連の指示は催眠現象による時間や空間の知覚変化、健忘、トランスロジックなどを媒介させて考えなくては理解することが困難である。夜尿恐怖が「乾いたベット」（夜尿をしないこと）の恐怖に突然変わるとか（p.91-94）、早漏への心配が膣内射精の恐怖に変わったりするのである（p.87-91）。

　エリクソン療法で特に注目すべきは治療への導入のあり方であろう。患者は一般に治療を求めてはいながらも一方でそれを拒否しようとする心の動きがあることに気付いていたエリクソンはこの両方に対処しようとした。それは、例えば第4章のハロルドへのエリクソンの対応に明瞭に見られる（p.134-169）。

　このような多重コミュニケーションは催眠経験からの当然の帰結による、意識の多重構造への気付きによるものであろう。意識は全体として統合されてはいるが個別に働く部分意識が覚醒時にも存在しており、この部分意識は互いに異なったしばしば相反する人生観や価値観を持っている。患者は治療を求めてはいるものの、治療とは本来患者の面目を失わせるものである。このジレンマを解決するには治療を求める部分意識と、不面目を嫌がって抵抗

する部分意識に同時にアプローチしなければならないのである。エリクソンは治療関係を変化を導くためのものと定義すると同時にハロルドをそのままの状態で受け容れ、これから起こるべき変化はその延長上にあると定義したのである。

治療者パーソナリティ

エリクソンのこれまでの解説はともすれば技法論に偏りがちであったが、これらの技法はエリクソンという類稀なカリスマ性と献身への能力を兼ね備えた人格と密接に絡み合っているはずである。ヘイリーはエリクソンの人格について、見る人、見る時期によってそれぞれ異なる印象を持ったようであると言っている。ギリガン（Gilligan, S., 1997、崎尾英子訳, 1999）は元型による人格分類から、治療者を眺めている。"愛人"元型の特徴とされる受容や共感、"戦士"元型に象徴される激しさ・集中力・虚偽を見抜く力、"魔術師（治療者）"の没頭・魅了・関心をシフトさせる能力、"王（女王）"の人々への祝福など。そして、例えば、カール・ロジャースは"愛人"元型に、アルバート・エリスは"戦士"元型、バージニア・サテイアは"女王"元型、そしてエリクソンはもちろん"魔術師"元型にあたるが、同時に、愛人、戦士、女王の資質も全てを合わせ持っていると述べている。一例としてある時、50才の女性患者が治療境界を侵す贈り物をエリクソンにしようとしたとき、まず戦士の姿勢で固く断り、魔術師の能力で場面転換を巧みに行ない、最後に愛人へと巧みにシフトしていくありさまを感嘆を交えて報告している。

エリクソン療法と派生心理療法

エリクソンの死後20年の間に、エリクソン療法を原点として、家族療法、ブリーフセラピー、精神身体療法（Rossi, E., 1993、伊藤はるみ訳, 1999）などさまざまな療法が派生し、発展した。これらはしばしばエリクソン療法ないしは近似のものとして語られているが、その関係をもう一度考え直してみよう。

家族療法

　第5回エリクソン催眠心理療法国際学会の基調講演で、ヘイリーはエリクソン療法と家族療法の差をかなり明瞭に指摘している（Haley, J., 1994）。これによってエリクソンは家族療法家が現在考えているよりもはるかに個人に焦点を当てていたことがわかる。

　例えば、例の性抑圧の強い主婦に、ヌードで踊りながら夫婦の寝室に入るよう指示した症例（p.300-312）で、ヘイリーはエリクソンが全く夫に働きかけをしないことを指摘し、それではこれまでの暗黙の夫婦の契約が侵されて、夫婦関係が崩壊するのではないか、と質問したが、エリクソンは妻の性抑圧が夫との関係で何らかの機能を果たしていたとは考えず、妻個人の性抑圧の問題であると考えていたようである。

　エリクソンは時に家族に働き掛けもしたが、その治療目標はあくまでも患者個人にあり、家族はそれを成し遂げるために働き掛ける対象にすぎなかったようである。心臓発作による死の恐怖におののく夫に近所の葬儀店の広告を見せるよう妻に指示した（p.209-210）のも、あくまでも個人の問題を解決するために家族を動かしたようである。また、このように治療の対象を2人とすることはあっても3人に拡げたことはなく、家族間の同盟という考え方も全くなかったし、子どもの症状は自らを病めることによって家族システムを安定化させているものだと考える動機づけ論にも関心を持っていなかったようである。このようにエリクソン療法と家族療法との差異を明確化させてみると少なくともエリクソンは家族療法の源流に位置しているとは言えないであろう。

　従って、今日の家族療法はエリクソンによって影響を受けた治療法であると言えるであろう（高石昇, 1996、Takaishi, N. 1997）。

ブリーフセラピー

　ブリーフセラピーはエリクソン療法の特徴的な側面のいずれかをそれぞれ敷衍したものと言えよう。例えばMRIブリーフセラピーは症状や問題行動

を個人内及び個人間状況における患者の問題解決努力による悪循環といった観点から眺め、これに変化を与えるための介入をするが（Fish, R., Weakland, J., Segal, L., 1985、鈴木浩二・鈴木和子監訳, 1986）、そのタクティスは一瞥しただけでエリクソン療法の影響は明らかである。ミルウォーキー派の問題の解決した状態に焦点を向ける方法（de Shazer, S., 1985、小野直広訳, 1994）もエリクソンのポジティブリフレーミング、時間前進法などの側面を敷衍したものであると思われる。

　エリクソン療法はその技法のユニークさにこそ存在意義があり、一義的に短期化を企てたものではないので、"ブリーフ"という名称は後継者たちがセールスポイントとして唱えたものであろう。

　ブリーフセラピーは催眠療法から技法を抽出しながら、無意識過程から覚醒へ、暗示から指示へと文脈を替えている。エリクソン療法はたとえ催眠を用いない場合でも、何らかの方法で無意識過程への接近が図られており、多重コミュニケーションに配慮するのだが、この点治療を求める意識とそれに抵抗する意識とのいずれかに直裁にアプローチしようとするブリーフセラピーは、エリクソン療法とは区別して考えるべきであろう。

　エリクソンの没後20年の間にエリクソン療法は心理療法界に大きなインパクトを与えると同時に、さまざまな治療法を派生発展させた。時あたかも米国の医療経済の激変とあいまって、これらの一連の治療法は今や心理療法の主流となりつつあることは確かであろう。後継者の中から新しい治療法の派生するのを見ることは生前"決して指導者の真似をするのではなく自分自身の治療を実践せよ"と唱えてきたエリクソンにとっては喜ばしいことであるに違いない。派生療法はもちろん歓迎すべきであるが、常にエリクソン療法そのものとの異同を弁じながら進む必要があるであろう。また、汲めども尽きぬ源流、エリクソン催眠療法の研究も忘れてはならない。そのような意味で、今回の本書の邦訳は案外タイムリーであると言えるのかもしれない。幸い畏友宮田敬一教授のご協力を仰ぐことができ、共同して監訳の重責を果た

すことができた。またすぐれた翻訳者にも恵まれ、二瓶社の吉田社長からは終始本書出版へのつよい熱意が示された。これらご協力頂いたすべての方々に厚く御礼申し上げます。最後に、本書邦訳の実現に特にご尽力を賜った尾川丈一先生のご努力に心から感謝致します。

高石　昇

引用文献

de Shazer, S. 1985 *Keys to Solution in Brief Therapy*. W. W. Norton（小野直広訳　1994　短期療法解決の鍵．誠信書房）

Fish, R., Weakland, J., Segal, L.(1985) *The Tactics of Change*. Jossey-Bass Publishers.（鈴木浩二・鈴木和子監訳　1986　変化の技法．金剛出版）

Gilligan, S. 1997 *The Courage to Love: principles and practices of self-relations psychotherapy*. W. W. Norton & Company, Inc.（崎尾英子訳　1999　愛という勇気．言叢社）

Haley, J. 1963 *Strategies of Psychotherapy*. Grune & Stratton, Inc．（高石昇訳　1973　心理療法の秘訣．黎明書房、同　1986　戦略的心理療法．黎明書房）

Haley, J. 1994 Typically Erickson. In Zeig, J. K. (ed.) *Ericksonian Methods: The essence of the story*. Brunner/Mazel, pp.3-24.

Rossi, E. 1993 *The Psychobiology of Mind-Body Healing*. W. W. Norton & Company, Inc.（伊藤はるみ訳　1999　精神生物学．日本教文社）

Takaishi, N. 1997 Learning the essence of Erickson: A Japanese perspective. *News letter of The Milton H. Erickson Foundation*, 17(1).

高石　昇　1996　ミルトン・エリクソン学習について思う．催眠学研究　41（1・2），60-63.

監訳者あとがき

　ミルトン・エリクソンを世界的に有名にし、エリクソン研究のバイブルともなっている「アンコモンセラピー」がようやく訳出されました。まさに21世紀のはじまりに本書が出版されます。そのことに少なからぬ歴史的意義を感じています。20世紀の前半にエリクソンは独自の心理療法の世界を構築しました。20世紀後半、家族療法やブリーフセラピーといった形になって、そのいくつかの側面が発展しました。しかし20世紀は、ともすればエリクソンの治療的アイディアの奇抜さにのみに引かれてしまう時代だったと言えましょう。エリクソン治療の背景には、人間の尊重、人のために全身を傾倒する姿勢、人々の日常生活の尊重、未来志向など、地味ではあるが彼のコモンセンスに満ちた生き方が横たわっています。その見えにくかった、彼の治療の背景をなしている考え方が、新しい21世紀において改めて注目されるだろうと思います。それが真に人の役に立つ心理療法の発展につながっていくと思います。その意味で、本書にはエリクソン治療における陰と陽、図と地、意識と無意識の相互作用を学ぶ材料が満載されています。

　筆者の推進しているブリーフセラピーの観点から本書を見ると、問題志向、問題機能志向、解決志向のいずれのブリーフセラピー・モデルもエリクソンから出ていることがよく理解できます。筆者は以前から特に本書の中で述べられている、汚れた部屋をきれいに掃除するより、新しい家に引っ越すほうがベターなときもあるという、エリクソンの考え方が好きでした。この考え方は心臓のバイパス手術の考え方に似ています。医学の世界でも、困難な患部を扱うよりも、新たにバイパスをつけた方が良いという考え方は比較的新しいものだと聞いています。その結果、患者が短期に治療から独立し、自立した生活を送ることができれば、すばらしいことです。

　周知のように、エリクソンはポリオとその後遺症に苦しみ、障害を抱え

ながら人生を送らなければなりませんでした。そのエリクソンに傾倒した著者のヘイリーも片脚に軽い障害を持っています。エリクソンは障害があっても人生を豊かに生きれるということを身をもって患者に示しました。彼は他者に頼ることなく自分の人生を自主的におくれることの意義を他の誰よりもよく理解していたにちがいありません。

　それにしても、このエリクソンの幅の広い臨床をライフサイクルの観点から捉え直した本書のヘイリーの功績は特筆すべきものです。ヘイリーはカリスマ的存在に受け取られがちですが、実際はそうではありません。人間性豊かな優しい、穏やかなスーパーヴィジョンをする人です。80年代半ば、筆者は彼の研究所でお世話になりました。本書の出版にかかわったことで、その時の恩返しのいくらかをようやく果たした思いです。本書がきっと読者の皆様のお役に立つものと信じています。

　最後に本書の出版を通して、私たちの大先達である共監訳者の高石　昇先生、そしてすばらしい翻訳陣の皆さんとご一緒できたことに感謝いたします。また、思うように筆の進まない筆者を叱咤激励していただいた二瓶社の吉田三郎氏にお礼を申し上げます。

　　　2000年11月6日

　　　　　　　　　　　　　　　　　　　　　　　　　　　　　宮田敬一

監訳者・訳者紹介

■監訳者

高石　昇　たかいし　のぼる
担当章　はじめに、1章、2章、3章、7章、8章、9章

大阪大学精神科講師・大阪大学付属病院分院精神科院長を経て1969年高石クリニック開設（現理事長）。日本医科大学精神医学客員教授。医学博士。

1954年　日本医科大学卒業

1964年　アメリカ合衆国オレゴン大学精神科上級客員医員、その間数日間エリクソンによる直接指導を受く。

現在　日本臨床催眠学会創設理事長・認定指導者資格、日本精神神経科学会認定専門医、日本行動療法学会名誉会員・専門行動療法士、日本自律訓練学会認定医・専門指導医、日本心身医学会功労会員・専門医・認定医、アメリカ臨床催眠学会フェロー・認定指導医、国際催眠学会フェロー

著書　『心のクリニック選び方』アニマ2001、『現代催眠原論』（共著）金剛出版、他

訳書　『戦略的心理療法』黎明書房、『精神科鑑別治療学』（監訳）星和書店、『マルチモード・アプローチ』（監訳）二瓶社

宮田敬一　みやた　けいいち
担当章　はじめに、4章、5章、6章

新潟大学教授、お茶の水女子大学教授を経て大阪大学大学院人間科学研究科教授、2011年逝去。

1977年　九州大学大学院博士課程中退

1986〜87年　ワシントン家族療法研究所留学。J・ヘイリー、C・マダネスと共にストラテジックアプローチの研究に従事。

日本ブリーフサイコセラピー学会創設会長・理事、ブリーフセラピーネットワーク・ジャパン代表、日本心理臨床学会理事、日本催眠医学心理学会理事長、日本臨床動作学会理事、日本リハビリテーション心理学会理事、日本電話相談学会理事、アメリカ夫婦・家族療法学会臨床会員などを歴任。

編著書　『ブリーフセラピー入門』金剛出版、『医療におけるブリーフセラ

ピー』金剛出版、他

訳書『ミルトン・エリクソンの心理療法セミナー』星和書店、『可能性療法』誠信書房、『ブリーフセラピーへの招待』（監訳）亀田ブックサービス、『親と教師のための AD/HD の手引き』（監訳）二瓶社、『インクルーシブセラピー』（監訳）二瓶社、他

■訳　者　※印は初版発行当時
はじめに（共訳）
小島志穂 こじま　しほ　トヨタ記念病院精神心療科心理士[※]
高工弘貴 たかく　ひろき　埼玉県立特別支援学校羽生ふじ高等学園教諭
1章
高石　昇
2章
矢野かおり やの　かおり　コミュニケーション・ケアセンター　スタッフ[※]
3章
羽白　誠 はしろ　まこと　はしろクリニック院長
4章
中西公一郎 なかにし　こういちろう　前信州大学教育学部准教授
5章
高工弘貴
6章
安岡早苗 やすおか　さなえ　ジュネーブ日本人学校（補習授業校）講師[※]
7章・8章・9章
田中由美子 たなか　ゆみこ　西川病院臨床心理士、2010年逝去

アンコモンセラピー
ミルトン・エリクソンのひらいた世界

2001年1月1日　第1版　1刷
2023年5月31日　　　　　6刷

著　者　　ジェイ・ヘイリー
監　訳　　高石　昇
　　　　　宮田敬一
発行所　　有限会社二瓶社
　　　　　TEL 03-4531-9766
　　　　　FAX 03-6745-8066
　　　　　郵便振替 00990-6-110314
　　　　　e-mail: info@niheisha.co.jp
印刷製本　亜細亜印刷株式会社

万一、乱丁・落丁のある場合は購入された書店名を明記のうえ小社までお送りください。送料小社負担にてお取り替え致します。但し、古書店で購入したものについてはお取り替えできません。なお、本書の一部あるいは全部を無断で複写複製することは、法律で認められた場合を除き、著作権の侵害となります。定価はカバーに表示してあります。

ISBN 978-4-931199-75-0　C3011
Printed in Japan

二瓶社 好評既刊

私の声はあなたとともに
ミルトン・エリクソンのいやしのストーリー

シドニー・ローゼン　編　　中野善行／青木省三　監訳
A5判／並製／278頁　定価（本体3,000円＋税）
ISBN　978-4-931199-48-4

ミルトン・エリクソンの心理療法
出会いの三日間

ジェフリー・K・ザイク　著　　中野善行／青木省三　監訳
A5判／並製／264頁　定価（本体2,500円＋税）
ISBN　978-4-931199-79-8

ミルトン・H・エリクソン全集　第2巻
感覚、知覚および心理生理学的過程の催眠性変容

アーネスト・L・ロッシー　編　　羽白　誠　監訳
A5判／上製／534頁　定価（本体6,800円＋税）
ISBN　978-4-86108-026-5

ミルトン・H・エリクソン書簡集

ジェフリー・K・ザイク／ブレント・B・ギアリー　編　　田中由美子　訳
A5判／上製／500頁　定価（本体6,000円＋税）
ISBN　978-4-86108-050-0